经以修士

规范前条

贺教方印

主持设计项目

成王之作

李砚祖

教育部哲学社会科学研究重大课题攻关项目
"十三五"国家重点出版物出版规划项目

渐进式延迟退休政策的社会经济效应研究

RESEARCH ON THE SOCIAL ECONOMIC EFFECT
OF GRADUAL POSTPONING RETIREMENT POLICY

席恒　周明　翟绍果
著

中国财经出版传媒集团
经济科学出版社
Economic Science Press

图书在版编目（CIP）数据

渐进式延迟退休政策的社会经济效应研究/席恒，周明，翟绍果著． -- 北京：经济科学出版社，2020.12

教育部哲学社会科学研究重大课题攻关项目 "十三五"国家重点出版物出版规划项目

ISBN 978 - 7 - 5218 - 2245 - 8

Ⅰ．①渐… Ⅱ．①席…②周…③翟… Ⅲ．①退休 - 劳动制度 - 制度改革 - 研究 - 中国 Ⅳ．①F249.21

中国版本图书馆 CIP 数据核字（2020）第 264083 号

责任编辑：孙丽丽 纪小小
责任校对：隗立娜
责任印制：范 艳

渐进式延迟退休政策的社会经济效应研究

席 恒 周 明 翟绍果 著

经济科学出版社出版、发行 新华书店经销

社址：北京市海淀区阜成路甲 28 号 邮编：100142

总编部电话：010 - 88191217 发行部电话：010 - 88191522

网址：www.esp.com.cn

电子邮箱：esp@ esp.com.cn

天猫网店：经济科学出版社旗舰店

网址：http：//jjkxcbs.tmall.com

北京季蜂印刷有限公司印装

787 × 1092 16 开 22 印张 430000 字

2022 年 9 月第 1 版 2022 年 9 月第 1 次印刷

ISBN 978 - 7 - 5218 - 2245 - 8 定价：90.00 元

(图书出现印装问题，本社负责调换。电话：010 - 88191510)

(版权所有 侵权必究 打击盗版 举报热线：010 - 88191661

QQ：2242791300 营销中心电话：010 - 88191537

电子邮箱：dbts@ esp.com.cn)

课题组主要成员

首席专家：席　恒（西北大学）
课题组成员：周　明（西北大学）
　　　　　　　翟绍果（西北大学）
　　　　　　　胡秋明（西南财经大学）
　　　　　　　张智勇（武汉科技大学）
　　　　　　　林毓铭（暨南大学）
　　　　　　　任　行（西北大学）
　　　　　　　张立琼（西北大学）
　　　　　　　田　宋（西北大学）
　　　　　　　张轶妹（西北大学）

总　序

哲学社会科学是人们认识世界、改造世界的重要工具，是推动历史发展和社会进步的重要力量，其发展水平反映了一个民族的思维能力、精神品格、文明素质，体现了一个国家的综合国力和国际竞争力。一个国家的发展水平，既取决于自然科学发展水平，也取决于哲学社会科学发展水平。

党和国家高度重视哲学社会科学。党的十八大提出要建设哲学社会科学创新体系，推进马克思主义中国化、时代化、大众化，坚持不懈用中国特色社会主义理论体系武装全党、教育人民。2016年5月17日，习近平总书记亲自主持召开哲学社会科学工作座谈会并发表重要讲话。讲话从坚持和发展中国特色社会主义事业全局的高度，深刻阐释了哲学社会科学的战略地位，全面分析了哲学社会科学面临的新形势，明确了加快构建中国特色哲学社会科学的新目标，对哲学社会科学工作者提出了新期待，体现了我们党对哲学社会科学发展规律的认识达到了一个新高度，是一篇新形势下繁荣发展我国哲学社会科学事业的纲领性文献，为哲学社会科学事业提供了强大精神动力，指明了前进方向。

高校是我国哲学社会科学事业的主力军。贯彻落实习近平总书记哲学社会科学座谈会重要讲话精神，加快构建中国特色哲学社会科学，高校应发挥重要作用：要坚持和巩固马克思主义的指导地位，用中国化的马克思主义指导哲学社会科学；要实施以育人育才为中心的哲学社会科学整体发展战略，构筑学生、学术、学科一体的综合发展体系；要以人为本，从人抓起，积极实施人才工程，构建种类齐全、梯队衔接的高校哲学社会科学人才体系；要深化科研管理体制改革，发挥高校人才、智力和学科优势，提升学术原创能力，激发创新创造活力，建设中国特色新型高校智库；要加强组织领导、做好统筹规划、营造良好学术生态，形成统筹推进高校哲学社会科学发展新格局。

哲学社会科学研究重大课题攻关项目计划是教育部贯彻落实党中央决策部署的一项重大举措，是实施"高校哲学社会科学繁荣计划"的重要内容。重大攻关项目采取招投标的组织方式，按照"公平竞争，择优立项，严格管理，铸造精品"的要求进行，每年评审立项约40个项目。项目研究实行首席专家负责制，鼓励跨学科、跨学校、跨地区的联合研究，协同创新。重大攻关项目以解决国家现代化建设过程中重大理论和实际问题为主攻方向，以提升为党和政府咨询决策服务能力和推动哲学社会科学发展为战略目标，集合优秀研究团队和顶尖人才联合攻关。自2003年以来，项目开展取得了丰硕成果，形成了特色品牌。一大批标志性成果纷纷涌现，一大批科研名家脱颖而出，高校哲学社会科学整体实力和社会影响力快速提升。国务院副总理刘延东同志做出重要批示，指出重大攻关项目有效调动各方面的积极性，产生了一批重要成果，影响广泛，成效显著；要总结经验，再接再厉，紧密服务国家需求，更好地优化资源，突出重点，多出精品，多出人才，为经济社会发展做出新的贡献。

作为教育部社科研究项目中的拳头产品，我们始终秉持以管理创新服务学术创新的理念，坚持科学管理、民主管理、依法管理，切实增强服务意识，不断创新管理模式，健全管理制度，加强对重大攻关项目的选题遴选、评审立项、组织开题、中期检查到最终成果鉴定的全过程管理，逐渐探索并形成一套成熟有效、符合学术研究规律的管理办法，努力将重大攻关项目打造成学术精品工程。我们将项目最终成果汇编成"教育部哲学社会科学研究重大课题攻关项目成果文库"统一组织出版。经济科学出版社倾全社之力，精心组织编辑力量，努力铸造出版精品。国学大师季羡林先生为本文库题词："经时济世 继往开来——贺教育部重大攻关项目成果出版"；欧阳中石先生题写了"教育部哲学社会科学研究重大课题攻关项目"的书名，充分体现了他们对繁荣发展高校哲学社会科学的深切勉励和由衷期望。

伟大的时代呼唤伟大的理论，伟大的理论推动伟大的实践。高校哲学社会科学将不忘初心，继续前进。深入贯彻落实习近平总书记系列重要讲话精神，坚持道路自信、理论自信、制度自信、文化自信，立足中国、借鉴国外，挖掘历史、把握当代，关怀人类、面向未来，立时代之潮头、发思想之先声，为加快构建中国特色哲学社会科学，实现中华民族伟大复兴的中国梦做出新的更大贡献！

教育部社会科学司

前　言

中国改革开放的伟大实践是人类20世纪最重要的事件之一，它在借鉴先进国家经验的基础上，结合中国国情创造了伟大的制度文明，包括养老保险在内的现代社会保障制度就是这一制度文明的重要内容。现代社会保障制度的建立，既是中国经济发展的必然结果，也是中国社会制度文明的重要体现，为全体中国人民的"获得感、幸福感和安全感"提供了坚实的制度保障。

现代社会保障制度作为人类的风险化解与权益保障机制，是约束条件（目标约束与条件约束）下的适应性选择。20世纪90年代，中国政府配合国有企业改革建立了现代养老保险制度，并逐步扩大到全体企业职工和全体用工单位。这种渐进式的、以经济改革为主、逐步扩大养老保险覆盖对象的社会改革，为我国的经济改革和社会稳定做出了巨大贡献。但是，伴随着全体人民健康水平的提高、受教育年限的延长、70年代开始的计划生育"一孩化"政策的延迟效应等，中国的人口老龄化程度不断加剧，劳动参与率持续下降，加之50年代《中华人民共和国劳动法》确定的退休政策并没有因时调整，到21世纪初，我国也像许多国家一样出现了养老金的支付危机——缴费人口的减少与领取人口的增加之间的矛盾。

先发展国家为应对养老金危机，探索出"多缴、延退、少领"的一套或多套政策方案，为化解其养老金危机做出了有益的贡献，也为我国提供了一定的经验借鉴。但是，我国社会主义制度的性质决定了我国的社会改革决不能以牺牲人民群众的利益为代价，不断满足人民群众对美好生活的追求是中国政府的执政担当。在借鉴先进国家经验时，中国政府对其"多缴、延退、少领"的政策思路结合中国的执政理念进行了一定的修正和扬弃，多方筹集养老保险基金、有条件延迟退休并不降低退休人员的养老金待遇，成为中国应对养老金危机和养老保险制度改革的政策思路，其中延迟退休作为养老保险制度改革的重要内容逐步进入政策视野。

自党的十八届三中全会提出研究、制定我国渐进式延迟退休政策以来，延迟退休就成为全社会关注的热点问题。这一方面是因为延迟退休与每一位劳动者的切身利益密切相关，另一方面也由于一批富有责任心的知识群体不断研究探讨延迟退休政策的可能方案，以寻求中国养老保险制度的可持续之策。

越是高关注度的公共政策，也越是高政策水平要求的政策。改革开放40余年经济发展的同时，我国各阶层的利益诉求也发生了极大的分化。不同群体对延迟退休政策的诉求和退休意愿具有显著的差异，不同区域、不同职业、不同性别、不同受教育水平的个体对在职工作的感知和对退休生活的期待具有极大的差别。因此，在制定延迟退休政策方案时，充分关注不同群体的利益诉求，最大限度地保护处于弱势地位的劳动者的利益，既是社会保障的基本原则，也是退休政策调整必须遵循的基本准则。40余年的改革开放，使每一个中国人都享受到了改革红利，这些改革红利正是在中国人的劳动和生活过程中不断积累的，同样，对社会公共利益的让渡和担当也是在日积月累中不断实现的。中国发展开放所探索的渐进式改革经验作为中国智慧的体现同样可以在退休政策调整中使用。逐步、渐进推动公共政策的实施对于中国这个有14亿多人口的大国尤为重要，这不仅有利于公共政策的推进，减少政策实施的阻力，而且可以在渐进过程中保持社会的和谐稳定。退休政策在一定程度上也是劳动者与其雇主之间的博弈。劳动者对于继续工作还是退休的选择以及雇主对于劳动者的持续聘用还是到年龄使其退休的决定，在劳资双方的劳动关系中都有不同的表现。对于一些劳动者而言，到了一定年龄还想继续工作；对于雇主而言，对于到了一定年龄的员工还想留任工作，这种劳资双方的选择性对于退休政策的设计也十分重要，毕竟熟练的员工对组织的生产效率有着重要的意义。因此，渐进式、差异化、有弹性是退休年龄政策调整或现阶段我国延迟退休政策设计的关键。

公共政策研究的逻辑是从政策议题的问题出发，基于政策问题的学理性分析而设计政策方案，同时还需要充分考虑社会公众的认知和社会心理。在本研究中，研究团队首先界定了退休年龄的概念，即退休年龄是劳动者在职期间的劳动贡献和退出劳动年龄之后所享受福利之间的均衡，进而分析了退休年龄的决定机制，由退休年龄的决定机制设计了不同约束条件下的延迟退休政策方案（包括政策目标、政策内容、政策原则、约束条件和实施时点），并基于延迟退休政策对我国经济发展、收入分配、劳动力供给、养老金积累和公众社会心理效应等方面的影响效应，对不同方案进行了政策方案优化研究和支持条件研究。

退休年龄作为养老金函数的重要内容，与养老保险的缴费费基、费率、缴费年限、工作年限和劳动贡献指数、平均余命、目标替代率一起，构成养老保险参量改革的重要方面。退休年龄政策调整和我国现阶段渐进式延迟退休政策必将为我国养老保险制度的可持续发展和社会进步作出应有的贡献。

摘 要

自20世纪90年代以来，中国逐步建立了以国有企业职工、全体企业职工、城乡居民、机关事业单位等为对象的现代养老保险制度，为国际社会的养老金制度做出了杰出贡献。但是，伴随着我国养老金制度对象人群的不断扩大、人民群众对养老金需求的增长、人均寿命的延长、劳动人口平均受教育年限的增加、人口老龄化的不断加剧等社会经济条件的变化，人民群众对养老金不断增长的需求与逐步发展的、不平衡、不充分的养老金制度的矛盾日益凸显。如何在经济改革、社会改革等国家治理层面寻求养老金的改革路径是亟待解决的问题。

养老金改革是养老金制度改革与包括退休年龄调整、退休待遇调整以及与个人相关的费基、费率等参量改革相互影响、相互作用的过程。退休年龄调整是平衡劳动者生命周期内工作与退休的参量改革。退休年龄政策的核心是劳动者在一定工作年限前提下可享受的社会福利，本质上是劳动者的劳动贡献与退休后所享福利之间的均衡。公平、合理、科学地确定退休年龄，对劳动者在生命周期不同阶段的福利具有十分重要的影响，同时也影响一国人力资本的存量。就个人角度而言，退休年龄与劳动者个人的生理年龄、工作性质、教育水平、性别差异、职位级别和期望、工龄和当期养老金水平有关。从社会角度来看，退休年龄与一国的人口预期寿命、人口年龄结构、经济竞争能力、国民收入的分配、养老金的收支状况、就业状况和整个社会的平均受教育年限相关。由于劳动者在人力资本、工作行业等方面的差异，因此，一个理想养老金制度下的退休年龄政策应该是有差别的，应该能够反映劳动者在工作期间的劳动贡献，使其边际工作贡献与边际退休福利平衡，以实现帕累托最优。

本研究基于"经验观察—机制研究—政策优化"的研究路径，通过对不同职业人群的工作现状和退休意愿的调查与数据分析，以及对国内外延迟退休年龄政策实践进行总结与梳理，探究了退休年龄的决定机制和延迟退休的决策过程，并从多学科视角探索延迟退休政策实施后产生的各种社会经济影响，研究分析了我国延迟退休政策对养老金积累、收入分配、劳动就业、经济增长与社会心理等方面的影响，并基于延迟退休政策的社会经济效应，对延迟退休政策方案进行了优化，提出了渐进式、差异化和有弹性的延迟退休政策建议，分析了渐进式延迟退休政策与养老金制度其他参量改革的相互作用机制，从而为养老金制度改革与完善提供了理论支撑。

基于对不同职业人群工作现状和退休意愿的调查与数据分析、政策网络公众参与现状分析、退休年龄的决定机制分析、延迟退休的社会经济效应分析，研究发现：

（1）在调查时点，被调查的劳动者普遍不愿意延迟退休，部分劳动者有提前退休的意愿，且倾向于较低的预期退休年龄以及较短的理想工作年限。但被调查者对于渐进式、有弹性的退休制度有一定的期待，以自然年龄和工作时间相结合的渐进式退休制度具有一定的民意基础。个体的退休意愿与个体基本特征即性别、年龄、学历、健康状况等密切相关；婚姻状况、家庭负担等家庭因素和职业特征、工作条件、职业满意度等工作环境才会影响个体的退休意愿。若要实施延迟退休，被调查者期望从减少家庭照顾、增加经济收入、减缓养老金支付压力、有利于年轻人就业、健全医疗保险制度、完善养老设施和提高养老金水平等方面提供配套支持。

（2）渐进式延迟退休政策对养老金积累、劳动就业、收入分配、经济增长、社会心理等方面产生不同程度的社会经济效应。第一，渐进式延迟退休政策对养老保险基金收支会产生累积效应。据课题组的预测，从2017年到2055年，我国养老保险基金收支结余呈现先增加后减少的趋势。尽管目前养老保险基金收支结余仍处于增加状态，并在2025年达到最大值，约为14 082亿元。第二，渐进式延迟退休政策对就业具有挤出效应和吸纳效应，对长期劳动力短缺具有缓解作用。延迟退休政策能够增加劳动年龄人口数量，进而会增加老年劳动力供给，从而加大了短期青年人的就业压力，有可能造成短期青年人失业人数增加，产生挤出效应。不过，延迟退休政策在一定程度上能够减轻企业负担，继而有助于刺激企业对劳动力的需求，加之我国产业结构转型，都会形成吸纳效应。第三，渐进式延迟退休政策对我国不同群体的收入分配产生诱导效应和收敛效应，对抑制收入差距扩大具有明显作用。延迟退休后会增加劳动者的在职收入，并通过延长缴费年限从而相对提高退休后收入，并且能够缩小我国男女性别间的收入差距。如果延迟退休政策方案设计适当，可诱导不同群体在其职业过程与职业之后进行时间维度上的收入分配，也可通过差异化的退休政策诱导不同群体进行空间维度上的收入分配，进而实现收入分配的诱导效应和收敛效应。第四，渐进式延迟退休政策对我国经济增长具有乘数效应。在未来我国经济发展的不同阶段，由于劳动力数量、劳动力质量和养老金积累程度不同，对经济增长的作用程度有所不同。但在2037年以后，延迟退休方案对经济增长效应明显。第五，缘于退休年龄延迟的程度（延迟的幅度、延迟的时间节点、人群之间的差异程度等）对部分劳动者心理上的政策阻滞效应在大多数人群中蔓延，进而形成社会传染效应，具体表现为塔西佗效应、社会传染效应、沉默的螺旋效应以及持久的暗示效应等。

本研究的主要贡献是：

（1）规范地界定了退休年龄的概念，并由此提出了退休年龄的决定机制，为退休政策的研究提出了一个分析框架。科学地提出了劳动贡献与退休福利的测度方法，构建了劳动贡献指数和养老福利指数并进行了不同职业人群的测度预测，进一步构建了养老金生产函数和养老金给付函数，为退休政策调整和养老金参量改革提供了分析思路。提出了我国延迟退休政策的分析要素，从而为我国渐进式延迟退休政策制定提供了全面系统的政策思路。

（2）基于研究发现的延迟退休政策的社会经济效应，经约束条件的政策模拟和仿真完善，提出了相对完整、科学的渐进式、差异化、有弹性的退休年龄延迟方案。

（3）提出了渐进式延迟退休政策与养老金参量改革协同推进的政策思路，为我国约束条件下养老金制度的系统完善和顶层设计提供了理论依据。提出了社会政策与经济政策的合意性与协同性的分析框架，为公共政策的"仁者见智"提供了分析视角。

基于研究发现，本研究提出以下政策建议：

（1）以最低工作年限和法定退休年龄为核心要素，确定渐进式延迟退休政策方案的关键内容，提出我国应采取渐进式、差异化、有弹性的延迟退休政策。

（2）以政策实施的约束条件要素为依据，适时实施或调整退休年龄政策；制定渐进式延迟退休政策的管理办法和配套政策，以最大化地实现政策目标。

（3）调整退休年龄政策的同时进行养老金制度的其他参量改革。在实施渐进式延迟退休政策的同时，取消15年的最低缴费年限政策，将缴费年限延长至退休前1个月，对目前基础养老金的计发办法进行适应性调整。

Abstract

　　Since the 1990s, China has gradually established a modern pension insurance system, including employees of state-owned enterprises, employees of all enterprises, urban and rural residents, government organs and institutions, and has made outstanding contributions to the pension system of the international community. However, with changes in China's social and economic conditions, such as the continuous expansion of the population of the pension system, the increase in the demand for pensions by the people, the extension of life expectancy, the increase in the average number of years of education for the working population, and the aging of the population, the contradiction between the people's growing demand for pensions and the progressive, unbalanced, and inadequate pension system has become increasingly prominent. How to seek a reform path of pensions at the level of national governance, such as economic and social reforms, is an urgent problem to be solved.

　　Pension reform is a process of mutual influence and interaction between pension system reform and parameter reform, including retirement age adjustment, retirement treatment adjustment, individual-related fee base or rate, and so on. The retirement age adjustment is a parameter reform that balances work and retirement in a labor's life cycle. The core of the retirement age policy is the social welfare that the worker can enjoy under a certain working life. It is essentially a balance between the labor contribution of the worker and the benefits enjoyed after retirement. A fair, reasonable and scientific determination of the retirement age has a very important impact on the welfare of workers at different stages of life and affects the stock of human capital in a country. From a personal perspective, the retirement age is related to an individual's physical age, job nature, education level, gender differences, position level and expectations, length of service, and current pension levels. From a social perspective, the retirement age is related to the life expectancy of a country's population, the age structure of the population, the economic competitive ability, the distribution of national income, the income and expenditure of pensions, the employment situation, and the average years of education of the entire society. Because of the differences in labor capital and work industry, the retirement age policy of an ideal pension system should be different. It should reflect the labor contribution of workers during their working life, balancing their marginal work contribution and marginal retirement benefits to achieve Pareto optimality.

Based on the research path of "experience-observation, mechanism-research, and policy-optimization", through surveys and data analysis of the work status and retirement willingness of different occupational groups, and summarizing and sorting-out the practice of postpone retirement policy at home and abroad, this study probes the decision-making mechanism of retirement age and the decision-making process of postponing retirement and explores the various socio-economic impacts of the implementation of the postpone retirement policy from a multidisciplinary perspective. Moreover, the study analyzes the impact of the gradual postponing retirement policy on pension accumulation, income distribution, labor employment, economic growth and social psychology. Further, based on the socio-economic effects of the postpone retirement policy, the study optimizes the gradual postponing retirement policy plan; proposes a gradually, differentiated, and flexible approach to the postpone retirement policy; and analyzes the interaction mechanism between the postpone retirement policy and other parameter reforms of the pension system, thus providing theoretical support for the reform and improvement of the pension system.

Based on the survey and data analysis of work status and retirement willingness in different occupational groups, the analysis of the present situation of public participation in policy networks, the analysis of the decision mechanism of retirement age, and the analysis of the socio-economic effects of postpone retirement, the study finds the following:

(1) At the time of the investigation, the workers surveyed were generally unwilling to postpone retirement, some had the willingness to retire early, and preferred a lower expected retirement age and a shorter ideal working life. However, the respondents have certain expectations for a progressive and flexible retirement system. The gradual retirement system combining natural age and working time has a certain public foundation. An individual's willingness to retire is closely related to the basic characteristics of the individual (eg., gender, age, education, and health status); family factors (eg., marital status and family burden), and working environment factors (eg., occupational characteristics, working conditions, and occupational satisfaction). To imple-

ment postpone retirement, the respondents expect to provide support in reducing family care, increasing economic income, relieving pension payment pressure, enhancing youth employment, perfecting the health insurance system, improving old-age facilities and raising pension levels.

(2) The gradual postponing retirement policy has different degrees of socio-economic effects on pension accumulation, labor and employment, income distribution, economic growth, and social psychology. First, the gradual postponing retirement policy has a cumulative effect on the income and expenditure of pension funds. According to the prediction of the research group, from 2017 to 2055, the balance of income and expenditure of China's pension insurance fund experienced a trend of first increasing and then decreasing. Although the current balance of the pension insurance fund is still increasing, it will reach its maximum of about 1408.2 billion yuan in 2025. Second, the gradual postponing retirement policy has crowding-out and absorption effects on employment and has a mitigating effect on long-term labor shortage. The postpone retirement policy can increase the number of working-age populations, which will lead to an increase in the supply of old-age labor, employment pressure, and unemployment of young people in the short-term, causing crowding-out effects. However, to a certain extent, the postpone retirement policy can alleviate the burden on enterprises, stimulate enterprises' demand for labor, and transform China's industrial structure, thereby having an absorption effect. Third, the gradual postponing retirement policy has inductive and convergence effects on the income distribution of different groups in China and has a significant effect on narrowing the income gap. postpone retirement will increase the working income of workers and post-retirement income by extending the payment period and can narrow the income gap between men and women in China. If the postpone retirement policy plan is properly designed, different groups can be induced to allocate income during and after their occupation. Different groups can also be induced to allocate incomes in the spatial dimension through different retirement policies, realizing the inductive and convergence effects of income distribution. Fourth, the gradual postponing retirement policy has a multiplier effect on China's economic growth. In the different stages of China's economic development in the future, the different numbers of labor, labor quality, and pension accumulation will lead to a different degree of economic growth. The postpone retirement program is expected to have a significant effect on economic growth after 2037. Fifth, the degree of postpone in retirement age (the range of the postpone, the time of the postpone, the degree of difference among groups, etc.)

will spread the psychological policy blocking effect of some workers in most people and lead to social infection effect (concretely manifested as the Tacitus effect), the social contagion effect, the silent spiral effect, and the persistent suggestive effect.

The main contributions of this study are as follows:

(1) The concept of retirement age is defined in a standardized way, and the decision mechanism of retirement age is proposed, which provides an analytical framework for the study of retirement policy. Further, this study scientifically puts forward the measurement methods of labor contribution and retirement benefits, constructs the labor contribution index and pension welfare index, measures the prediction of different occupational groups, and constructs the pension production function and pension payment function, all of which provide an analytical approach to the adjustment of retirement policy and the reform of pension parameters. Moreover, the analytical elements of China's postpone retirement policy are put forward, which provides a comprehensive and systematic policy guideline for the formulation of China's gradual retirement postponing policy.

(2) Based on the socio-economic effects of the postpone retirement policy discovered by the study, a relatively complete and scientific progressive, differentiated and flexible retirement age delay scheme is proposed through a constrained policy simulation and simulation improvement.

(3) It puts forward the policy thought of co-promoting the policy of postponing retirement and the reform of pension parameters, which provide a theoretical basis for the system improvement and top-level design of the pension system under the constraint conditions of China. Moreover it proposes an analytical framework for the desirability and coordination between social and economic policies, providing an analytical perspective of public policy of "the benevolent seeing wisdom".

Based on research findings, this study proposes the following policy recommendations:

(1) With the minimum working years and the statutory retirement age as the core elements, the key content of the gradual postponing retirement policy plan is determined, and it is proposed that China should adopt a progressive, differentiated, and flexible retirement policy.

(2) Based on the constraint conditions of policy implementation, the retirement age policy should be implemented or adjusted timely, and management methods and supporting policies for gradual postponing retirement policies should be formulated to

maximize the achievement of policy objectives.

(3) Other parameters of the pension system should be reformed while adjusting the retirement age policy. Moreover, after implementing the gradual postponing retirement policy, the 15-year minimum payment period policy should be abolished, the payment period should be prolonged to one month before retirement, and the current basic pension payment method should be adjusted.

目录

第一章 ▶ 问题提出　1

第一节　研究问题界定与设计　1
第二节　国内外研究现状与研究述评　4
第二节　研究内容与研究方法　12

第二章 ▶ 国际经验：发达国家退休年龄调整的实践与策略　16

第一节　全球人口老龄化与各国延迟退休政策背景　16
第二节　发达国家延迟退休的方案与效果分析　22
第三节　发达国家调整退休年龄的策略分析　25

第三章 ▶ 退休意愿：公众对退休政策的认知与意愿调查　30

第一节　研究方法与程序　30
第二节　问卷资料的介绍与分析　31
第三节　访谈资料的介绍与分析　58
第四节　调查发现与讨论　64

第四章 ▶ 退休政策：延迟退休的决策过程与治理困境　67

第一节　我国退休政策调整与政府决策的背景分析　67
第二节　延迟退休政策网络环境与行动者分析　74
第三节　延迟退休政策网络互动过程分析　90
第四节　研究结论与政策建议　96

第五章 ▶ 退休选择：退休意愿的影响因素与决定机制　101

第一节　退休制度的演化与影响因素　101

第二节　退休年龄的影响因素　104

第三节　退休年龄决定因素与决定机制　112

第六章▶缘起与制约：我国渐进式延迟退休政策的演变与约束条件　131

第一节　我国渐进式延迟退休政策的缘起　131

第二节　延迟退休政策的提出　140

第三节　我国渐进式延迟退休政策的约束条件　142

第七章▶支持还是抑制：延迟退休政策的社会经济效应分析　151

第一节　渐进式延迟退休方案的初步设计与比较　151

第二节　延迟退休政策的收入分配效应　159

第三节　延迟退休政策的养老金积累效应　178

第四节　延迟退休政策对经济增长的影响与乘数效应　194

第五节　延迟退休政策对劳动力市场的影响与就业效应　214

第六节　延迟退休政策的社会心理效应　230

第八章▶优化与选择：基于政策合意性与协调性的延迟退休方案研究　241

第一节　退休年龄政策的变迁路径与演化机理　242

第二节　渐进式延迟退休政策的设计思路与政策要素　245

第三节　渐进式延迟退休的政策原则：合意性与协同性　246

第四节　基于社会经济效应的我国渐进式延迟退休政策方案设计与优化　265

第五节　我国渐进式延迟退休政策方案支持条件　269

第九章▶发现与建议：研究发现、主要创新与政策建议　273

第一节　研究发现　273

第二节　研究创新及其意义　275

第三节　相关政策建议　279

附录 281

参考文献 296

后记 309

Contents

Chapter 1 Propose the Problems   1

    Section 1   Research problem definition and design   1

    Section 2   The current situation of research at home and abroad and research review   4

    Section 3   Research content and research methods   12

Chapter 2 International Experience: Practice and Strategy of Retirement Age Adjustment in Developed Countries   16

    Section 1   Global population aging and the policy background of postpone retirement age in countries   16

    Section 2   Analysis of the scheme and effect of postponing retirement age in developed countries   22

    Section 3   Analysis of adjusting retirement age strategic in developed countries   25

Chapter 3 Willingness to Retire: Survey on Public Perception and Willingness to Retirement Policy   30

    Section 1   Research methods and procedures   30

    Section 2   Introduction and analysis of questionnaire materials   31

    Section 3   Introduction and analysis of interview materials   58

Section 4   Investigation findings and discussions   64

Chapter 4   Retirement Policy: Decision-making Process and Governance Dilemma of Postpone Retirement   67

Section 1   Analysis of the background of China's retirement policy adjustment and government decision-making   67

Section 2   Analysis of postpone retirement policy network environment and actors   74

Section 3   Analysis of the interaction process of postpone retirement policy network   90

Section 4   Research conclusions and policy recommendations   96

Chapter 5   Retirement Choice: Influencing Factors and Decision Mechanism of Retirement Age   101

Section 1   The evolution and influencing factors of retirement system   101

Section 2   The influencing factors of retirement age   104

Section 3   The determinants and decision mechanisms of retirement age   112

Chapter 6   Origin and Restriction: The Evolution and Constraints of China's Gradual Postponing Retirement Policy   131

Section 1   The origin of China's gradual postponing retirement policy   131

Section 2   The introduction of the policy of postponing the retirement   140

Section 3   The constraints of China's gradual postponing retirement policy   142

Chapter 7   Support or Suppression: Analysis of the Social and Economic Effects of Postpone Retirement Policy   151

Section 1   Preliminary design and comparison   151

Section 2   Income distribution effect of postpone retirement policy   159

Section 3   Pension accumulation effect of postpone retirement policy   178

Section 4   The impact of postpone retirement policy on economic growth and multiplier effect   194

Section 5   The impact of postpone retirement policy on the labor market and employment effect   214

Section 6   The psychosocial effect of the postpone retirement policy   230

Chapter 8　Optimization and Selection: Research on Retirement Age Postpone Scheme Based on Policy Desirability and Coordination　241

  Section 1　The changing path and evolution mechanism of the retirement age policy　242

  Section 2　Design ideas and policy elements of the gradual postponing retirement policy　245

  Section 3　Desirability and Coordination　246

  Section 4　Design and optimization of China's gradual postponing retirement policy based on social economic effects　265

  Section 5　Supporting conditions for China's gradual postponing retirement policy plan　269

Chapter 9　Discovery and Recommendations: Research Findings, Major Innovation and Policy Recommendations　273

  Section 1　Research findings　273

  Section 2　Research innovation and its significance　275

  Section 3　Related policy recommendations　279

Appendix　281

References　296

Postscript　309

第一章

问题提出

第一节 研究问题界定与设计

进入21世纪之后，西方发达国家由于人口老龄化的不断加剧和经济的衰退，其养老制度面临越来越严重的支付危机，许多国家纷纷寻求养老金制度的改革，以应对日益加剧的养老问题。许多国家及其专业机构基于各自国家的约束条件和大量研究，提出了"多缴""延退""少领"的政策建议和政策方案。

我国自20世纪90年代以来，逐步建立了包括以国有企业职工、全体企业职工、城乡居民、机关事业单位等为对象的现代养老保险制度，为国际社会的养老金制度做出了杰出贡献。但是，伴随着我国养老金制度对象人群的不断扩大、人民群众对养老金需求的增长、我国人均寿命的延长、劳动人口平均受教育年限的增加等社会经济条件的变化，人民群众对养老金不断增长的需求与逐步发展的不平衡、不充分的养老金制度的矛盾日益凸显。如何在经济改革、社会改革等国家治理层面寻求养老金的改革路径，既是民众的热切诉求，也是学界的高度关注，更是政府的责任。

养老金改革是养老制度改革与退休年龄调整、退休待遇调整以及与个人相关的费基、费率等参量改革相互影响、相互作用的过程。理想的养老制度改革必须有诸多参量改革的支撑，退休年龄调整是平衡劳动者生命周期内工作与退休的参量改革，其与养老金制度改革相互影响。退休年龄政策的核心是劳动者在一定工作年限前提下可享受的社会福利，本质上是劳动者的劳动贡献与退休后所享福利之间的均衡。公平、合理、科学地确定退休年龄，对劳动者在生命周期不同阶段（在职期间与退休之后）的福利具有十分重要的影响，同时也对一国人力资本的存量具有重要影响。就个人角度而言，退休年龄与劳动者个人的生理年龄、工作性质、教育水平、性别差异、职位级别和期望、工龄和当期养老金水平有关。从社会角度来看，退休年龄与一国的人口预期寿命、人口年龄结构、经济竞争能力、国民收入的分配、养老金的收支状况、就业状况和整个社会的平均受教育年限相关。由于劳动者在人力资本、工作行业等方面的差异，因此，一个理想养老制度下的退休年龄政策应该是有差别的，应该能够反映劳动者在工作期间的劳动贡献，使其边际工作贡献与边际退休福利相等，这样的退休年龄政策才能够达到帕累托最优。

延迟退休是全球各国应对人口老龄化问题的重要政策选择，党的十八届三中全会明确提出研究制定渐进式延迟退休政策。因此，需要全面评估和系统研究渐进式延迟退休政策方案的社会经济效应，即客观分析渐进式延迟退休对劳动力结构与就业、收入分配、经济增长、养老保险基金收支与养老保险制度改革、公众社会预期与社会稳定的影响，从而为政策优化和方案实施提供决策依据和对策建议。通过对退休年龄政策变动产生的相关效应研究，可以科学分析出渐进式延迟退休政策对整个社会产生的具体影响和效应，能够为政府在退休年龄政策制定过程中进行宏观定位与微观把握提供学理依据，并且有利于政府制定出符合我国现阶段国情的科学合理的退休政策，从而为提高养老保险制度运行效率与效益，维护公民养老保险权益，进而形成更加公平可持续的养老保险制度提供实施路径与政策建议。研究基于渐进式延迟退休政策的社会经济效应分析，以"经验观察—机制研究—政策优化"为研究路径，基于不同人群的工作现状和退休意愿调查数据，对国内外延迟退休政策实践进行总结与梳理，从而整理出可借鉴的经验做法；在此基础上，探究退休年龄的决定机制和延迟退休的决策过程，并从多学科视角探索延迟退休政策实施后产生的各种社会经济影响，研究分析渐进式延迟退休政策对养老金积累、收入分配、劳动就业、经济增长与社会心理等方面的影响；最后比较优化渐进式延迟退休政策方案，为能够更加科学、理性确定渐进式、差异化退休年龄提供政策优化的相关建议，并关注延迟退休政策与养老金制度改革的相互作用机制，从而为养老金制度改革与完善提供参量改革支撑。

研究的总体路径遵循"经验观察—机制研究—政策优化"的主线框架：（1）经验观察。基于全球养老金改革背景，具体分析渐进式延迟退休政策的政治、经济、社会、历史、文化等背景因素，寻求延迟退休政策的一般规律和经验借鉴。(2) 机制研究。系统性分析与结构性梳理退休年龄的决定机制和延迟退休的决策过程，分析延迟退休政策的社会经济效应以及作用机理，从而对延迟退休政策的决定机制进行学理论证。同时通过理论建模和参量调整，探究退休年龄政策与养老金改革的相互作用机制。(3) 政策优化。基于以上国内外政策的经验借鉴以及延迟退休政策的社会经济效应，结合我国不同地区的现实情况，分析各种效应产生的各种影响及其约束条件，寻求延迟退休政策优化方案、实现路径、约束条件和相应的政策工具（见图1-1）。

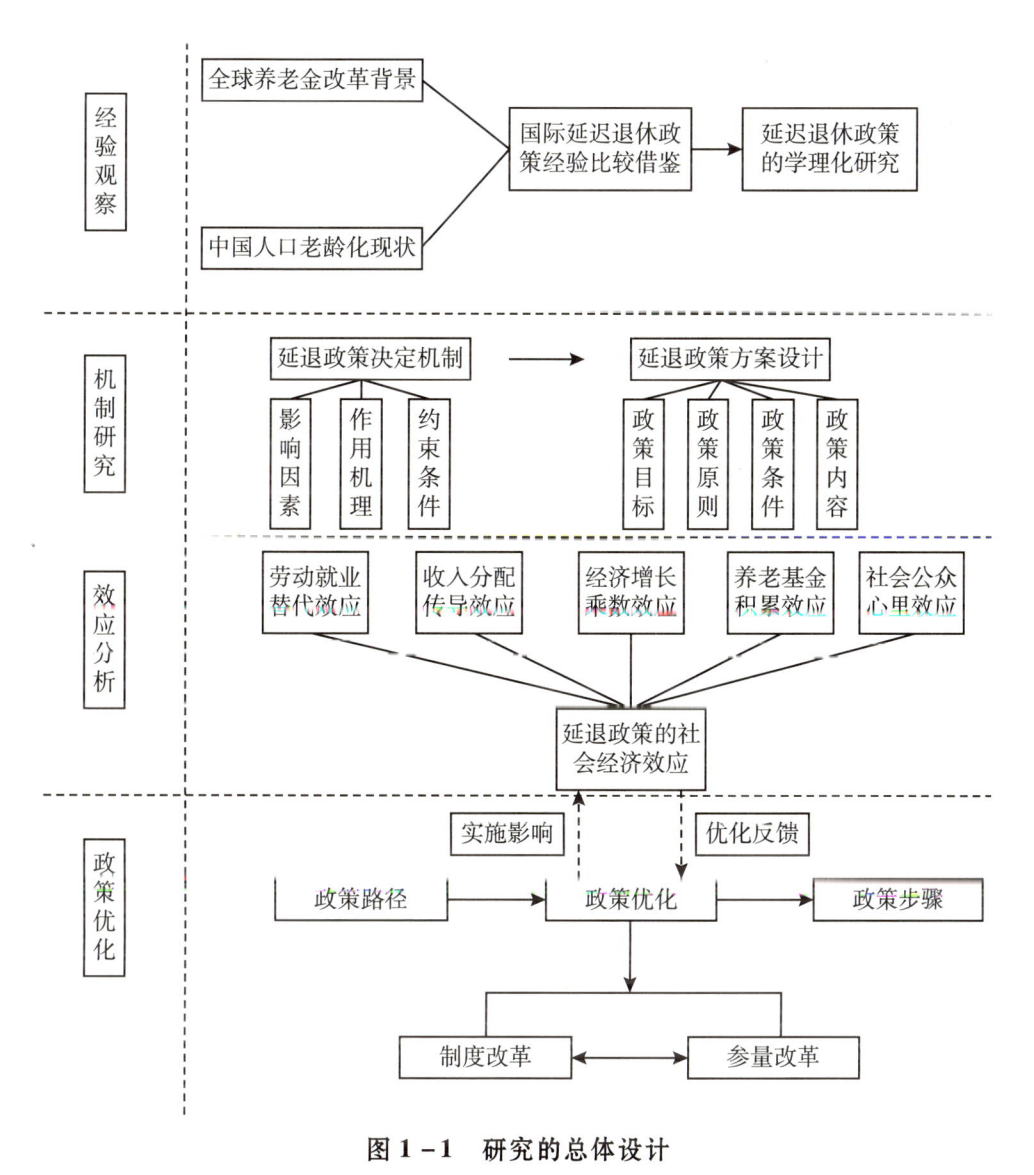

图1-1 研究的总体设计

第二节　国内外研究现状与研究述评

随着我国老龄化危机的加重与养老金制度改革进程的深入，有关退休年龄的决定机制与影响效应已逐渐成为学界研究与关注的重点。目前关于退休年龄的相关研究主要包括退休年龄影响因素、延迟退休政策经验借鉴、延迟退休的方案思路与社会经济效果等内容。

一、关于退休年龄影响因素方面的研究

在退休年龄的决定机制方面，褚福灵认为，退休年龄受多种因素影响，主要包括劳动能力、基金平衡与执政理念，但决定性因素应当是养老保险缴费资格年限与领取养老金年限的对比关系，即自我负担系数。应当以养老保险的自我负担系数为标杆，建立起科学的、常态化的、自动调节的退休年龄决定机制。[①] 汪泽英则对国外关于退休年龄的影响因素研究进展进行了综述。国外的相关结论是影响退休年龄的因素有四个方面：政策因素、经济因素、劳动力因素和个人因素。政策因素中包括社会保障政策和企业年金政策，经济因素包括财富与资产、收入水平，劳动力因素包括市场分析、劳动力需求、工资率。而个人因素一直是大多数国外学者关注的焦点，因为很多西方国家实行了灵活的弹性退休制度，由劳动者个人决定何时退休。[②] 郑功成认为决定退休年龄的可能因素有人均预期寿命、初始劳动年龄、劳动环境与工作性质、劳动力市场供求状况、养老保险基金储备、社会经济发展水平等。[③] 潘锦棠曾对决定退休年龄的可能因素进行过总结，认为人均预期寿命、初始劳动年龄、劳动环境与工作性质、劳动力市场供求状况、养老保险基金储备、社会经济发展水平等都会影响退休年龄。[④] 陈凌、姚先国认为老年人的生活保障、养老保险制度改革方向、劳动力市场和就业情况会对退休年龄产生影响。[⑤] 朱棱将人的年龄分为年代年龄和生理年龄，在退休年龄的确定依据方面，虽然多数国家是以年代年龄作为退休的依据，但应该同时参考生

---

① 褚福灵：《构建基于自我负担系数的退休年龄决定机制》，载于《经济管理》2013 年第 7 期。
② 汪泽英：《提高法定退休年龄政策研究》，中国经济出版社 2013 年版。
③ 郑功成：《对延迟退休年龄的基本认识》，载于《光明日报》2012 年 9 月 12 日。
④ 潘锦棠：《世界男女退休年龄现状分析》，载于《甘肃社会科学》2003 年第 1 期。
⑤ 陈凌、姚先国：《退休、养老和劳动力供给决策》，载于《中国经济问题》2000 年第 1 期。

理年龄、心理年龄和社会年龄。① 董之鹰认为国家制定退休年龄政策受到许多相关因素的影响，退休制度是国家和企业职工因年老体衰退出就业市场和工作岗位而给予经济供养的养老保险制度的重要内容，因此法定退休年龄必须按国民的健康状况、人口平均预期寿命和保持劳动力的一般年龄来确定。② 熊必俊认为，退休年龄是根据一定时期的经济发展水平和人口平均预期寿命的客观条件确定的。由于所依据的两个因素都在不断发展变化，因此法定退休年龄也应变成不变制为可变制，适时相应调整。③

从学者们的研究可以看出，多数学者是从人类生理方面，包括预期寿命、健康状况以及心理方面如心理年龄与心理感受出发，还有从社会层面与人力资本方面分析延迟退休政策的本质以及其带来的相关影响，但是对于这些影响因素之间的联系，以及这些影响因素所带来的连带性效应和辐射性影响的研究却并不深入，并没有深入涉及退休年龄政策的决定机制等学理性问题。

二、关于延迟退休政策经验借鉴方面的研究

在延迟退休政策方面，各国都有其独特的规定和方案。在美国，由于人口预期寿命的不断增长和人口结构中接近退休年龄人数的不断增加，以及年龄在55岁以上人口实际劳动参与率的下降，养老金支付压力日益加重。此外，劳动需求结构中高学历教育劳动者的需求大幅提升，从事体力劳动者的需求相对下降。这些因素推动了弹性退休制度的出台。美国的法定退休年龄（也称正常退休年龄）是按照人口出生时间动态设定的，1960年以后出生的人口，男女统一执行67岁退休年龄。考虑到劳动者实际工作年限和健康状况等方面的差异，允许提前退休，但会通过"早领惩罚、晚领奖励"的措施鼓励推迟实际退休年龄。

日本政府规定分别于2025年和2030年前，将男性和女性领取厚生年金④的年龄分阶段提高至65岁。目前日本政府面临财政预算困境、养老金支付压力，再次延迟退休年龄的讨论被提上议事日程。日本政府拟将领取厚生年金的年龄从每3年提高1岁变为每2年提高1岁，意味着退休年龄提高至65岁的时间将随之提前。此外，政策还计划将国民年金的领取年龄也一并提高至68~70岁。

法国自2003年起实行了从私营部门到公共部门的养老保险改革，通过提高退休年龄，抬高全额养老金的给付门槛，以减轻政府面临巨额养老金的财政压

---

① 朱棱：《论法定退休年龄的界定与调整》，载于《辽宁大学学报》1999年第5期。
② 董之鹰：《老年资源开发与现代文明社会》，经济管理出版社1998年版。
③ 熊必俊：《市场经济条件下退休养老制度改革的思考》，载于《中国老年学杂志》1994年第4期。
④ 日本的一种保险，类似于中国的养老保险。

力。该政策将退休年龄由 60 岁提高至 65 岁,并对领取全额养老金的缴费年限进行调整,由原来的 37.5 年提高为 40 年,至 2012 年这一缴费年限提高为 41 年。随后该缴费期还将根据预期寿命进行同步调整,以确保养老金的缴费期与支付期的比例相对稳定。为鼓励延迟退休,法国也对提前退休的劳动者进行限制。一般只有年满 60 岁且养老金缴费期满 40 年的劳动者,才能领取全额养老金。缴费期不满 40 年且选择提前退休的,55 岁时退休只能获得 43% 的养老金,而 64 岁退休则能领取 96% 的养老金。对于推迟退休、选择继续工作的群体,政府提供了有效的激励机制,超龄工作期间其养老金每年将增长 5%。

巴西政府也开始实施退休制度改革。目前,大多数巴西职工领取全额退休金仅需满足两个条件:一是累积缴纳养老保险费满 15 年;二是达到法定退休年龄,男性职工年满 65 岁,女性职工年满 60 岁。只要缴费满一定年限(男性 35 年,女 30 年)即可选择提前退休,仍可以领取略少于全额工资的丰厚养老金。因此,大多数巴西工人的实际退休年龄远低于法定退休年龄。另外,法律规定私营企业职工最低退休年龄为男性 54 岁、女性 52 岁。

从国际上众多国家对退休年龄的规定和调整可以看出,多数国家对于退休政策的制定都是根据预期寿命的增高而不断进行弹性提升的,而且对于采取何种方案进行提高都有比较科学的调查与研究。国外的相关经验值得借鉴,相关研究对政策事实的介绍比较翔实,但对于政策实施后受众群的反应、对制度的评价以及相关社会经济效应的研究就比较缺乏,而且关于延迟退休政策的约束条件和政策环境缺乏深入剖析。

三、关于渐进式延迟退休方案思路的研究

对于渐进式延迟退休方案思路的研究,学者们主要围绕以下几个方面来进行。在宏观方案的设计方面,李绍光建议将基础养老金待遇与缴费年限挂钩改为与缴费累计额挂钩。同时,他提出推行延迟退休应分阶段、分部门实施,选择在劳动供给弹性较大的部门、行业和劳动力市场实行弹性退休制度。[①] 黎文武、唐代盛认同实行弹性退休政策。从制度安排上看,弹性退休政策使退休养老保险制度更具灵活性,为逐步提高法定退休年龄找到一条切实可行的过渡性路径。在推行弹性退休时,应该构建养老保险制度对弹性退休政策的激励机制,如对提前退休者加大养老金给付的精算扣除,增加延期退休养老金给付额的精算调增幅度,

---

① 李绍光:《社会保障税与社会保障制度优化》,载于《经济研究》2004 年第 8 期。

这样才能调动劳动者的劳动积极性，遏制提前退休现象。[1] 林义认为应推行综合性的退休政策改革思路。首先，坚决抑制提前退休；其次，逐步提高法定退休年龄，由于人们对习以为常的原退休年龄的心理调整往往需要较长的适应期，因而在我国人口老龄化的压力下，退休年龄调整方案宜早不宜迟；最后，逐步推行弹性退休政策。[2]

有学者对具体的实践过程进行了分析。如刘钧提出提高法定退休年龄可以采取分步走的策略，主要按以下几个步骤进行：第一步，2020年以前，退休年龄可以保持现行规定不变。第二步，从2020年起，就业压力减轻，法定退休年龄可以采取每隔3年提高1岁的"分步走"办法，逐步把法定退休年龄提高到60岁或65岁，以减轻社会保障负担的压力。第三步，2050年以后，职工法定退休年龄可以稳定在65岁。[3] 熊必俊则认为如果我们从2005年起，每隔5年把劳动年龄上限提高1岁，用25年的时间到2030年提高到64岁，是完全可能的。[4] 在具体方案设计方面，林宝考察了全国和部分城市的人口结构变化，认为2010年左右是调整退休年龄的最佳时机，并提出了提高退休年龄较理想的方案。方案分为两个阶段：（1）从现在起至2015年，将女性退休年龄统一为55岁，在2015年后取消原来女工人可在50岁、55岁间自由选择退休时间的政策。（2）从2015年开始，男性的退休年龄从60岁逐步提高到65岁，平均每6年提高1岁，女性的退休年龄则从55岁逐步提高到65岁，平均每3年提高1岁。[5] 李红岚也提出了提高退休年龄的建议，对提高退休年龄对养老保险缴费率、失业率的影响进行分析后，断定短期内实现退休年龄的大幅提高是不可能的。[6] 考虑到我国女职工退休年龄平均才52岁，而女性的预期寿命比男性长，所以先延长女职工的退休年龄，至65岁为止。男职工的退休年龄从2010年起每3年延长1岁，直至65岁为止。关于调整女性退休年龄方面，女性权益的研究专家潘锦棠提出，提高女性退休年龄的可能受益者是社会保险机构和愿意继续工作的女职工，可能受害者是政府就业机构、企业和一部分不愿意继续工作的女职工。[7] 所以他建议，政府在调整男女退休年龄时，应当全面考虑国家、企事业单位和个人三者之间的利益、男女之间的利益、赞成和反对提高退休年龄的不同女性之间的利益。

---

[1] 黎文武、唐代盛：《弹性退休制度与养老保险保障制度整合初论》，载于《西北人口》2004年第3期。
[2] 林义：《关于我国退休制度的经济思考》，载于《当代财经》1994年第1期。
[3] 刘钧：《我国社会保障制度改革的两难困境和选择》，载于《财经问题研究》2005年第1期。
[4] 熊必俊：《市场经济条件下退休养老制度改革的思考》，载于《中国老年学杂志》1994年第4期。
[5] 林宝：《中国退休年龄改革的时机和方案选择》，载于《中国人口科学》2001年第1期。
[6] 李红岚、武玉宁：《提前退休问题研究》，载于《经济理论与经济管理》2000年第2期。
[7] 潘锦棠：《提高女性退休年龄的利弊分析》，载于《中国社会保障》2004年第8期。

现有研究关于延迟退休年龄的思路不少，但大多是从宏观角度提出了延迟退休的观点以及具体构想，缺乏科学论证和技术操作。因此，需要通过学理研究、政策论证和实践探索，全面分析延迟退休政策的社会经济效应，从而提出渐进式延迟退休的优化政策和具体思路，为政策实施提供参考借鉴。

四、关于渐进式延迟退休政策社会经济效果的研究

在渐进式延迟退休政策的社会经济效果方面，学者们的研究主要是从以下几个方面进行的。首先，在人力资本存量及经济竞争活力方面，仁学军认为，退休年龄较低的情况下，过早退休使大量高级专业技术人才和特种技能人才还在年富力强、适合工作的状态下退出职业岗位，失去了发挥专长和为社会创造价值的平台，多年积累下来的专业技能和丰富经验因退休而不能充分开发利用。同时，固定的退休年龄与生命周期相矛盾，在人的一生中，个人的精神财富以及人生智慧、实践经验是不断积累与完善的一个过程。[①] 在老年时期，人生经验得到了积累与梳理，而这正是年轻人缺乏的。[②] 我国老年人口规模大，资源丰富，应当充分开发和利用老年人力资源。[③] 还有学者认为老年是人生命历程中的一个阶段，一般用年龄来加以界定。而年龄是多维的，年龄的多维性决定界定的多维性。人类寿命的延长、主体界定的提高、老年资源开发的需要为重新界定提供了主客观的可能性，有必要重新对老年人的年龄进行界定和思考。[④] 随着我国老龄化、"少子化"程度的加剧，劳动力短缺的现象业已出现，有必要对退休年龄适时做出调整。[⑤] 同时，部分学者认为当前的退休年龄不利于提升企业的竞争力，建议延迟退休。有学者认为退休金实际上是劳动成本的一部分，若其他条件不变，则退休年龄越早，劳动力成本越高，企业竞争能力越弱。[⑥] 目前中国城镇养老保险制度的社会统筹缴费率已经很高，而高缴费率使企业的社会保障负担过重，影响了企业的竞争力。[⑦] 还有学者利用"中国社会保险收支预测模型"进行预测，若将退休年龄逐步提高，缴费率则有所下降，因此认为延迟退休是降低养老保险缴

[①] 仁学军：《对延长法定退休年龄的几点思考》，载于《管理学家》2010 年第 5 期。
[②] 邵国栋、翟晓静：《人口老龄化挑战中国现行退休年龄规定》，载于《未来与发展》2007 年第 6 期。
[③] 马英：《论我国老年人力资源开发》，载于《黑河学刊》2006 年第 6 期。
[④] 顾大男：《老年人年龄界定和重新界定的思考》，载于《中国人口科学》2000 年第 3 期。
[⑤] 唐钧：《推迟退休年龄：适时、适势和适度》，载于《学习月刊》2006 年第 4 期。
[⑥] 李珍：《关于退休年龄的经济学思考》，载于《经济评论》1997 年第 1 期。
[⑦] 柳清瑞、苗红军：《人口老龄化背景下的推迟退休年龄策略研究》，载于《人口学刊》2004 年第 4 期。

费率,减轻企业和个人负担的有力措施。① 有学者用数据模型对退休年龄和企业养老金缴费率之间的关系进行了预测,得出的结论是随着退休年龄的提高,缴费率呈下降趋势。从横向比较,同一年中,退休年龄延长幅度越宽,缴费率就越低。这样的话,较低的缴费率可减轻企业的劳动力成本,促进企业的发展,能够吸纳更多劳动力就业。②

在渐进式延迟退休政策对就业的影响方面,主要研究领域集中于渐进式延迟退休是否对劳动力市场产生冲击,会不会挤占年轻人的就业机会。有学者提出我们应该走出"低龄退休有利于年轻人就业"的误区;相反,提高退休年龄的制度对就业是有积极意义的。③ 延长退休年龄并不必然导致失业率上升。美国在1935年颁布《社会保障法》,促使老年人在65岁退休并能够享受养老金,其重要目标之一就是降低失业率、增加青年工人的就业机会。20世纪70年代,德国、奥地利等国为缓解就业压力曾采取鼓励退休的政策,但都未收到预期效果。相反,如果退休年龄过低,退休后再就业率将会偏高,对于退休后再就业者,养老金更多地成为工资外的福利,其根本就不会腾出岗位。④ 在中国劳动力市场上,老年人与年轻人的就业岗位间不存在绝对的替代关系。⑤ 老年人早点退休就能给年轻人创造更多就业机会这一观点源于一种古老而错误的"劳动力市场就业总量衡定假说"。事实上,现代劳动市场经济学理论中关于均衡劳动力市场的概念中最重要的含义之一便是经济中没有固定工作数量这样的东西,可就业的数量是一个变量,它取决于供给曲线、需求曲线和均衡工资率。⑥ 一方面,年龄大的职工提前退休让出的工作岗位,不一定有合适的年轻人去顶替,因而出现了有的人没工作干与有的工作没人干并存的现象;另一方面,提前退休离开原工作岗位的职工,并不一定退出劳动领域,这是因为年长者有经验、有技能、索取报酬低、无社会保险的缴费责任,所以许多单位愿聘用已办理退休手续的老年人。⑦ 因此,有工作技能的熟练工人"提前退休"不仅不利于年轻人就业,而且还可能给国民经济带来消极影响,从而加重失业。⑧ 国外学者也对延迟退休对就业的影响有自己的观点。他们认为,许多人一直有这样一个错误的观念,那就是较早的退休,

---

① 雷小峰、唐益军:《延长退休年龄 完善养老保险——对深化养老保险体制改革的对策思考》,载于《财经理论与实践》2002年第S1期。
② 李红岚、武玉宁:《提前退休问题研究》,载于《经济理论与经济管理》2000年第2期。
③ 李珍:《关于中国退休年龄的实证分析》,载于《中国社会保障》1998年第4期。
④ 樊明:《退休行为与退休政策》,社会科学文献出版社2008年版。
⑤ 罗元文:《养老保险制度中关于退休年龄的探讨》,载于《市场与人口分析》2001年第6期。
⑥ 韩文丽:《当代中国人口社会养老保障制度的风险分析与道路选择》,西南财经大学博士学位论文,2002年。
⑦ 史柏年:《退休年龄与养老金支付》,载于《人口与经济》2001年第2期。
⑧ 张广科:《关于应对人口老龄化危机的经济学思考》,载于《人口学刊》2002年第4期。

让老年人提前离开工作岗位会给年轻人提供更多的工作机会。有学者研究表明，认为自己会完全退休的人比那些退休后认为自己会继续工作的人要少得多。另一个重要的发现是收入的增加不会影响劳动者退休后是否继续工作。支持退休后继续工作的法案和政策旨在提高劳动参与率，而提高退休年龄则会使其更有效率。大多数美国人表示会在退休后继续工作，并且收入所得会占其退休收入的相当一部分。[①]

在对养老保险基金收支产生的影响方面，有以下几种代表性观点：延迟退休不仅可以通过增加缴费人数和缴费年限来增加养老保险基金的收入，而且可以通过减少养老金的支付时间来增加养老保险基金的收入，即延迟退休从多收少支两条渠道来改善养老金的收支均衡。根据测算，退休年龄每提高1年，基金可增收40亿元，减支160亿元，减缓基金缺口200亿元。[②] 同时通过对退休年龄的敏感性分析可知，退休年龄每提高1%，基金缺口缩小1.949%；如果退休年龄提高5岁，那么基金缺口将缩小22.69%。[③] 可见，提高退休年龄可直接节省大量退休金支出；另外，提高退休年龄实际上是延长了劳动者的劳动时间，因而会增加劳动创造的收入，也会增加退休金的本利积累。因而，提高退休年龄对减缓退休金的压力具有很现实的意义。[④] 如果在预期寿命不断延长的情况下，坚持退休年龄不变，就会使预期寿命的延长成为受赡养岁月的延长，增加养老保险基金的支出，加重老龄化对养老保险基金积累的不利影响。[⑤] 有学者利用精算学方法，通过人口预测模型和养老保险基金收支预测模型的建立和实证研究，分析人口因素主要变量对我国未来基本养老保险基金收支平衡的影响，得出职工的初始工作年龄上升和退休年龄的推迟会缩小基础养老金基金收支缺口，国家应当鼓励延迟退休的结论。[⑥] 还有学者计算了延迟退休对养老金隐性债务的影响，如果进行退休年龄的改革，则2020年退休职工的养老金债务总额为43 092.77亿元。比不改革时减少2 110.79亿元，减少幅度为4.67%。[⑦] 也有人研究了不同退休年龄组合方

[①] Caputo R. K.. Increased Wealth and Income as Correlates of Self – Assessed Retirement. *Journal of Gerontological Social Work*, 2006, 47 (1/2): 175 – 201.

[②] 柳清瑞、苗红军：《人口老龄化背景下的推迟退休年龄策略研究》，载于《人口学刊》2004年第4期。

[③] 邓大松、刘昌平：《中国养老社会保险基金敏感性实证研究》，载于《社会保障制度》2002年第4期。

[④] 欧翠珍：《对我国低龄退休现象的经济学思考》，载于《中山大学学报》（社会科学版）1997年第6期。

[⑤] 熊必俊：《中国养老基金缺口及对策研究》，载于《城市管理》2004年第6期。

[⑥] 骆正清、陈周燕、陆安：《人口因素对我国基本养老保险基金收支平衡的影响研究》，载于《预测》2010年第29期。

[⑦] 林宝：《提高退休年龄对中国养老金隐性债务的影响》，载于《中国人口科学》2003年第6期。

案对社会统筹基金收支的影响,认为女性退休年龄偏低是威胁社会保障基金收支平衡的主要因素,若延迟退休将会推迟缺口出现的时间,建议逐步提高法定退休年龄。[1] 国外有学者认为,中国的退休年龄低,养老成本较高,使旧的养老保险体系承受相当大的财政负担,给经济带来很大的现实负担,而且在2015年劳动年龄人口比重下降时,制度内的赡养负担更重。如果用合理的精算方法将积累的基金转换成年金,则会使养老金增加,激发人们的工作积极性。按照中国现在的政策,假设退休后的预期寿命为10年,用积累简单除以120得到每月养老金,而不随预期寿命变化。解决养老金不足问题的最好方式是使公式在精算上合理,对退休年龄做出反应。[2]

现有研究虽然部分涉及了延迟退休政策的社会经济效果,但缺乏深入系统的效应研究,缺乏对政策约束条件和反馈机制的研究,从而得出的结论尚不够科学全面。因此,需要从渐进式延迟退休政策对劳动力结构与就业、收入分配、经济增长、养老保险基金收支与养老保险制度改革、公众社会预期与社会稳定等的影响方面进行全面分析和科学论证。

五、研究现状总体评述

退休制度不是从来就有的,而是随着人类文明的进步、社会的发展建立起来的。关于如何看待退休制度学界存在两种观点。一种观点倾向个人收入在整个生命周期中的再分配,认为劳动者在年老体弱无法从事劳动工作时需要依靠年轻时积累的财富维持生活。另一种观点倾向代际转移,认为退休制度是代际间的抚养问题,老年人在年轻时将精力投身于整个社会财富的创造中,等到年老无法劳动时理应由下一辈年轻人承担赡养责任。退休制度的本质是为了保障老年人的晚年生活,而退休制度的设计则决定了老年人退休后的生活质量。因此,退休制度并不是一成不变的,合理的退休制度应考虑到劳动者个人的身体素质与主观意愿,适应时代和社会的发展。从世界范围来看,推迟退休已经成为一种应对老龄化风险的趋势,渐进式延迟退休也已成为退休领域里的热点话题之一,渐进式延迟退休制度已经在许多国家中开始逐步实施。选择渐进式延迟退休,不仅是因为这种退休方案设计更为合理,而且还考虑到不同身份劳动者的个人意愿,体现了人性化的思想。

---

[1] 丛春霞:《延长退休年龄对养老保险基金缺口的影响分析》,载于《中国发展观察》2009年第12期。
[2] James E.. How can China solve its old age security problem? The interaction between pension, SOE, and Financial Market Reform. *Comparative Economic & Social Systems*, 2003, 1: 53-75.

讨论和研究渐进式延迟退休政策，为我国退休制度改革和应对老龄化带来的风险提供了一种新思路，具有深远和重大的现实意义。在国内研究中，对于渐进式延迟退休制度的深入研究仍显不足，不少研究仍停留在是否要采用此项制度的层面上，对于其政策的社会经济效应分析也较为零散，整体性不强。但通过对大量文献的梳理，可以将渐进式延迟退休政策的社会经济效应归纳为五个方面，分别是养老金积累效应、收入分配效应、劳动就业效应、经济增长效应与社会心理效应。由此可见，渐进式延迟退休政策的社会经济效应不是单一的，而是复杂的、多元的，需要全方位的整体把握。

分析政策效应的作用就是要用其指导政策的制定，规避和削弱政策实施过程中可能出现的负面影响。对渐进式延迟退休政策社会经济效应的反馈和优化作用的研究，目前在学界还基本是空白。一些学者在分析了政策的效应后，却没有对此类效应如何影响政策的制定与实施，以及如何利用政策强化（正效应）、消除（负效应）或限制（有条件的正效应）此类效应的产生等问题进行进一步的研究，从而缺乏研究的全面性和连贯性，缺乏对退休年龄决定机制的学理化研究，也无法真正实现此类研究的现实价值。

通过对现有研究成果的总结和梳理，本研究进一步明确了研究的重点和方向：一是全面性深化研究，从跨学科、多领域的视角对渐进式延迟退休政策所产生的社会经济效应进行全面深入的分析；二是反馈式创新研究，从社会经济效应出发研究其对政策的反馈作用和机制，以调整政策方向，优化政策效果，更好地发挥渐进式延迟退休政策的积极效应，最大限度地兼顾社会价值与个人利益，以实现我国更加合理的退休制度与更加公平可持续的社会保障制度。

第三节 研究内容与研究方法

一、研究内容

基于对国内外延迟退休政策的经验研究，本研究从多维视角分析渐进式延迟退休政策的社会经济效应，基于延迟退休政策的决定机制及其影响效应，研究内容包括：

（一）国际养老金改革视野下延迟退休政策的社会经济背景研究

将延迟退休政策置身于国际视野之中，通过研究国际养老保险改革情况和不同文化背景下该政策的社会影响,具体分析渐进式延迟退休政策提出的政治、经济、社会、历史、文化等背景因素。在当前世界各国老龄化趋势加剧的背景下,未来全球养老金的收支平衡将会面临巨大挑战,而弥补缺口所引致的国家财政负担也将十分严重,显示出养老金改革的必要性和紧迫性。同时,我国各地区、行业、人群、职业的养老金待遇水平与退休年龄政策不尽相同,体现了我国仍处于社会转型期的经济社会背景,延迟退休政策的制定需要充分考虑不同经济条件和社会领域的特殊性和差异性。

(二) 退休年龄的决定机制和政策方案研究

对退休年龄进行渐进式的延迟是经济发展的必然要求,也是社会发展的必然选择,这是未来退休年龄政策改革的总体思路。退休年龄应该怎样进行延迟,延迟的程度如何,这些都取决于对于延迟退休政策决定机制的研究。本研究通过对国内外延迟退休政策的经验梳理,进行决定机制的经验分析;在经验分析的基础上,客观研判我国具体国情以及未来发展趋势,对于实现渐进式延迟退休的决定机制进行学理论证。基于经验观察与学理论证,分析出渐进式延迟退休的决定机制。通过理论建模和参量调整,探究退休年龄的最优决定机制和政策工具。剥离出影响渐进式延迟退休政策制定相关因素的约束条件,对方案的相关效应进行激励性与阻碍性分析,强化政策正效应,规避、减少负效应。

(三) 渐进式延迟退休政策的社会经济效应研究

政策的产生是为一定的社会经济目标而服务的,而政策在实施的过程中,不仅会朝着达到其预期目的的方向发展,同时也会产生相关连带性影响。渐进式延迟退休的政策在其发挥作用的过程中,不仅会实现延迟退休这个最终的政策目标,同时也会产生其他社会经济效应,这些效应对于政策的客体也会产生巨大的影响。本书将从人力资本存量与经济竞争活力、就业、收入分配、养老保险基金收支、公众社会预期与社会稳定五个方面对渐进式延迟退休政策的乘数效应、替代效应、诱导效应、累积效应和传递效应进行研究,通过以上五个方面的研究,寻求延迟退休政策制定与实施过程中可能的政策风险及控制途径,从而使政策的制定更加科学合理。

(四) 基于渐进式延迟退休政策效应的方案调整和政策优化研究

基于国际经验与我国人口平均余命的延长,延迟退休是一种必然趋势,对于不同群体采取差异化延迟方案的同时,也应对延退政策采取配套的激励机制和保护机制。基于渐进式延迟退休的经济效应，在借鉴欧美和我国台湾地区退休政策经验的基础上，运用机制设计理论（退休机制＝工作年限＋标准退休年龄），理性分析延退政策的激励机制和保护机制，比较各种方案的政策约束条件，调整与控制政策负向效应产生的因素和条件，进而实现政策工具的优化组合，不断推动政策向着在实现政策既定目标的同时兼顾社会公平稳定的方向发展，使政策不断优化，能够真正落到实处。

（五）基于渐进式延迟退休政策效应的养老金改革研究

养老金制度改革本质上是费率、费基与工作年龄、缴费年限、退休年龄之间的动态均衡，科学的延迟退休年龄政策是养老金制度整体改革的重要支撑。本书将从延迟退休政策与养老金制度改革相互作用的视角，厘清参量调整与整体推进的关系，寻求通过参量改革推进制度改革，探讨延迟退休政策支持条件下的养老金制度改革路径。

二、研究方法

基于对渐进式延迟退休方案的科学测算与优化比较，通过文献梳理、理论研究、实地调研、专家咨询等多种方法和手段，多学科视角探索渐进式延迟退休政策对我国劳动力存量与经济竞争力、就业、收入分配、养老保险基金收支、公众社会预期及社会稳定等方面的社会经济效应。具体如下：

（1）文献分析法：本研究集中回顾有关劳动经济学、人口学、社会保险基金管理以及社会保险精算方面的文献，梳理国内外相关研究，力求全面掌握相关理论和方法的最新研究进展，充实理论部分的阐述和分析。

（2）历史分析方法：在进行延迟退休相关理论梳理、制度沿革和实践考察的研究中，运用历史的研究方法，既可以对延迟退休的社会经济效应有一个纵深研究，又能增强课题研究的现实感。

（3）比较制度分析法：采用比较制度经济学中静态分析与动态分析相结合的方法，重点分析不同国家、地区退休年龄政策的现状及其对社会经济状况产生的效应与影响；结合国外经验及我国实际探索制定符合我国现实国情的渐进式延迟退休方案；深入探索不同方案对我国社会经济各方面产生的效应，并选择目前条件下的最优方案。

（4）利益相关者和政策网络分析方法：运用利益相关者理论的相关方法和步骤，对渐进式延迟退休政策需求者、政策倡议者、政策设计者、政策制定者、政策执行者、政策评估者等主体各方的权益进行分析，研究相关政策对各方主体产生的社会经济效应，从而选择最优政策工具，体现政策的溢出效应和溢出机制。

（5）统计分析和保险精算方法：使用SPSS/SAS统计分析软件进行数据处理和分析，对渐进式延迟退休政策的方案进行设计及仿真研究。

（6）典型案例和实地访谈法：综合考虑各地经济发展水平、人口年龄结构、劳动就业状况等因素，展开调查研究。样本的选择采取典型抽样原则，挑选已实施渐进式延迟退休政策的试点地区进行重点分析，从当地的实践经验中总结规律、探究现状。就研究中的关键问题对样本地区的各方利益主体进行访谈，了解潜在的利益要求及不同政策方案下产生的不同社会经济效应。

第二章

国际经验：发达国家退休年龄调整的实践与策略

第一节 全球人口老龄化与各国延迟退休政策背景

全球经济发展与社会进步促使全球出生率和死亡率的双重下降，进而导致世界多数国家正在普遍经历人口老龄化的过程，且人口老龄化的速度也在不断加快。据联合国2013年统计数据显示，全球60岁以上人口占总人口的比重已由1990年的9.2%上升至2013年的11.7%，至2050年这一比例将攀升至21.1%。从"老年支持比"指标来看，1950年平均12个劳动人口抚养一个老龄人口，2013年该指标降低为8，预计2050年该指标将进一步降低为4。[①] 人口老龄化及各国的应对，有其深刻的社会经济背景。

（一）生活水平的提高和医学技术的进步，促进了人口预期寿命的延长

由于生活水平的提高和医疗技术的进步，人类预期寿命持续增长（见表

[①] United Nations, Department of Economic and Social Affairs, Population Division (2013). World Population Ageing 2013. ST/ESA/SER. A/348.

2-1)。1960 年,经济合作与发展组织（OECD）国家男性预期寿命集中在 65～71 岁,女性集中在 66～74 岁;到 2010 年,男性预期寿命增长到 76～79 岁,普遍增长了 10 岁以上,女性则增长到 81～84 岁,平均增长了接近 10 岁。而且,不同国家之间预期寿命差距也逐渐缩小。1960 年,葡萄牙男性预期人均寿命仅为 61.2 岁,比最高的挪威（71.6 岁）少 10.4 岁;到 2010 年,最低的美国（76.2 岁）与最高的日本（79.6 岁）相差仅为 3.2 岁;同期发达国家女性预期寿命的最大差异也从 8.7 岁下降到 5.3 岁。预期寿命延长意味着人口老龄化相关成本的增长,它不仅包括老年人领取退休金的时间变长,而且意味着更多的老年照料、医疗服务费用,进而要求对原有的养老成本负担方式加以调整。于是在世界范围内,尤其是养老金制度发展比较完善的国家,在 20 世纪 90 年代纷纷开始对原有的老年福利给付方式进行相应的调整。

表 2-1　　　　主要发达国家不同年份出生时的预期寿命

国家	女性 1960年（岁）	女性 2000年（岁）	女性 2010年（岁）	增长（%）	男性 1960年（岁）	男性 2000年（岁）	男性 2010年（岁）	增长（%）
澳大利亚	73.9	82.0	84.0	10.1	67.9	76.6	79.5	11.6
加拿大	74.2	81.7	83.2	9.0	68.3	76.3	78.6	10.3
法国	73.6	82.8	84.7	11.1	67.0	75.2	78.0	11.0
德国	71.7	81.2	83.0	11.3	66.5	75.1	78.0	11.5
希腊	70.4	80.6	82.8	12.2	66.8	75.5	78.4	11.6
意大利	72.1	82.8	84.7	12.6	67.0	76.9	79.5	12.5
日本	70.2	84.6	86.4	16.2	65.3	77.7	79.6	14.3
荷兰	75.4	80.5	82.7	7.3	71.5	75.5	78.8	7.3
挪威	76.0	81.5	83.3	7.3	71.6	76.0	79.0	7.4
葡萄牙	66.7	80.2	82.8	16.1	61.2	73.2	76.7	15.5
西班牙	72.2	82.9	85.3	13.1	67.4	75.8	79.1	11.7
瑞典	74.9	82.0	83.5	8.6	71.2	77.4	79.5	8.3
英国	73.7	80.3	82.6	8.9	67.9	75.5	78.6	10.7
美国	73.1	79.3	81.1	8.0	66.6	74.1	76.2	9.6

资料来源:OECD 统计数据库。

（二）低出生率和人口预期寿命的延长,加剧了人口老龄化的规模和程度

根据人口转型理论（the theory of demographie transition）,世界人口增长经历

了三个阶段。第一阶段为前工业化时期，人口特征表现为高出生率、高死亡率，人口自然增长率较低。第二阶段为工业化初期，由于公共卫生条件的改善、较好的食物供应和收入的提高，人口特征表现为高出生率、低死亡率，人口自然增长率保持在较高水平上，人口总量增长较快。第三阶段为完全工业化时期，人口特征表现为低出生率、低死亡率，人口总量呈现出低增长、零增长甚至负增长的状态。当前人类社会正处于完全工业化时期又称后工业时期，由于卫生医疗水平的提高，人口的期望寿命增长，有的国家或地区已超过退休年龄20~30年，这使得人群中的老年人口比例增大，人口老龄化程度进一步加深。

老年人口占比和老年赡养比（老龄人口与劳动人口的比例）是衡量老龄社会阶段性的指标。2001年《联合国世界人口老龄化报告（1950~2050年）》指出，60岁及以上人口占比达10%或65岁以上人口占比达7%，则认为该国家或地区进入老龄社会，届时老年赡养比约为1：10，即10个劳动人口供养一个老龄人口。2000年发达国家65岁以上人口占比已达到14.3%，通常老年赡养比达到1：5（21.2%），视为该地区或者国家进入深度老龄社会。预计在2035年左右，发达国家65岁以上人口占比将达到21.2%，将进入超级老龄社会。

世界银行数据显示，截至2012年末，全球老龄化程度达7.83%，表明全球已经进入了老龄化社会。全球老龄化程度最高的10个国家有：日本（24.40%）、德国（21.10%）、意大利（20.82%）、希腊（19.40%）、保加利亚（18.92%）、瑞典（18.91%）、拉脱维亚（18.53%）、葡萄牙（18.50%）、芬兰（18.32%）和奥地利（18.24%）。2012年末，全球共有83个国家（地区）的老龄化程度超过了7%。其中，欧洲44国占53%；南美洲13国占16%；亚洲11国（地区）占13%；北美洲8国占10%；大洋洲4国占5%；非洲3国占3%。2012年，美国的老龄化程度为13.63%，中国的老龄化程度为8.68%，均超过了全球平均值，分别位列第41位和第67位。表2-2列举了部分发达国家老龄化的程度与规模，从表中看来，发达国家在1960年之前就纷纷进入了老龄社会，而从20世纪70年代到90年代末期又相继进入深度老龄社会。

表2-2　　　　1960~2012年部分国家老龄化程度与规模　　　　单位：%

国家	1960~1969年	1970~1979年	1980~1989年	1990年	1994年	1999年	2004年	2007年	2009年	2012年
奥地利	13.04	14.77	14.60	15.10	15.14	15.41	15.85	16.73	17.51	18.25
比利时	12.65	13.98	14.12	15.06	15.83	16.77	17.26	17.15	17.08	17.63
加拿大	7.74	8.49	10.18	11.23	11.81	12.44	12.97	13.44	13.88	14.82
德国	12.35	14.64	14.82	14.99	15.31	16.01	18.42	19.85	20.55	21.10

续表

国家	1960~1969 年	1970~1979 年	1980~1989 年	1990 年	1994 年	1999 年	2004 年	2007 年	2009 年	2012 年
法国	12.09	13.43	13.42	14.13	14.99	15.88	16.39	16.48	16.62	17.47
希腊	9.08	12.14	13.31	13.69	14.95	16.51	18.31	18.79	18.88	19.40
韩国	3.47	3.49	4.31	4.98	5.69	7.00	8.90	10.02	10.72	11.81
瑞典	12.57	14.92	17.10	17.78	17.54	17.30	17.21	17.52	17.93	18.91
美国	9.43	10.41	11.85	12.47	12.60	12.41	12.3	12.52	12.84	13.63

资料来源：OECD 统计数据库。

（三）平均受教育年限的提高带来入职年龄的普遍延后，在既定退休年龄条件下降低了劳动参与率

受教育程度与劳动供给呈正相关关系，即受教育程度较高的劳动者更倾向于延长劳动供给时间。持这种观点的学者往往从人力资本投资理论出发，视教育为一种以增加预期收益为目的的投资。由此推断，受教育程度较高的劳动者，劳动回报率（或工资）随年龄增长出现下降的可能性相对较小，延迟退休不仅使其具有更高的预期收益，而且是补偿其最初教育投资成本的理性选择。

受教育水平的提高有利于改善劳动力的人力资本水平和增加有效劳动供给，劳动者的受教育水平与其退休抉择密切相关。劳动者选择何时退出劳动力市场，往往是根据自身的人力资本特征、资源禀赋及市场环境抉择的。

1995~2015 年 20 年间 OECD 国家 25~34 岁的人口中接受高等教育的比例从 1995 年的 23.3% 到 2015 年的 42.12% 增长了近 20 倍。澳大利亚同类人群比例从 1995 年的 24.7% 到 2015 年的 48.47%，增长了 20 多倍；法国从 25.4% 增长到 44.73%；瑞典从 28.59% 增长到 46.41%；美国从 33.6% 增长到 46.52%；日本到 2015 年这一比例则达到了 59.65%。接受高等教育人数比例的不断增加表明人们用于接受教育的年限被拉长，从而客观上推迟了这类人群正式进入劳动力群体的时间，即导致入职年龄的普遍延后，在退休年龄一定的情况下降低了劳动参与率。接受过高等教育的人，其人力资本高，收入也要明显高于其他群体，这会激励他们愿意延长劳动力寿命，被称为"激励性延长"。而对于人力资本低的人，收入也低，所以在同等劳动力寿命情况下，其养老金比其他人低，所以不得不通过延长劳动寿命来补偿养老金的不足，称为"补偿性延长"。从国际退休年龄政策改革的经验来看，延迟退休政策的实施与该国家人口平均受教育水平具有显著正相关关系。

接受高等教育人数的增加意味着这个群体的人普遍入职年龄会延迟。如果退休年龄保持不变，则会导致劳动参与率下降，也从另一方面给延迟退休年龄提供了必要的条件和空间。

（四）大规模提前退休导致劳动参与率持续下降

提前退休是劳动者在法定退休年龄（全额年金获得年龄）之前退出劳动力市场、停止经济活动的行为选择。为满足老年人的多样化需求，西方国家往往规定只要达到一定条件就可以提前退休。提前退休原本是为了满足部分劳动者特殊退休需求而产生的，但是在20世纪80~90年代，在经济增长放缓、产业结构调整、雇主年轻劳动力偏好以及社会养老制度的多重激励下，提前退休甚至成为一些国家主要的退休形式。20世纪60~90年代中期，大规模提前退休导致劳动参与率持续下降，导致发达国家劳动力增长明显受限。20世纪60年代早期，大多数发达国家55~64岁老年劳动者劳动参与率都在70%~80%，但到了20世纪90年代中期，这一比率降到了20%~40%。20世纪最后30年中，发达国家高龄劳动者的劳动参与率呈现长期下降趋势，特别是作为主要劳动力的男性劳动力参与率下降非常明显。1976~2000年，多数发达国家55~64岁男性劳动者的劳动参与率都明显下降：OECD国家男性高龄劳动者平均劳动参与率下降了11.7个百分点，西班牙下降了近20个百分点，德国、澳大利亚和加拿大下降超过15个百分点（见表2-3）。

表2-3 主要发达国家55~64岁男性劳动者的劳动参与率 单位：%

国家	1976年	1980年	1984年	1988年	1992年	1998年	2000年
澳大利亚	76.2	69.0	62.2	61.7	61.6	60.9	60.8
加拿大	75.9	74.5	70.3	65.3	61.2	58.9	60.7
法国	N/A	N/A	45.7	41.8	38.6	35.6	35.4
德国	68.1	67.3	57.9	57.6	53.1	55.4	52.4
希腊	N/A	N/A	69.1	62.9	59.8	57.5	57.3
意大利	40.0	39.6	55.2	53.0	51.3	43.5	42.7
日本	85.9	85.4	83.8	82.3	84.9	85.2	84.1
挪威	82.2	79.5	80.3	75.6	71.8	76.0	74.4
葡萄牙	78.7	74.6	68.4	63.9	63.9	65.3	64.4
西班牙	80.2	75.9	69.1	62.2	60.8	58.2	60.5
瑞典	81.5	78.8	76.1	74.4	73.1	71.5	72.6

续表

国家	1976 年	1980 年	1984 年	1988 年	1992 年	1998 年	2000 年
英国	N/A	N/A	70.0	68.0	65.7	62.6	63.2
美国	74.3	72.1	68.6	67.0	67.0	68.1	67.3

资料来源：OECD 统计数据库。

由于妇女已经大规模进入劳动力市场，发达国家劳动力蓄水池已基本干涸，在人口老龄化和高龄劳动者参与率下降背景下，从目前的人口出生率和劳动参与率来看，发达国家极有可能出现劳动力短缺状况：OECD 国家的劳动力总量将在 2020 年左右达到顶峰，然后逐渐下降。[①]

（五）提前退休以及人口老龄化的双重作用导致了养老金支付压力的增加

提前退休行为在终止缴费贡献的同时加大了养老金的支付压力，如表 2-4 所示。澳大利亚公共养老金支出占 GDP 的比例从 1970 年的 2.6% 上涨到 1980 年的 4.3%，同期比利时从 6.5% 上涨到 10.1%。这种上涨幅度一直持续攀升至 2010 年，2010 年澳大利亚上涨到 4.7%，其他国家也类似。

表 2-4　　　1960~2010 年部分发达国家公共养老金支出占 GDP 的百分比　　　单位：%

国家	1960 年	1970 年	1980 年	1990 年	2000 年	2010 年
澳大利亚	2.9	2.6	4.3	4.1	4.6	4.7
奥地利	8.3	10.0	11.7	12.8	12.9	14.5
比利时	4.8	6.5	10.1	9.9	9.8	10.5
加拿大	2.1	2.4	3.4	4.7	4.7	4.9
丹麦	3.3	5.1	6.4	6.7	6.9	8.1
芬兰	4.5	6.1	7.5	9.4	9.4	12.0
法国	4.7	6.7	9.0	11.1	12.3	14.3
德国	8.2	8.8	10.2	9.5	11.0	10.9
意大利	4.5	6.7	9.8	10.9	14.0	15.6

[①] 陈厚义：《老龄化经济风险防范的政策体系——发达国家的经验与启示》，载于《人民论坛·学术前沿》2013 年第 11 期。

续表

国家	1960年	1970年	1980年	1990年	2000年	2010年
日本	1.2	1.1	4.2	5.2	7.7	10.0
荷兰	3.7	6.2	10.3	10.9	7.5	6.8
瑞典	3.5	4.9	8.8	9.6	9.1	9.2
美国	3.9	4.9	6.5	6.3	6.3	6.8

资料来源：OECD 统计数据。

20世纪80年代西方福利国家的实践中，由于政府、工会和企业对提前退休普遍采取积极鼓励态度，提前退休者往往能够通过各种途径（政府补贴、公司福利等）获得比法定退休金替代率更高的，甚至全额的退休金待遇，这无形中加大了公共养老金的财政压力。另外，慷慨的高龄劳动者病残福利和失业福利政策也加剧了公共养老压力。劳动者因疾病、伤残退休审核比较宽松，待遇可以达到净收入的80%~90%，这导致20世纪80年代以来发达国家的伤残年金增长非常迅速，如英国丧失工作能力补贴在1979~1998年猛增了2倍多，达到社会保障财政预算的10%。另外，一些发达国家高龄劳动者失业福利比较慷慨，劳动者在失业后可以领取4~5年、大约相当于工资80%的失业保险金，直到开始领取退休金。因此，缓解养老金的支付压力，增加养老金制度的可持续性，构建科学合理的养老金调整机制就成为国际社会养老金改革的基本共识。

第二节 发达国家延迟退休的方案与效果分析

发达国家在各自特定的政治经济环境中，通过以上延迟退休的各种政策组合以期达到提高退休年龄的目的，缓解因人口结构老化带来的各种社会、经济问题。而在具体的延迟退休的方案设计中尽管提高的幅度与速度不尽相同，但都采取渐进的，逐步提高退休年龄的政策。

而在政策的启动时间方面，根据国际惯例，国民人均预期寿命减去养老金平均支付年限（最长15年）是领取全额养老金的年龄。先行进入老龄社会的发达国家经验表明，提高领取养老金年龄应与国家人口老龄化时间表同步。具体实施分三个阶段（见表2-5）。

表 2-5　　　　　　　　OECD 主要国家延迟退休方案

国家	延迟退休方案
美国	2027 年将法定退休年龄由当前的 66 岁提高到 67 岁
英国	2018 年前,男女领取养老金年龄逐渐达到 65 岁,2026 年前逐渐提高到 66 岁,2028 年前逐渐提高到 67 岁。到 2028 年,可领取私营养老金储蓄年龄逐渐从 55 岁提高至 57 岁。私人养老金将可在正常退休年龄前 10 年支取
德国	2012~2029 年,1964 年后出生的劳动者的标准退休年龄从 65 岁逐渐升至 67 岁。自 2014 年 7 月起工作满 45 年的人员退休年龄从 65 岁降至 63 岁。从 2016 年开始退休时间将每年增加两个月,直到达到 65 岁
澳大利亚	2017~2023 年,1952 年后出生的劳动者(男/女)领取养老金的法定退休年龄从 65 岁逐渐升至 67 岁
比利时	政府宣布了一项决定,到 2030 年逐渐将领取养老金的年龄提高为 67 岁
法国	全额养老金的缴费年限将每季度增加 1/4,到 2035 年达到 43 年的缴费年限
意大利	女性领取养老金的年龄自 2018 年起从 60 岁上升至 66 岁,与男性齐平
荷兰	2014 年,职业年金的领取年龄由原来的 65 岁提高到 67 岁,对体力要求高的职业的提前退休正在逐步取消
葡萄牙	退休年龄由 65 岁提高至 66 岁。长期失业者可在 57 岁退休,退休年龄与预期寿命有关
匈牙利	2012~2017 年,领取养老金年龄从 62 岁提高至 65 岁
爱尔兰	领取养老金年龄在 2014 年前从 65 岁逐渐升至 66 岁,2021 年升至 67 岁,2028 年升至 68 岁
波兰	男性退休年龄在 2013~2020 年从 65 岁逐渐升至 67 岁,女性退休年龄在 2013~2040 年从 60 岁逐渐升至 67 岁
土耳其	2048 年前,男性领取养老金年龄从 60 岁逐渐升至 65 岁,女性领取养老金年龄从 58 岁逐渐升至 65 岁

资料来源：根据 Pension at a Glance 2015：retirement-income Systems in OECD and G20 countries - OECD 2015, chapter 1, pp. 34 - 43 整理而成（英国、德国、比利时、法国、荷兰、挪威、葡萄牙），根据 Pension at a Glance 2013：retirement-income Systems in OECD and G20 countries - OECD 2013, chapter 1, pp. 30 - 40 整理而成（澳大利亚、意大利、匈牙利、爱尔兰、波兰、土耳其，这些国家在 2015 年没有最新的改革方案，故采取 2013~2014 年的改革政策文本进行整理）。

第一阶段，老龄社会，当 65 岁及以上的老龄人口占总人口的 7% 时，开始准备提高养老金领取年龄方案，包括对国民进行人口老龄化教育、酝酿延迟退休配套措施、制定完善相应法律和增加养老金缴费年限等。

第二阶段，深度老龄社会，当老龄人口占总人口约 14% 时启动该方案，从表 2-2 能看出，在 2010 年大部分 OECD 国家已经进入深度老龄社会，在这个阶段将领取养老金的年龄延至 65 岁左右，如美国延迟至 66 岁，英国、德国延迟至 65 岁，并进行养老金体系改革，鼓励个人储蓄养老金，完善相关法律体系。

第三阶段，超级老龄社会，老龄人口占总人口约 21% 时，应当全面完成制度和法律建设，实现政策目标。从表 2-2 能看出，2025 年前后大部分 OECD 国家将迈入超级老龄社会，日本 65 岁以上老年人口高达 29.7%，部分国家将领取养老金的年龄延至 67~70 岁，如英国、美国。为此，美国提前 30 年进入延迟退休准备期，澳大利亚提前 20 年公布延迟退休方案，德国提前 5 年颁布提高退休年龄的法律。

对 OECD 主要国家 2007~2012 年男性与女性实际退休年龄与法定退休年龄的比较分析可以看出，虽然不同国家所采取的延迟退休政策相似，但政策实施的效果有所不同：除了韩国、日本等国家的实际退休年龄高于法定退休年龄外，大多数 OECD 国家实际退休年龄仍然低于法定退休年龄。因此，单纯依靠提高刚性的法定退休年龄并不必然带来实际退休年龄的提高。

OECD 主要国家延迟退休政策效应的不同主要源于其养老金制度与劳动力市场政策的差异。分别以日本与美国为例：日本退休年龄调整表现出与养老金制度改革和劳动力市场政策调整同步进行、协同演进的改革特征，这种特征正是日本退休年龄政策得以逐步完善与落实的关键和保障；而美国的延迟退休政策则缺乏支持其有效推行的制度环境。

日本退休年龄调整以双主线改革为特征：一是通过修订老年人就业法案，使劳动者退出劳动力市场的年龄从 2004 年的 60 岁提升到 2013 年的 65 岁；二是通过改革养老金制度，调整与退休年龄有关的退休金支付年龄和支付水平，规定如果劳动者在法定的正常退休年龄（65 岁）之前的 60~64 岁退休，则每年退休金将减少 6%，如果劳动者在 65 岁以后才退休，则每推迟一年养老金增加 8.4%。在提高退休年龄、调整年金支付结构的同时，日本还制定了推动中高龄劳动者就业的积极劳动力市场政策。例如，通过法律手段明确要求雇主禁止年龄歧视；创设银色人力资源中心（SHCE），为中高龄劳动者提供就业服务；给予积极雇用中高龄劳动者企业多层次、多渠道的就业补贴、补助和奖励以降低企业成本；直接给中高龄劳动者创业补贴和收入补助，激励其继续工作。

相反，美国公共和私人养老金计划被精心与有意地设计成鼓励退休的政策，以帮助解决美国的长期失业问题，致使其实际退休年龄低于法定退休年龄。虽然美国已将老年年金全额支付年龄由 65 岁逐渐提高到 67 岁，但 62 岁以上仍可申领减额年金，导致 62 岁以上劳动者的劳动参与率下降趋势极为明显；美国公共部门退休年金虽已逐渐改为缴费确定型（de-fined contribution plan），但仍属待遇确定型（de-fined benefit plan），这也是造成提前退休的诱因。此外，美国企业雇主对于中高龄劳动力亦持有负面态度，认为其无法弹性从事不同工作，缺乏应对新科技的新技能，还会因健康保险与年金成本较高而致使雇用中高龄劳工的成本增加等。

OECD主要国家的经验表明，随着人口预期寿命的延长（live longer），如何让劳动力尽可能延长工作年限以工作更长的时间是许多国家亟待解决的重大问题之一，延迟退休已经成为许多国家普遍采用的重要政策手段；然而，若仅是推迟法定退休时间，而不同时检视其养老金制度与劳动力市场政策，旨在通过提高中高龄劳动者的劳动参与率以缓解劳动力短缺和养老金支付压力的政策目标可能难以实现。

第三节 发达国家调整退休年龄的策略分析

（一）建立延迟退休激励制度

随着提前退休成为一种严重的经济社会现象，发达国家普遍建立了延迟退休的激励制度。如澳大利亚在1998年、韩国在21世纪初先后引入延迟退休奖励计划。目前，仅有荷兰、爱尔兰等个别国家没有建立延迟退休的激励制度。近年来，发达国家延迟退休的激励力度有所加强。加拿人2003年将延迟退休激励从每年增长6%提高到6.84%，2013年又提高到8.4%；美国则将激励力度从1989年的3%逐渐提高到目前的8%。鼓励延迟退休还有一个重要途径就是提高或者取消延迟退休激励的年龄限制。传统上，发达国家规定了延迟退休激励的最高年龄（一般是70岁），在最高年龄之后退休便不再增加延迟退休的奖励。近年来，一些发达国家提高或者根本取消了延迟退休的最高年龄限制。西班牙在2002年、日本在2007年先后取消了延迟退休的最高年龄限制。丹麦2012年将延迟退休年龄上限提高到75岁，2013年又完全取消了年龄限制。向延迟退休者提供财务激励计划，包括向已达到法定退休年龄但仍继续工作的劳动者提供额外的财务激励，如澳大利亚和爱尔兰等向老龄劳动者提供额外的奖励津贴。更多的国家是向超过法定退休年龄仍继续工作的劳动者提供按比例增加养老金的财务计划，如美国、英国、法国、西班牙、加拿大、日本、韩国等。此外，为鼓励劳动者延迟退休，葡萄牙自2009年起，调低了65岁以上劳动者的社会保险缴费率。为鼓励就业，瑞典政府分别于 2009 年和 2010 年两度提高所得税的减免优惠，对于 65 岁以上继续工作的老龄劳动者提供更高的所得税减免激励，并降低其社会保险缴费率。表 2-6 列举出部分年份，日本、美国、德国和法国四国 55~64 岁劳动者分性别的雇佣率。

表 2-6　1979~2011 年日本、美国、德国、法国四国 55~64 岁劳动者的雇佣率　　单位：%

性别	国家	1979 年	1990 年	2000 年	2005 年	2008 年	2009 年	2010 年	2011 年
男性	日本	81.5	80.8	78.5	78.9	82.0	80.6	79.9	79.9
	美国	70.8	54.0	57.8	60.8	62.1	60.6	60.3	60.0
	德国	63.2	552.0	46.4	53.6	61.7	63.8	65.1	67.0
	法国	67.0	37.0	38.5	41.5	40.6	41.5	42.2	44.1
女性	日本	44.9	46.6	47.9	49.2	52.0	51.0	52.4	52.9
	美国	40.0	44.0	50.6	55.1	57.0	56.4	56.4	55.9
	德国	26.8	22.4	29.0	37.6	46.0	48.6	50.5	53.0
	法国	37.0	30.4	28.9	35.7	35.9	36.6	37.5	39.1

资料来源：OECD 统计数据库劳动力市场项目，http：//stats.oecd.org//index.aspx。

（二）积极推进高龄劳动力市场政策

为了解决针对中高龄劳动力的年龄歧视问题，许多发达国家业已制定了促进中高龄劳动力就业的法律法规，如日本的《老年人再就业法》、美国的《禁止歧视老年人就业法》、德国的《平等待遇基本法》和《促进老年工人就业机会法》、瑞典的《反歧视法》、挪威的《工作环境法》等。阻碍高龄劳动者积极参与经济活动的障碍来自多个方面，包括雇主和劳动者自身以及政府服务不到位等。如欧洲国家的雇主对高龄劳动者有不同程度的年龄歧视，工资制度以及社会保障制度的特征使得高龄劳动者的工资成本、社会保险参与成本较高，老年人自身知识、技能老化，适应新竞争的能力不强，也成为高龄劳动者难以被雇用的重要原因。发达国家普遍建立了针对老年人的就业服务机构，美国和德国等建立了高龄劳动者一站式服务中心，提供加强就业指导、培训以缓解技能压力等服务，提高高龄劳动者在供需方面的隔阂。同时，对高龄劳动者提供包括工作搜寻、求职技巧、工作能力和职业技能等在内的全过程技能培训资助。2003 年，美国实施个人再就业账户计划，给高龄失业人员提供 3 000 美元的工作搜寻服务、职业技能培训等补贴。另外，资助高龄劳动者自主创业，英国设立自创小企业项目，德国开展创建企业计划，日本建立老年人创业奖励制度，都对高龄劳动者自主创业提供不同程度的资助和优惠。

(三) 将退休年龄提高的进度与人口预期寿命的变动实行自动关联

人口寿命的延长是过去一个世纪人类社会所取得的重大成就之一，而且据预测这一趋势还将持续。老龄人口寿命的延长对于养老金体系财务可持续性的影响非常重大。OECD 国家 2060~2065 年 65 岁以上男性和女性老龄人口的平均寿命相对于 2010~2015 年将分别增长 4.5 年和 5 年，进而这些国家对于 65 岁以上老龄人口的养老金支出将相应增加 20%。人口寿命的延长大大增加了公共养老金体系的财务支出负担，因而根据人口寿命的延长演进趋势制定相应的退休延迟进度表将有助于同步降低人口寿命延长对公共养老金体系带来的增量财务支出压力。法国、希腊、丹麦、匈牙利、意大利、西班牙、韩国、斯洛伐克和土耳其等国均已倾向于将人口寿命变量作为重要的决策参数增加到退休延迟政策的决策模型中，未来试图推行与国民人口寿命演进趋势紧密关联的渐进式退休延迟政策。

(四) 提高提前退休年龄或提高养老金的最低缴费年限

提前退休年龄的提高以及养老金缴费年限的延长正是劳动者所做贡献与退休后所享受福利均衡的一种具体体现。比利时自 2013 年起将提前退休年龄由 60 岁提高至 60.5 岁，并要求满 38 年的养老金缴费期，而且这一要求至 2016 年提升至 62 岁加 40 年缴费期。希腊政府 2010 年立法规定自 2015 年起将养老金最低缴费年限由原来的 37 年提高至 40 年，并将提前退休年龄由原来的 53 岁提升至 60 岁。西班牙、捷克、卢森堡、意大利等国也已通过立法规定提高全额获取养老金利益的最低缴费年限，目前多数 OECD 国家要求劳动者获得足额养老金待遇须参加工作和缴费年限达到 30~40 年。

(五) 逐步实现法定退休年龄性别均等化

因女性的平均寿命较男性长，故世界老龄人口以女性为主。联合国统计数据显示，2013 年全球 65 岁以上老龄人口的"性别比"，即每 100 个女性人口对应的男性人口的数量为 80，而 80 岁以上老龄人口的性别比则仅为 62。[①] 因此，在退休年龄政策改革领域，当前世界范围内正在出现一种明显的发展趋势，即推进提高女性人口的法定退休年龄，积极推进女性与男性人口退休年龄的均等化。如自 20 世纪 90 年代中期开始，多数 OECD 国家已经实施男性和女性同等的 65 岁

---

① United Nations, Department of Economic and Social Affairs, Population Division (2013). World Population Ageing 2013. ST/ESA/SER. A/348.

及以上的退休年龄方案。

(六) 压缩高龄劳动者的失业福利

高龄劳动者失业福利的正常化是指取消专门针对高龄劳动者的特殊失业福利政策。一是废除针对老年人的特殊失业福利政策，如澳大利亚、奥地利和荷兰改变了高龄劳动者领取失业福利时不用寻找工作的规定，法国 2011 年则将领取失业福利的寻找工作豁免岁数从 58 岁提高到 61 岁。二是改革失业保险福利标准。2011 年，丹麦取消了 55 岁以上失业者申请延长失业福利的权利，挪威取消了 64 岁以上失业者申请延长领取失业福利时间直到 67 岁的权利，芬兰 2004 年的养老金改革则直接废除了失业年金制度。高龄劳动者失业福利待遇压缩化主要指降低失业保险待遇标准。缩短失业津贴的领取期限是普遍措施：德国哈茨方案（Hartzkonzept）将 57 岁以上劳动者失业金领取期限从最高 32 个月降到 18 个月；2006 年，丹麦将失业福利领取期限从 4 年缩短为 2 年；2013 年，荷兰将失业福利最长领取期限从 5 年缩短到 38 个月。降低失业福利水平则是另外一种选择，日本将 60~64 岁失业者最高失业金降低了 27%，挪威则规定 64~67 岁的劳动者如果完全或者部分失业超过 6 个月，就不能再领取积极参与劳动力市场的补助。①

(七) 加大对提前退休行为的惩罚强度

首先，提高提前退休的最低允许年龄，缩小最低提前退休年龄与法定正常退休年龄的差距。20 世纪 90 年代以来，众多发达国家提高了提前退休的最低允许年龄，如澳大利亚（超级年金计划）从 55 岁提高到 60 岁，西班牙从 60 岁提高到 63 岁，这就导致发达国家提前退休的最低年龄普遍从 60 岁以下提高到 60 岁以上。② 更有甚者，一些国家完全阻断了提前退休的通道，澳大利亚、加拿大和瑞典的基础年金项目，丹麦、荷兰和英国的强制性年金项目都不允许提前退休。

其次，建立和加强提前退休的经济惩罚制度。目前绝大多数发达国家已经建立提前退休金扣减制度，即根据缴费年限以及提前退休的年龄与法定正常退休年龄的差距相应扣减养老金，而且惩罚力度还趋于加强。1997 年，奥地利将提前退休的养老金扣除率从 2% 提高到 4.2%，美国将 1960 年后出生人口的最高扣减额从 20% 提高到 30%，加拿大则计划在 2012~2016 年将扣减额从每年 6% 提高到 7.2%。③

最后，提高提前退休的资格条件。一是提高提前退休的缴费年限要求：德国

---

①②③ United Nations, Department of Economic and Social Affairs, Population Division (2013). World Population Ageing 2013. ST/ESA/SER. A/348.

2007 年将男性提前退休的缴费要求提高到 42 年 1 个月，女性提高到 41 年 1 个月；意大利则将 60 岁时提前退休的缴费年限从 30 年提高到 35 年，62 岁时提前退休的缴费年限提高到 40 年。二是缩短提前退休金的享受时间，如丹麦 2011 年将公司层面自愿提前退休年金的享受时间从 5 年缩短到 3 年。[①] 三是改变提前退休计划的缴费方式，法国 2003 年规定雇主承担全部提前退休计划的缴费，并将缴费率翻倍，以此来激励雇主放弃公司层面的提前退休计划。

（八）严格规范伤残保险条件

长期以来欧洲国家，特别是北欧和德国等国疾病、伤残年金项目往往审核条件不严格、发放相对宽松，年金待遇相当慷慨，这种情况导致病残年金的领取人数迅速增长，1970~1990 年，德国 60~64 岁高龄劳动者每万人领取病残津贴人口数从 419 人增长到 1 109 人，荷兰从 299 人增长到 1 987 人，[②] 即便是病残年金相对严格的英国和美国，病残津贴领取人数也增长接近一倍。为了降低病残年金的支出规模，发达国家改变原有相当慷慨的资格审查制度，严格规范病残津贴资格审查标准和程序。英国、澳大利亚等国重组或改革了原有病残年金管理机构，如英国改变由普通职业医生进行伤残鉴定的做法，转而由专门成立的医疗服务补贴代表处所雇用的医生进行伤残审查。同时，展开工作能力测试等，设立相对详细、操作性更强的病残等级标准及相应的补贴金额，英国、法国等还重新审核了原有病残福利领取者的资格条件，终止了大量未通过审核者的病残福利领取资格。

[①][②] United Nations, Department of Economic and Social Affairs, Population Division (2013). World Population Ageing 2013. ST/ESA/SER. A/348.

第三章

退休意愿：公众对退休政策的认知与意愿调查

为了科学分析劳动者退休意愿的影响因素及对延迟退休政策的态度期望，充分了解延迟退休政策在具体实践中的运行状况，开展和推广延迟退休政策的机遇与条件、阻力与障碍，各地群众对延迟退休政策的接受程度，延迟退休政策的运行成本及对当地社会经济发展的影响等，课题组根据课题的前期设计，于2015年7月开始在东、中、西部典型地区和行业，进行劳动者工作现状及退休意愿问卷调查和政策管理者（以用人单位的人事部门为主）访谈，深入调查不同职业人群的退休意愿及对延退政策的真实态度。从而全面评估和系统研究渐进式延迟退休政策方案的社会经济效应，即客观分析渐进式延迟退休对劳动力结构与就业、收入分配、经济增长、养老保险基金收支与养老保险制度改革、公众社会预期与社会稳定的影响。科学分析并总结提炼退休年龄的决定机制、影响因素及其影响效应，为课题后续的研究提供实证支持和经验资料，从而为国家制定出台渐进式延迟退休政策提供基础数据，为政策优化和方案实施提供决策依据和对策建议。

第一节 研究方法与程序

本研究在全国范围内展开调查，调查对象主要是劳动者与管理者，即各单位人事部门管理者或高层管理者，其中，对于劳动者以问卷调查为主，管理者以访谈为主。基于我国产业类型、地区经济与劳动者的地域分布,选择的调查点由东向西、由北向南包括:东北沈阳地区、北京地区、江苏省南京地区、广东省广州地区、河南省郑州地区、湖北省武汉地区、西北地区(西安地区、兰州地区、西宁地区和乌鲁木齐地区)、四川省成都地区。在调研过程中,课题组与不同的合作单位联合,并借助当地企事业单位及人社部门负责人的联系与帮助,在全国范围内展开调研。其中,北京地区调研由合作单位中国人民大学负责,广东省广州地区由合作单位暨南大学负责,湖北省武汉地区由合作单位武汉科技大学负责,四川省成都地区由合作单位西南财经大学负责,其余地区均由西北大学课题组负责。此外,为推进调研的顺利实施,西北大学课题组及其他各个合作单位,开展了多次以调研设计和实施为主题的研讨会,并在具体的调研过程中,及时反馈、沟通和修正相关问题,对样本选择等问题进行修正。最后,在调研资料的录入和分析过程中,课题组围绕资料录入方式、分析方式、统计结果等问题多次讨论反馈,最终以调研报告、围绕劳动者退休意愿形成的实证分析论文、以调查发现作为其他理论研究的实证论据等形式对调查发现进行呈现。

在调研中,样本尽可能兼顾到了大、中、小城市,兼顾到了少数民族和高海拔地区人群,最终获得有效问卷3 224份。在管理者的调查中,共开展了80家用人单位的访谈,兼顾企业类和机关事业类的访谈对象。样本构成中,性别比例基本持平,男性略多于女性,与我国性别比例吻合;职业特征以企业职工为主,其次是事业单位和政府公务人员,这也基本符合目前我国的职业分布情况;年龄以31~45岁为最大多数,这是由于调查对象主要是企业职工,而目前在企业中活跃于生产岗位上的主要就是这一年龄阶段人群,更为重要的是他们也将是未来退休政策改革实施时最直接的接受者,因而其关于退休的期待更加重要;最后,由于经济水平状况影响退休政策改革的接受度和退休意愿,尤其是欠发达和工作条件较差地区的改革在观念上和产业类型的实施适用性上会存在较大阻力,因而样本的地域分布以西部尤其是西北地区占到多数。

第二节 问卷资料的介绍与分析

问卷资料通过编码录入计算机,采用Excel和SPSS统计软件进行统计分析,访谈及其他信息资料通过理论分析和经验讨论分析进行整理和梳理。

本次问卷调查主要涉及劳动者的工作和生活现状、养老金改革、延迟退休效应与辅助措施预期、退休意愿与养老规划等内容。其中,与劳动者工作和生活现状关联的具体指标包括：工作满意度、主要收入来源、主要理财方式；与劳动者对于养老金改革、延迟退休效应与辅助措施预期关联的具体指标包括：养老金目前影响程度，养老金改革方案预期，延迟退休对于个人、单位和社会的有利与不利影响，退休准备，社会支持条件；与劳动者退休意愿与养老规划关联的具体指标包括：退休选择、退休标准、退休生活水平预期、养老消费、养老方式、养老规划等。对于管理者，即用人单位人事部门的访谈问题包括：政策的背景及依据、对渐进式延迟退休的认识、渐进式延迟退休在本单位实施过程中可能遇到哪些困难等。

通过对以上指标信息的分析与整理，可以找出劳动者个人退休意愿与退休政策和养老金改革的差距领域及大小，实现劳动者个体理性选择与政府宏观决策的平滑；找出用人单位在预期的政策执行中可能遇到的困难与应对措施，从而为渐进式延迟退休政策优化和方案实施提供现实依据。具体调查指标设计见表3-1。

表3-1　　　　　　　　基础调研之指标选择

一级指标	二级指标	三级指标
个人基础信息	基本人口特征	性别、民族、年龄
	学历特征	初次参加工作年龄、最后学历
	家庭特征	婚姻状况、抚养赡养人数、家庭独立收入来源人数
	健康状况	
	职业特征	职业类型、职级、职称、企业位置、岗位类型
工作和生活现状	工作现状	工作收入、工作福利、工作强度、工作压力、工作自主性满意度
	收入	主要收入来源
	消费	消费结构
	理财	理财方式
养老金改革、延迟退休效应与支持	养老金改革预期	养老金缴费政策影响程度、改革方案预期
	延退效应预期	个人、单位、社会的有利与不利影响
	社会支持与个人准备	社会支持条件、个人退休准备
退休意愿与养老预期	退休意愿	退休标准、退休时间、预期退休年龄、理想工作年限
	养老预期	退休生活水平预期、养老消费、养老方式、退休规划

一、调查样本基本情况说明

本次调研共获得问卷3 367份，其中有效问卷3 224份，样本整体分布如表

3-2所示：样本男性所占比例为51.3%，女性所占比例为48.7%。根据国家统计局网站公布的数据，从性别结构看，2016年末男性人口为70 815万人，女性人口为67 456万人，总人口性别比为104.92（以女性为100）。[①] 本次调查中，男性与女性的比例为105.33，调研群体男女比例基本符合我国总体人口男女比例情况。民族分布中，汉族所占比重为94.7%，2016年中国国家统计局网站公布的关于我国汉族人数占全国总人数的比重为91.5%，调查样本民族分布符合我国民族比例分布情况。在年龄方面，样本年龄比重主要集中在31~45岁，这是由于本次调查对象主要是企业职工，而目前在企业中活跃于生产岗位上的主要就是这一年龄阶段人群，更为重要的是他们也将是未来退休政策改革实施时最直接的接受者。此外，关于调查者的学历，样本中大学本科学历人数最多，首先体现了随着我国教育水平不断提高和高等教育普及率升高，持有本科学历人群的增多；其次在调查人群中因为涉及机关事业单位群体，该职业群体整体学历水平较高；最后从调研的可接触性来看，调查群体为大学本科学历占比最大。与此对应，样本中显示参加就业年龄以19~22岁为主，23~25岁次之，这符合我国劳动力初次就业年龄结构的常态，也与学历的调查中显示的大专学历和大学本科学历人数占比最大这一情况相吻合。在家庭特征方面，三口之家居多，家庭人口数3人及以下占50.2%，4~5人的占42.4%，体现的是计划生育政策影响下我国目前主要的家庭规模，且根据《中国家庭发展报告2015》显示，目前我国家庭规模小型化、家庭类型多样化。现在是二人家庭、三人家庭为主体，由两代人组成的核心家庭占六成以上，本次调研数据也基本接近这一规律。所需抚养赡养人数中，4人及以上比例最多，符合我国现阶段"421"的家庭分布情况，即一对年轻人要赡养四个老人，抚养一个小孩；两人收入占比最多，因为调研涉及45岁以下群体最多，这些家庭的子女大多数都未成年，夫妻双方仍为家庭收入主要来源。

表3-2　　　　　　　　　样本基础信息　　　　　　　　　单位：%

指标		比例	指标		比例
性别	男	51.3	初次参加工作年龄	18岁及以下	12.0
	女	48.7		19~22岁	51.0
民族	汉族	94.7		23~25岁	32.7
	其他民族	5.3		26岁以上	4.2

---

① 国家统计局：《中国统计年鉴》（2017），中国统计出版社2017年版。

续表

指标		比例	指标		比例
家庭人口数	3人及以下	50.2	年龄	46~60岁	27.6
	4~5人	42.4		61岁及以上	1.1
	6人及以上	7.4	学历	初中及以下	6.0
家庭独立收入来源人数	1人	8.5		高中或中专	15.6
	2人	52.8		大专	25.8
	3人以上	38.7		大学本科	40.3
婚姻状况	未婚	23.7		硕士	11.7
	已婚	74.0		博士	0.6
	离异	1.8	抚养赡养人数	0人	14.5
	丧偶	0.5		1人	13.5
职业类型	政府公务人员	11.4		2人	24.0
	事业单位职员	17.4		3人	19.0
	企业职工	67.0		4人及以上	29.0
	其他（社会组织、灵活就业人员等）	4.2	健康状况	良好	87.2
年龄	16~30岁	33.1		一般	12.8
	31~45岁	38.2			

资料来源：根据课题组调研资料整理。

在对调查者健康状况的调查中我们发现，健康状况均值为6.35，标准差为1.684，取值范围为［1~9］。可见人们大多认为自己的健康水平较高。以5分为分界点，1~5分为健康状况一般，6~9分为健康状况良好。有87.2%的人认为自己健康状况较好，12.8%的人认为自己健康状况一般。最后，职业类型方面，在调查的3 224个样本中，政府公务人员有11.4%，事业单位职员有17.4%，企业职工有67%，其他（社会组织、灵活就业人员等）有4.2%。在政府公务人员中，科级及以下的干部占到了77.9%，县处级的占18.5%，厅局级的有1.6%，厅级以上有1.9%。在事业单位职员中，有初级职称的约占36.3%，有中级职称的约占45%，有副高职称的占13.9%，有正高职称的占4.7%。在企业职工中，普通职工有78.5%，中级管理人员有19.4%，高级管理人员有2.1%。在这些企业职工中，42%的人从事的是专业技术类工作，33.4%从事的是工勤服务类工作，17.5%从事的是生产经营类工作，以及7.1%从事其他的岗位。此次调查中，政府公务人员、事业单位职员和企业职工这三大人群的数量组成符合我国当前职业结构与就业结构的分布情况；其中，企业职工以专业技术类居多可能是由于职工对自己的职业认知有偏差,未考虑专业技术的内在含义,缺乏理性认知。

二、延迟退休的影响因素

不同的人口、经济和社会语境下,个体或者高龄劳动者的利益诉求迥异。国外实践表明,从退休制度的创立,到提前退休的兴起,再到延迟退休的浪潮,无不映射出经济社会发展的特定背景和矛盾。退休年龄的决策调整是一个复杂的过程,它与一国经济发展程度、产业结构转型、工作方式变化以及人口老龄化等因素相关,并涉及劳动者、雇主和政府之间的三方博弈。与工业革命和大机器生产相关的退休政策,最初由于劳动力流动性较弱,一些国家往往简单地以自然年龄("一刀切")决定退休年龄。市场经济建立以来,许多国家通过退休年龄的决定性因子与决定机制来确定退休年龄。在这一机制中,退休年龄的决定往往与工作年限挂钩,工作年限反映的是个体的社会平均劳动贡献,与初始劳动年龄、劳动人口受教育程度有关。

(一)退休意愿选择

就退休意愿而言(见表3-3),在所有调查对象中,超过半数的人员选择按时退休,比例高达55.7%,选择提前退休的人员也达到31.4%,选择无所谓的占7.4%,而选择延迟退休的仅占5.5%。由此可以看出,绝大多数人员都更偏向于现行政策即按时退休,甚至比较大幅度地出现希望提前退休的情况,而希望推行延迟退休政策的人数非常少;通过进一步的数据分析我们发现,47.3%的人员基于个体健康的因素选择提前退休,29.3%的人基于家庭原因,还有16.3%的人员将个人经济水平作为衡量因素,其余7.1%的比例则基于其他因素;再而,选择延迟退休的人员中,有45.5%的人首选个人经济水平,18.2%的人选择家庭原因,剩余部分有28.0%的人员考虑了个人健康问题,还有8.3%选择了其他原因。综合以上两项,选择提前退休主要考虑的因素是健康和家庭,选择延迟退休主要考虑的是个人经济水平和家庭。由此,健康原因成为人们工作过程中最为重要和制约性的因素,个人经济水平成为支持延迟退休人员的首要因素,这与经济发展不平衡,城乡、区域、工作性质等原因带来的收入分配不公平有关,而家庭因素成为提前退休和延迟退休中同等重要的因素被考虑。对理想工作年限数据进行统计时发现,有40.2%的人员选择希望工作年限在30年及以下,30.6%的比例选择了工作年限介于31~33年之间,选择工作年限在34~36年的达到

18.8%，还有 6.7% 的人员希望工作年限在 37～39 年之间，只有 3.8% 的人员希望工作年限达到 40 年及以上。可以看出，超过 70% 的人希望将工作年限控制在 33 年之内，与平均现行退休年龄相符。现阶段我国平均退休年龄在 54 岁左右，基于这样的现实情况，人们理想的工作年限在 33 年左右。当然这与现代人工作压力大、对健康因素的考虑、对生活品质的追求也有关。退休年龄在一定程度上决定了个体对老年生活的把握和幸福程度，将近一半的人员选择了期望在 55 岁以下退休，达到 47.3%，其次有 27.2% 的人希望在 55～59 岁退休，选择在 60 岁退休的比例达到 19.7%，5.0% 的人员期望在 61～65 岁退休，仅 0.7% 的人希望退休年龄在 66 岁及以上。这与之前对理想工作年限的数据分析呈一致状态，即期望工作年限少、退休年龄早，这也与中国目前的平均退休年龄相一致。

表 3-3　　　　　　　　　劳动者退休意愿　　　　　　　　　单位：%

指标		比例	指标		比例
退休年龄的标准	自然年龄	16.0	退休意愿	提前退休	31.4
	工作年限与工作性质	42.9		按时退休	55.7
	自然年龄和工作年限及工作性质共同确定	39.5		延迟退休	5.5
	其他	1.6		无所谓	7.4
提前退休的原因	个体健康	47.3	延迟退休的原因	个体健康	28.0
	个人经济水平	16.3		个人经济水平	45.5
	家庭原因	29.3		家庭原因	18.2
	其他	7.1		其他	8.3
理想工作年限	30 年及以下	40.2	预期退休年龄	55 岁以下	47.3
	31～33 年	30.5		55～59 岁	27.2
	34～36 年	18.8		60 岁	19.8
	37～39 年	6.7		61～65 岁	5.0
	40 年及以上	3.8		66 岁及以上	0.7

资料来源：根据课题组调研资料整理。

与是否延迟退休的意愿相对应的是以何种标准制定退休政策，公众对于退休年龄的标准预期最多的两项是工作年限与工作性质（按照工作时间长短、劳动强度、专业技术水平等决定退休年龄）、自然年龄和工作年限及工作性质共同确定，分别占总量的 42.9% 和 39.5%，即这两项加起来的总和占到了 82.4%，而选择自然年龄（所有人都在达到同一年龄时退休）的人数仅占 16.0%。联系目前我国的退休政策，自然年龄是主导标准，工作性质只是辅助，与公众的预期有较大出入。公众更倾向于以工作性质、工作年限为标准的退休年龄，即区分不同工作性质的特殊性而非按照自然年龄所有人一个标准。说明在退休政策的制定中，注重劳动贡献与退休福利的平衡、退休工作年限与自然年龄相结合、弹性的渐进式退休政策符合公众预期。

（二）退休意愿的影响因素

将是否愿意延迟退休、预期退休年龄、理性工作年限等指标作为衡量退休意愿的指标，以此作为因变量，从个体、家庭、工作和社会四个层面分类分析退休意愿的影响因素。在个体层面选择性别、年龄、初次参加工作年龄、健康水平，家庭层面选择婚姻状况、抚养赡养人数以及家庭人口数，工作层面选择个体职业以及在收入、福利、工作强度、自主性、压力等方面的满意度，社会层面选择区域和养老保险缴费政策的影响程度作为具体指标分析，以期为探究延迟退休的影响因素与决定机制提供基础数据。

1. 调查对象的个体特征

从表 3-4 和表 3-5 中可以看出，男性选择延迟退休的比例高于女性，女性所期待的预期退休年龄和理想工作年限低于男性，即男性相对于女性更倾向延迟退休和更长的工作时间。首先，女性出于家庭照顾的考虑对于提早退出工作有较强的意愿；其次，我国现行退休年龄政策规定女性比男性的法定退休年龄低 5～10 岁，政策已经实施了几十年，形成了政策依赖；最后，男性由于承担更多的家庭经济责任，因而相比女性更希望通过退休的延迟获得更多的经济收入。在对劳动者的访谈中发现，大多数劳动者不赞成延迟退休，尤其是对于女性职工更为关注，对此存在着不同的声音。

表 3-4　　　　　　　性别因素与退休意愿

指标		男	女	合计
是否愿意延迟退休	不愿意延迟退休　频数（人）	1 385	1 394	2 779
	性别中的频率（%）	84.7	89.6	87.1
	愿意延迟退休　频数（人）	250	162	412
	性别中的频率（%）	15.3	10.4	12.9

资料来源：根据课题组调研资料整理。

表 3-5　　　　　　　　　　性别因素与退休年龄

指标			男	女	合计
预期退休年龄	55 岁以下	频数（人）	483	1 032	1 515
		性别中的频率（%）	29.4	66.3	47.3
	55~59 岁	频数（人）	529	342	871
		性别中的频率（%）	32.2	22.0	27.2
	60 岁	频数（人）	498	133	631
		性别中的频率（%）	30.3	8.5	19.7
	60 岁以上	频数（人）	134	49	183
		性别中的频率（%）	8.2	3.1	5.8

资料来源：根据课题组调研资料整理。

访谈资料 3-1

　　不赞成"一刀切"的延迟退休政策，对于达到 55 岁的女干部，应实行弹性退休机制，根据个人身体状况、个人意愿在 55 岁后自愿选择退休年龄；单位应根据职工实际情况，实行双向选择，如果单位确实需要某位职工，而职工有此意愿，退休可延迟；若单位年轻人较多，而 55 岁以后女职工不是单位急需，不建议延迟退休，给年轻人工作机会，调动其工作积极性。【某商场人力资源部主管】

　　必须促进性别平等。现在女性退休年龄大幅度小于男性，不仅过早剥夺了女性的工作权利，也过早剥夺了女性的发展机会和发展空间，并直接影响其经济利益和福利待遇。因此，延迟女性退休是符合社会发展需求的。【某商场营业专柜柜员】

　　从表 3-6 和表 3-7 可见，31~45 岁年龄段的劳动者选择不愿意延迟退休的比例是各个年龄段比例最大的，与此同时，该年龄段选择愿意延迟退休的比例是各个年龄段最小的，即 31~45 岁年龄段的劳动者更倾向于不延迟退休；与是否愿意延迟退休相对应，31~45 岁年龄段劳动者的预期退休年龄较之其他年龄段劳动者的预期退休年龄更低，即 31~45 岁年龄段的人期待更早退休。31~45 岁或正处于工作的倦怠期，即既缺少初入工作的新鲜感，又缺乏对退休生活的明确预期，因而希望提早离开工作岗位。但与此同时该人群又是目前劳动力市场上最活跃的人群，也是未来退休政策调整的直接影响者，因而需要对目前该年龄段的人进行重点关注。

表 3-6　　　　　　　　　　年龄因素与退休意愿

指标			16~30 岁	31~45 岁	46~60 岁	60 岁以上	合计
是否愿意延迟退休	不愿意延迟退休	频数（人）	871	1 097	785	26	2 779
		年龄中的频率（%）	82.2	90.1	89.2	74.3	87.1
	愿意延迟退休	频数（人）	189	120	95	9	413
		年龄中的频率（%）	17.8	9.9	10.8	25.7	12.9

资料来源：根据课题组调研资料整理。

表 3-7　　　　　　　　　年龄因素与预期退休年龄

指标			16~30 岁	31~45 岁	46~60 岁	60 岁以上	合计
预期退休年龄	55 岁以下	频数（人）	481	651	375	8	1 515
		年龄中的频率（%）	45.3	53.2	42.6	22.9	47.3
	55~59 岁	频数（人）	312	315	235	10	872
		年龄中的频率（%）	29.4	25.7	26.7	28.6	27.2
	60 岁	频数（人）	206	213	200	12	631
		年龄中的频率（%）	19.4	17.4	22.7	34.3	19.7
	60 岁以上	频数（人）	62	45	71	5	183
		年龄中的频率（%）	5.8	3.7	8.1	14.3	31.9

资料来源：根据课题组调研资料整理。

访谈资料 3-2

随着"80 后""90 后"逐渐成为劳动力大军主力，他们有更高的职业追求，而延迟退休使得他们在职业生涯中自我实现的过程变长，长时间的职业"瓶颈"容易产生厌烦情绪，此外还要承担巨大的买房压力和中国"421"家庭模式带来的养老负担等，人到中年的他们在这些消极情绪影响下工作积极性降低。【某国有企业负责人事工作的副总裁】

从表 3-8 和表 3-9 可见，选择不愿意延迟退休的人中中学及以下学历所占比例最大，其余的对于是否愿意延迟退休以及预期退休年龄的选择没有呈现出明显的学历差异。学历较低的人由于从事的多是体力劳动，受制于身体因素，因而不愿意延迟退休；对于学历较高的人，在现行法定退休年龄的限制下，同时由于更高的人力资本可以选择的就业渠道更宽，因而倾向于较早退休。

表 3-8　　　　　　　　　　学历因素与退休意愿

指标			中学及以下	大专	本科及以上	合计
是否愿意延迟退休	不愿意延迟退休	频数（人）	1 421	1 135	202	2 758
		学历中的频率（%）	89.4	84.5	86.7	87.1
	愿意延迟退休	频数（人）	169	208	31	408
		学历中的频率（%）	10.6	15.5	13.3	12.9

资料来源：根据课题组调研资料整理。

表 3-9　　　　　　　　　学历因素与预期退休年龄

指标			中学及以下	大专	本科及以上	合计
预期退休年龄	55 岁以下	频数（人）	326	387	800	1 513
		学历中的频率（%）	47.7	46.7	47.4	47.3
	55～59 岁	频数（人）	156	232	483	871
		学历中的频率（%）	22.8	28.0	28.6	27.2
	60 岁	频数（人）	155	165	311	631
		学历中的频率（%）	22.7	19.9	18.4	19.7
	60 岁以上	频数（人）	46	45	92	183
		学历中的频率（%）	6.7	5.4	5.5	5.7

资料来源：根据课题组调研资料整理。

根据表 3-10 和表 3-11 可知，23～25 岁、26 岁及以上开始参加工作年龄段的人，选择延迟退休意愿的比例相对于其他年龄段更大，即初始工作年龄越晚的人，越倾向延迟退休。但是，预期退休年龄在 55 岁以下的劳动者中比例相对更小的是初次参加工作年龄在 18 岁以下和 26 岁及以上的人群，预期退休年龄在 60 岁以上的劳动者中比例相对更大的是初次参加工作年龄在 18 岁以下和 26 岁及以上的人群，即初始工作年龄最小的和最大的劳动者，其预期退休年龄相对更大。初始工作年龄越大代表了更长时间的教育投资，即更高的人力资本储备；与此同时，初始工作年龄越大，在同等退休的时间节点下，在职工作的劳动贡献时间越短，由此成了更长时间人力资本投资和更短时间劳动贡献的人群，因而愿意延迟退休发挥更大的人力资本价值。可见，以入职年龄为依据，考虑劳动者劳动贡献的退休方案更符合对退休年龄选择的预期。

表 3 – 10　　　　　　　　初次参加工作年龄与退休意愿

指标		18 岁以下	19～22 岁	23～25 岁	26 岁及以上	合计
是否愿意延迟退休	不愿意延迟退休	频数（人）	332	1 444	884	114	2 774
		初次参加工作年龄中的频率（%）	86.2	88.5	85.2	85.1	87.0
	愿意延迟退休	频数（人）	53	187	153	20	413
		初次参加工作年龄中的频率（%）	13.8	11.5	14.8	14.9	13.0

资料来源：根据课题组调研资料整理。

表 3 – 11　　　　　　　　初次参加工作年龄与预期退休年龄

指标		18 岁以下	19～22 岁	23～25 岁	26 岁及以上	合计
预期退休年龄	55 岁以下	频数（人）	163	797	495	58	1 513
		初次参加工作年龄中的频率（%）	42.2	48.9	47.2	43.6	47.3
	55～59 岁	频数（人）	88	444	305	35	872
		初次参加工作年龄中的频率（%）	22.8	27.3	29.1	26.3	27.3
	60 岁	频数（人）	97	310	195	27	629
		初次参加工作年龄中的频率（%）	25.1	19.0	18.6	20.3	19.7
	60 岁以上	频数（人）	38	78	53	13	182
		初次参加工作年龄中的频率（%）	9.8	4.8	5.1	9.8	5.7

资料来源：根据课题组调研资料整理。

从表 3 – 12 和表 3 – 13 中可以看出，健康程度越高的人越倾向延迟退休，预期的退休时间越晚。健康资本作为人类资本的重要组成内容，健康的身体是劳动者工作的基础，没有一个健康的身体，劳动者很难继续工作。与此同时，随着人们健康意识的增强，劳动者关注自身健康资本存续、追求更有质量的生活将成为趋势，因此，退休政策的调整需要与不同劳动者的健康状况相匹配。

表3-12　　　　　　　　　健康因素与退休意愿

指标			较差	一般	较好	合计
是否愿意延迟退休	不愿意延迟退休	频数（人）	163	1 228	1 373	2 764
		健康状况中的频率（%）	89.6	87.6	86.3	87.1
	愿意延迟退休	频数（人）	19	174	218	411
		健康状况中的频率（%）	10.4	12.4	13.7	12.9

资料来源：根据课题组调研资料整理。

表3-13　　　　　　　　　健康因素与预期退休年龄

指标			较差	一般	较好	合计
预期退休年龄	55岁以下	频数（人）	107	684	712	1 503
		健康状况中的频率（%）	58.8	48.8	44.5	47.2
	55～59岁	频数（人）	45	361	465	871
		健康状况中的频率（%）	24.7	25.7	29.1	27.3
	60岁	频数（人）	25	276	328	629
		健康状况中的频率（%）	13.7	19.7	20.5	19.7
	60岁以上	频数（人）	5	82	95	182
		健康状况中的频率（%）	2.7	5.8	5.9	5.7

资料来源：根据课题组调研资料整理。

访谈资料3-3

不能"一刀切"，应建立综合性退休年龄政策，允许劳动者结合自身健康状况及经济能力选择是否退休。【某医药企业职工代表】

延退应采取自愿原则，根据身体状况确定，不能"一刀切"，现在工作压力、生活压力大，健康状况有差异，应根据个人的身体健康状况、工作性质、条件等个性化处理。【某医药企业职工代表】

总之，个体特征会影响退休选择。一般来说，生理年龄越小，退休年龄应该越大。脑力劳动者的退休年龄应比体力劳动者大。受教育水平越高，退休时间应该越往后推迟，以充分发挥人力资源优势。一般女性的退休年龄都会比男性小，最主要的考虑是女性在生理条件上要弱于男性，但是随着工作条件的改善和对女性的保护，许多女性所从事的工作并不具有太多的生理条件限制。随着女性受教育水平的提高，如果高学历女性的退休年龄比男性还小，将使得女性人力资本大量流失。即使是部分没有太多工作技能的女性，低龄退休使其积累的退休金少于同样条件下的男性，老年贫困女性也要远远多于老年贫困男性。

2. 调查对象的家庭特征

表3-14～表3-19反映了家庭对劳动者退休意愿的影响。首先，没有配偶的劳动者相对于有配偶的劳动者更愿意延迟退休。其次，随着抚养赡养人数的增加，反对延迟退休意愿更强，所期待的预期退休年龄更小。最后，家庭人口数对劳动者退休意愿与预期的退休年龄并没有呈现明显的影响；对于已婚者和拥有更多抚养赡养义务的人来说，更多考虑了回归家庭生活进而不愿意延迟退休；家庭总人口数对于劳动者退休意愿没有明显影响，但婚姻状况和抚养赡养人数却呈现明显的影响趋势，说明在退休意愿方面，家庭结构相比于家庭人数影响程度更明显，而家庭因素的显著性影响与传统家本位的文化不可分离，也说明了退休意愿不仅是劳动者个人的选择，更是整个家庭的理性决策。

表3-14　　　　　　　　婚姻与退休意愿

指标			无配偶	有配偶	合计
是否愿意延迟退休	不愿意延迟退休	频数（人）	661	2 116	2 777
		有无配偶中的频率（%）	79.6	89.7	87.1
	愿意延迟退休	频数（人）	169	244	413
		有无配偶中的频率（%）	20.4	10.3	12.9

资料来源：根据课题组调研资料整理。

表3-15　　　　　　　　婚姻与逾期退休年龄

指标			无配偶	有配偶	合计
预期退休年龄	55岁以下	频数（人）	330	1 185	1 515
		有无配偶中的频率（%）	39.6	50.1	47.4
	55～59岁	频数（人）	276	596	872
		有无配偶中的频率（%）	33.1	25.2	27.3
	60岁	频数（人）	168	462	630
		有无配偶中的频率（%）	20.2	19.5	19.7
	60岁以上	频数（人）	59	123	182
		有无配偶中的频率（%）	7.1	5.2	5.7

资料来源：根据课题组调研资料整理。

表 3-16　　　　　　　　抚养赡养人数与退休意愿

指标			1 人及以下	2~3 人	4 人及以上	合计
是否愿意延迟退休	不愿意延迟退休	频数（人）	772	1 181	822	2 775
		抚养赡养人数中的频率（%）	86.8	85.8	89.3	87.1
	愿意延迟退休	频数（人）	117	195	99	411
		抚养赡养人数中的频率（%）	13.2	14.2	10.7	12.9

资料来源：根据课题组调研资料整理。

表 3-17　　　　　　　　抚养赡养人数与预期退休年龄

指标			1 人及以下	2~3 人	4 人及以上	合计
预期退休年龄	55 岁以下	频数（人）	395	566	552	1 513
		抚养赡养人数中的频率（%）	44.0	41.1	59.9	47.4
	55~59 岁	频数（人）	275	396	199	870
		抚养赡养人数中的频率（%）	30.7	28.8	21.6	27.2
	60 岁	频数（人）	171	328	131	630
		抚养赡养人数中的频率（%）	19.1	23.8	14.2	19.7
	60 岁以上	频数（人）	56	86	40	182
		抚养赡养人数中的频率（%）	6.2	6.3	4.3	5.7

资料来源：根据课题组调研资料整理。

表 3-18　　　　　　　　家庭人口因素与退休意愿

指标			3 人及以下	4~5 人	6 人及以上	合计
是否愿意延迟退休	不愿意延迟退休	频数（人）	1 421	1 135	202	2 758
		家庭人口中的频率（%）	89.4	84.5	86.7	87.1
	愿意延迟退休	频数（人）	169	208	31	408
		家庭人口中的频率（%）	10.6	15.5	13.3	12.9

资料来源：根据课题组调研资料整理。

表 3-19　　　　　　　　家庭人口因素与预期退休年龄

指标			3人及以下	4~5人	6人及以上	合计
预期退休年龄	55岁以下	频数（人）	827	565	111	1 503
		家庭人口中的频率（%）	51.8	42.0	47.2	47.3
	55~59岁	频数（人）	426	373	66	865
		家庭人口中的频率（%）	26.7	27.7	28.1	27.2
	60岁	频数（人）	263	319	44	626
		家庭人口中的频率（%）	16.5	23.7	18.7	19.7
	60岁以上	频数（人）	79	88	14	181
		家庭中的频率（%）	5.0	6.5	6.0	5.7

资料来源：根据课题组调研资料整理。

访谈资料 3-4

要充分考虑有困难的家庭，对其实施灵活的退休政策，本人是"双独"家庭，奉养4位老人，抚养一个孩子，家庭压力大。【某工厂车间女工代表】

对于大多数独生子女家庭来说，延迟退休会使得照顾孩子和老人的压力加大。【某高校研究人员】

3. 调查对象的职业特征

不同职业类型的人群对于退休意愿的选择中（见表 3-20、表 3-21），相比于87.1%的被调查劳动者不愿意延迟退休和12.9%的被调查劳动者愿意延迟退休的总体比例，政府公务人员中不愿意延迟退休的比例相对更大，即90.5%的政府公务人员都不愿意延迟退休；相反，企业职工和一些没有固定职业类型的人更愿意延迟退休，企业职工中愿意延迟退休的比例为14.2%，其他没有固定职业类型的人愿意延迟退休的比例为14.7%。这说明了政府公务人员由于受到更多的体制约束，加之相对较高的退休金对在职收入形成了较大的替代作用，因而更倾向于提前退休，摆脱体制的约束，领取较高的退休金。

表3-20　　　　　　　　　职业类型与退休意愿

指标			政府公务人员	事业单位职员	企业职工	其他	合计
是否愿意延迟退休	不愿意延迟退休	频数（人）	334	501	1 828	116	2 779
		职业类型中的频率（%）	90.5	89.9	85.8	85.3	87.1
	愿意延迟退休	频数（人）	35	56	302	20	413
		职业类型中的频率（%）	9.5	10.1	14.2	14.7	12.9

资料来源：根据课题组调研资料整理。

表3-21　　　　　　　　　职业类型与预期退休年龄

指标			政府公务人员	事业单位职员	企业职工	其他	合计
预期退休年龄	55岁以下	频数（人）	170	294	993	58	1 515
		职业类型中的频率（%）	46.1	52.6	46.5	42.0	47.3
	55~59岁	频数（人）	92	147	593	40	872
		职业类型中的频率（%）	24.9	26.3	27.8	29.0	27.2
	60岁	频数（人）	83	85	433	30	631
		职业类型中的频率（%）	22.5	15.2	20.3	21.7	19.7
	60岁以上	频数（人）	24	33	116	10	183
		职业类型中的频率（%）	6.5	5.9	5.4	7.2	5.7

资料来源：根据课题组调研资料整理。

访谈资料3-5

根据职业类型，区别岗位风险、岗位职责、责任大小、劳动强度，制定可行的退休政策。【某地人力资源和社会保障局业务管理者】

根据行业特点不同、职业不同区别对待，尊重个人实际及需要，不能想退休不能退。【某地人力资源和社会保障局业务管理者】

从表 3-22～表 3-26 中可以看出对工作收入、工作福利、工作强度、工作自主性、工作压力越满意的劳动者,延迟退休的意愿就越强。对退休的选择可以理解为个体在生命周期内对工作与闲暇的选择,工作收入、工作福利、工作强度、工作自主性、工作压力反映了工作特征、工作环境,一个好的工作环境让人舒心,更有工作动力,较高的满意度代表了工作对个人较强的吸引力,由此相比于闲暇更愿意工作,即更愿意延迟退休,所以工作满意度越高,劳动者的延迟退休意愿会越强。在调研中发现,对于部分劳动者而言,延迟退休的必要条件是提高个人的工资水平,增加收入。

表 3-22　　　　　　　　　工作收入与退休意愿

指标			非常不满意	不满意	一般	满意	非常满意	合计
是否愿意延迟退休	不愿意延迟退休	频数(人)	237	633	1 414	442	27	2 753
		满意度中的频率(%)	91.9	84.3	89.0	84.0	69.2	87.0
	愿意延迟退休	频数(人)	21	118	175	84	12	410
		满意度中的频率(%)	8.1	15.7	11.0	16.0	30.8	13.0

资料来源:根据课题组调研资料整理。

表 3-23　　　　　　　　　工作福利与退休意愿

指标			非常不满意	不满意	一般	满意	非常满意	合计
是否愿意延迟退休	不愿意延迟退休	频数(人)	306	732	1 244	433	32	2 747
		满意度中的频率(%)	90.0	86.4	88.4	84.4	69.6	87.1
	愿意延迟退休	频数(人)	34	115	164	80	14	407
		满意度中的频率(%)	10.0	13.6	11.6	15.6	30.4	12.9

资料来源:根据课题组调研资料整理。

表 3-24　　　　　　　　　工作强度与退休意愿

指标		非常不满意	不满意	一般	满意	非常满意	合计
是否愿意延迟退休	不愿意延迟退休 频数（人）	199	454	1 500	538	54	2 745
	满意度中的频率（%）	91.3	84.7	87.7	86.6	81.8	87.1
	愿意延迟退休 频数（人）	19	82	211	83	12	407
	满意度中的频率（%）	8.7	15.3	12.3	13.4	18.2	12.9

资料来源：根据课题组调研资料整理。

表 3-25　　　　　　　　　工作自主与退休意愿

指标		非常不满意	不满意	一般	满意	非常满意	合计
是否愿意延迟退休	不愿意延迟退休 频数（人）	135	415	1 322	787	85	2 744
	满意度中的频率（%）	87.1	89.4	86.7	87.8	76.6	87.1
	愿意延迟退休 频数（人）	20	49	203	109	26	407
	满意度中的频率（%）	12.9	10.6	13.3	12.2	23.4	12.9

资料来源：根据课题组调研资料整理。

表 3-26　　　　　　　　　工作压力与退休意愿

指标		非常不满意	不满意	一般	满意	非常满意	合计
是否愿意延迟退休	不愿意延迟退休 频数（人）	273	522	1 395	487	64	2 741
	满意度中的频率（%）	91.0	87.3	86.2	87.4	85.3	87.1
	愿意延迟退休 频数（人）	27	76	223	70	11	407
	满意度中的频率（%）	9.0	12.7	13.8	12.6	14.7	12.9

资料来源：根据课题组调研资料整理。

4. 调查对象的社会因素与政策因素分析

在地域方面，由于西部偏远地区的工作条件和工作环境相对较差，是延迟退休政策的利益攸关方，在调查中给予了更多的关注。结果显示，青海、新疆、甘肃等西部偏远地区劳动力对提前退休的诉求更大，而其他区域则对弹性退休的认识比例相对更大。由于西部地区的工作环境、薪酬福利与其他地区相比水平较低，由此可见，工作环境对于退休的选择具有重要影响，处于相对有利工作环境的群体更愿选择延长工作时间和弹性的退休制度，反之则期待更短的工作时间并提前退休（见表3-27）。

表3-27　　　　　　　不同区域调查对象退休意愿

指标		区域		合计
		偏远地区	其他地区	
退休意愿	提前退休（低于法定年龄退休） 频数（人）	148	822	970
	区域中的频率（%）	35.1	32.0	32.5
	按时退休（按照法定年龄退休） 频数（人）	226	1 416	1 642
	区域中的频率（%）	53.6	55.2	54.9
	延迟退休（高于法定年龄退休） 频数（人）	25	131	156
	区域中的频率（%）	5.9	5.1	5.2
	无所谓 频数（人）	23	198	221
	区域中的频率（%）	5.5	7.7	7.4
合计	频数（人）	422	2 567	2 989
	区域中的频率（%）	100.0	100.0	100.0

资料来源：根据课题组调研资料整理。

访谈资料3-6

退休政策应考虑工作地区不同所带来的经济、健康、心理等方面的差异，建议优先考虑青海、西藏等地区的退休政策及养老条件。【某高校研究人员】

渐进式延迟退休政策的执行是大势所趋，但也应分不同区域分别对待，对藏区高海拔地区工作者的退休年龄要相应降低。【藏地人力资源和社会保障局业务管理人员】

地区经济发展水平不同，延迟退休政策应当分地区差别实施。【某事业单位职工】

养老保险缴费政策对个人影响越大，越不愿意延迟退休，预期退休越早；反之，养老保险缴费政策对个人影响越小，延迟退休意愿越强，预期退休越晚（见表3-28、表3-29）。由此显示出养老保险缴费政策作为退休政策的配套措施，退休政策调整需要与养老金政策调整协同推进。

表3-28　　　　　养老保险缴费政策与退休意愿

指标		没有影响	有较大影响	有很大影响	合计
是否愿意延迟退休	不愿意延迟退休 频数（人）	1 201	1 159	402	2 779
	缴费政策中的频率（%）	83.3	89.5	92.0	87.1
	愿意延迟退休 频数（人）	240	136	35	412
	缴费政策中的频率（%）	16.7	10.5	8.0	12.9

资料来源：根据课题组调研资料整理。

表3-29　　　　　养老保险缴费政策与预期退休年龄

指标		没有影响	有较大影响	有很大影响	合计
预期退休年龄	55岁以下 频数（人）	646	606	256	1 515
	缴费政策中的频率（%）	44.7	46.7	58.2	47.3
	55~59岁 频数（人）	399	367	101	871
	缴费政策中的频率（%）	27.6	28.3	23.0	27.2
	60岁 频数（人）	310	251	64	631
	缴费政策中的频率（%）	21.5	19.3	14.5	19.7
	60岁以上 频数（人）	90	74	19	183
	缴费政策中的频率（%）	6.2	5.7	4.3	5.7

资料来源：根据课题组调研资料整理。

访谈资料3-7

降低养老金缴费金额，延长缴纳年限，减少年轻人工作压力。延退同时出台养老金领取方面的措施。【某高校毕业生】

关键是养老金的发放标准问题，希望尽快出台该政策。【某企业职工】

（三）工作年限的影响因素

退休年龄的本质是劳动者在职期间的劳动贡献与退休后所享福利间的均衡。工作年限是一个劳动者实际的工作年限值，它反映的是个体的社会平均劳动贡献，但它与初始劳动年龄、劳动人口受教育程度有关。一般而言，在一个以自然年龄决定的退休年龄政策中，劳动者受教育程度越低，初始劳动年龄越小，工作年限会越长；反之，劳动者受教育程度越高，初始劳动年龄越大，工作年限则越短。在一个以标准年龄决定的退休年龄政策中,则可以平衡受教育程度等个体因素差异而带来的制度不公,从而大致实现不同年龄、受教育程度、性别等劳动者的公平。因此影响工作年限的指标有初始工作年龄、劳动力人口受教育程度,在问卷中体现在劳动者的初始工作年龄以及劳动者的学历情况方面。

从表 3-30 中可以看出劳动者的初始工作年龄越小,工作年限时间越长。在 26 岁及以上参加工作的劳动者中,约 54.1% 的人工作年限是 30 年及以下。这是因为劳动者受法定退休年龄的影响,现阶段,男性劳动者 60 岁退休,女性劳动者 55 岁退休,在法定退休年龄一定的情况下,劳动者初始工作年龄越小,即参加工作的时间越早,其工作年限越长。

表 3-30　　　　　　参加工作年龄与工作年限

指标			参加工作年龄				合计
			18 岁及以下	19~22 岁	23~25 岁	26 岁及以上	
工作年限	30 年及以下	频数（人）	114	636	460	72	1 282
		参加工作年龄中的频率（%）	29.7	39.1	44.1	54.1	40.2
	31~33 年	频数（人）	107	509	328	31	975
		参加工作年龄中的频率（%）	27.9	31.3	31.4	23.3	30.6
	34~36 年	频数（人）	94	320	163	21	598
		参加工作年龄中的频率（%）	24.5	19.7	15.6	15.8	18.8
	37~39 年	频数（人）	38	128	42	6	214
		参加工作年龄中的频率（%）	9.9	7.9	4.0	4.5	6.7
	40 年及以上	频数（人）	31	35	51	3	120
		参加工作年龄中的频率（%）	8.1	2.1	4.9	2.3	3.8
	总计	频数（人）	384	1 628	1 044	133	3 189
		参加工作年龄中的频率（%）	100.1	100.1	100.0	100.0	100.1

资料来源:根据课题组调研资料整理。

从表 3-31 中可以看出随着劳动者的学历越高，其工作年限就越短。不难理解，因为学历越高，受教育时间就越长，进入劳动力市场的时间就越晚。因此在法定退休年龄一定的情况下，受学历的影响，学历越高，劳动者的工作年限就越短。

访谈资料 3-8

应以学历为参考点，学历越高，工作年限应越长，硕士研究生按现有制度男性 60 岁女性 55 岁退休，以此为界限，本科生提前，博士研究生推后。【某事业单位人事部门主管】

表 3-31　　　　　　　　　　学历与工作年限

指标		学历			合计
		中学及以下	大专	本科及以上	
工作年限	30 年及以下 频数（人）	240	316	725	1 281
	学历中的频率（%）	35.1	38.3	43.1	40.1
	31~33 年 频数（人）	196	250	531	977
	学历中的频率（%）	28.7	30.3	31.6	30.6
	34~36 年 频数（人）	143	153	303	599
	学历中的频率（%）	20.9	18.5	18.0	18.8
	37~39 年 频数（人）	67	55	91	213
	学历中的频率（%）	9.8	6.7	5.4	6.7
	40 年及以上 频数（人）	37	52	32	121
	学历中的频率（%）	5.4	6.3	1.9	3.8
总计	计数（人）	683	826	1 682	3 191
	学历中的频率（%）	99.9	100.0	100.0	100.0

资料来源：根据课题组调研资料整理。

（四）延迟退休的社会影响分析

任何一项社会政策都是社会条件约束下的适应性选择，延迟退休政策在本质上作为一项社会政策，不仅需要考虑其本身的方案设计，还需要关注其相关社会影响，关注其相关支持条件，实现整个社会政策的协调。其影响主要包括与退休政策相关的养老政策对个体的影响，以及延迟退休对个体、单位、社会等方面的影响，同时，延迟退休政策需要个体、社会层面的准备条件；最后，退休作为工作时间的结束，闲暇生活的开始，其必然与养老方式的选择、未来的养老规划等内容相关联。因此需要综合考虑延迟退休政策各个方面的影响效应。

在这些样本调查中，有超过一半的人认为现行的养老政策，即个人缴费个人基本工资的8%，最低缴费15年对现在的生活水平有影响，40.9%的人认为现行的养老政策对现在的生活水平有较大影响，13.7%的人认为现有的养老政策对现在生活水平有很大影响（见表3-32）。其中，选择没影响的群体居多可能是因为政策依赖的因素致使人们已经习惯于先前的政策标准，而选择有很大及较大影响的人群可能是由于自身的经济状况和家庭负担较重所决定（见表3-33、表3-34）。

表3-32　　　　　　　　　对养老政策的影响

指标	频数（人）	百分比（%）	累积百分比（%）
有很大影响	441	13.7	13.7
有较大影响	1 309	40.9	54.6
没有影响	1 453	45.4	100.0
合计	3 203	100.0	—

资料来源：根据课题组调研资料整理。

表3-33　　　　　　　　　养老政策改革的期望

指标	频数（人）	百分比（%）
维持个人8%缴费率与15年最低缴费年限，提高缴费基数	1 538	49.1
降低个人缴费率至5%，提高缴费基数，延长缴费年限	761	24.3
降低个人缴费率至3%，提高缴费基数，延长缴费年限	835	26.6
合计	3 134	100.0

资料来源：根据课题组调研资料整理。

表3-34　　　　　　　　不同年龄人群与养老政策改革期望

	指标		16~30岁	31~45岁	46~60岁	61~65岁	66岁及以上	合计
养老政策改革	维持个人8%缴费率与15年最低缴费年限，提高缴费基数	频数（人）	486	565	470	11	6	1 538
		年龄中的频率（%）	46.3	47.6	54.5	44.0	66.7	49.1
	降低个人缴费率至5%，提高缴费基数，延长缴费年限	频数（人）	287	279	185	8	2	761
		年龄中的频率（%）	27.3	23.5	21.4	32.0	22.2	24.3

续表

指标			16~30岁	31~45岁	46~60岁	61~65岁	66岁及以上	合计
养老政策改革	降低个人缴费率至3%，提高缴费基数，延长缴费年限	频数（人）	277	343	208	6	1	835
		年龄中的频率（%）	26.4	28.9	24.1	24.0	11.1	26.6
	合计	频数（人）	1 050	1 187	863	25	9	3 134
		年龄中的频率（%）	100.0	100.0	100.0	100.0	100.0	100.0

资料来源：根据课题组调研资料整理。

个人对于单位的退休政策了解程度基本相当，总体看来不理解的占相对多数，即约47.4%的人了解单位退休政策，52.6%的人不了解单位退休政策。而评估延迟退休政策对新进员工的影响程度，58.1%的人认为有影响，14.8%的人认为无影响，27.1%的人表示不清楚，可见，人们认为延迟退休对于某一单位来说其对于新进员工的影响程度相对较大，即延迟退休从微观上看会对新进就业者的就业产生一定影响（见表3-35）。

表3-35　　　　　　延迟退休政策对本单位的影响

对单位退休政策是否了解			延迟退休对单位新进员工的影响		
指标	频数	百分比	指标	频数	百分比
了解	1 514	47.4	有影响	1 861	58.1
不了解	1 683	52.6	无影响	473	14.8
合计	3 197	100.0	不清楚	867	27.1
			合计	3 201	100.0

资料来源：根据课题组调研资料整理。

表3-36展现出延迟退休的社会经济影响。延迟退休对个人的影响方面，一方面关于有利的影响，选择最多的是增加经济收入，占总样本量的52.9%，其次是实现个人价值（19.7%），而获得社会认可和其他的选项分别占13.7%和13.8%，相差比例不大。但具体到不同学历与不同职业人群的认知，增加经济收入选择比例最高的是初中及以下和企业职工，获得社会认可的选择中主要人群是政府公务人员（高出总体水平7个百分点），实现个人价值的选择中硕士与博士以及事业单位比例相对较高。可见，低学历、体制外人群更注重经济效益的满

足,而高学历、体制内人群更注重个人所获得的社会认可与价值实现。因此,延迟退休的社会效应具有群体差异性。另一方面关于不利的影响,选择最多的是减少对家庭的照顾,占总样本量的37.1%,其次是延长工作时间和减少闲暇时间,分布占31.1%和25.8%。因此,延迟退休对个人的影响主要体现在因工作时间延长而带来的经济收入的增加和工作中个人价值的实现等有利影响,但同时也存在减少对家庭的照顾和减少闲暇时间这样的不利影响,可见,退休本质上是工作与家庭时间的互相替代、工作与闲暇的互相替代。

表3-36　　　　　延迟退休的社会经济影响　　　　　单位:%

延迟退休对个人影响	有利影响	增加经济收入	52.8
		实现个人价值	19.7
		其他	13.8
		获得社会认可	13.7
	不利影响	减少对家庭的照顾	37.1
		延长工作时间	31.1
		减少闲暇时间	25.8
		其他	6.0
延迟退休对社会影响	有利影响	有利于缓解未来劳动力供给不足	23.9
		有利于老年人力资源开发	24.9
		有利于促进老年消费市场的开发	16.9
		减缓养老金支付压力	30.6
		其他	3.7
	不利影响	不利于年轻人就业	57.7
		增加了个体养老预期的不确定性	22.3
		造成一定程度的社会不公平	17.8
		其他	2.2

资料来源:根据课题组调研资料整理。

延迟退休对社会的影响方面,关于有利影响,选择最多的是减缓养老金支付压力,占总量的30.6%;其次是有利于缓解未来劳动力供给不足和有利于老年人力资源开发,分别占23.9%和24.9%,最后是有利于促进老年消费市场的开发,占16.9%。关于不利影响,选择最多的是不利于年轻人就业,占57.7%,其次是增加了个体养老预期的不确定性和造成一定程度的社会不公平,分别占22.2%和17.8%。可见,延迟退休对社会的影响主要体现在养老金支付与就业方面,这与前面分析中延迟退休对单位新进员工的影响类似，即人们普遍认为延迟退休会影响年轻者就业。但也体现出公众的认知受到很大的舆论导向，即政策宣传延迟退休以减轻养老金支付压力为目的，会影响年轻人就业，这对公众的认知产生了很大的影响。

关于延迟退休的支持条件，从社会的支持条件和个人的退休准备两方面分析。从表3-37中可以看出，社会支持方面选择最多的是健全医保制度、完善养老设施和提高养老金水平，分别占29.9%、25.3%和24.9%；个人准备方面选择最多的是健康的身体储备、必要的经济积累和乐观的心理状态，分别占34.1%、30.8%和28.0%，因此应对退休，保障身体的健康和具备必要的经济条件是人们最需要的支持和准备，这与老年人群的身体特征相关，同时也正是延迟退休推行中首先需要考虑的因素，即解决老有所养、老有所医的问题。

表3-37　　　　　　延迟退休政策的支持条件　　　　　　单位：%

个人准备	必要的经济积累	30.8
	健康的身体储备	34.1
	乐观的心理状态	28.0
	良好的人际关系	6.8
	其他	0.3
社会支持	健全医保制度	29.9
	完善养老设施	25.3
	提高养老金水平	24.9
	发展养老产业	11.4
	完善人口政策	7.7
	其他	0.8

资料来源：根据课题组调研资料整理。

根据目前生活状况，在表3-38对延迟退休后生活水平的预估中，有50.6%的人选择不会有多大变化一项，选择越来越好的占34.7%，还有14.7%的人选择会越来越差。绝大多数人都对退休后的生活状态持积极的态度。因为目前我国养老保障制度在逐步完善，养老金的发放水平也在不断提高，从2005年到2015年，我国已经连续11次大幅度提高企业人员的养老金水平，2016年又综合上调所有退休人员的养老金水平，包括企业与机关事业单位。这说明我国的养老金发放是有保障的，养老保障制度的建设是卓有成效的，在保障人民生活水平、提升生活质量上发挥着重要作用。

表 3-38　　　　　　　延迟退休后生活水平的预估　　　　　单位：%

预估延迟退休生活水平	越来越差	14.7	养老方式	居家养老	64.0
	不会有多大变化	50.6		社区养老	14.8
	越来越好	34.7		机构养老	21.2
养老开支	医疗与保健	34.2	退休规划	回归家庭生活，享受亲情，照顾家人	53.4
	日常生活	28.2		重拾兴趣爱好，享受休闲旅游乐趣	39.1
	休闲娱乐	20.4			
	文化教育	3.9		从事力所能及的工作或事业	6.9
	亲情与人情消费	13.0			
	其他	0.3		其他	0.6

资料来源：根据课题组调研资料整理。

在对养老方式进行数据分析时发现，有64.0%的人选择居家养老，其次是选择一个适合自己的养老机构养老，比例为21.3%，最后是依托所居住社区支持养老，选择比例仅占14.8%（见表3-38）。这与我国现实国情有关，养儿防老的观念在中国人心里已经根深蒂固，而且居家养老一直是我国最为传统的养老方式，所以被大多数人所选择，但随着经济和社会形势的变化，目前，我国的人口老龄化现象严峻，2014年老龄人口统计公报显示，2014年末我国60岁以上的老年人口占比已经达到15.5%，65岁以上的老年人口占比也达到了10.1%。面对如此严峻的老龄化现实，家庭养老已近不堪重负。养老不仅是家庭的事情，也是社会、国家的事情，国家开始重视机构养老、建设社区养老等。在这样的情况下，多元养老方式正在出现，养老机构养老和社区养老也逐渐被一部分人所接受。但是相对于传统的家庭养老方式，机构养老和社区养老仍然是一个新生事物，需要一个接受的过程。

在养老生活开支这六项选择中，选择最多的是医疗与保健方面的开支，比例达到34.2%，其次是日常生活方面的开支（28.2%），这两项相加超过60%的比例，为多数人的养老生活开支考虑因素。20.4%的人选择休闲娱乐，13.0%选择亲情与人情消费，还有3.9%选择文化教育以及0.3%选择其他。年老以后，人们的身体机能不断下降，抗风险能力不断变弱，身体健康的风险不断变大。在这样的情况下，人们首要关注自己的身体健康，良好的身体状况是从事其他一切活动的基础。因此良好的医疗保健情况是人们退休以后所首要关注的。其次退休以后，人们丧失了工作收入来源，只有为数不多的退休金作为生活来源，没有一定的经济基础，退休后的生活就很难得到保障。只有在物质生活得到保障的基础上，人们才可能考虑其他的消费活动。

就退休后生活规划一项而言，一半以上的人员选择了回归家庭生活，享受亲情，照顾家人这一方式，比例达到53.4%，而其中年龄越大的人越倾向于回归家庭，这似乎可以理解，因为由于人们在工作的时候，一切重心都在工作上，退休以后重心开始转移到生活上。家庭永远是心理慰藉的场所，退休以后，老人可以在家庭中得到温暖，同时也可以照顾儿孙。年龄越大的人，这种情结越深，这与中国传统的家庭文化有关。选择重拾兴趣爱好，享受休闲旅游乐趣的占有39.1%，原因在于目前随着经济条件和生活水平的提高，人们在退休后有更多的选择。相比工作时的压力，人们在退休后重拾自己的兴趣爱好，选择出去旅游等作为缓解压力、享受生活的一种方式。相对来讲，年龄越小的人，对这方面的需求越明显，这是因为年龄越小的人，可能因为现阶段巨大的工作压力、生活压力，他们对未来退休以后的生活期望比较高。

第三节 访谈资料的介绍与分析

在问卷调查的同时，课题组还对用人单位人力资源主管和人事部门负责人进行了访谈调查（见附录3），共收集访谈资料80份。之后课题组运用扎根理论、质性研究方法和关键词筛选等方法对访谈资料进行了分析。

（一）关于渐进式延迟退休政策的背景及政策依据

本部分研究涉及以下学术用语，包括：老龄化、寿命延长、养老保险基金收支平衡、供求关系、受教育年限、性别平等。

（1）人口老龄化。我国实行渐进式延迟退休政策的背景是由于我国老年人的比例增加，据国家人口计生委员会2010年报告显示，"十二五"期间，我国60岁以上老年人口平均增长800万以上。[1] 第七次全国人口普查数据显示，我国60岁及以上人口已达2.64亿。[2] 预计"十四五"时期这一数字将突破3亿，我国将从轻度老龄化进入中度老龄化阶段。

---

[1] 中国政府网，http://www.gov.cn/jrzg/2010-07/03/content_1644826.htm。
[2] 《第七次全国人口普查公报》，中国政府网，http://www.gov.cn/guoqing/2021-05/13/content_5606149.htm。

（2）人均寿命的延长，与现有政策不匹配。我国目前仍然沿用的是20世纪70年代制定的退休政策，男女退休年龄分别是60岁和55岁（女性干部的法定退休年龄为55岁）。然而几十年来，随着生活水平的提高、医疗条件的改善，健康状况改善，我国人均寿命持续提升，国家卫健委发布《2021年我国卫生健康事业发展统计公报》公布：我国居民人均预期寿命由2017年的76.7岁提高到2021年的78.2岁[1]，原有的退休政策与目前的状况已经不相适应，也浪费了人力资源。

（3）在养老金方面，包括养老金的收支平衡、代际公平以及费率调整等改革。例如，我国养老保险基金财务平衡面临重大挑战，延迟退休可以增加基金积累，减少基金支出，有利于实现基金收支平衡；必须维护养老保障制度负担的公平，即在人口老龄化的进程中，需要微调退休年龄，以避免下一代人负担过重，这是制度公平与可持续发展的需要；基础养老金的统筹、养老制度的并轨、社保缴费率的调整等。

（4）老年人力资源利用与劳动力市场供求关系。高等教育普及率提升，人均受教育年限不断增长，延迟退休有利于老年人力资源的充分利用。由于计划生育"少生、优生"政策的有效实施，我国劳动力供求关系正在发生新的变化，劳动力供给总量已经超越了顶峰并开始逐年减少（后文预测，见表7-14）。

（5）国际经验。借鉴西方国家经验，将老年人的退休年龄逐渐提高。发达国家关于退休年龄的设置普遍高于我国：日本、德国、英国退休年龄都为65周岁，丹麦退休年龄为67周岁；美国计划将退休年龄由65周岁延迟到70周岁[2]，这表明我国退休年龄还是有一定的增长空间。

（6）我国人均预期寿命和受教育年限持续延长，决定了人生工作周期也需要作出相应调整。我国现行的政策规定：一般干部退休，女性55周岁，男性60周岁。而实际生活中，大部分退休人员在退休时面临不适感，他们渴望在工作岗位上继续发光发热，尤其是在机关事业单位和一些具有一定技术含量的岗位上的退休人员（调查的结果印证了这一点），因此，延迟退休是符合群众具体需求的。随着社会发展，人均寿命延长，知识等综合能力在现有的退休年龄尚未得到充分施展，有很大发展空间。

（7）必须促进性别平等。现在女性退休年龄大幅度小于男性，不仅过早剥夺了女性的工作权利，也过早地剥夺了女性的发展机会和发展空间，并直接影响其

---

[1] 《2021年我国卫生健康事业发展统计公报》，中国政府网，http://www.gov.cn/xinwen/2022-07/12/content_5700670.htm。

[2] United Nations, Department of Economic and Social Affairs, Population Division (2013). World Population Ageing 2013. ST/ESA/SER. A/348.

经济利益和福利待遇。因此，延迟女性退休年龄是符合社会发展需求的。

（二）关于对渐进式延迟退休政策中"渐进式"的理解

本部分研究涉及以下学术用语，包括：逐年延迟、心理预期、差别区分。

（1）概念定义。延迟退休，简称延退，是指国家结合国外有些国家在讨论或已经决定要延迟退休的政策来综合考虑中国人口结构变化的情况、就业情况而逐步延迟退休的制度。

（2）延迟退休政策是逐步实施的，可每年延长几个月，用几年甚至是十几年的时间完成延迟退休。

（3）社会心理预期。党的十八届三中全会提出要实施"渐进式"延迟退休政策。但是目前对延迟退休还没有达成共识。这项政策事关百姓利益，决不能"一刀切"。国家应考虑社会各界的意见和看法，综合平衡，使该政策符合人们的心理预期，逐步调整。

（4）通过一段时间，逐步延迟，延迟的节点和目标要随着人口结构及经济状况调整。

（5）具体方式。渐进延迟退休以年为单位的话企业好操作，按月的话太激进了，操作量会很大，对企业发展会有影响，还是以半年和年度为妥。还有就是国家对年龄偏大人员的培训力度严重不足，可能会导致延迟退休以后，年龄偏大人员的精力和知识结构跟不上发展，造成社会上存在大量高龄失业人员。

（6）差别化有区分。依据经济社会发展和不同职业开展；"循序渐进，分步走，多档并举"；不同阶段工作人群采用不同标准，延迟退休的年龄分段逐步增加；年龄上实行弹性制；行业上有区分，如特殊行业区别对待；渐进式主要是结合本人的工作年龄、身体健康情况、所从事行业等采取的有利于本人工作的一种方式。

（三）关于本单位现行的退休政策或方式与延迟退休政策的衔接

本部分研究涉及以下学术用语，包括：招聘压力大、输送不畅、管理难度大、（机关事业单位）编制难突破。

调研发现，月度与年度作为企业的两种主要退休方式，在不同企业均有体现。不同退休方式对企业的影响如下：

（1）按年度退休的困难：人力资源部在某一年度出现的退休人数集中；相关人力资源退休手续积压，部门压力大；相应引发招聘压力大；人才断层；人员更新慢，管理成本低。

(2) 按月度退休的困难：在人员替代上短时间无法找到合适的人员；每月都要办理一次，较麻烦，管理难度大，手续办理时间紧；对单位人员信息库的管理要到位，对每年年满退休的人员要提前筛选掌握，减少及预防了按年或半年、季度等退休集中的问题；由于每年6月社保局才会公布上年度缴费基数，再加上退休审查等问题，基本上单位退休人员到9月末才能办理退休手续，需要对社保的预缴费等变更，对工作造成了影响；更准确执行了国家的退休政策制度，单位员工比较认可。

但是在执行国家这一政策时，企业又制定了一套内部政策，即企业干部员工提前5年申请内退，内退方式为年度办理，即每年10月为当年满足内退年龄的所有员工办理手续，令其离岗回家，只享有企业发给的基本生活工资，5年后再办理正式退休手续，正式退休，领取养老金。企业实行多年的内退政策，一方面有利于企业增强活力和发展后劲，减轻企业的运营成本，大批老工人脱离岗位，企业不停地招新人，总比例年轻化，每年招收大批的大学生、研究生，为企业增加了活力；另一方面，对劳动密集型的辅助性岗位影响不大，但对一些技术性要求高的研发部门、售后服务部门，由于有经验的老同志内退，新人经验不足，造成一定的影响。

对机关事业单位而言，按月度退休的困难是：如何实施会使人员流动性增大，受到编制限制和入职制度限制，新员工难以进入，"新鲜血液"输送不畅，制约着一个单位的发展。按年度退休的困难是：人员补充不及时，造成工作上的被动局面，青黄不接，后继无人，编制问题影响较大。

(四) 关于渐进式延迟退休政策在本单位实施中的困难

本部分研究涉及以下学术用语，包括：就业冲突、财务负担、管理负担、行业差别、编制问题。

延迟退休政策使不同年龄劳动力就业面临利益冲突：当前，中国经济面临诸多困难，内部经济增速下滑，外部需求持续疲软，结构调整缓慢，实体经济发展缺乏资金。同时，未来几年，中国还面临巨大的就业压力。2013年，时任人力资源社会保障部部长尹蔚民介绍2013年高校毕业生数量增加到699万人。未来5年，高校毕业生就业规模保持在年均700万人左右，约占每年新进人力资源市场劳动力的一半，且这一比例将进一步提高，再加上中等职业院校毕业生，城镇未能升学的初、高中毕业生和退役士兵，总量近1600万人，我国青年就业压力巨大。[①] 2022年，高校毕业生将突破1000万人。这么多人的就业压力，势

---

① 《最难就业季或再持续5年，高校毕业生年均700万人》，载于《济南日报》2013年6月19日。

必会给社会带来问题,而作为国有企业,每年也需要为政府解决一部分就业压力,这样就会引起多方面的利益冲突,包括本土员工和外来员工的冲突以及新员工和老员工的冲突。本土员工会认为外来员工分化了他们的劳动报酬,降低了他们的工资水平。新员工认为"老人"持续占有大量岗位,新增岗位稀缺,新增就业人员不满意。"老人"到了该拿退休金的年龄却拿不到,新人提拔不了,老人不满意,新人也不满意,在岗的不满意,待岗的也不满意,企业的稳定和发展就会面临很大问题。要协调各方利益,让各方都满意。

延迟退休政策会面临诸多障碍:对于机关事业单位人员、企业高级管理者而言,延迟退休可以延长其工作待遇或者享受更多的资源,延迟退休符合其利益诉求。对于普通劳动者,尤其是体力劳动者而言,他们渴求养老的公平和养老金的丰厚,延迟退休的意愿不强。对于劳动技能差的劳动者、临近退休的失业者而言,他们不但不希望延迟退休,甚至希望提前退休。此外,延迟退休客观上减少了年轻人就业、创业和成为社会中坚力量的机会,至少打乱了他们的发展节奏,压缩了他们的发展空间,就业问题是延迟退休的最大障碍。在高校毕业人数居高不下、农村人口向城镇转移、产业升级的背景下,我国劳动力市场供过于求的局面仍将存在,延迟退休政策的实施,必然使得老年人挤占年轻人的就业机会,给社会造成较大的就业压力,人口政策的调整,生育政策的放开对于远期的劳动力供给将产生影响。因此,就业问题也许是延迟退休的一大障碍。

延迟退休政策在单位实施或落地时会有一些困难,如增加企业财务负担、因岗位编制原因无法引进新员工、影响员工工作效率、部分员工不能适应现有岗位、将无合适岗位安排员工、消极思想影响青年员工;不利于大中型企业的日常管理、人力成本增大;随着员工年龄越来越大,突发风险多,处理难度大,赔偿难以协商,员工产生不满情绪。在管理中需要对退休金及退休年龄这方面花更多的时间进行讲解和宣传,有一定的困难。

对于不同的行业,渐进式延迟退休政策的影响也有差别:

对于纺织行业,工人劳动强度大,女工多,主要与纱线打交道,职工健康状况堪忧,尤其是现代化科技产业对纱线的要求甚高,长期工作对员工身体伤害太大。

对于改制企业,工厂停产职工靠自谋职业维持生活,若实行渐进式延迟退休政策,职工的交费负担会增加,有些职工会放弃或少交。

对于服务性行业,员工流动性很大,政策影响不大。企业管理人员普遍比较年轻,正常年龄一般不超过40岁,主要是40~45岁这一年龄段人数较多。50岁以上的人不是特别多,延迟退休对这一行业影响不大。

对于基层服务行业,行业特质要求年轻人应较多,若国家实行渐进式退休政策,则会造成收入高与收入低群体之间的利益冲突,在管理中由于年龄大后身体会出现不同程度的损伤,会导致长期病休人员的增多,导致一岗多人,增加单位支出,但并不增加单位效率。

对于劳动密集型行业,"轻工业"而不轻,劳动强度大,纪律要求严格,对手、脚、眼配合要求度高。"男同志 55 岁以后具体的工作都不能胜任,女员工体力也跟不上,满足不了岗位要求。而其中制造类企业,如果实行渐进式延迟退休政策应该不会有大的冲突,作为企业的话,还是希望更多优秀人才的引进,不是说排斥老员工,毕竟有些职位的工作方式和管理思维老员工跟不上,年龄大了对工作是有影响的,一些工作对男员工的体力和女员工的视力都是有要求的。对企业发展来说延迟退休还是有阻碍的,因为老的人下不去,新的人来不了,对企业经营管理、先进的管理方法比如团队管理的实行会有阻碍。还有就是人和人之间也会存在身体健康的差异,同一个年龄的人有的身体好,有的就不行,所以退休制度应该给企业和个人留一个选择的余地。"

对于机关事业单位,其中自收自支的事业单位,养老金工资都需要单位自身来赚,经济压力还是比较大的。比如水库管理单位这样的自收自支的事业单位,转制过程中老职工不退休导致没有新编制,就需要大量使用超编人员,而超编人员的养老金财政并不承担,因此只能依靠事业单位自筹。

特别是对于教师,延迟退休对于教师队伍的优化极为不利,一些老教师长期从事教学,因身体、心理等原因不能全身心投入教育教学工作,急需修养,但延退需要他们继续在岗,导致学校编制被占,不利于年轻人才的进入,影响学校的发展。

(五)渐进式延迟退休政策在本单位实施困难的解决方式或方法

本部分研究涉及以下学术用语,包括:政策宣传、分步退休、区别岗位、柔性退休、配套措施。

首先,应对这一政策加强宣传。

其次,在延退方式上,结合实际,对不同地区不同类型的工人采取不同措施,不可一概而论。实行分步退休政策,分岗位、分人员区别对待。对于领导干部只要身体允许,可以实行延迟退休政策。对于核心的管理人员,以及享有专家头衔的专业技术人员,也可以实施延迟退休;对于一般员工和辅助性岗位上的员工,可以按时退休,不用延迟。

采取月度退休和渐进式退休相结合的方式。建立柔性退休制度,学习外国文官制度,专业性强、工作强度小,可延迟退休;压力大、知识结构更新快、工作强度大,尽量不延迟。真正按每年增 2 ~ 3 个月这种小渐进式的渐进延迟法。

最后，制定延迟退休政策实施后的相关配套政策，如给延退人员额外奖励，增加退休后福利；高养老金待遇，企业设立企业年金，实施补充性养老计划，精神上鼓励员工延长退休可获得更多个人价值，完善退休政策。具体措施如：增加工龄工资、调整因年老体弱不能从事运转的工作岗位、全国统筹消除双轨制、消除养老金待遇差别、提高在职人员待遇、合理设置与提前离退休人员待遇差距。

第四节 调查发现与讨论

（一）劳动者退休意愿

调研结果发现，被调查的劳动者普遍不愿意延迟退休，部分有提前退休的意愿，且倾向于较低的预期退休年龄以及较短的理想工作年限。该结果反映出我国目前实施渐进式延迟退休政策还不具有足够的群众支持基础，一方面受制于实施了60余年的退休制度从而形成的制度惯性，人们对于男60岁和女50岁的退休规定已成为固定的认知。另一方面也与人们当前对于渐进式延迟退休政策的认知有关，若将渐进式延迟退休理解为一步到位的延迟则不利于群众对于该制度的理解。同时，由于本调查是在我国渐进式延迟退休政策刚刚出现动意、社会舆论反应较为强烈时进行的，因而被调者对于渐进式延迟退休年龄尚缺乏较为理性的认知。此外，从被调查者对于退休年龄标准的认知也反映出人们对于渐进式、有弹性的退休制度的预期和期待，以自然年龄和工作时间相结合的渐进式退休制度具有一定的民意基础。

（二）个体退休意愿影响因素

退休行为是个体对于生命周期内工作与闲暇的替代性选择，因而任何因素的影响都是出于在职工作与离开工作岗位的期望对比、综合各方因素平滑生命周期内各类（包括家庭劳动在内的）工作与闲暇的理性选择。因此，个体的退休意愿也是包括个体、家庭、工作、社会等各方因素在内综合影响的结果。

（1）个体基本特征是做出各类选择的基础，性别、年龄、学历、健康状况等个体特征等会对劳动者退休选择产生影响。具体来说：

①依据传统的性别分工以及现行退休政策在性别方面的差异化规定，女性延迟退休意愿较弱。

②年龄、学历代表了工作经验与教育水平共同决定的人力资本，同时年龄也反映了人们工作的时间，在特定的阶段对退休意愿产生影响。

③健康是从事社会生产的条件支撑，更高的健康资本支持了更长的工作时间，因而健康水平较高的劳动者其延迟退休意愿更为明显。

（2）家庭是社会中微观的生产组织单位，退休不仅仅是个体的选择，更是整个家庭的决策，家庭层面的婚姻状况、家庭负担会对劳动者退休意愿产生影响。表现在已婚劳动者、抚养赡养负担更重的劳动者延迟退休意愿更弱，因此，退休政策调整需要与我国历史文化背景相结合，考虑我国劳动者对于家庭与工作之间的选择习惯。

（3）退休选择作为劳动者对在职工作与闲暇的选择，本质是对工作去留与否的选择，因而与工作环境相关的职业特征、职业满意度相联系。本调查结果显示，劳动者工作满意度越高（即有更强的工作吸引力），其延迟退休意愿越强，反之则越弱。

（4）宏观的社会政策与社会环境对劳动者退休选择具有诱导作用。在生活生产环境较差的区域，养老保险缴费影响更大的劳动者更倾向于选择较早退休。

总之，从个体差异的角度，退休年龄与劳动者个人的生理年龄、工作性质、教育水平、性别差异、职位级别、工龄和当期养老金水平有关。综合各类因素，在健康、工作、生活区域等各方面相对具有优势的劳动者更愿意留在工作岗位，倾向于选择延迟退休。因此，退休年龄政策调整需要兼顾对弱者的保护，兼顾不同职业者差异化诉求的渐进式、有弹性、差异化的退休方案成为退休政策的未来方向。

（三）延迟退休的社会效应预期与支持条件

本调查通过劳动者对于延迟退休对个人、社会的优缺点的认知，从个体层面分析延迟退休的社会效应；同时，调查了劳动者对于延迟退休所期待的支持条件，由此判断延迟退休个体与社会层面的准备策略和应对措施。

（1）减少家庭照顾、增加经济收入、减缓养老金支付压力、不利于年轻人就业是人们对于延迟退休效应最突出的认知，可见，经济收入、就业与家庭照顾是延迟退休带来的最直接效应影响，这一方面与目前在就业方面的政策宣传有关，另一方面也反映了劳动者的家庭文化特征，由此启示分析延迟退休的社会效应以及相应的正效应发展和负效应规避需要与政策宣传相结合，发挥舆论引导的作用，同时考虑特定的文化因素。

（2）健全医保制度、完善养老设施和提高养老金水平是劳动者对于延迟退休政策最主要的国家制度期待，健康的身体储备、必要的经济积累和乐观的心理状态是劳动者认为重要的个体应对策略。因此，健康储备与经济积累是延迟退休最主要的支持条件，同时，延迟退休需要健康准备、经济准备、心理准备和制度准备等个体与社会层面的多个配套措施相结合，通过完善的退休准备规划达成个体退休意愿与政府决策的均衡，实现渐进式延迟退休政策负面效应最小化，推进渐进式延迟退休政策的顺利实施与完善。

渐进式延迟退休在政策的背景与依据上已初步达成共识，但针对不同的行业有着不同的影响效应，因而需要进行差异化的调整，完善相关配套措施。

第四章

退休政策：延迟退休的决策过程与治理困境

第一节 我国退休政策调整与政府决策的背景分析

一、我国退休延迟政策调整的背景

中国退休政策调整是在全球网络社会兴起的背景下开始的。20 世纪 90 年代中期以来，伴随着国际互联网网络技术的发展、成熟和在中国的普及，中国社会各领域迅速计算机化和网络化，网络社会（cyber society）在中国的兴起已成为不可否认的事实。随着互联网技术的日臻成熟与不断发展，人们的日常生活中已经离不开网络，网络在人们的生活中占有举足轻重的地位。网络不但影响了人们的日常生活，而且在公民参与社会活动与公共政策制定中发挥着越来越重要的作用。网络论坛不仅为民众提供了信息交流的双向渠道，形成了利益表达的互动性公共空间，而且提升了中国公众参与和推动公共政策议程设定的技能与效率，从而在很大程度上打破和改变了政府官僚对公共政策议程设定的垄断状况，促进了我国公共政策议程设定模式的转变。

然而，就现代民主政治而言，最为重要的是保证公民对政府决策过程和议事日程的参与和监督，没有这种参与和监督也就不会有真正的民主。这就意味着民主的实现程度，往往依赖于公民对政策过程尤其是政策议程的参与和影响程度。互联网在中国的发展以及在此基础上形成的网络社会，能否增加公众对政策议程设定的控制能力，促进公众参与和影响政策议程设定过程？或者说，中国网络社会的兴起将对我国公共政策议程设定产生怎样的影响？研究以为，探讨网络社会与议程设定问题，既是互联网与中国政治民主化进程之关系课题研究中的应有之义，又是观察和分析互联网影响中国政治与政策过程的一个重要而独特的视角。因此，本研究以"天涯论坛"为例，结合课题组的调查，尝试分析和回答上述问题。

同时，政府公共政策决策过程转型，为诸如退休政策的调整提供了内在动力。改革开放以来，社会保障制度的改革与发展不仅促进了社会主义市场经济体制的建立和完善，保障了劳动者的就业权利，维护了社会公平与稳定，而且重新确立了不同于计划经济体制下的福利分配方式，影响了民众的福利态度和行为选择。在公民积极参与公共事务时代来临前，政府实有责任扮演好治理过程之重要主导者，且有义务去培育和引导公民积极参与公共事务的热情与态度。

当前社会结构关系复杂，可以说是一个网络的社会形态，政府决策制定过程势必也牵涉各方面的相关参与者，过去"由上而下"（top-down）的政策制定模式已无法解释当前公共政策的制定过程，因其忽略了来自私人部门、基层官僚对政策产出的影响。本研究以政策网络理论来探讨个案，一方面因政策网络理论已成为现今分析政府政策的主要途径；另一方面是希望借由相关个案的分析，来验证其解释力。

公民参与政治的态度受公民社会的兴起而改变，由以往的政治冷漠转变为积极地参与政策制定。正是由于公民表现出对公共政策制定参与的极大热情，公共政策制定才表现出了良性健康发展的趋势。在公共政策制定过程中，更多的公民愿意表达自己的利益诉求，这就要求政府在制定公共政策过程中向社会公开信息，开放公民参与政策制定的渠道。

随着全球化与信息科技时代的来临，一方面全球的社会形态和生活方式急速变迁，一种新形态的网络社会（network society）正逐渐浮现；另一方面新形态的社会本质所呈现之多元、动态、去中心化、分权化以及非结构性的关系形式，导致政府无法如同过去完全以权威命令的方式行使职权，而是只能依据其所掌握的资源发挥影响力（史美强，2005）。正由于此种新形态的国家与社会关系之浮现，以及新内涵的民主要求和民主治理正重新建构，政府必须在其所镶嵌（embeddedness）的多元复杂、动态且高度关联与风险的网络环境中，与社会多元行动者进行资源交换（resources exchange），并维持各种利益相关人的平衡互动，以达成政治与社会的可治理性。由此观之，现代政府的决策过程不仅仰赖私人部门的资源投入；同时，私人部门的参与又对公共部门发生作用。诚然，现代公共政策决策机制变革的重要特征在于私人部门组织角色的重要性日增，以及国家政府主导政策能力的衰退。马尔什（Marsh，1998）认为，政策网络的浮现正是由于政府和私人部门、非营利组织的资源相互依赖性日渐增高；但是，无论层级（hierarchy）或是市场（markets）的治理模式都存在问题。在传统层级制的运作方式下，强调由政府进行控制和协调，却导致国家与公民社会的脱钩以及输家（losers）产生；而市场的运作，强调没有任何权威的控制协调，让自主的机构自由进出市场，但由于忽视协调的重要性而发生问题。相对之下，网络（network）的运作，通过对等的互动与协商而非层级制的控制方式，让彼此资源相互依赖的行动者，在为其自身利益与达成共同合作的前提下，进行磋商和协调，以致政策网络（policy networks）能创造各方皆获益的赛局（positive-sum）（Marsh，1998）。

二、基于政策网络分析的退休政策调整分析框架

政策网络分析是一种探讨政策形成过程的方法，其研究重点在于政府与政策参与者之间的互动网络，并认为政策过程是一个具有不同立场、多元利益的群体复杂的博弈过程。社会网络分析的基本假定认为，要解释政治与决策行为，必须了解其决策背后的社会背景与行动者间所处的关系网络，也就是要将分析焦点放置在政治与政策网络，但这样的分析思维却没有在过去得到应有的重视（Weatherford，1982）。一般论述公共政策过程中政府与社会互动关系的途径，依政府与社会团体涉入及参与程度，人致可以分为社会中心论（society-centered）（Wilks and Wright，1987）与国家中心论（state centered）（Rhodes and Marsh，1992），政策网络理论即起源于对上述两个理论的讨论。社会中心论发展于20世纪50年代，以多元主义为核心，强调大量利益团体积极参与决策的过程，政策被认为是利益团体竞争后平衡的结果，政府机关在政策制定的过程中并非扮演核心影响的角色。但到了70年代，研究的焦点转向了国家（state），形成国家中心论，将国家视为一个能自主影响政策的行动者（actor），并且重新思考政府角色及其与经济和社会之间的关系。该观点认为政府机关能够根据自己的偏好和利益，以形成且发展符合自身利益的政策与目标，而通常这些政策目标与内容不一定能够反映民间社会的利益与要求。

政策网络分析于20世纪80年代开始成为英、美公共政策学者倡导的理论模式。研究者发现传统科层体制的隶属关系，以及权威/服从的政策模式已经无法描述或解释当代许多公共政策或公共事务的运作过程。许多公共政策的运作明显

呈现行动者（包括政府机关、社会团体）多元、动态、相互依存、互动的关系。

研究发现在探讨国家与社会互动的公共政策理论当中，政策网络的观点比多元主义、统合主义者更具解释力，又不流于社会中心途径（society-centred approach）与国家中心途径（state-centred approach）的偏颇（黄仁俊，2000），政策网络应用于实务的分析上也积累了相当丰富的成果（Rhodes and Marsh，1991）。

网络（network）原为社会学者描述人际关系互动与依赖状况的名词，后应用于组织间网络关系的研究，特别着重于某些层级安排（hierarchical arrangement）中多元组织间交互依赖的结构，20世纪70年代开始被政治学者应用于政策过程的研究，以阐述政策过程中参与者彼此互动所构成的正式与非正式关系（丘昌泰，2000b）。卡岑施泰因（Katzenstein，1977）最早提出政策网络（policy network）的概念，认为资本主义国家在经济政策的制定过程中，国家对于非国家行动者会寻求一种相互依赖与协助的关系，依其观点，政策网络就是将国家与社会行动者予以连结的机制。换言之，所谓政策网络就是指在政策制定过程中，政府与利害关系人之间互动所构筑出的正式与非正式关系。在网络社会下，政府统治的方式必须采用共同治理的方式来运作，因此网络社会的特征之一便是统治权的分化与共享。共同治理与权力分享的概念并非代表着网络社会中所有的行动者都处于对称的连结状态，整个社会是以不对称的方式加以组织起来的，但这样的不对称关系，并不意味着绝对核心的出现，因为网络关系的建立，本质上是处在一个相互依赖的情境下，而这不对称的连结方式则代表着资源依赖的程度。

马尔什和罗德斯（Marsh and Rhodes，1992）将网络视为一种资源依赖（resource dependency）的结构，强调透过结构（structure）将网络中不同的利益连结起来，可能让行动者之间，由松散的关系结构转变为紧密的关系连结。进而，影响特定的政策议程（policy agenda）浮现，以及最后政策结果走向。换言之，政策变迁与网络结构发生变化是密切相关的，政策的持续性可能是紧密政策网络运作的结果；反之，则是因为网络结构较松散所致。

政策网络分析不同于以往的政策分析方法，研究重点在于政府与政策参与者之间的互动网络。王光旭（2004）认为在公共政策领域当中，政策网络的研究途径属于较新的趋势，是探讨政策形成过程的一种新兴方法，其将政策过程理解为具有不同立场、多元利益的群体复杂的博弈过程，突破了西方传统研究领域中精英决策或是理性决策的分析方法。精英决策理论将政策视为精英的偏好与价值的展现，主张公共政策的改变和革新是精英们重新定义其价值与自我利益的结果，政策乃是精英由上而下施行的结果，而非群众需求的产物（Dye，2002）。政策网络认为政策不是由上而下的施行，也不是由下往上的要求，而是政府与多元利益群体的互动过程。理性决策模式认为政策是求最大的社会收益，亦即政府应该选择使社会收益超过成本最多的政策，而且要避免成本超过收益的政策（Dye，2002），政策网络不认为政策是理性决策的结果，事实上政策网络分析途径较为关注政策的博弈过程。

美国学者认为政策网络是一个资源相互依赖的组织，政策参与者因某些共同利益的追求或维护而连结在一起，在他们所构筑的网络中，努力地确保某些需求偏好，并将某些需求排除在议程之外。本森（Benson，1982）以府际网络概念界定政策网络，认为行政与利益团体因为资源的相互依赖性而形成一体，以确保共同的政策偏好而获得满足，排除其他意见团体（张渊菘，2005）。本森认为一个群体或复杂的组织，因资源的相互依赖而连结在一起，资源相互依赖的组织，其行政结构与利益结构形成牢不可破的结构（deep structure），在政策领域内确保某些需求偏好，而排除某些需求于政策议程之外，结构的利益类型包括需求团体、支持团体（资源提供者）、行政团体、提供服务的团体以及协调团体，网络的组织与类型从一个论题到另一个论题，从一个政策到另一个政策是有差异的。

麦克法兰（McFarland，1987）认为在政策领域中，与该政策有利害关系的团体或个人持续沟通而形成议题网络，参与者包括行政人员、人大代表、政协委员、学者专家与媒体，并指出议题网络不同于铁三角关系，而是开放途径且有多元参与者。政策网络的形成，参与者间要有持续的互动，所谓的互动不见得要有面对面的交谈，对相同的议题表达意见、沟通想法也是一种互动。现在的大众媒体、网络平台非常发达，很容易形成议题网络。赫克洛（Hcclo，1978）认为，铁三角有时的确存在，但开放性的议题网络已取代封闭的控制圈。麦克法兰追随赫克洛的脚步进一步阐释其理念，认为议题网络系指由对某一政策有兴趣的政府部门、国会议员、企业团体、游说者、学者专家及新闻记者等所组成的沟通网络。政策网络另一个重要特性就是有多元参与者，多元参与者有不同的政策立场，彼此的互动沟通才能形成所谓的网络。

20世纪70年代后期，政策网络理论主要用来分析政府间关系。罗茨的代表作《超越威斯敏斯特和白厅——英国的亚中央政府》主要研究英国中央与地方政府的关系、地方政府之间的关系及政府内部部门间的关系。80年代以来，政策网络研究主要是用来比较政策，即对国内不同时期或不同领域的政策进行比较，发现政策网络的结构差异对政策过程和结果的影响，其中最有代表性的是史密斯对"二战"后英国农业政策变迁的分析。由于"二战"中和"二战"后具体形势的不同，英国的农业政策也呈现出不同的利益倾向。90年代后，政策网络理论主要被当作一种治理的新解释框架。从英国的布莱尔政府提出的"联合政府"（joined-up government）口号，到澳大利亚的霍德华政府把"整体政府"（whole-of-government）作为改革目标，以及美国联邦政府与州政府及地方政府开始共同分担管理责任，这些都是作为治理模式的政策网络的实际运用。近年来，政策网络（policy network）被应用于不同的政策领域进行研究分析，其特色是模糊国家与社会的界线，强调国家与社会团体间的连结与互动关系，较能呈现政策制定过程中参与者高度复杂的关系。在表 4-1 政策网络的归类上，也同时呈现出不同时期政策网络的分析焦点。

表 4-1　　　　　　　　政策网络理论应用的焦点

本森（1974）的府际网络	本森使用"府际网络"（中央与地方政府及地方政府之间）界定政策网络，认为一个集群的或复杂的组织，因资源的相互依赖而连结在一起，这种组织与资源结构分裂的集群或复杂组织是不同的。资源相互依赖的组织，其关系结构与利益结构形成深层相依的结构（deep structure），在政策领域内确保某些需求偏好，而排除某些需求于政策议程之外
赫克洛（1978）议题网络（issue networks）	赫克洛认为美国某些政治生活领域是由制度化利益代表的次级政府（sub-government）组成，但某些领域则存在着议题网络，政策次级系统是一个光谱，铁三角是光谱的一端，另一端则是议题网络。议题网络的参与者不断变换，缺乏制度化的稳定效应
罗德斯（1988）应用资源的相互依赖与交换理论	罗德斯基于本森的分析架构，依据复杂组织资源相互依赖的结构界定中央与地方政府的政策网络。在分析中央与地方的关系网络时，罗德斯发现地方政府与中央政府之间的互动并不是多元竞争的，而是地方政府被整合为少数若干重要的代言人，与中央政府进行谈判与互动

资料来源：根据课题组调研资料整理。

退休政策的调整，特别是退休年龄延迟政策的出台，涉及不同的利益团体与行动者的互相角逐，究竟用何种研究途径能够较深入地揭示不同行动者之间的互动关系以及对政策的影响？在国家规模日益扩张、任务日益庞杂、责任日益加重的情形下，政策问题已无法借由传统多元主义或统合主义单一模式来获得有效解决，必须集结公私部门等众多行动者的力量，基于多元组织与共同参与行动之上。对于本研究议题而言，国家机关也并非多元主义所描述的那样，完全处于被动接受的角色，仅仅忠实反映利益团体角力的结果；若从统合主义的观点来分析延迟退休政策，则又忽略了弱势群体以及非正式关系对政策的影响。因为政策网络强调不同行动者之间为了实现自身的目的，通过策略性与复杂性的相互依存、互动过程而形成公共政策，其概念弥补了多元主义与统合主义的限制性，对于此项议题来讲也较能揭示政策决策过程。另外，政策网络分析适用于合乎三大特性的主题研究：多元参与、交互依赖、持续互动。政策网络分析有如下特点：

（1）政策参与的行动者多元：行动者多元，权力关系虽然不对等却有资源交换的可能；反之，参与者如果是二元隶属的关系，则传统模式的权威/服从关系即可解。

（2）交互依赖的特性：网络成员具有某种交互依赖的关系，且这种关系最好有资源交换的基础。

（3）持续互动的关系：问题解决或者利益开发与共享都可以成为维系网络成员持续互动的诱因。网络互动的过程中可能出现紧密频繁或者松散失序的状态，但是，行动者之间一定具有某种程度的持续性。网络互动的关系可能持续到诱因结束或议题解决而终止。

因此，本研究以政策网络理论来分析延迟退休政策的决策过程。

马尔什与史密斯（Marsh and Smith，2000）提出了政策网络影响政策产出的理论模式，强调网络与政策产出的关系不是简单、单向的，而是蕴含有三个结构化的互动关系：网络结构与行动者的关系；政策网络与运作环境的关系；政策网络与政策产出的关系。罗德斯和马尔什（Rhodes and Marsh，1992）强调政策网络理论运用十分广泛，其所探究的政策问题，必须关注以下的维度（Rhodes and Marsh，1991）：

（1）政策环境：影响政策网络形成的因素为何？政策网络是否受到影响？是否发生变迁？

（2）网络成员：有哪些行动者参与政策网络？因何参与？参与行动者的意识形态、信念与核心价值是什么？行动者对政策的立场是什么？

（3）网络整合程度：各利益团体内或利益团体之间是否对政策存有共识？

（4）网络资源分配状况：为达成目的，行动者彼此之间的互动关系及资源依赖关系如何？

（5）网络成员的权力互动关系：政策网络由谁主导？谁的利益被服务？行动者对政策的影响力如何？行动者位居于政策网络的核心还是边陲？

基于上述维度，综观延迟退休政策的决策过程，以2013年11月12日中国共产党第十八届中央委员会第三次全体会议通过的《中共中央关于全面深化改革若干重大问题的决定》为分割点，围绕"为何延迟退休""退休年龄的合理性"以及"延迟退休对就业的影响"三项主要议题的发展进行网络联结模式的分析（见图4-1）。

图 4-1　研究架构

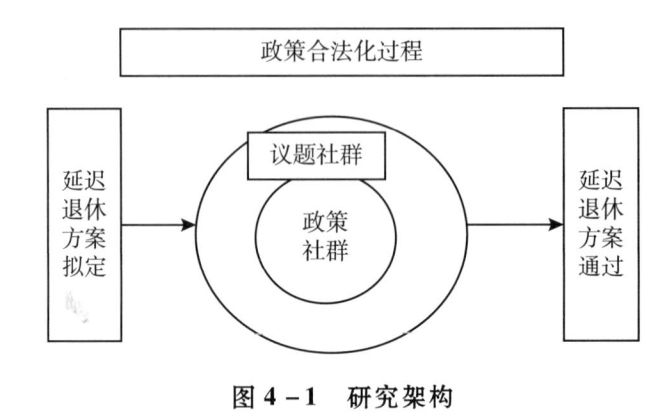

关于延迟退休政策的决策过程分析，本研究所要探讨的具体问题如下：

（1）政策网络下有关各个利害关系主体的互动情形如何？政策网络所描述的重点便是网络中各行动者互动关系的动态性过程，而在延迟退休政策的网络中，主要行动者有哪些？各个行动者如何互动？其实际状况又是如何？

（2）政治、经济、社会与其他环境因素如何影响延迟退休政策网络的形成与发展？

（3）解析政府在制定延迟退休政策的决策过程中，各政策网络行动者的互动呈现何种型态？是呈现容易建立共识的"政策社群"，还是呈现出不容易建立共识的"议题网络"？

（4）为达成其目的，行动者在延迟退休政策网络的互动中将采取什么样的行动策略？

第二节　延迟退休政策网络环境与行动者分析

一、延迟退休政策的网络环境

探讨政策网络，首先要探讨其所处的环境因素，政策网络的形成有其特定的环境脉络，在政策制定过程中，对政策有兴趣或有利害关系的行动者都会涉入网络，而外部环境的限制排除了一些人的参与，也影响着网络内资源的分配，进而影响行动者对环境认知后所采取的策略。换句话说，一个政策的规划与执行若没有考虑环境对其的影响，单从行动者的意向面来探讨，可能会有失真的判断。就本研究来讲，延迟退休政策所面临的政治、经济、社会与法律层面绝对会影响此项政策的发展，因此本研究势必要对其加以了解，才能进一步地研究与分析下去。因此本节拟就延迟退休政策所面临的政策环境中所存在的政治、经济、社会以及其他因素加以探讨。

另外，退休政策的演变过程本身构成了延迟退休政策的制度环境，我国现行法定退休年龄的规定始于1951年政务院颁发的《中华人民共和国劳动保险条例》（以下简称《条例》）。《条例》规定男职工的退休年龄为60周岁，女职工为50周岁。1953年《中华人民共和国劳动保险条例实施细则修正草案》对退休年龄未做改动。1955年国务院颁发的《关于国家机关工作人员退休处理暂行办法》中，规定女干部的退休年龄为55周岁。1978年5月24日，第五届全国人民代表大会常务委员会第二次会议批准的《国务院关于安置老弱病残干部的暂行办法》《国务院关于工人退休、退职的暂行办法》仍然沿用原来规定。此后至今再也没有就退休年龄进行过修改。目前我国实行的是男女有别的退休政策：除特殊工种和岗位可以提前退休外，男性职工60周岁退休，女性工人50周岁退休，女干部55周岁退休。也就是说，我国从20世纪50年代制定的退休年龄政策，直至今日仍然在继续执行，堪称最为稳定的政策之一。

法定退休制度的设立应该根据社会经济发展水平、劳动力市场的需求和供给状况、人口发展模式等宏观因素而进行适应性调整。然而我国的法定退休年龄在70余年间仅仅进行了细微的调整，并没有做出大的改动，因此现行的法定退休年龄不能够适应我国的国情。在多方考虑下，2008年11月，人力资源和社会保障部社会保障研究所负责人称，有关部门正在酝酿等待条件成熟时提高退休年龄，延迟退休政策正式进入了政策调整评估阶段。从此政策来看，在人均预期寿命延长、老龄化程度不断加深的情况下，单从养老金制度的管理来看似乎是合理的，但为何屡遭反对与抗争，究竟赞成一方与反对一方的争议点在哪里，本研究为寻求解答，实有必要对延迟退休方案的政策环境与行动者的立场进行分析，才能进一步了解其如何互动。

二、延迟退休政策网络的结构

国内外对政策网络的探讨，在静态的结构方面，主要集中于政策网络的分类和行动所具有的特征及其资源。在动态的互动方面，讨论内容则包括行动者的策略以及互动关系等。本书对延迟退休政策网络的分析也将从静态的结构维度和动态的互动层面展开讨论。

延迟退休的政策网络由多元行动者组成，政策是参与者之间互动的结果。没有任何一个行动者具有足够的能力决定其他行动者的策略，而且所有行动者都有各自的目标与利益（Rhodes，1981）。公共政策的规划、形成与制定都必须牵涉资源的配置运用，而政策资源又具有强烈的相互依赖性（interdependency），所以政策网络中的各个参与者必须通过彼此的合作、交易、协商甚至是竞争，设法使这些资源组合起来，形成一个可行且持续的集体选择（collective choice），以便从中满足各自的需求。所谓的政策网络（policy network），正是这种复杂关系所编织起来的组织结构。赫克洛和韦达夫斯基（Heclo and Wildavsky，1974）研究英国财政部的公共支出决策，认为政策是由互动频繁且分享共同价值的少数行动者组成的社群所决定的，后续的威尔克斯和赖特（Wilks and Wright，1987）、理查森（Richardson，1993）均受到这一认知的影响，其认为政策制定发生于由特殊利益团体与不同政府部门间的封闭关系所形成的政策网络，强调政策社群中的人际关系连结而非结构性连结。欧美的政策分析学家多将政策网络视为一种治理结构，如马尔什（1998）认为政策网络为一种利益团体中介模型。因此，政策网络是分析政策参与过程中团体与政府关系的方法，通过相互依赖的行动者之间建立起某种稳定的社会关系，以促成政策问题或方案的形成。这也是促使本书运用此方法来分析延迟退休政策运作及发展过程的重要原因。

任何政策网络中的行动者必然维持着或多或少的持久性关系型态。这些关系之发展会影响网络中的互动模式，如居于网络中心位置之行动者因拥有较多的信息、较易和其他行动者进行互动并且能够动员更好的资源，因此有利于实现其目标与要求。罗德斯将政策网络视为一个连续体（continuum）（见表4-2），高度整合的政策社群与松散的议题网络位于连续体的两端，其他三种如专业、府际（地方政府以及有关政府职能部门之间）以及生产者网络则散布于不同的政策类型网络之中，但顺序却不明显。罗德斯将专家网络和生产者网络视为另外两种网络，不可能出现由两者支配的政策社群，也意味着生产者网络的整合度与凝聚力必然低于专家网络（Rhodes，1997）。

表4-2　　　　　　　　罗德斯的政策社群与网络类型

网络类型	网络特征
政策社群（policy community）/地域社群（territorial community）	稳定、高度限定的成员、垂直的相互依存、有限的水平连结
专业网络（professional network）	稳定、高度限定的成员、垂直的相互依存、有限的水平连结、满足专业的利益
府际网络（intergovernmental network）	有限的成员、有限的垂直的相互依存、延伸性的水平连结

续表

网络类型	网络特征
制造者网络（producer network）	变动的成员、有限的垂直的相互依存、满足制造者的利益
议题网络（issue network）	不稳定、众多的成员、有限的垂直的相互依存

资料来源：Rhodes, R. A. W.. *Understanding Governance*: *Policy Networks*, *Governance*, *Reflexivity and Accountability*. Buckingham：Open University，1997：38.

本书通过文献（论坛发言、新闻报道以及政府文件多重论证）的分析与整理，并以深入访谈进一步了解政策利害关系的行动者的策略主张与互动模式，借此厘清政策制定过程中的互动状况及其网络建构模式。另外，结合罗德斯的政策网络经典模型，根据目前我国延迟退休政策制定的实际情况，可以将制定延迟退休政策过程中的政策网络分为政策社群、府际网络、专业网络、生产者网络和议题网络。政策社群的成员是中央政府和地方政府。政策社群在政策问题、规划、议程、制定、执行等过程中具有高度的权威性和主导性，各政府主体在网络中互相制衡，形成较为稳定的状态，同时政策社群对成员进出网络有严格的限制。在我国延迟退休政策网络中，中央政府的目标一方面是实现劳动力供给，另一方面是缓解养老金支出压力；而地方政府则是延迟退休政策的具体执行者，可能会选择阻力小、易于执行的方案。府际网络主要是指地方政府及有关职能部门。地方政府是中央政府所制定政令的执行者，同时也是国家和社会公共利益的维护者，其延迟退休政策制定的原则必须与中央的宏观调控政策保持一致，以促进全社会的健康发展。但是，由于地方政府与中央政府的利益并不完全一致，伴随着地方政府治理权限的扩大、信息的不对称和现行的对政府及官员评价制度的不完善，宏观政策的落实具有一定难度。同时，地方政府与生产者网络的主体存在较为密切的联系，利益更容易达成一致，从而出现"共谋"的情况，而非调控与被调控的关系。专业网络的成员仅限于具有专业知识和技能且进入相关领域的专家及研究组织。在延迟退休政策网络中，我国社会保障领域的专家和研究组织主要为制定延迟退休方案提供理论支持和技术支撑，推动养老金的可持续发展。生产者网络的行动者包括企业和行业协会等。在公共政策制定与执行过程中，生产者网络扮演着越来越重要的角色。生产者网络是不同利益群体进行政治参与的形式和渠道，而非政治斗争或政治冲突的工具和手段。生产者网络控制着相关领域信息的主导权，延迟退休政策的顺利执行在较大程度上依赖于相关利益主体的积极参与。企业是退休政策制定和执行的重要参与者，其参与程度在很大程度上影响了延迟退休政策的制定与执行效果。议题网络的成员具有多样性，公民、专家、学者、人大代表、媒体、研究机构等均可以进入议题网络。议题网络结构的牢固度较低,成员可以自由进出,平等自由地表达自己的观点,彼此间依赖程度不高,很难形成统一的表达机制,因而容易削弱整体的影响力。但是议题网络在一定程度上能够摆脱政府的限制,例如,在反对延迟退休政策推行的过程中,议题网络就发挥了较大的作用。

政策领域中各参与者构成复杂的互动与依赖关系,研究将政策互动网络视为圆状结构,简要区分为"政策社群"与"议题网络",两者以大小圆状结构的形态并存于政策发展过程中(见图4-2),各政策利害关系人则依其参与方案的程度分布于各网络中,彼此间相互依赖、产生互动及创造关系类型以获得共同利益需求。

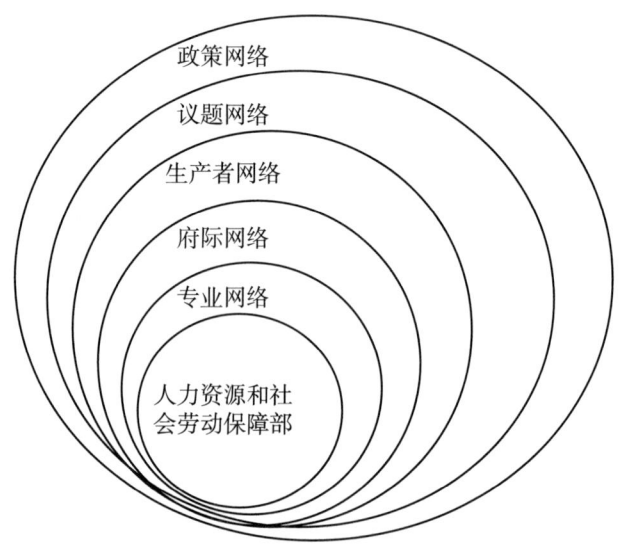

图 4-2 政策网络概念图

三、延迟退休政策行动者立场分析

(一)政策社群

政策社群由一群数量有限的成员高度整合而成,这些成员之间的关系相当稳定,但是此社群相当封闭,成员间垂直的相互依存建立在对服务输送责任的共同分担上。换言之,成员之间有强烈的垂直依赖,但是水平依赖却是相当有限。政策社群通常与政府的主要功能息息相关。

就本研究而言，人力资源和社会保障部、财政部与全国社保基金理事会属于政策社群，在延迟退休政策中，由于人力资源和社会保障部是政策具体制定机关，因此在政治资源上无疑具有相当程度的影响力与主导性作用，其有来自国家行政力量的支持，而其下的各级人力资源和社会保障厅（局）便是延迟退休政策的执行机关，与中央部委相比，更直接面对地方以及各界的声音。但大致而言，人力资源和社会保障部门、全国社保基金理事会等，由于处于同一阵线，且其行动者有限，并非每位行动者都能够参加，有些被忽视与排除在外。延迟退休政策的背后隐藏着政策社群的部门利益、政绩观等因素。

在延迟退休的争论中，政策社群起着决定性或主导性作用。帕累托认为，社会的特点是由精英，特别是统治精英的性质决定的。一个合法的政府是这样的政府，它成功地让被统治者相信服从一小部分人是符合他们的利益、他们的义务或他们的荣誉的。延迟退休政策得以形成，最终与政策社群使之合法化的努力密不可分。值得注意的是，政策社群与专业社群结盟的现象开始出现并且趋势日益明显，进而出现的一种情形是专业社群的价值偏好影响政策社群的利益诉求，而政策社群的利益诉求又往往引导着专业社群的价值理念。

访谈资料 4-1

人力资源和社会保障部相关负责人表示，相应提高退休年龄已是一种必然趋势，该部将适时提出弹性领取基本养老金年龄的政策建议……延长退休有利于进一步开发人力资源，增加退休后收入，缓解养老金压力，延长中国人口红利。【人力资源和社会保障部某干部】

各级领导干部是最有力、最坚定的支持者。因为现阶段干部的工资福利等待遇是按照职务大小来确定的，职务越大，地位越高，待遇越好，任职时间越长……但享受这些优厚待遇都有年龄限制……倘若再延迟 5 年，他们当然是求之不得，自然就会兴奋起来，就会强烈支持。【某高校研究人员】

（二）专业网络

这种网络通常是由一群对特定专业有兴趣的人组成，成员之间具有高度稳定性与限制性，形成垂直的互赖关系，水平依赖也相当有限，主要是满足专业的利益。但这种网络的整合程度不如政策社群那样具有高度凝聚力。以本书研究对象来讲，赞成延迟退休与反对延迟退休双方牵涉官方与民间的理念和专业知识辩论较多。学术界因为有同侪审查机制，因此常会举办各种研讨会与座谈会，甚至参加政策社群的决策过程，因此成员间存在着网络关系的连结。

学者在延迟退休政策中所形成的网络因具有特定专业与兴趣，因此也并非大多数人都可参与其中，其行动者又可分为个别行动者与专业智库。个别行动者，如郑功成、唐钧、杨燕绥等学者，他们主要经由发表论文、举办研讨会或者在报纸杂志与电子媒体发表观点等，为延迟退休政策发声。参与政府组织的研讨会也是学者参与决策的重要途径之一，虽然参与研讨会的是相关专家学者，却常被认为是替延迟退休政策进行论证。在专业智库方面，如人力资源和社会保障部的社会保障研究所、中国社会科学院的人口与劳动研究所等都曾提出延迟退休的实施方案。总体而言，学者们主要是满足专业的利益，进而影响公共政策的决策，但这种网络的整合程度不如政策社群那样具有高度凝聚力。

在延迟退休政策的争论中，知识精英发挥着举足轻重的作用。无论是赞同者还是反对者都扮演了意见领袖的角色，尤其是赞成者，往往以学术权威的角色和经济理性的理由来主张延迟退休，对于政策出台起到引领性作用。相比赞成者，反对者的人数和声音都要弱得多。

访谈资料 4-2

中国社会科学院世界社会政策研究中心秘书长唐钧明确向笔者表示，他并不支持现在就延迟退休，因为现实中，五六十岁的人就业能力已经比较弱，整体医疗保障又不够发达，许多人的生存状况不佳。但他同时承认，中国老龄化速度太快，倒逼延迟退休政策已经"等不起"。

唐钧（2013）认为虽然目前对于劳动者的体力要求看起来有所降低，但实际上劳动强度和工作紧张程度却成倍增加。普通工人到了男 50 岁、女 40 岁以上时，多有心有余而力不足之感，而且被企业以各种理由辞退的可能性大大增加。一旦被辞退，不但意味着不再有稳定的收入，还意味着仍然要缴纳社会养老保险费。

由此形成的情形是，部分知识精英提出延迟退休的主张和动员，接着是媒体的采访呼应继而招致网民大众的反对，以致形成了一种互联网上"精英媒体采访，网民评论声讨"的尖锐对立。同时，在延迟退休年龄的学术讨论中，某些专家学者的价值判断和科学逻辑已远远超过这场争论本身应有的学术价值和政策意义。

（三）生产者网络

生产者网络是基于经济利益构成的网络关系，网络成员具有相当的流动性，垂直互赖的程度有限，主要是在满足制造者的经济利益。以延迟退休政策而言，企业或行业组织团体的主张不外乎是追求经济利益，在政策决策过程中，由于清华大学民生经济研究院发布的《2015年中国企业家发展信心指数》报告指出，目前我国人力成本已超越融资成本，成为企业最大的压力来源。因此，在实体经济遭受冲击，企业倍感压力的情况下，企业老板支持延迟退休政策的只占24.9%，近八成企业家认为，"五险一金"支出负担过重，企业迫于社保缴费的压力，不敢为员工涨薪。企业家纷纷通过人大代表、媒体或专业智库向政府施压，因此，这些企业构成了生产者网络。

企业不支持延迟退休政策的根本原因是基于成本与收益的考虑：技术含量低而体力和精力要求高的行业企业希望老职工早退休，以实现劳动力的新陈代谢，从而提高劳动生产效率；与年轻职工（尤其是新招职工）相比，一般老职工的工龄长、工资高，企业为其缴纳的各项保险费用也相应地高；企业知识技术含量高的岗位所需的专业技术、技能和高层管理人才，可以通过返聘退休人员的途径解决，既能满足企业的用人需要，又不必为其缴纳社会养老保险费，可谓"一举两得"。

（四）议题网络

这是相当不稳定、低度整合性的网络，成员虽然很多，但相互之间依赖性很低、进进出出，无法呈现成熟而稳定的网络组织。此外，垂直的相互依赖关系受到限制，水平的意见表达虽然未受限，但意见并未整合，因而未形成坚强的网络系统。以延迟退休政策而言，议题网络行动者包括人大代表、政协委员、普通劳动者、专家学者等。

访谈资料 4-3

人力资源和社会保障部部长列举了德国法定退休年龄为67岁，但他不提西方国家延退都是自愿和弹性的，退休越晚养老金越高。他也不提这些国家中所有60岁以上老人都可领取基本养老金。【某企业人力资源部主管】

许多专业技术岗位，50岁、60岁也正是经验丰富、技艺纯熟的阶段，这种高端人力资源的替代弹性比较低，如果这部分人过早退休，是对人力资本的巨大浪费。【某企业专业技术人员】

调研中，不少专业技术人员表示更想"按点儿"甚至"早点儿"退休，再到其他机构兼职或由原单位返聘，这样能领取双份收入。

访谈资料 4-4

技术人员、职业经理人渴望"工作"到老。对于某些技术类或管理层人士来说，姜是越老越辣。例如医生，患者到医院都希望看"专家门诊""主任医师"，但这些主任医师一般年龄都在五六十岁。遗憾的是，当他们的经验和资历都达到这个水平的时候，退休也如期而至，高工资、高福利也就不能再享有了。北京市某集团高级技术工人杨某退休后养老金仅3 500元，但是作为建筑工程方面的老技师，他被某民营企业返聘后月薪近5 000元。好多老员工最后几年都想早点退休，这几年年龄不算很大，聘请的人多，还比较吃香。【某企业人力资源部主管】

大多数一线员工尤其是工人，则认同目前的退休年龄规定，有的人甚至希望早点退休，以获取稳定的养老金收入。企业退休职工养老金连年上涨，在职时工资不高的职工其月收入和养老金已经差别无几，不愿意再继续劳动。还有一些特殊岗位，因为他们长期付出了体力劳动，也希望早点退休。

有人想早退休，有人想晚退休，公平与保障劳动者权益是延迟退休政策社会关注的焦点。不过，现在养老"双轨制"没破题，养老改革顶层设计预备方案一经公布，无一例外招来反对声一片。

访谈资料4-5

对于我们这些每天工作12个小时的体力劳动者来说，健康是很大的问题。老百姓辛苦一辈子，就盼着早点退休享受一下生活，一定要工作到老吗？【纺织女工代表】

对于大多数一般公务员和事业干部来说，又有谁会愿意推迟退休呢？现实中，一般人员巴不得早点退休已是公开的秘密了。虽然干部法定退休年龄为男性60岁女性55岁，但是很多人已提前5~10年"退养"了，比如许多地方男性一到51岁、女性一到46岁就回家休息了。【普通公务员】

访谈资料4-6

人在不同的年纪阶段，应当有不同的任务，年迈之时，就应适时而退，将岗位留给更需要它的年轻人，这才是社会和谐的基础。我们单位共有200多人，50岁以上人员占1/3，而面临退休的20余人，其中以处级干部居多，另有部分厅级干部和一般工作人员。按照单位的人员晋升制度，提升为处级干部者，须有基层工作经历，提升为厅级干部者，需要曾经担任过三个部门的领导。因此，局机关会根据需要，选派一些人员到下属单位任局长助理，优秀者有返回单位晋升的机会。岗位就那么多，延迟退休，晋升问题就不好办。【某单位副处长】

现在我发现，最近几年参加工作的年轻人都不愿意参加社保了，确有此事,我单位去年几个20多岁的人都退保了。你看看,一位18~21岁的年轻人,65岁退休,要交保险44年或47年,假如男人寿命在75岁,也就是你交了一辈子保险,在最后10年享用,说不定社保的钱没用完,人就去世了。【某厂职工】

因为议题网络内的行动者较多,所牵涉的利益范围很大,有的全盘抵制延迟退休政策、有的争取养老金的发放、有的怀疑延迟退休的公平性等;彼此虽会结盟,但互动强度不大且变化不定,所展开的讨论往往仅局限于网络等媒体平台,成员可随时退出网络;虽然彼此有某种协议与目标,但意见分歧仍很大,冲突时常发生,如劳动力群体一开始与政府部门的普通职员联盟,反对延迟退休政策,到因不赞成普通政府工作人员"提前退休的特权",转而对其展开攻击。另外,部分专业技术人员,如医生、教师、科技工作者、工程师、高级技术工人等,俗称"越老越吃香"的岗位,也被认为是延迟退休的支持者。

四、延迟退休政策行动者诉求分析

1. 政府及其诉求分析

在现实生活中,一项政策关系到诸多政策行动者的利益,对行动者利益诉求的分析是洞悉其政策支持程度的基础。一般来说,政府部门在政策网络中居于政策社群的地位,由稳定且高度限定的成员组成,同时政策社群对成员进出网络有严格的限制,因此,政策社群的构成具有稳定性。在整个政策网络中政府一般扮演着政策需求者、政策制定者和政策执行者等角色。

在延迟退休政策制定过程中,政府是延迟退休政策的需求者和设计者。具体来说人力资源和社会保障部、财政部与社保基金理事会属于制定该政策的政府部门,其拥有国家行政力量的支持,因此在政策网络中具有相当程度上的影响力和主导作用。除此之外,各个地方政府作为中央政策的执行机构,对政策制定的影响力弱于中央政府。延退政策的构想由人力资源和社会保障部最先提出,也是基于应对老龄化社会和养老金支付压力的现实状况,站在社会发展的公共利益上看待问题。

在我国延迟退休政策网络系统中,政策需求者同样也分为中央政府和地方政府两个部分。在我国政治体制下,中央与地方按照科层等级被赋予了不均等的政治地位,具有不同的功能,不同的行政地位与行政责任决定了中央与地方不同的价值选择。中央部委处于科层体系的顶端,拥有制定决策、发号施令的权力,作为决策者,其决策选择的价值依据是集体收益最大化或公共利益最大化。

中央政府负责宏观调控与全局指导，地方政府是中央决策的执行机构。因为地方利益与中央利益并不完全一致，地方自主治理权限扩大，在个人效用最大化的价值指导下，其策略选择很大程度上是变通性执行，从而容易导致政策扭曲或"政策异变"。

通过对延迟退休政策制定中政府的诉求汇总整理我们发现：

政策社群的诉求经历了以下阶段："一刀切"（退休年龄延迟到65岁）的构想阶段，考虑公众抵触情绪转向学术探讨阶段，党的十八届三中全会明确提出出台延迟退休的政策阶段，具体出台时间和方案确定阶段。党的十八届三中全会是政策社群诉求的分界点，也是整个政策制定过程的分界点。自此之后，对延迟退休的争论从必要性转向了可操作性。该阶段之后，从政策社群的诉求来看主要围绕政策何时出台和具体执行方案展开。

政策社群内部利益也出现不一致。关于延迟退休的政策消息主要由人力资源和社会保障部及其所属机构进行发布，人大、党代会等也参与消息发布。目前从信息发布的梳理来看，政策社群对方案出台的时间还未确定，出现了一推再推的现象，对政策的实施时间也是说法不一，如表4-3所示。

表4-3　　　　　　　　　延迟退休政府诉求汇总

时间	部门	观点
2008年11月	人力资源和社会保障部社会保障研究所	相关部门正在酝酿条件成熟时延迟退休，有可能女职工从2010年开始，男职工从2015年开始，采取"小步渐进"方式，每3年延迟1岁，逐步将退休年龄提高到65岁。在2030年前，职工退休年龄将提高到65岁
2010年9月	人力资源和社会保障部	时任副部长表示，有专家指出，到2035年中国将会面临两名纳税人供养一名养老金领取者的情况。关于是否会延迟退休的提问，他回答，还在研究中
2010年	地方政府	上海市试行柔性延迟办理申请基本养老金手续。这一具有探索性的退休调整措施，成为实践探索延迟退休政策的破冰之举
2013年6月	人力资源和社会保障部	由于就业压力等多重原因，人力资源和社会保障部表示从研究着手，进行学术探讨
2013年11月	中央宣讲团成员	延迟退休政策需要10年，甚至20年才能到位

续表

时间	部门	观点
2013年11月12日	中国共产党第十八届中央委员会	通过《中共中央关于全面深化改革若干重大问题的决定》指出：研究制定渐进式延迟退休政策，明确了政策在顶层设计中，延迟退休政策渐进推行
2013年11月19日	人力资源和社会保障部社会保障研究所	对《中共中央关于全面深化改革若干重大问题的决定》中涉及的社会保障内容的改革进行解读。渐进式延迟退休是指将来制定有关延迟退休的政策将采取"小步慢走"的方式，逐步缓慢地提高退休年龄。假如退休年龄延长一岁需要经过两年时间，那么在政策实施之后的第一年只将退休年龄提高半岁，第二年再提高半岁，以此类推。此外，在将来有关延迟退休的政策制定并公布之后，还将设定几年的"缓冲期"，即经过几年的准备才会正式实施。因此，渐进式延迟退休就是采取比较缓慢而稳妥的方式，逐步提高退休年龄，尽量减小退休政策调整对社会和有关人员所带来的影响，这是许多国家在提高法定退休年龄方面比较通行的做法
2014年1月24日	人力资源和社会保障部	延迟退休是必然选择，有助于缓解抚养压力，适应人口预期寿命增长的需要，是应对人口老龄化的必然选择，也是开发人力资源特别是老年人力资源的重要途径
2015年2月28日	中央组织部、人力资源和社会保障部	《关于机关事业单位县处级女干部和具有高级职称的女性专业技术人员退休年龄问题的通知》。正、副县处级及相应职务层次的女干部，事业单位中担任党务、行政管理工作的相当于正、副处级的女干部和具有高级职称的女性专业技术人员，年满60周岁退休。如本人申请，可以在年满55周岁时自愿退休
2015年3月10日	党的十二大	采取渐进式的延迟退休政策，是保障养老保险制度可持续发展的一项重大政策。方案：核心点是要延长缴费的年限，相应缩短领取养老金的年限，小步徐趋、渐进到位。希望今年能够把这个方案制定出来，明年在报经中央同意以后向社会征求意见，根据征求意见的情况修改完善，应该是在后年正式推出。但是我们实施还是有一个相当长的过程

续表

时间	部门	观点
2015年10月14日	人力资源和社会保障部	介绍了"十二五"以来就业和社会保障工作成就,称中国是世界上退休年龄最早的国家,平均退休年龄不到55岁。经中央批准后,人力资源和社会保障部会向社会公开延迟退休改革方案,通过小步慢走,每年推迟几个月,逐步推迟到合理的退休年龄
2015年11月3日	党的十八届五中全会	党的十八届五中全会通过"十三五"规划建议,出台渐进式延迟退休政策
2015年12月14日	人力资源和社会保障部社会保障研究所	辟谣延退时间表,延迟退休方案2017年正式推出,最早将在2022年首次提高退休年龄。社部正在制定的延迟退休政策是一份比较稳妥的方案,大约每三年提高一岁。该方案的基本原则是:小步慢走,逐步提高退休年龄,同时在提高退休年龄之前建立缓冲机制,尽量减少退休政策调整带来的影响。对预期寿命、养老保险基金收支进行必要性论证
2016年2月29日	人力资源和社会保障部	渐进式延迟退休方案已经出来了,还要按照相关程序报经批准后才能向社会广泛征求意见,今年肯定会拿出方案。原则:渐进式区别对待,征求意见
2016年11月21日	人力资源和社会保障部	时任人力资源和社会保障部部长尹蔚民在出席国际社会保障协会第32届全球大会世界社会保障峰会时,介绍中国的社保制度时再次明确提到,将适时出台渐进式延迟退休政策。目前渐进式延迟退休政策已经拟定,正在按程序报经有关部门批准,2016年内方案将向社会公布,或将分群体先后实施
2017年7月14日	人力资源和社会保障部	将在今年拿出延迟退休政策,五年过渡期后,或在2020年正式实施

资料来源:根据课题组调研资料整理。

2. 知识精英及其诉求分析

具有专业知识与技能的专业和研究组织在政策网络中承担着专业网络的角色,在本研究中被统称为知识精英。这种专业网络的整合程度不如政策社群那样具有凝聚力和统一性,在政策网络中扮演着政策倡议者、政策设计者和政策评估者的角色。目前,我国社会保障领域的专家和研究组织,主要为制定延迟退休方案提供理论支持和技术支撑，推动养老金的可持续发展。知识精英通过开展研讨会和座谈会甚至参与政策社群的决策过程从而对延迟退休政策产生影响。但专业网络的价值偏好会受到政策社群的影响，值得注意的是某些知识精英与政策社群紧密地捆绑在一起，可能产生的结果是某些知识精英为政策社群摇旗呐喊，政策社群为知识精英提供更多学术资源。

　　学界一开始对延迟退休也表示出了两种不同声音。赞成延迟退休的学者基本上从预期人口寿命延长[1]；人口结构变动[2]；就业增加[3]；当前养老金制度中替代率、缴费率和赡养率参数不合理[4]；老年人力资源开发[5]等角度阐述；反对者大致从延迟退休对填补养老金缺口的质疑[6][7]；延迟退休挤出就业角度进行反对[8][9]。自党的十八届三中全会明确提出制定渐进式延迟退休政策后，对延迟退休的反对之声逐渐减弱，讨论更多地由延退的必要性转向了延退政策的可操作性及如何在具体政策上体现公平性研究。先后有林宝[10]、汪泽英[11]、席恒[12]、中国社科院报告（2014）等学者或是研究机构提出了具体延迟退休的方案设计。

　　同政策社群的诉求轨迹较一致，专业网络群体的诉求在党的十八届三中全会后转向了政策的方案设计。目前国内学者对延迟退休政策的设计争议体现在以下几个方面：从政策实施的基本原则研究，比如李光华认为我国提高退休年龄应该坚持渐进的原则；席恒等在借鉴我国台湾地区经验的基础上提出，若想更加公平、合理、科学地确定退休年龄，不能忽略各类人群之间人力资本的差异、行业

---

[1] 邓大松、王增文：《我国人口死亡率与最优退休年龄的动态变化关系》，载于《统计与决策》2008年第2期。
[2] 姚远、原新、史佳颖、谭琳、杨慧、姜向群：《退休年龄调整：为何如此纠结？》，载于《人口研究》2012年第6期。
[3] 张川川、赵耀辉：《老年人就业和年轻人就业的关系：来自中国的经验证据》，载于《世界经济》2014年第5期。
[4] 郑秉文：《欧债危机下的养老金制度改革——从福利国家到高债国家的教训》，载于《中国人口科学》2011年第5期。
[5] 杨燕绥、张芳芳、张杰：《论职工弹性退休的平滑效应》，载于《中国劳动》2010年第12期。
[6] 潘锦棠：《提高退休年龄不能成为弥补养老金"缺口"的主要手段》，载于《光明日报》2012年9月9日。
[7] 曾益、任超然、刘倩：《延长退休年龄有助于改善养老保险的偿付能力吗？——基于精算模型的模拟分析》，载于《经济管理》2013年第5期。
[8] 张车伟：《人口老龄化、劳动力市场变化与养老保障问题——完善城镇职工基本养老保险制度的思考》，载于《老龄科学研究》2013年第2期。
[9] 仲大军：《廉价劳动力与中国工业化的问题》，载于《开放导报》2004年第4期。
[10] 林宝：《延迟退休年龄对养老金资金平衡的影响》，载于《财经问题研究》2014年第12期。
[11] 汪泽英：《提高法定退休年龄政策研究》，中国经济出版社2013年版。
[12] 席恒、翟绍果：《我国渐进式延迟退休年龄的政策机制与方案研究》，载于《中国行政管理》2015年第5期。

差异以及社会贡献差异。从政策的具体设计方面研究,从性别设计视角、养老金改革、退休立法制度和老年人就业保护等方面进行政策设计,具体可从时机步骤等进行设计,如席恒团队提出的方案,筛选了劳动人口平均受教育年限、人口平均寿命、人口老龄化程度和经济总量四个指标,分五个时间阶段进行渐进化、差异化和有弹性的延迟退休政策。

从知识精英目前的利益诉求争议来看,具体的政策设计方案是争论点所在,延迟退休年龄的约束因素选择、配套方案的设计都影响着退休年龄的调整。但制定渐进式、差异化和有弹性的延迟退休政策是大势所趋。

3. 公众及其诉求分析

调整退休年龄政策关乎社会所有人的切身利益,公众作为政策的实施对象在整个政策网络中数量庞大,但他们之间因为依赖性低被划为议题网络一类。政策的制定与调整关乎公众利益,公众满意与否也涉及政策执行是否顺利。因此,公众在整个政策制定中居于重要地位。就目前而言,议题网络的成员以普通劳动者为主。公众关于延迟退休政策的利益诉求主要从退休意愿、退休政策调整方向和养老金收缴使用等方面展开。他们之间存在职业、财富和社会地位的差距因而利益诉求具有一定共性和差异性。

2015年西北大学渐进式延迟退休政策的社会经济效应研究课题组在全国10省市发放的3 224份有效问卷结果显示(见表4-4),在3 192份关于退休意愿的有效回答中,倾向于提前退休的占比为31.4%,按时退休的占比为55.7%,选择延迟退休和无所谓的占比为5.5%、7.4%。从数据汇总的结果我们可以看出对于公众来讲,在现行的退休政策下大多数是倾向于按时退休的,甚至出现了提前退休的意愿倾向。而直接选择延迟退休的公众只占5.5%,甚至低于对退休意愿持无所谓态度(占比7.4%)的人数。上述数据可以看出当时公众对延迟退休的态度立场较为抵触,甚至出现了提前退休的诉求。这跟当时的政策环境有关,当时处于延迟退休政策设想提出初期阶段,政策倾向于"一刀切",部分学者较为激进的政策方案引起了公众的恐慌和反感,加之之前的退休政策长期未进行调整,受先前政策惯性影响,公众心理还无法迅速接受,因此具有延迟退休意愿的人占比太少。但就目前而言,经过政策社群和专业网络的引导,议题网络人群已经意识到老龄化、高龄化的今天,延迟退休是大势所趋,加之养老金废除"双轨制",在一定程度上改变了人们对原有政策的不公平认知。相信目前延迟退休的意愿调查结果较之课题组先前数据会有所上升。

表 4-4 公众退休意愿汇总

项目		退休意愿	频数（份）	百分比（%）	有效百分比（%）
有效		提前退休（低于法定年龄退休）	1 001	31.0	31.4
		按时退休（按照法定年龄退休）	1 778	55.1	55.7
		延迟退休（高于法定年龄退休）	176	5.5	5.5
		无所谓	237	7.4	7.4
		合计	3 192	99.0	100.0
缺失		系统	32	1.0	—
合计			3 224	100.0	—

资料来源：根据课题组调研资料预测分析。

表 4-5 中体现了基于不同职业类型人群的退休意愿。由该表可知，退休意愿在职业之间的差异体现并不明显。通过采取多元 Logistic 回归模型对不同职业的退休意愿进行分析，结果如表 4-5 所示。

表 4-5 基于不同职业类型人群的退休意愿

项目			职业类型				合计
			政府公务人员	事业单位职员	企业单位	其他	
退休意愿	提前退休（低于法定年龄）	计数（人）	140	185	636	40	1 001
		职业类型中的（%）	37.9	33.2	29.9	29.4	31.4
	按时退休（按照法定年龄）	计数（人）	194	316	1 192	76	1 778
		职业类型中的（%）	52.6	56.7	56.0	55.9	55.7
	延迟退休（高于法定年龄）	计数（人）	16	38	117	5	176
		职业类型中的（%）	4.3	6.8	5.5	3.7	5.5
	无所谓	计数（人）	19	18	185	15	237
		职业类型中的（%）	5.2	3.2	8.7	11.0	7.4
合计		计数（人）	369	557	2 130	136	3 192
		职业类型中的（%）	100.0	100.0	100.0	100.0	100.0

资料来源：根据课题组调研资料预测分析。

基于我国十省市的调查数据，以机关事业单位人员为研究对象，应用多元 Logistic 回归模型对机关事业单位人员的退休意愿及其影响因素进行分析。结果如下：（1）在调查样本中，退休意愿为按时退休、提前退休和延迟退休的比例分别为 57.4%、36.6% 和 6.1%；（2）在个人特征方面，人力资本水平较低（年龄越小、健康水平越差、学历越低）的机关事业单位人员倾向于提前退休，硕士及以上学历人群延迟退休意愿较强；（3）在家庭因素方面，家庭中独立收入来源人数越少的更倾向于提前退休，家庭独立收入来源人数较多的延迟退休意愿较强；（4）在工作因素方面，具有县处级职级和中级职称人员更倾向于延迟退休，而对工作不满意或评价为一般的人员更倾向于提前退休；（5）在养老及政策因素方面，选择机构养老的人员延迟退休意愿较强，了解单位现行退休政策的人员延迟退休意愿较弱。

就企业人员而言：从个体特征来看，女性的预期退休年龄小于男性的预期退休年龄；年龄越大的预期退休年龄年限越长，但是 31~45 岁的预期退休年龄年限最短；健康程度以及收入越高，预期退休年龄年限越长。在家庭因素方面，抚养赡养 3 人的预期退休年龄年限最长，抚养赡养 4 人及以上的预期退休年龄年限最短。在政策因素方面，认为养老保险缴费政策对生活有影响的，预期退休年龄年限最短。在对养老金改革认知上，认为应维持养老金政策现状的预期退休年龄年限最短。

可以看出对机关事业单位劳动者而言，人力资本高低对其退休意愿具有深刻影响，人力资本越高，延迟退休意愿强烈。而企业劳动者的性别因素影响其退休意愿，女性延迟退休意愿弱于男性。对此看出家庭抚养人数因素对所有劳动者的退休意愿都有同样影响，即家庭抚养人数越多延迟退休意愿越弱。除此之外，工作因素和养老政策相关因素对两类群体的退休意愿都有不同影响。

第三节　延迟退休政策网络互动过程分析

一、政策网络互动过程的理论基础

在延迟退休政策的演进过程中，各方部门组织因交互影响而产生不同的利益考量，政策决策过程为一种复杂的动态、发展与循环过程。政策利害关系人（policy stakeholders）往往会通过各种途径介入政策方案的合法化过程，企图影响方案内容以符合自身利益和要求目标。在此分析思路下，本章将对以下问题进行考察：第一，各政策利害关系人在政策发展过程中的主张、价值观点和利益诉求是什么？第二，各政策利害关系人在试图影响政策的决策过程中，在互动过程中采取什么行动策略，进而影响政策发展与变迁？第三，不同政策发展阶段所形成的网络关系模式、行动策略与资源动员模式是否存在差异？

二、延迟退休政策网络行动者策略

研究通过政策网络的观点以描述性的研究途径（descriptive research）探讨延迟退休政策的发展过程。纵观延迟退休政策的发展历程，以 2013 年 11 月 12 日中国共产党第十八届中央委员会第三次全体会议通过《中共中央关于全面深化改革若干重大问题的决定》为切割点，分为"政策潜伏期"和"政策成型期"两个阶段。前述互动关系为政策网络的研究重点，文献资料也显示多位学者以互动过程中的主导力量作为研究重要变量，例如斯瓦德（Sward，1992）研究英国的核能政策，指出早期是由原子能源局（AEA）凭借保守秘密的游戏规则及专业知识所主导，并形成专业化的政策社群，其后在核子反应炉的选择上，则由生产团体主导而形成生产者网络；里德（Read，1992）指出英国吸烟政策网络是由烟草商凭借其与政府部门长期密切合作关系及其供应政府庞大税收而主导。由此可知，不同利益团体凭借其专业知识、技术权威或经济利益而在政策过程中居于主导地位。

延迟退休政策行动者互动如图 4-3 所示。

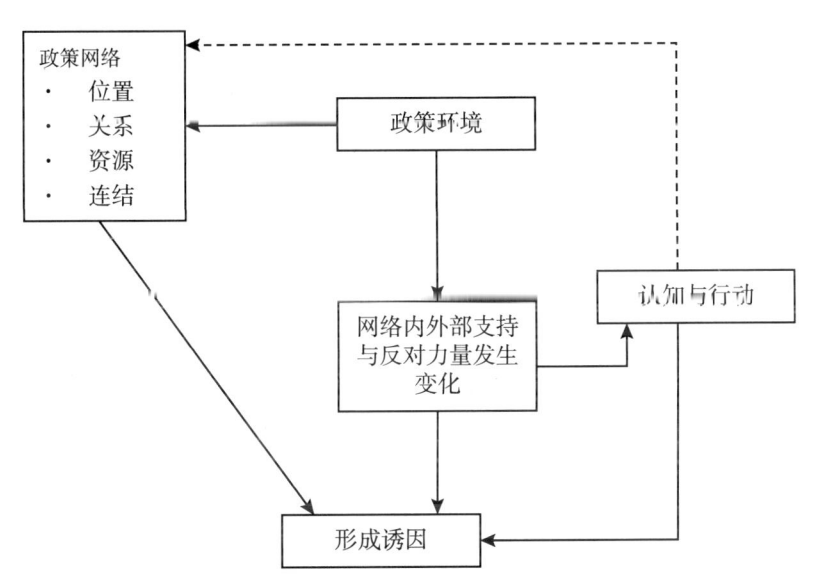

图 4-3 延迟退休政策行动者互动示意图

围绕延迟退休政策的争论过程，可以划分为：

（一）政策潜伏期（2004~2012年）的互动

酝酿：2008年11月，人力资源和社会保障部社会保障研究所负责人称，有关部门正在酝酿等待条件成熟时提高退休年龄，有可能女职工从2010年开始，男职工从2015年开始，采取"小步渐进"方式，每3年提高1岁，逐步将退休年龄提高到65岁。在2030年前，职工退休年龄将提高到65岁。

热议：2010年9月，关于"是否应该推迟退休"的话题再度引发热议。起因是在《中国的人力资源状况》白皮书的发布会上，时任人力资源和社会保障部副部长王晓初表示，有专家指出，到2035年中国将面临两名纳税人供养一名养老金领取者的情况。

（二）政策成型期（2013~2017年）的互动

替代性方案——2012年6月5日，人力资源和社会保障部在一项公开回应中称延迟退休为"必然趋势"，将"适时提出弹性延迟领取基本养老金年龄"等。① 目前，人力资源和社会保障部已经厘定在2012年下半年启动有关退休年龄延迟相关系列政策的研究工作。

搁置争议——2013年6月，由于就业压力等多重原因，人力资源和社会保障部已经搁置思路，仅仅从研究着手，进行学术探讨。人力资源和社会保障部一位高层表示，"延迟退休只是作为一个讨论课题，我们还不会推行。"其原因是"现在就业压力增大，一批批的年轻人需要就业，也就是需要更多的就业岗位"。

逐步建立共识——人民网2013年10月19日报道，多部委闭门会诊养老制度顶层设计方案。多部委与多套养老方案设计者们经过为期两天的闭门会议，在养老制度上达成了多项共识。②

目前，延迟退休的改革已成定局，渐进式推进在学界也已基本达成共识。但在何时开始、如何"渐进"上还存在差异。

延迟退休是世界各国都已经着手的一个社会政策，应对的是全世界都必须面对的老龄化问题，已经得到全世界的认同，是大势所趋，其必要性无须再讨论。当务之急是如何制定科学可行的制度设计，以及在推出的时间点上需要仔细研究。延迟退休政策需要保障劳动者个体在退休年龄和养老金领取上的自主选择权。

---

①② 《人社部将适时提出弹性延迟领取基本养老金年龄》，载于《劳动保障世界》2012年第7期。

三、延迟退休政策网络互动结构化分析

(一) 马尔什和史密斯的政策网络结构化模式

网络的运作会影响决策者制定共同偏好的政策产出,那么政策产出会不会反馈影响网络结构呢? 答案是肯定的。政策产出可能会改变网络成员的构成与资源的平衡,因为政策产出可能减弱既有网络的特殊利益,因而有些网络成员便退出网络,而加入新的网络成员。而且根据马尔什和史密斯 (2000) 的假定, 行动者交易所需的技巧乃天生与后来学习所获得, 因此行动者会经由对政策产出的政策学习而改变行动策略, 也调整了原本的网络结构。

马尔什和史密斯 (2000) 的政策网络结构化模式中"结构化"一词事实上就是表示一种关系模式, 其从中间层次出发来看待网络结构与行动者的关系, 可以摆脱网络围观者忽略行动者有改变结构关系的动能性, 也可解决围观者忽略整体网络思考的逻辑弊病。本研究感于现实的政策网络运作是复杂的, 各种因素牵涉其中环环相扣, 很难加以简化, 而马尔什和史密斯的政策网络结构化模式则提供了一套解释实际网络运作的模式。

政策网络结构化模式隐含下列假定:
①政策环境影响网络结构与行动者资源的运用。
②行动者交易所需的技巧乃天生与后来学习所获得。
③网络互动反映行动者资源、技巧、网络结构与政策互动。
④网络结构反映环境系统、行动者资源、网络互动与政策产出。
⑤政策产出反映网络结构与网络互动。

基于上述假定, 政策网络结构化模式可以用图 4-4 表示。

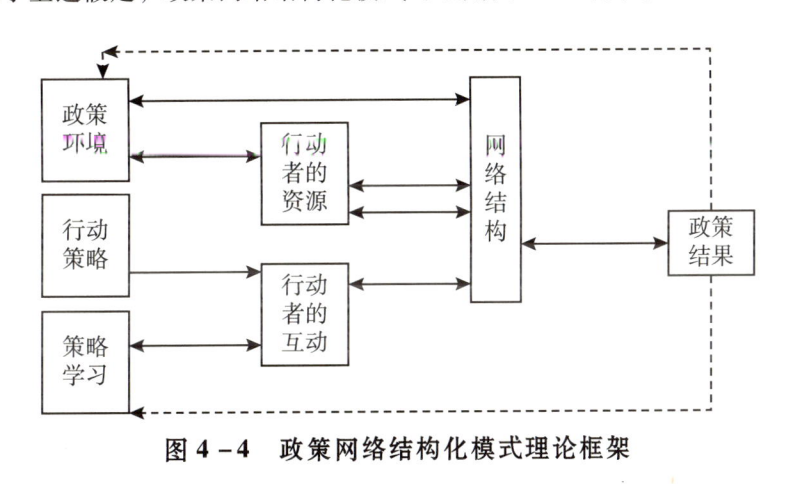

图 4-4 政策网络结构化模式理论框架

由图 4-4 的架构可知，政策环境影响行动者的资源大小与网络结构，行动者的立场与天生的技巧影响其会采取的策略与技巧，而行动者的资源与技巧决定了网络的结构形态以及网络中的互动模式，进而影响政策产出，最后政策产出重新型塑了政策环境与行动者的政策学习。各个方面面向彼此交互影响如川流不息般循环下去。

以此结构化模式来考察延迟退休政策的政策网络，能更深入地探讨政策环境、网络行动者以及政策产出间的交互影响关系，当然此方面的论述必须以实际个案运作情形加以佐证。本研究将采用深度访谈与内容分析的方式，经由所获取的实际个案数据来验证其解释力。而政策网络结构化模式用来当作本研究的解释模式，使本研究在探讨个案网络运作的同时，更富有解释个人、政策环境、政策产出和网络结构之间相互影响关系的能力。

一项政策的形成，不能单由网络结构或网络行动者的观点来看，而应将结构与行动者加以考虑，将它套在延迟退休政策中来看。网络行动者为政府与其他团体，网络的结构性脉络则为政治、经济、社会等背景因素。而在互动过程中，结构化模式强调的是策略性选择，即各行动者所面临的政治资源或权力大小等结构面因素，决定了哪些策略处于优位。在探讨了网络中各行动者的结构面与意向面后，决定了策略行动与政策产出。而在结果反馈的部分，政策产出后会改变原本网络的环境以及结构位置，让某些行动者更具优势或是更边缘化，连带影响网络结构的部分转化，行动者能经由策略学习重新对网络结构加以体认，修改过去既定策略，为后续的互动制定和选择适合的目标与方式。

（二）延迟退休政策网络结构化模式

1. 政策环境影响政策网络的形成

网络的形成常发生在特定的环境系统中，外部环境系统的变迁确实会连带影响网络结构的变迁，但此种变迁却可经由网络内部调节将冲击最小化。以本研究来讲，虽中央政策社群对延迟退休方案的是否出台与具体退休年龄、时间安排等议题有所让步，但毕竟中央政策社群仍拥有决定是否延迟退休的最后决定权，因此为维持社群共同利益，采取一系列的策略活动，将其他行为者所带来的冲击减缓与最小化，也造就了延迟退休方案的事实政策产出为行动者与结构互动所产生，同时结构与行动者在时序上是可以分开的，会以不同的方式进行运作。结构必定先于行动者而存在，而结构的改变也必然在这些行动之后。只有在一个已经存在（既有）的结构化脉络中，且这个脉络必须具备策略选择的功能（也就是某种策略会比其他策略更有利），行动的出现才有意义。基于对结构的局部认识，行动者是会反思的且会想出应对策略。脉络结构的策略选择功能，会为行动者制造一些难题，不过行动者还是有可能制定出策略来克服这些难题的（David Marsh and Gerry Stoker，2007）。而面对议题网络的反对势力如排山倒海般席卷而来的情况，中央政策社群迫于无奈，只能一再推迟延迟退休方案的发布，也答应对延迟退休的弹性机制和具体时间进行调整。另外，举办各种新闻发布会和协调会与居民进行沟通，试图从延迟退休的目的方面先获得群众理解。相关企业负责人依托在结构中的优越位置，施压于中央与地方政府官员，甚至能在全国人民代表大会与中央政策社群直接进行对谈。中央政策社群开始连结专业网络来对抗压力群体，一方面建立本身智库，另一方面积极邀请具有声望的学者加入决策体制，以消除来自普通劳动者的不满声浪。

2. 政策产出反馈改变政策环境以及网络结构

行动者有能力透过策略学习的主动行为，以改变结构层面的环境：行动者具有反思能力，就算身处局限之下也能重新塑造自己的利益，并且对周围环境做出策略性的估算。因此结构与行动者的互动产生政策结果，而结果反馈到结构与行动者身上可从两方面进行分析：

（1）直接影响（direct effects）：在事件发生以及未来行为产生结构性脉络中，产生一个结构性脉络的部分转化。

（2）策略学习（strategic learning）：部分行动者涉及强化对结构以及由结构所附加的限制（机会）的认知，也提供了可以被说明并且被证明更成功的后续策略基础。

所以政策产出的反馈所造成的影响，会让某些行动者取得相对优势，改变了结构中的相对位置，因此连带影响网络结构的部分转变，有些行动者会退出网络，而在转变的同时，留下的行动者重新认知转变后的结构，更改过去既有策略，为后续的互动重新进行策略计算。

总括来讲，延迟退休政策一经提出，便造成整个网络结构的部分转变，而在转变后，行动者具有反省能力即策略学习能力来对结构重新认知，并设定出后续互动目标与方法，如此便能说明政策产出与网络环境、网络结构的关系，这是过去探讨政策网络的学者较少谈及的部分。

具体而言，在结构与行动者之间的关系层面上，特定的政策环境形成特定的网络结构，对延迟退休议题有兴趣的行动者参与其中，网络结构由中央政策社群、学者专家、地方政府、生产者、社会精英、普通劳动者所组成，网络结构具有限制性（策略性选择），让中央政策社群以及专业社群具有影响决策的优势，但这并不表示处于劣势的普通劳动者或部分专家学者等议题网络行动者无法影响政策，赞成延迟退休与反对延迟退休的双方行动者经由对整个结构的认知制定所要采取的策略（策略计算），政策产出为结构与行动者互动所产生。

在网络与环境之间的关系层面上，由上述分析可知政策环境的变迁连带影响网络结构的变迁，以前公共政策制定更多考虑中央政策社群，现在还要包括其他学者专家、劳动者以及企业所带来的影响，但毕竟中央政策社群仍然拥有决定是否出台何种延迟退休政策的最后决定权，因此为维持社群共通利益，采取一连串的策略活动，将其他行为者所带来的冲击减缓与最小化。

而在网络与结果之间的关系上，中央政策社群的智囊机构公布的延迟退休方案便是网络结构和行动者互动所产生的，而每一次延迟退休方案的调整，必然导致网络结构部分转化，让中央政策社群优势加大，而以普通劳动者为主的议题网络成员纷纷退出网络之外，行动者具有反省能力（策略学习），能对过去失败的策略以及面对转化过后的结构有所体认，制定后续互动目标与方式。

第四节 研究结论与政策建议

基于上述分析，可得出以下研究结论：

第一，政策网络研究途径适合用于探讨现今复杂的政策决策过程。在多元主义中，国家被视为来自利益团体的压力被动接受者，政策过程只是利益团体权力分配和角力的场域。相较于多元主义强调利益团体的相互竞争，统合主义强调的是国家机关与极少数利益团体之间的合作，形塑公共政策的形成。而在国家规模日益扩张、任务日益庞杂、责任日益加重的情形下，政策问题已无法借由传统多元主义或统合主义单一模式来获得有效解决。多元主义过于强调利益团体的重要性，而实际制定政策的过程中却不是如此，因为国家本身有其自主利益的考虑。而综观我国政策的发展，政府还是居于主导的地位，并不像多元主义中政府被视为利益团体压力的被动接受者。延迟退休政策问题似乎也不限于劳资双方间，而是掺杂了众多行动者，利用各自手中的资源来影响政策的发展。现今复杂的社会情境，政策的制定必须集结公私部门等众多行动者的力量，基于多元组织共同参与行动之上，借由行动者彼此互动依赖连结而成，而这种互动型态便涵盖在政策网络理念之中。

第二，政策网络研究途径适宜研究延迟退休政策。就延迟退休政策而言，政府制定延迟退休政策的目的是解决劳动力不足、养老保险基金收支平衡等问题，对于大多数普通劳动者而言，在意的却是能否按时足额领取养老金等问题。此外，各行动者之间互相协调并没有一个共识，为了探究其互动，便必须对其立场与资源进行分析。因为政策网络强调不同行动者之间为了实现其目的，通过策略性与复杂性的互动过程而形成公共政策，其概念弥补了多元主义与统合主义的限制性，对于此议题而言也较能阐述其政策过程，所以以政策网络的概念来分析延迟退休政策是最适宜的途径。

第三，政策网络结构化模式的适用。本研究从中间层次出发来看待网络结构与行动者的关系，以马尔什和史密斯（2000）的政策网络结构化模式搭配杰素普（Jessop，2001）的策略关系途径来解释延迟退休政策网络中"网络结构与行动者""政策网络与环境"以及"政策网络与结果"之间的关系。在延迟退政策中，在"结构与行动者"之间的关系上，特定的政策环境形成特定的网络结构，对议题有兴趣的行动者参与其中，网络结构由中央部委政策社群、专家学者、地方政府、企业部门、工会团体、劳动者、人大代表等所组成，网络结构具有限制性（策略性选择），让中央政策社群以及专业社群具有影响决策的优势，但这并不表示处于劣势的议题网络行动者无法影响政策，赞成退休延迟与反对退休延迟的双方行动者经由对整个结构的认知制定所要采取的策略（策略计算）；在"网络与环境"之间的关系上，由上述分析可知政策环境的变迁也会影响政策网络结构的变迁，以前政策的决策过程只需考虑中央政策社群，现在还要包括其他学者专家、企业、劳动者以及媒体所带来的影响，但毕竟政策社群仍然拥有决定是否出台政策的最后决定权，因此为维持社群共同利益，采取一连串的策略活动，将其他行为者所带来的冲击减缓与最小化；而在"政策网络与结果"之间的关系上，延迟退休政策的提出便是网络结构和行动者互动所产生的，而在政策方案提出后，造成网络结构部分转化，让政策社群优势加大，而以普通劳动者为主的议题网络成员纷纷退出网络之外，行动者具有反省能力（策略学习），能对过去失败的策略以及面对转化过后的结构有所体认，制定后续互动目标与方式。

第四，政府有其既定政策的考虑，人力资源和社会保障部为了推动延迟退休政策的出台进行多次民意调查和专家论证会，但却因政策规划初期，没有与民众展开充分对话，而是匆忙发声，等到延迟退休方案提出后，为了延迟退休的目的与退休年龄，而与普通劳动者和媒体争论不休。因此，尽管相关政府部门多次对问题进行澄清，但正反双方并没有达成共识，沟通效果并不佳。在回顾整个政策的决策过程中，可以发现政府的信息发布与部分专家学者前后说法不一，有的说延迟退休是为了缓解劳动力不足，绝非为了平衡养老金支出。综观整个延迟退休政策的发展，可以发现政府前后说法不一，所以延迟退休政策的目的出现众多说法与版本，至今仍未有个定论。

根据研究结论，本研究建议：

一项公共政策最终出台需要政策利益相关方的利益形成合意，达成一致。不能各方自说自话，一意孤行。在延迟退休政策中，政府、知识精英和公众更是要提升诉求表达能力,政府要拓宽各方表达途径。

(1) 提升利益相关者表达能力。

首先,政府需瞄准政策对象使用调整性言论。回应不同年龄段人群的需求才能起到政策宣传的效果。预计现有的人口老龄化趋势和未来预计的养老金抚养比例是政府应该重点向青年人宣传的言论,年轻人可以作为政府首选的说服对象。一是年轻人的职业生涯还很长,受当前退休政策的惯性影响较小,容易改变;二是年轻人刚入职,对工作的职业发展充满热情和憧憬,容易接受延迟退休政策。

其次,政府需从沟通性言语入手回应公众诉求。既然延迟退休政策已经是大势所趋,为推动政策相关方形成合意,早日让政策出台,政府应该了解民意,不断回应公众诉求。政府在政策制定过程中本身是属于强势一方,若一意孤行,只会加重公众抵触和反感情绪。根据调查我们发现,关于延迟退休的支持条件可从社会的支持条件和个人的退休准备两方面分析。因此应对退休,保障身体的健康和必要的经济条件是人们最需要的支持和准备,这与老年人群的身体特征相关,同时也正是延迟退休政策推行中首先需要考虑的因素,即解决老有所养、老有所医的问题。对于公众关于医保和经济条件的诉求,政府在进行政策沟通的时候应该积极回应,出台配套措施解决公众后顾之忧,保证政策顺利推行。

再次,知识精英把握政策的科学性。一项成功的公共政策必须同时具备科学性和民主性两大核心要素,如果说保证公众参与是促进公共政策民主性的前提,那么,知识精英就该把握着政策的科学性,引领政策设计更加科学、合理。通常情况下知识精英的推动作用可以体现在公共政策的任一环节,特别是在提上议程和形成政策方面。知识精英在各自的领域中,通过发现现有的社会问题,并且凭借专业优势和特长,运用科学理论和分析手段,对社会发展进程和趋势进行科学预测,并最终通过论著、报告和建议进行公开,告知社会。

最后,培养和提高公众参政素养。公众需要不断强化自己的利益诉求表达能力,在公共政策制定过程行使自己的话语权,让自身诉求通过合法途径顺畅表达出来。在延迟退休政策的制定过程中,我们看到公众的反对态度和情绪确实引起了政府的关注,由此对政策的制定过程和措辞表达也更谨慎,这是公众利益博弈的作用体现。除此之外,公众还要警惕网络民粹主义泛滥,不能因为持反对意见就对主张延迟退休政策的专家学者用极端的人格侮辱在网络空间来表达自己的不满情绪。群体容易轻信,也容易被教唆。在反对延迟退休的公众浪潮声中,网络民粹主义的泛滥极易被个别人制造成对仇官、仇富的宣泄,最终引发社会群体事件。

(2) 拓宽利益相关者表达途径。

首先,应发挥主流传媒的沟通桥梁作用。

在网络化时代，人人都是自媒体，公众的参与感和知情权都需要体现，这是现代社会公共政策制定中必须考虑的时代背景。同时信息纷繁复杂，对公众辨识能力提出了巨大考验。特别是在公共政策的制定时期，良好的政策沟通需要媒体的参与，而主流媒体更是要在政府与公众之间架起有效的沟通桥梁。在延迟退休政策的制定中，媒体发挥的作用不应该只是局限于呈现公众对延迟退休的态度方面，更是要做到以下几点：一是要加强政策信息披露，减少谣言滋生空间。主流媒体要多关注政策制定进程，不断向社会展示政策方案制定细节，对一些类似于"延迟退休政策时间表"的谣言及时破除，引导公众理智对待谣言。二是媒体应该着重报道公众需求，不仅关注公众对延迟退休的情绪，更要关注公共的需求。例如，报道关于不同行业、不同职级的劳动者对延迟退休政策的需求与见解，关注弱势群体的利益需求。让公众的意见在社会上流动起来，才能早日促成政策合意的达成。三是媒体需要加强与知识精英沟通，并不是所有的知识精英都掌握着话语权，他们的学术见解经常局限于学术交流，很难在社会上产生影响，引起公众的思考与反馈。因此，媒体可对知识精英的观点进行宣传，让不同的见解进行碰撞，最终促进政策合理性和科学性。

其次，完善信访、听证会等体制内惯例化表达渠道。

目前，在我国公共政策制定过程中利益表达渠道是多样的，主要有人民代表大会、政治协商会议、大众传媒、信访和听证会等。但是长期的同质性社会带来的大一统的社会惯性使社会公众在利益表达时选用体制内惯例化表达渠道的较少，持等待观望态度的较多，由于公民受教育程度的差异较大，在公民教育过程中也没有相关的知识传递，许多表达主体对于现行的表达渠道也不甚了解，并缺乏足够的知识能力和叙述能力去表达自己利益诉求。因此，完善例如听证会、信访的体制内惯例化表达渠道作用显著。通过体制内惯例表达，公众意愿可快速进入行政系统内部，引起政府重视与了解，提升政策沟通效率。为此，政府可向公众表态，欢迎公众通过此类渠道进行反馈，体现利益诉求。

最后，完善各级地方政府利益表达渠道。

一项好的决策需要各种制度为其保驾护航，也需要各个环节相互配合，政府决策也需要政府各部门间的相互配合，社会的支持、人民的理解，才能保证其可持续性、有效性，从而实现效益的最大化。延迟退休政策是从国家层面进行的一次顶层设计式的改革，但这并不意味着与各级地方政府毫无关系，政策的宣传、推广和执行需要各级地方政府的积极配合。因此，听取地方各级政府的利益诉求尤为重要，倾听地方政府的利益诉求在一定程度上也是在政府内部达成政策共识，减少诉求差异。

公共政策的制定是政策利益相关者进行利益博弈以达到利益均衡，形成政策合意的过程。一项政策的出台，离不开政策需求者、政策倡议者、政策设计者、政策制定者、政策执行者、政策评估者的参与。在现实中，这些角色可以投射到政府、知识精英和公众三方。本研究以延迟退休政策的制定过程为例，一是剖析了政策出台的环境背景，延迟退休政策是在人口老龄化、养老保险基金收支差距缩小、劳动者受教育年限提高且人均寿命提升的背景下提出的。二是分析了三方利益诉求的共识与差异，就目前而言三方基本达成出台延迟退休政策的共识，只是在如何渐进式延迟退休上有分歧和差异。三是在三方的利益博弈中我们发现，公众的利益表达影响着政府的政策走向与进程，部分知识精英出现了与政府结盟的现象，知识精英在促成政策合意过程中的作用不够凸显，政府为促成政策合意早日达成需要尽快回应公众诉求。对此，需要政府做到：（1）提升政策利益相关方利益表达能力。政府需瞄准政策对象使用调整性言论，从沟通性言语入手回应公众诉求；知识精英把握政策的科学性；公众参政素养有待提高。（2）拓宽利益相关者表达渠道：发挥主流传媒的沟通桥梁作用；完善信访、听证会等体制内惯例化表达渠道；完善各级政府利益表达渠道。

  利益诉求是公共政策制定中利益相关者形成政策合意的重要指标和因素。利益表达是利益博弈的过程体现，不仅仅是各方自说自话，更是各方相互制约、相互回应的过程。公众根据政府的政策设想提出利益诉求，知识精英为政策设想出谋划策，政府在回应公众的利益诉求，保证政策民主的同时，也要关注知识精英的价值偏好，保证政策的科学性。除了关注利益相关者诉求、拓宽利益表达渠道外，政府还应该出台延迟退休政策的配套措施，通过养老金改革，将退休待遇与个人劳动贡献率相挂钩，在提高个人待遇水平的同时，激发公众积极创造创新。同时，对于医疗体制应积极探索新的改革方向，解决以药养医、医药资源分布不均衡、医疗报销比例差等问题；加大对公众退休心理教育的推广，个人积极正视自身心理问题，找到缓解压力平台。从多角度、各方面解决公众对退休的后顾之忧，才能让其主动接受延迟退休这一政策。

第五章

退休选择：退休意愿的影响因素与决定机制

第一节 退休制度的演化与影响因素

进入 21 世纪以后，由于全球人口老龄化的冲击，世界许多国家都面临着养老金的支付压力，于是各国基于本国国情，纷纷进行养老金制度的改革，其中，延迟退休是许多国家共同采取的政策措施之一。

退休是指人到了一定年龄阶段，由于生理、心理等方面的衰减或退化而无法继续进行经济生产活动的一种生存状态。作为经济学意义的退休概念，指劳动者离开工作岗位，完全退出劳动力市场，不再从事经济活动。从历史来看，现代意义上的退休是工业社会的产物。在农业社会中，小农生产是主要的生产方式，劳动者可以耕作到他无力工作时为止，无须退出劳动力市场；而且，由于农业社会缺乏社会保障制度安排，老年人如果退出劳动力市场，往往缺乏足够资源来满足自身所需，因而，老年人难以"退休"。在工业革命之后，资本主义市场经济制度逐渐确立起来，作为生产要素的劳动力必须参与竞争，而竞争意味着优胜劣汰，雇主也希望用年轻劳动力取代高龄劳动者来实现新陈代谢，这就使得退休成为一种竞争性经济的需要。作为一类制度化的退休概念，研究者则进一步将福利权利的内容引入其中，具有了一定的政治学特征，因而包含了"退出职业活动"

和"依法享受退休待遇"的双重内容。《辞海》将退休定义为"职工达到规定年龄或因病残并具备一定条件而离开工作岗位养老;在我国,退休人员的生活受到国家和社会的保障,每月按规定标准领取退休金,直到本人去世为止"。《现代汉语词典》则将退休解释为"职工因年老或因工残废而离开工作岗位,按期领取生活费用"。上述两种理解有细微差别,但都包括职工因某种原因离开工作岗位并且能够定期领取退休金两层含义。因此,"退休"是离开工作岗位与领取退休金的结合。

制度化退休将劳动经济学中的"退休"(退出劳动力市场)和养老保险学中的"退休"(领取养老金)直接联系起来,这也构成现代所理解的退休概念。19世纪后期,高龄劳动者退休时普遍缺乏养老资源,给经济发展和社会稳定带来巨大隐患,在生产扩张、财富增长的背景下,创立强制性社会保险体系保障劳动者的老年生活,成为西方社会普遍的选择。特别是20世纪50年代以后,发达国家社会保障制度覆盖范围逐步扩大,劳动者退休时领取养老金成为常见现象,退出劳动力市场和领取退休金便紧密地关联起来。

退休内涵的双重性与退休状态的双重性密切相关。退休既是个体生命历程必经阶段的自然状态,作为制度,退休更是特定时期社会生命历程和个人生命历程叠加过程的综合产物。就社会生命历程而言,将生命历程视为一种社会制度,并受到其他经济社会制度、政策的影响和塑造。正如英国《济贫法》是对劳动力再生产过程的一种控制一样,早期退休制度的产生也是国家为了维护政权稳定而对人作为劳动力退出劳动力队伍之后的整个生命历程的一种干预,以期抚慰民心,并以此达到激励正在或即将进入劳动力队伍的群体努力工作以保证社会再生产顺利进行的目的。贝弗里奇认为,退休即终止了常态收入,劳动者并没有耗尽一生的时间,根据一定的收入规则,退休者可以获得一定数量收入的退休金。

退休制度是政府为了控制劳动力供给总量,通过划定退休年龄时间节点的方式来对特定群体进行系统规制的一种调控手段。其核心是劳动者在具备一定工作年限的前提下可享受的社会福利,本质上是劳动者的劳动贡献与退休后所享福利之间的一种均衡。退休年龄作为退休制度的最核心要素理论上包含自然退休年龄和法定退休年龄两种类型。传统社会或者前工业社会中,劳动者是否退出劳动力队伍是单纯基于个体生命时间表,在达到自然退休年龄的时候退出劳动力的自然出局。随着工业化的进一步发展和深入,在人口出生率和人口死亡率双重下降的压力下,世界各国都不可避免地面临着由劳动力结构变化、社会发展水平提升带来的宏观调控问题。如何让生产率处于高峰期的劳动力不被浪费,如何让具备更高知识技术水平的劳动力发挥潜能,面对容量有限的劳动力蓄水池,政府不得不采用划定退休年龄的方式引流一部分劳动生产率相对较低的劳动者,并以立法的形式规定退出劳动力队伍的人可以获得一定的资金收益（即退休金）以弥补由于不再工作而带来的损失。这就赋予了退休年龄以法律内涵，从而产生了法定退休年龄，即政府规定的个体退出劳动力队伍的时间节点。

退休后权益的可获得性是以个体是否在生命历程的不同时点参与了劳动力队伍为基础的。这实际上是一种权利与义务的关系。退休的权利属性主要来源于其社会保障的性质，作为社会保障体系的一部分，退休者在停止劳动后可以支取定量的经济收入维持一定的生活标准，而且取得的利益并不以提供劳动为交换。而退休的义务性质主要起因于退休法律制度的设计是出于国家对经济活动的宏观考量，是一种国家干预。劳动者达到法定退休年龄必须退出劳动力队伍，为新人提供更多的就业岗位，这也为整个社会劳动力流转提供了动力。主要的表现就在于法律规定退休是客观的，不与劳动者是否想要退休的主观愿望关联，并且最直接的佐证就是退休年龄的划定，以此为客观标准强制性地终止劳动者工作意愿。所以说退休具备一定的义务性质。

当退休行为从法律层面上使退出劳动力队伍的人通过获得养老支持而成为具有权利与义务双重属性的退休政策主体的时候，法定退休年龄的决定机制就在于政府对特定时期社会经济活动的宏观考量。退休年龄被赋予法律意义的本质是，个体进入退休生命历程阶段，在特定社会发展历程中资本、劳工、国家组织结构影响下，个体必须完全或部分退出劳动力队伍，并以此为代价获得政府给予的经济补偿（或者是政府对个体作为劳动力时期所做贡献的一种经济补偿）。退休政策的核心是劳动者在具备一定工作年限的前提下可享受的社会福利，本质上是劳动者的劳动贡献与退休后所享福利之间的一种均衡。而退休年龄的划定则为个体福利的获得规定了一个时间节点。这个时间节点的确定是一个复杂的过程，需要综合考虑国家或社会所处发展历程和个体生命历程发展的种种特征和发展变化趋势，这也是决定世界各国退休制度发展演变轨迹的关键内容。

退休制度演变的历史本质上是政府对退休年龄进行动态调整进而带动特定群体所获权益产生变化的一个过程。因此，退休制度演变的历史可以说就是退休年龄调整的历史。

由于退休年龄受到各国社会、经济、人口、政治、文化等多种因素的影响，因而退休年龄的调整是一个极其复杂的过程。当前学者归纳的退休年龄的影响因素主要包括：

（1）人均寿命。随着科技与经济的进步，世界人口寿命在不断增长。一般说来，退休年龄随人均寿命的增长而增高，人口的平均寿命越长，退休年龄越高。比如，高收入国家人均寿命较长，退休年龄也较高，低收入国家人均寿命较短，退休年龄也较低。

(2) 初始劳动年龄。随着普通教育与职业培训愈益重要，人们受教育的年限在不断增多，从而使初始劳动年龄不断提高。一般说来，初始劳动年龄越高，退休年龄也越高；反之，就越低。

(3) 劳动环境与工作性质。劳动环境越好、所做的工作越脱离体力劳动，劳动者所能持续工作的年限就越长；反之，退出劳动领域的年龄就越低。

(4) 劳动力供求状况。在长期劳动力市场上，劳动力越供大于求，就业压力越大，退休年龄就越低；反之，劳动力求大于供，退休年龄就越高。退休年龄（退休金）往往是政府用来调节劳动力供求的手段。

(5) 养老保险基金储备。退休早，领取养老金的时间就长，养老保险基金的压力就大；反之，养老保险基金的压力就小。当一国养老保险基金捉襟见肘时，政府往往以提高退休年龄来应对。

(6) 社会经济发展水平。当社会经济发展到较高的水平时，生产满足生存所需的物质财富变得越来越容易，人们一生的劳动时间会减少，比如从一天劳动12小时到一天8小时；从一周6个工作日到一周5个工作日。一生劳动年限也有可能从40年下降到20年。

第二节　退休年龄的影响因素

退休制度与退休年龄政策演变及发达国家退休政策的调整，内生的是个体劳动者工作与退休的行为选择和决定机制，从中彰显国家对社会劳动力均衡的行为干预和政策机制，故退休年龄政策的制定，需要基于个体生命历程中劳动者退休的内生行为机制，设计社会生命历程中劳动力均衡的外生政策机制。

一、个体退休选择——退休预期的主要影响因素

个体对退休行为的选择主要是通过预期退休年龄进行影响的，退休年龄决定机制研究的关键，筛选出对预期退休年龄的重要影响因素，并理清各因素的相互运作机理，是整个研究的核心。国内外一众学者结合理论基础和本国实际，运用大量实证研究方法，多角度探索预期退休年龄的影响因素，归纳起来有三个维度——基本人口特征维度、家庭维度和社会经济维度。

(1) 基本人口特征：基本人口特征是每一项社会学研究中必会涉及的基础性维度，主要包括性别、年龄和个体健康因素。

性别因素的影响随社会的进步不断演变，如今的女性，逐渐将自身的预期与

伴侣的种种，如健康水平、退休状况或其他因素松绑，更长时间的职场生活、更充足的资金积累外加离婚率的逐渐增高，使其退休预期更倾向自身追求。比如能获得的经济收益（包括预期工资、医疗保险和养老金收入）、社会积累（职称）和自身成长，都几乎与男性趋同。但即便是高层次女性人才，在面临与男性同龄退休问题时也仍然受到家庭压力和社会阻力的显著负向影响，而且相较于男性根据劳动市场的波动调整预期退休行为，女性仍然会更多关注自身或者伴侣健康水平的变动。

年龄因素反映出个体距离退休状态的远近，对预期退休年龄也会产生不同影响。对于还处于奋斗阶段的年轻人来说，退休一词还在遥远的未来，退休预期更会被抛之脑后。戈达（Goda）在研究股票市场波动对退休预期的影响时发现，最为显著的受影响者都是即将退休的老年人。健康因素对预期退休年龄的影响似乎更为显著。[1]

健康状况的不尽如人意与离开劳动力市场的决定紧密相连，残障人士与健康状况差的劳动者劳动产出率较低，相较于同龄劳动者较早地退休。麦加黑·K.（McGarry K.）利用特殊的劳动力测量方法、劳动力继续工作的主观可能性加以认证，认为健康因素甚至超越收入和财富，在预期退休年龄决定中扮演更重要的角色。[2]

（2）家庭维度：家庭维度对预期退休年龄的影响，也是预期退休年龄研究者研究的重点。学界有一系列研究表明，已婚夫妇间的退休预期相互影响并不明显，但与需要抚养孩子的数量相关。针对2010年荷兰政府签订延迟退休的养老金协议后对退休预期的影响，格里普和福格尔（De Grip A and Fouarge D）等发现，并没有明显的证据证明夫妻间一方的退休预期会因另一方退休年龄的增长而发生改变，但是如果家庭中还有需要抚养的儿童，通常会期望较晚退休，尤其是丈夫。[3]

（3）社会经济地位：社会分层理论中的社会经济地位，是社会科学研究中的重要因素，在一定程度上可以预期个体的行为方式，其中通常以人力资本衡量社会地位，以职业职位衡量社会声望，以个体经济状况衡量经济地位。因此，研究城镇职工预期退休年龄时社会经济地位也是需要考察的重要维度。

受教育水平作为人力资本的重要衡量标准，亚伦（Aaron H. J.）2001年的研

---

[1] Goda G. S., Shoven J. B., Slavov S. N.. What Explains Changes in Retirement Plans During the Great Recession? *American Economic Review: Papers and Proceedings*, 2011, 101: 29-34.

[2] McGarry K. Health and Retirement Do Changes in Health Affect Retirement Expectations? *Journal of Human Resources*, 2004, 39 (3): 624-648.

[3] De Grip A, Fouarge D, Montizaan R., How Sensitive are Individual Retirement Expectations to Raising the Retirement Age? *De Economist*, 2013, 161 (3): 225-251.

究表明，受教育水平较低的人的预期退休年龄通常低于受教育水平高的人。我国学者李琴、彭浩然研究显示，男性退休期望随自身受教育程度的提高而增加，随妻子受教育程度的提高呈现先降低后提高的"U"型趋势，女性的延迟退休期望随自身受教育程度的提高而下降，但无论男女，随受教育程度的提高，无休止劳动的预期都会下降。①

不同职业性质导致从业者的不同退休预期。如具有事业单位性质的高校教师，预期退休年龄主要受年龄、健康和收入三因素的正向影响。相比之下，企业职工的影响因素复杂得多，学历、家庭经济条件、周均工作时间、担任职务、福利保险项数、工作满意度、婚姻状况、有无需负担的下一代、所在行业和企业类型均会影响预期退休年龄。另外对年龄有较高要求、需求体力劳动和高强度职业的从业者，都有较早退休的退休期望。职位方面，史蒂文·斯蒂尔曼（Steven Stillman）运用澳大利亚日常收入与劳动力（HILDA）研究数据研究中年劳动力（45~55岁）的预期退休年龄，证实预期退休年龄与当前所处的职位紧密相关。②钱锡红、申曙光也发现职位级别和期望退休年龄间的正相关关系，职位级别的提高使员工更期望较晚退休。③

国外学者对劳动者个人收入对预期退休年龄的影响各执己见。有人认为，拥有高收入和丰富资产的人群更期望较早退休，反之期望较晚退休。但也有人认为尽管对个人经济状况的统计测量结果十分显著，可在庞大的总量中来说仍然较小，并且自律、完备的计划而带来的充足退休储备，使得很多人虽然没有必要的收入来源，也会按照预期选择退休。

根据生命周期理论给予的启示，个人收入，不仅仅指个体当期的收入情况，还应该包括对于未来退休后的养老金收入。个体会调整养老金和相关社保收益的领取时间以应对因经济水平变化导致的资产和养老金收益的变化。高水平养老金和明确的收益，会使个人选择较早的退休。塞温·陈和安·赫夫·史蒂文斯（Sewin Chan and Ann Huff Stevens）证实，具前瞻性的养老金手段，以及更广泛的收入、社会保障和资产手段，与个体进入60岁后持续工作的预期显著相关。④史蒂文·斯蒂尔曼也将明确养老金收益作为个人预期退休年龄的考量。个人对未来经济的愿景也是影响预期退休年龄的重要因素，消极的前景很容易让人推后预

---

① 李琴、彭浩然：《预期退休年龄的影响因素分析——基于CHARLS数据的实证研究》，载于《经济理论与经济管理》2015年第2期。

② Shelly Lundberg, Richard Startz, Steven Stillman. The Retirement-Consumption Puzzle: a Marital Bargaining Approach. *Journal of Public Economics*, 2003, 87: 1199-1218.

③ 钱锡红、申曙光：《退休职工养老保险满意度影响因素研究》，载于《保险研究》2013年第3期。

④ Sewin Chan, Ann Huff Stevens, Do Changes in Pension Incentives Affect Retirement? A Longitudinal Study of Subjective Retirement Expectations. *Journal of Public Economics*, 2004, 88: 1307-1333.

期年龄（Shelly et al.，2003）。

对我国劳动者预期退休年龄的影响因素进行一元线性实证分析，将问题"您期望自己的退休年龄大致是多少岁？"设为因变量，选项分别为55岁以下、55~59岁、60岁、61~65岁、66岁以上，分别赋值1~5。统计结果见表5-1，47.0%的被试表示期望的退休年龄是55岁以下，27.0%的被试期望的退休年龄是55~59岁，19.6%的被试期望的退休年龄是60周岁，表示愿意61~65岁或66岁以上退休的被试分别为5.0%、0.7%。

表5-1　　　　　　　　　因变量定义与描述性统计

变量类型	变量名称	变量定义	平均值	标准差
因变量	预期退休年龄	55岁以下=1 55~59岁=2 60岁=3 61~65岁=4 66岁以上=5	1.85	0.954

资料来源：根据课题组调研资料整理。

自变量设置则根据前文文献综述，并结合本次调研问卷中的相关问题，本书将从基本人口特征、家庭状况和社会经济地位三维度探索城镇职工预期退休年龄的影响因素。根据已有研究，选择性别、年龄、健康状况、婚姻状况测量个体特征对预期退休年龄的影响；通过抚养赡养人数和独立收入来源人数体现家庭影响；最后，以初次参加工作年龄和学历体现社会地位，以对工作收入和福利的满意度体现劳动者经济地位，以职业类型和对工作压力、自主性、强度的满意度体现社会声望，并选取职位级别为控制变量，共同作为社会经济地位维度进行测量（见表5-2）。

表5-2　　　　　　　　　自变量定义与描述性统计

变量类型	变量名称	变量定义	平均值	标准差
自变量	人口基本特征	性别	男=1；女=2	1.49	0.009
		年龄	16~30岁=1；31~45岁=2；46~60岁=3；61~65岁=4；66岁以上=5	1.97	0.014
		健康水平	0~9连续变量分别设置为1~10	6.35	0.030
		婚姻状况	未婚=1；已婚=2；离异=3；丧偶=4	1.79	0.009

续表

变量类型	变量名称		变量定义	平均值	标准差
自变量	家庭状况	抚养赡养人数	0人=1；1人=2；2人=3；3人=4；4人及以上=5	3.34	0.025
		独立收入人数	1人=1；2人=2；3人=3	2.31	0.011
	社会经济地位	初始工作年龄	18岁及以下=1；19~22岁=2；23~25岁=3；26岁及以上=4	2.29	0.013
		学历	初中以下=1；高中或中专=2；大专=3；大学本科=4；硕士=5；博士=6	3.38	0.019
		职业类型	政府公务人员=1；失业单位职员=2；企业职工=3；其他=4	2.62	0.74
		工作收入	非常不满意=1；不满意=2；一般=3；满意=4；非常满意=5	2.79	0.015
		工作福利	同上	2.71	0.016
		工作强度	同上	2.93	0.015
		工作自主性	同上	3.11	0.015
		工作压力	同上	2.84	0.016

资料来源：根据课题组调研资料整理分析。

从表5-3中呈现的分析结果，可得出影响劳动者个体退休选择的因素包括：

（1）预期退休年龄因素中的性别差异显示，女性相较于男性更期望较早退休；年长者越接近法定退休年龄越期望较晚退休；劳动者的健康状况影响其工作状态，较低的健康水平使劳动者心有余而力不足，更倾向早日退休。

（2）劳动者家庭中需要抚养和赡养的人口数与劳动者预期退休年龄成正效应，家庭需要抚养赡养的人越多，劳动者更期望较早退休。

（3）职业类型和工作状况也是非常显著的影响因素，研究结果也比较符合预期。劳动者对所从事工作的收入、福利、强度、压力、自主性的满意程度越高，越容易产生工作幸福感，发挥自身价值，更容易提高对所处单位的认同感和忠诚度，因此更倾向较晚退休。我国公务员、事业单位职工和企业职工三种不同职业类型与预期退休年龄是不相关的，但是机关事业单位员工和企业员工的内部职级与预期退休年龄的早晚存在显著相关。机关事业单位员工中，职级越高越倾向较晚退休；企业员工随职级的上升，越期望较早退休。

表 5-3　　各自变量对劳动者逾期退休的影响因素分析

自变量	控制变量	B	S.E.	ΔR^2	F
基本人口特征					
性别	—	-0.362*	0.009	0.131	483.467
年龄		0.052*	0.014	0.002	8.546
健康状况		0.070*	0.030	0.005	15.677
家庭因素					
婚姻状况		-0.055	0.009	0.003	9.583
抚养赡养人数		-0.091*	0.025	0.008	26.881
独立收入来源人数		0.005	0.011	0.000	0.084
社会经济地位					
初始工作年龄		-0.025	0.013	0.000	2.065
学历		-0.025	0.019	0.000	0.206
工作收入	—	0.134*	0.015	0.018	58.037
工作福利	—	0.118*	0.016	0.014	44.960
工作强度	—	0.095*	0.015	0.009	28.956
工作自主性	—	0.079*	0.015	0.006	19.773
工作压力	—	0.084*	0.016	0.007	22.523
职业类型	—	0.013	0.013	0.000	0.542
公务员职级	职业类型	-0.098	0.031	0.004	1.717
事业单位职称	职业类型	-0.112	0.036	0.010	3.626
企业单位层级	职业类型	0.068*	0.010	0.004	5.588

注：*表示在10%显著水平上显著。
资料来源：根据课题组调研资料整理。

二、宏观社会经济影响因素

国家制定退休年龄政策时，主要考虑四个维度的因素——经济因素、劳动力因素、政策因素和个人因素。

（1）经济因素。包括经济发展水平、经济结构和就业环境。经济发展水平直接决定了一个地区的医疗卫生服务水平、居民生活水平和教育水平等。医疗卫生服务水平和居民生活水平将直接影响居民健康状况和预期寿命。教育水平将直接决定人口平均受教育年限。因此，经济水平是决定合理退休年龄的最根本因素。而经济结构基本决定了一个国家的职业分布。不同行业的知识、技术更新速度不同，对从业者的受教育年限和知识水平要求也不同。因此，经济结构对合理退休年龄也有一定影响。再就是就业环境，充分就业是财政政策和货币政策的主要政策目标之一。延迟退休将直接影响社会的劳动力供给。因此，制定合理退休年龄，需充分考虑就业环境。王海涛、张车伟等学者指出，我国的外向型经济在未来几年的就业环境中可能遭遇寒流，在这个时期很不宜推行延迟退休政策。①②

（2）劳动力因素。主要从人口结构、人力资本质量与存量、初始劳动年龄和劳动力市场结构等方面入手。

人口结构受人均预期寿命和人口出生率等因素影响。人均预期寿命是体现一国社会经济发展、人民生活水平、卫生事业及居民健康状况的综合性指标，一般来说，退休年龄随人均预期寿命的延长而提高。倘若人均寿命延长，退休年龄仍维持不变，一方面，领取养老金时间延长，养老金支出增加，将致使国家、企事业单位负担加重；另一方面，劳动人口将相对减少为社会贡献的时间和养老保健缴纳的时间。人口出生率的影响表现在，其他条件不变的情况下人口出生率过低，大大减少未来劳动人口供给，此时退休年龄的相对提高会缓解劳动力短缺问题。

人力资本是凝结在劳动力体内的知识、技能和健康状况的总和，是人们在正规教育、在职培训、医疗保健、就业适应和劳动力迁移等方面的投资所形成的资本，能够物化于商品或服务，增加商品或服务的效用，并以此分享收益的价值。人力资本概念内涵人力资本存量和人力资本质量两个概念，人力资本存量由人力资本投资形成，其质量也要由人力资本投资来改进，人力资本的投资要通过正规教育、在职培训、医疗保健、就业适应和劳动力迁移等途径来实现，人力资本的投资收益则主要通过就业以获得工资、福利等劳动报酬的形式表现出来。当劳动力健康程度、受教育水平等人力资本衡量因素较好时，退休年龄将会越高。

人口平均受教育年限反映了社会劳动力的文化素质。受教育年限的提升，一方面使得人们进入劳动力市场的起始年龄逐步增加，另一方面也减缓了人力资本贬值速度，使得劳动者可在更长时间内工作。因此，在居民受教育年限显著提升

---

① 王海涛：《应该从国情需要出发考虑延长退休年龄》，载于《人口与发展》2011年第4期。
② 张车伟：《人口老龄化、劳动力市场变化与养老保障问题——完善城镇职工基本养老保险制度的思考》，载于《老龄科学研究》2013年第2期。

的情况下，延迟退休可充分利用社会的劳动力资源。

劳动力市场供求因素。富兰克林（Franklin，2006）等通过运用静态的奥肯定律，发现劳动人口参与率作为重要的解释变量，直接决定着失业率的高低，如果延迟退休，将提高劳动参与率，继而导致更高的失业率。[1] 林宝从退休制度的发展动机角度入手，认为缓解就业压力是一国制定退休政策时所应该考虑的最主要因素之一，具有调节就业功能。[2] 人口结构一定的情况下，退休年龄决定了劳动力的供给情况，退休年龄低意味有劳动者较早退出劳动力供给市场，从而使供给量减少。劳动力市场结构和职业结构也是需要考虑的因素。一般来说，具有高知识、高技术特点的第三产业相较于第二产业具有更高的劳动力吸纳能力，因此第三产业发展较好的国家，退休年龄相对较晚。另外需要注意的是，老年劳动力和青年劳动力间没有绝对的替代关系，专业性较强的岗位年轻劳动力无法替代，反而需要老年劳动力进行补充，也需要在政策制定时加以衡量和调整。

（3）政策因素。退休年龄作为养老金制度的重要参数，也受到养老金政策的影响。在现收现付制、基金积累制和混合制三种制度模式中，三者都会减少劳动者的当期消费（缴纳养老金），将一部分当期收入贡献给整个社会的养老保险计划，并用基金收支差额衡量养老金财务可持续性。

现收现付制下，在职劳动者养老保险缴费将贡献给当前退休人员用于消费。因此，养老金替代率不仅取决于当前退休者过去的缴费水平，也取决于整个社会的老年抚养比和养老金当期的财务状况。当养老金存在支付压力时，养老金的财务风险一般由国家承担，此时决策者可通过提高养老金缴费率、降低养老金替代率或延迟退休等措施维持养老金财务可持续性。但由于社会福利水平具有刚性特征，决策者一般偏好采用延迟退休的方法。

基金积累型养老金体制下，在职劳动者缴纳的养老金将贡献给未来退休期的消费。可见，养老金替代率仅取决于参保者过去的缴费水平和养老金个人账户收益率。当养老金存在支付压力时，养老金的财务风险只能由参保者个人承担，此时决策者无须考虑养老保险制度的参数改革问题。因此，基金积累型养老金体制对退休政策没有影响。

（4）个人因素。退休政策的制定需要充分考虑劳动者的退休意愿，从而推进政策平稳落地，减小负效应。

---

[1] Franklin A. Michello, William F. Ford. The Unemployment Effects of Proposed Changes in Social Security's Normal Retirement Age. *Business Economics*, 2006, 41 (4): 2.
[2] 林宝:《中国退休年龄改革的时机和方案选择》, 载于《中国人口科学》2001年第1期。

第三节　退休年龄决定因素与决定机制

一、退休年龄决定研究的基础理论

生命周期理论是退休年龄决定研究的基础。理性劳动者追求生命周期内价值最大化，并根据生命周期理论进行退休决策。生命周期理论描述了个人和家庭在其整个生命周期中的理财行为，为个人和家庭理财起到了指导作用。个人和家庭作为消费者时，可以选择将多少收入和财富分配给当期消费，或者多少财富储蓄起来用于预期的消费和遗赠；而作为投资者时，个人和家庭可以确定其储蓄分配比例，解决投资组合选择问题。对于个人和家庭，最优消费储蓄比例和最优投资组合选择决策同时受到其所处的生命周期阶段、风险偏好、财富状况和收入情况等因素的影响，而不是独立确定的。以生命周期理论框架进行考量，可以认为退休年龄的决定与个体劳动者工作年限和退休年限相关。莫迪利亚尼等认为，"一个有代表性的消费者，在任何年龄 t 分配到的用于消费的资源仅依赖于他的毕生资源（劳动收入加继承遗产的现值，如果有继承的话），而与当前得到的收入完全无关"[1]。为了追求生命周期内一生效用的最大化，该消费者的消费行为会导致个人收入和储蓄在其一生中呈"驼形分布"，即在个体进入退休年龄以前，其收入高于其消费，多余的部分收入形成储蓄，历年的储蓄呈累加状态；在到达退休年龄以后，个体收入低于其消费，缺少的部分收入成为"反储蓄"，历年的反储蓄呈递减状态。倘若在社会发展中，劳动者初次进入工作状态的时间普遍向后推移，而退休年龄保持不变，个体劳动者生命周期中工作年限缩短，减少个人储蓄即自我供给，从而使社会整体生命周期中工作年限缩短，整体储蓄不足。再者，社会预期寿命的变动必然会影响个人支取即自我需求变动，从而推动退休年龄发生适应性变化。预期寿命的延长，而退休年龄一定，势必会延长退休生涯，使得个人的自我需求即支取增加。此时，会出现工作年限与退休生涯之比（即工作退休比）减小，以致个人自我供给满足不了需求，易导致晚年收入贫困。

由于退休年龄是劳动者在职期间的劳动贡献和退休后社会福利的均衡，因此需要分别探究劳动者的劳动贡献与边际福利的作用表现与影响机制。工作者典型

---

[1] 佛朗哥·莫迪利亚尼、阿伦·莫拉利达尔：《养老金改革反思》，中国人民大学出版社 2013 年版。

的年龄—收入曲线（即整个生命周期的工资路径）具有可预测性。工作者年轻时，工资率较低；随着年龄增长，工资率也在上升，在劳动力黄金阶段达到巅峰；临近退休时，工资率倾向保持稳定或者轻微下降，但这个具体年龄在不同国家、社会可能不同，但都存在这样的顶点（本研究以 50 岁为例），这一典型年龄—收入曲线 I 如图 5-1 所示，该年龄收入曲线意味着闲暇的价格对于质量较低和衰老的工作者来说是相对较低的，对于处于黄金工作时期的工作者来说就是较高的。

劳动者早期劳动力供给是如何对早期出现的工资率增长做出反应和如何对随着工作者临近退休年龄有可能出现的工资下降做出反应？工作者工资曲线表明某一特定工作者的工资是如何随着时间的推移而变化的，工资变化对于工作者毕生的总收入并无影响，工作者完全可以预期自己的工资会随着工龄的增加而有所上升，且在临近退休年龄时有所下降。演进的工资变化会改变闲暇的价格，但却不会改变工作者在其生命周期内能够获得的总价值。如果人们事先知道自己的生命周期年龄收入曲线会呈现图 5-1 中所示的精确状况，那么人们在具体年龄段的工资上升还是下降，都不会增加或减少毕生的财富，且会将该工资计算到毕生的财富中。

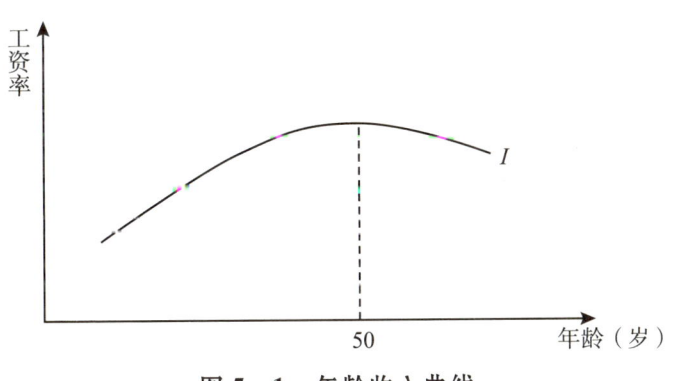

图 5-1　年龄收入曲线

假设工作者临近退休年龄，其工资会下降，那对 50 岁时闲暇和工资的安排会呈现以下状况：50 岁时工作更多的时数是值得的，会选择在未来的某一时点投入金钱，并且消费商品和闲暇，因为到那时工资降低，闲暇的价格也不像过去那样昂贵。这种类型的劳动力供给决策，将增加工作者毕生的财富，并且使得劳动者得以消费更多的商品。这比工作更多的额外时数更为明智，因为之后工资较低，而 50 岁时，虽然工资较高，却在消费闲暇。年轻的工作者同样面临如此情形，当某个劳动者非常年轻时，消费闲暇活动是最优的，而在 40~50 岁时，大量消费闲暇，则会非常不划算，因为那时闲暇活动的价格会非常高，这就决定着,在工资率高的人生阶段,理性工作者应该更努力工作,而在工资率低的阶段中,应消费闲暇。生命周期劳动供给决策的这一方法意味着某一特定工作者的工作时数和工资率应当随着时间的推移而一起变动,如图 5-1 所示。在生命周期模型中量化工资的变动,即工作者期望随着他们年龄的增加而出现的工资变动,并不会改变特定工作者能够获得的毕生收入,并且不会触动其毕生的机会约束。

生命周期模型研究了工资与工作时数之间的关系,发现对整个劳动者生命周期的工资与劳动力参与率之间都存在着联系,劳动者会比较保留工资(不用工作也可以拥有的收入)和市场工资,假设保留工资保持不变,那么劳动者就更有可能在工资高的时期进入劳动力市场。因此,对于年轻人来说,参与率较低;对于处于黄金工作阶段的工作者来说,参与率较高;对于老年劳动者来说,参与率则又下降。

劳动贡献理论是退休年龄决定研究的核心。对劳动贡献的探讨,最早可追溯到古希腊、古罗马时期,从以封建神学进行的行为规范到世俗精神所揭示的经济现象,从对价值形成的朴素认识到劳动价值观点初见端倪,当时的思想家见解独特,却并未形成理论体系,只是劳动价值观的启蒙阶段。1640 年英国资产阶级革命爆发,各国开始走上资本主义道路,产生新经济思想即古典政治经济学。经济学家围绕价值和价格进行诸多讨论,其中配第土地和劳动创造财富的二元论影响深远,提出劳动时间对劳动价值的衡量,并继而提出价值和生产率的关系。随后法国经济学家布阿吉尔贝尔将价值归因于生产商品所耗费的劳动时间。

18 世纪末 19 世纪初,劳动价值理论形成,其作为一种建立在丰富的古典政治经济学之上的经济分析,在亚当·斯密、大卫·李嘉图的研究下,以及卡尔·马克思的批判下达到顶峰。李嘉图认为价值源于稀缺性和劳动两部分,其中劳动才是基本,生产商品所需要的劳动量决定了商品价值,并进一步指出这种劳动量是由社会必要劳动量决定的,而不是某个别劳动量,这种劳动除生产商品的直接劳动外,还包括间接耗费的劳动。李嘉图的劳动价值理论提供了产品经济总价值决定的关键,进而得以对功能相关部门进行严格的价值演绎分析。而萨伊认为产品效用是产品价值的基础,效用是由劳动、资本和土地创造的,三者合力创造价值源泉。劳动、资本和土地这三个要素在使用时都需要支付一定的费用,即工资、利润和地租,这三方费用便形成产生效用的生产费用,从而决定产品价值。从效用决定价值进行解释,最终得出生产费用决定价值的理论。

萨伊代表着一部分对李嘉图劳动价值理论进行诟病的声音,而最终李嘉图劳动价值理论在质疑声中倒地。马克思在借鉴前人基础上,创立了科学的劳动价值理论,认为价值大小由劳动时间决定,辨析"价值""价格""使用价值"和"交换价值"四个概念,认为价值是凝结在商品中无差别的人类劳动,劳动是商品价值的唯一源泉，是决定商品价值的因素。商品价值量由社会必要劳动时间决定，也就是在现有的社会正常生产的生产条件下，在社会平均劳动熟练程度和劳动强度下，制造某种使用价值需要的劳动时间，这在现实中可度量的表现形式，就是通过买者和卖者无数次交换这一社会性活动，才能抽象出价值，并反映社会必要劳动的规定性，是社会必要劳动时间成为决定交换价值或者价格的内在尺度。

19世纪，西方社会提出边际效用价值理论和边际分析方法，被称为边际革命，改变了古典经济学的价值理论和分析方法，也为后来经济学和现代经济学分析方法开辟了道路。美国边际主义学者克拉克，在价值源泉问题上继承了萨伊的三要素生产理论，认为土地、劳动和资本创造了价值与财富，都具有生产力。克拉克提出"劳动生产力递减规律"和"资本生产力递减规律"，认为在资本数量不变的情况下，每单位连续增加的工人所提供的商品会越来越少；而工人人数不变的情况下，每单位连续增加的资本所提供的商品也会越来越少。和众多边际效用主义者一样，克拉克也认为价值是由边际效用决定的，且认为各生产要素的边际生产率决定要素价值。在自由竞争条件下，工资由劳动的边际生产率决定，即由边际工人的边际产量决定。

此后，以马歇尔为代表的英国新古典经济学的供求均衡价值理论取代了边际效用价值理论，并将价值论和价格论互通结合，便再无纯粹的价值理论。

根据对劳动价值理论的精要梳理，选定克拉克劳动价值理论进行劳动价值衡量，即劳动者在职期间创造的劳动价值是由劳动者的边际产出决定的。完全竞争市场上，企业主总是力求他的每一种生产要素都获得最大利润，以致每一种生产要素在生产中都能获得最佳配置，因而各要素都具有生产力，都是价值和财富的源泉，都应该从生产成果中获取相应的份额。而生产要素的边际产出递减是一个普遍的现象，劳动作为其中一种生产要素也必然如此。按照劳动边际产出递减规律，在资本数量不变的情况下，每连续增加一单位劳动力所供给的产量会越来越少，因为生产要素在生产中获得的报酬，取决于其在财富生产中体现的产出的大小，因此就劳动而言，其价值体现、工资的大小，取决于劳动的边际产出。工资与劳动的边际产出相结合的点，就是劳动力雇佣的均衡点。

社会福利理论是退休年龄决定研究的本质。劳动者社会福利效用取决于整个社会的福利状况。社会福利函数就是社会所有个人的效用水平的函数，应当适用于所有类型的个人偏好情况，而不仅仅适用于完全一致的情况。

然而阿罗却通过研究推导告诉世人，适用于所有个人偏好类型的社会福利函数是不存在的。阿罗认为，在一个民主制度下，如果众多的社会成员具有不同的偏好，而社会又有多种备选方案，那么不可能得到令所有人都满意的结果。阿罗不可能定理说明，依靠简单多数的投票原则，要在各种个人偏好中选择出一个共同一致的顺序，是不可能的。这样，一个合理的公共产品决定只能来自一个可以胜任的公共权力机关，要想借助投票过程来达到协调一致的集体选择结果，一般是不可能的。

由于不存在适用于所有个人偏好类型的社会福利函数，而社会福利在本研究中又至关重要，因此依据福利的刚性增长原则，形成社会福利曲线。图 5-2 描绘出的社会福利曲线 SW 呈向右上方倾斜之势，之意在于，随着劳动者年龄的增长，边际福利逐渐递增。且由于劳动者在未进入劳动力市场之前，依然可以获得其他形式的社会福利，因此，社会福利曲线是一条贯穿于劳动力生命始终的曲线。

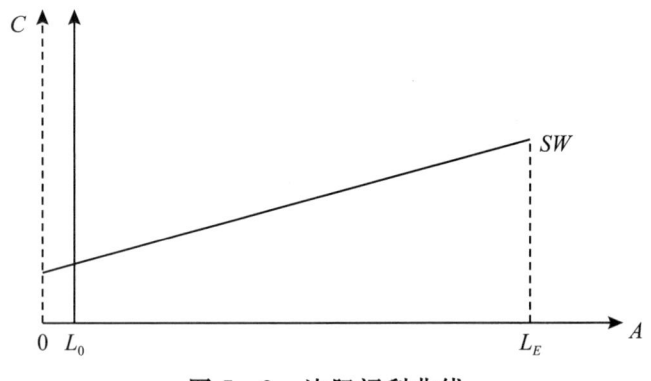

图 5-2 边际福利曲线

二、退休年龄的决定机制：劳动贡献与退休福利的均衡

（一）劳动者边际产出与边际福利

在生命周期中，工资率低的某些特定时期，理性工作者倾向于工作较少时数；在工资率较高的某些特定时期，理性工作者倾向于工作更多时数。而在现实中这一点也得到印证，年轻工作者的工资相对较低，随着工作者的工龄加深，工资会有所增加，并且能够积聚人力资本，而年老的工作者的工资可能会轻微下降。因此，在完全竞争的劳动力市场中，假设劳动力质量相同，则劳动者生命周期内的边际产出曲线可以用 MLC 曲线表示，如图 5-3 所示。其中纵轴为劳动贡献产出 C，横轴为年龄 A，L_0 为初始工作年龄，虚线 $0-L_0$ 为劳动者未进入劳动力市场时期。由于劳动者工资在初进入劳动力市场时较低，在劳动力黄金阶段达到工资顶峰，在临近退休时慢慢降低，因此边际产出曲线也是一条初始斜率为正、后转为负的曲线。

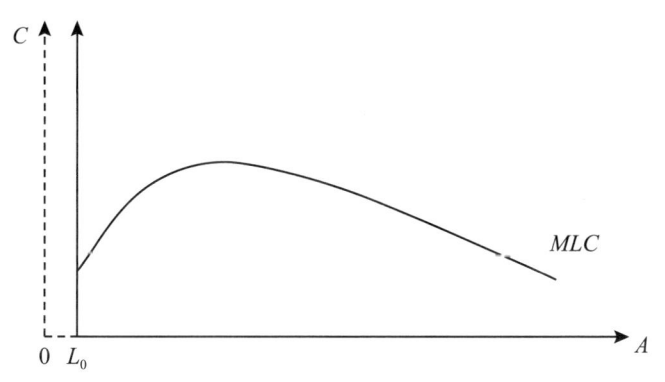

图 5-3 劳动者边际产出曲线

在整个社会中，劳动力质量是存在差异的，这种异质性不仅存在于不同技术、能力要求的部门和岗位，同部门、同岗位上的劳动者也依然存在。这种劳动力质量的差异，需要从人力资本理论进行探讨。人力资本即人的劳动能力储备形成的资本。20世纪50年代，美国经济学家舒尔茨正式提出人力资本概念和人力资本投资理论。他在农业经济和发展经济中研究发现，造成产量增加和生产率提高的主要因素不是土地、劳动力和资本，而是人的知识、能力和技术水平的提高，提高人口质量是经济增长的关键。人力资本作为一种特殊生产性资本，蕴含于人身上的各种知识、技能、经验以及健康等的存量总和，其价值取决于这些存量在劳动市场上的报酬数量。劳动者想获得人力资本，最常见的是接受教育和培训。当人力资本投资者为教育和培训支付费用时，必然期望通过这些投资活动提高被投资者的知识和水平，并最终增加未来产出。因此，在现实中需要考虑不同的人力资本投资情况，包括进入岗位时不同的初始人力资本以及工作过程中接受再教育等情况。

首先，不同程度的教育投资。不同学历的劳动者进入劳动市场的时间存在差异，导致边际产出曲线有不同起点；另外，由于劳动者间个人能力禀赋的衡量过于复杂，这里将假设在其他条件不变的情况下，学历差异导致劳动者进入劳动市场的时间存在差异，通常学历越高进入劳动力市场越晚，受教育程度、知识、技术间的差异导致三者边际产出层次、顶点不同；同时，由于劳动力生产形式、生产能力的不同，造成边际产出曲线斜率的不同。因此会形成图 5-4 所示曲线，MLC_0、MLC_1 和 MLC_2 代表三种不同学历起点，其中，从 MLC_0、MLC_1 到 MLC_2 所代表的学历依次增高，对于初始人力资本和劳动生产率也依次提高；MLC_3 由于拥有更高的学历因而入职时间最晚，但同时具备的初始人力资本和后续的生产率也最高。

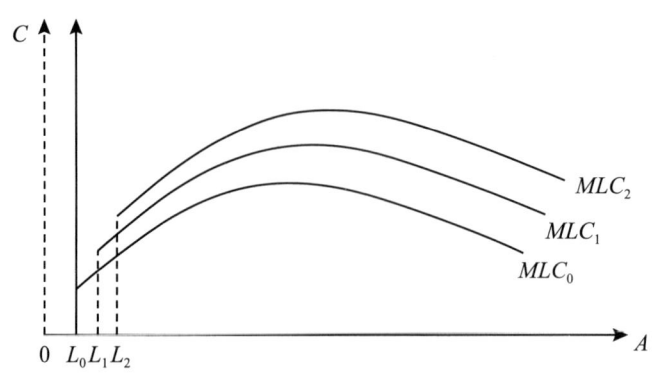

图 5-4　不同学历程度者边际产出曲线

其次，其他条件不变的情况下，同一学历入职的劳动者虽然边际产出曲线起点相同，但由于在职期间接受的再培训程度不同，造成劳动者能力、技术的差异，导致劳动者的边际产出能力以不同速度增长，并达到不同顶点。曲线将呈现不同的斜率，到达不同顶点后，由于劳动方式、形式的不同又以不同斜率下降。如图 5-5 所示，MLC_0、MLC_1 和 MLC_2 代表了相同的初始人力资本，但在后续由于不同的再培训在生产过程中产生了分化，从而形成了不同的定点和边际生产率。

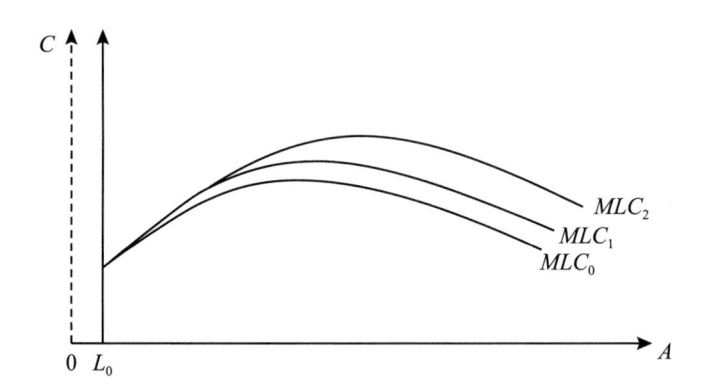

图 5-5　不同再培训劳动者边际产出曲线

（二）劳动贡献与退休福利的均衡模型

退休年龄的决定机制即劳动者在职期间的劳动贡献和退休后社会福利的均衡。劳动贡献实际上是劳动者生命周期内的劳动报酬，引入与其等量的边际产出曲线 MLC 进行替代；劳动者退休后的边际福利，通过假设边际福利曲线 MW 进行研究分析。在完全竞争劳动市场中，假设劳动力同质，则退休年龄的决定机制可以表达为：

$$MLC = MW \tag{5.1}$$

形成的退休年龄决策,如图5-6所示。

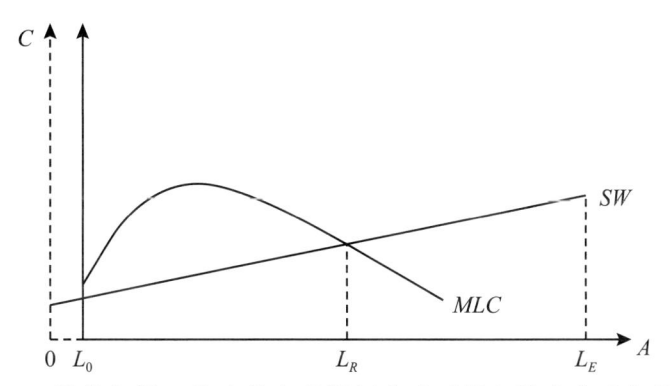

图5-6 退休年龄:劳动者在职期间劳动贡献与退出劳动年龄之后所享受的福利之间的均衡(经验值:退休工作比)

图5-6中的曲线代表,劳动者因为追求生命周期效用的最大化从而进行退休决策。纵轴C代表劳动者的劳动贡献,横轴A表示劳动者年龄;曲线SW为边际福利曲线,理论上贯穿个人生命的始终,且由于福利的刚性增长,故曲线为一条斜率为正的向右上方倾斜的直线;曲线MLC为劳动者边际产出曲线,以劳动者初次进入劳动力市场时作为起点。边际劳动产出的斜率起先为正,意味着劳动力进入劳动力市场初期,随年龄的增长经验和技能会不断积累,边际劳动产出不断增加,在一定年龄达到高峰;此后在其他条件不变的情况下,随着年龄不断增长,劳动力接收新技能所带来的直接产出增长缓慢,加之家庭因素、健康因素等多重因素的负向影响,边际产出呈下降趋势,此时斜率为负值。同时又人力资本质量的影响,斜率大小不同。图中社会福利曲线和边际产出曲线产生两个交点L_0和L_R。在劳动者初次进入劳动市场的时点,初次产生劳动贡献,此时劳动产出应与社会福利曲线初次相交于L_0,之后,产出值开始超越所享受的社会福利。在劳动者边际产出不断下降时,与SW形成交点L_R,此后意味着劳动者倘若再继续参加生产,随着时间的增加,劳动者在每一单位时间所产生的劳动产出都将减少,即边际产出递减,产出将越来越低于可以享受的社会福利,对于劳动者来说是低效的。因此L_R应是劳动者选择退出劳动力市场,即退休的最佳时间,享受在职期间所积累的社会福利,安老、享老直至生命终结。

现实的情况是,教育和在职培训对人力资本的影响,成为劳动力边际产出的决定性影响因素,使劳动力间具有异质性。对于临近退休劳动者来说,退休后的主要福利来源为养老金待遇,因此养老金待遇成为边际福利的决定性因素。

①初始工作年龄。

劳动力受教育程度的不同可以通过初始工作年龄的不同进行表示。受教育水平是衡量人力资本质量的重要因素。随着现代专业化程度日益明显，对人能力的培养在其以后的生产活动中具有增值效应，成为提高劳动生产率的必要手段，教育成为重要的投资方式，并且力度不断加强。受教育年限长的劳动者意味着进入劳动力市场较晚，倘若退休年龄恒定，劳动者在劳动力市场的年限缩短，从个人人力资本投资与回报相比较来看，个人人力资本的投资无法发挥效益最大化。由于劳动者能力的度量过于复杂，劳动经济学中粗略假设学历更高的劳动者拥有更多的知识和经验，并将获得更高的劳动报酬，更舒适的劳动环境，因此更倾向较晚退休。

②养老金因素。

养老金是为了保障老年人退休后的生活，其水平与劳动者切身利益息息相关，因此养老保险与劳动者退休年龄决策有密切关系。当然，养老保险制度对退休年龄的影响会因国家间养老保险制度的差异而有所不同。养老金替代率越高，退休收入与在职收入变化不大，劳动者退休后预期可支配收入越高，老年生活经济指标则越高；养老金替代率低，则情况相反。养老保险对退休行为影响的研究主要是利用生命周期模型进行解释的。谢辛斯基（Sheshinski）专注于考察社会保障与退休决策的关系。他通过生命周期模型框架内的比较静态分析发现，提高社会保障收益将会导致退休年龄降低，而且降低幅度较大。但是如果社会保障收益随着退休年龄增加，那么社会保障收益对退休年龄的影响将变小。

在以上因素的影响下，退休年龄的机制图分为两种情况。第一种情况，不同入职年龄（受教育程度）的退休年龄，起点不同，斜率不同，如图 5-7 所示。图中显示了三条不同边际劳动产出的曲线，三条曲线起点不同，斜率有异，边际产出达到顶峰时产生的贡献值也高低不等。起点不同意味着入职年龄存在时差，体现出受教育年限的差异。入职年龄 $L_0 < L_1 < L_2$，说明 L_0 学历低于 L_1 学历低于 L_2 学历，劳动经济学中关于教育的劳动力市场回报告诉我们一般情况下教育程度越高的人，在劳动市场上获得的回报越高，这是在不考虑能力因素之下，假定高学历的劳动者会产生更高的劳动价值，因此 MLC_1 在同一年龄的边际劳动产量小于 MLC_2 小于 MLC_3。MLC_1 更有可能是体力劳动者，因此随着年龄增加迈过生产率高峰后，斜率最大，边际劳动生产率下降最快，最早下降到与社会福利曲线持平，达到理想的退休年龄；而 MLC_3 更有可能是从事脑力劳动的劳动者，随年龄增加迈过生产高峰之后，边际劳动产出下降较为平缓，最晚与社会福利曲线相交达到退休年龄。虽然退休年龄不同，但三种不同劳动者的工作年限基本一致，只是存在由于初始工作年龄差异带来的相对后移。这样做，充分考虑了不同类型、职别劳动者的利益，不仅考虑体力劳动者的健康，同时充分合理利用了高知老年劳动者的资源，体现公平之意。

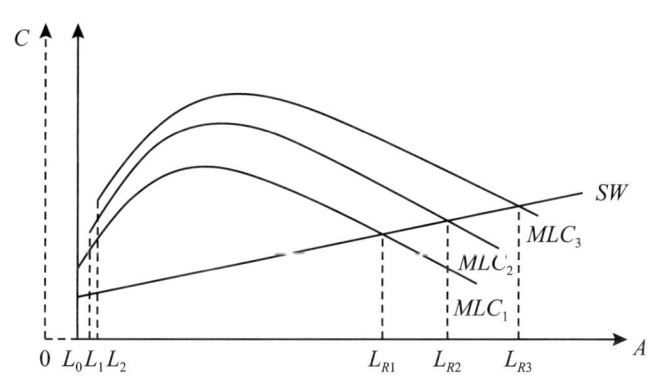

图 5-7 不同入职年龄（受教育程度）的退休年龄
（起点不同，斜率不同）

第二种情况，再教育培训导致的边际产出差异，如图 5-8 所示。图中为同一入职起点，分出三条斜率不同的边际产出曲线，表明同样学历的劳动者入职后经过不同等级技能训练，或者进行更高学历深造后，带来的边际产出的差异，从而导致劳动技能水平更高的劳动者，在经历过边际生产高峰后较为平缓地与社会福利相交，较晚退休。其中暗含其他因素，比如，女性由于生理特征和众多家庭责任阻碍，较男性更难在工作时集中精力，提升职业技能，导致边际产出下降较快，较早退休；又比如，天生禀赋较低的劳动者在工作时，也因相似道理导致边际产出下降较快。贡献与福利均衡的退休年龄机制可以很好地保护这几类人群的利益。

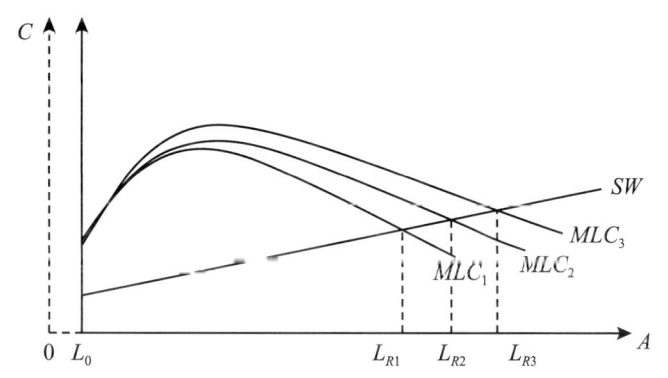

图 5-8 不同再教育者的退休年龄（起点相同，斜率不同）

由劳动者在职期间的劳动贡献与退休后所享受的福利均衡而形成的退休年龄决定机制，演化成劳动力边际生产和边际福利相均衡的一般均衡模型。在生命周期内，劳动者通过消费—闲暇组合的选择，实现自身效用最大化的目的。同时，在影响退休年龄的众多因素中，通过经济学人力资本理论和研究经验，选取退休年龄的决定因素，对理论化的决定机制加以修正，使理论更易为实际所用。退休年龄的科学划定及适时调整是一个国家退休制度乃至养老金制度的基础，合理的退休年龄政策应以符合公共预期，具有可实施性为政策目标，以符合公众预期、促进经济增长和保障社会稳定，具有政策正效应为政策原则，最终在政策实施约束条件具备时予以启动，确保其正向效应的发挥。只有将退休年龄的决定机制分析透彻，才可根据现实社会经济约束条件，进行科学的退休年龄政策构建，以确保新退休年龄政策可以拥有实施的最佳时间，将正面效应发挥至最佳。退休年龄政策唯有科学才将可行。

三、退休年龄决定机制测量的相关指数构建

对退休年龄决定机制的理论分析，已经剖析出退休年龄的本质，反映出贡献和福利两者间的运作机理，但在现实社会中，社会结构复杂，人群差异大，理论分析并不足以运用，需要构建具体的测量方案。本研究创新性地构建出劳动贡献指数和养老金指数进行劳动者贡献量和福利量的测量，并通过两者比值体现出退休年龄的调整空间。

（一）劳动贡献指数

劳动贡献指数是对劳动者劳动贡献水平的衡量指标。劳动贡献价值除了由工资所反映的边际产出值表示以外，还需要考量与当地社会平均劳动价值水平相比对的个体劳动价值量大小，才能将个体劳动价值赋予现实意义。个体劳动价值量可以通过构建劳动贡献指数进行衡量：

$$劳动贡献指数 = 个体年平均工资 \div 当地社会年平均工资 \quad (5.2)$$

本研究构建劳动贡献指数这一指标，以寻求现实中人力资本边际产出差异所导致的不同劳动者贡献值的差异。

由于个体过于多样，可以将个体放置同类性质群体中进行群体考量。我国涉及退休概念的劳动者，主要分为三种职业群体：政府公务员、事业单位职工和企业职工。三种群体由于职业性质不同、环境不同，导致形成的边际劳动产出存在差异，但不同群体内部劳动者边际产出状况趋同，因此可以将这三类人群作为不同劳动者的分类标准。故劳动者的劳动贡献指数可以分职业群体衡量，即：

$$不同劳动者劳动贡献指数 = 分人群年平均工资 \div 当地社会年平均工资$$
$$(5.3)$$

其中，分人群年平均工资体现该类职业群体的劳动贡献程度，社会年平均工

资体现全社会的平均贡献程度,两者的比值构成劳动者的劳动贡献指数,体现不同群体在整个社会的贡献程度。当某类人群的年平均工资小于社会年平均工资时,意味着该类人群由于受教育程度、再教育程度或者健康人力资本等人力资本较社会平均水平存在一定差距,必然会导致边际产出水平的低下,劳动贡献指数较低,小于1;当某类人群的年平均工资等于社会年平均工资时,意味着该类人群的人力资本与社会平均水平相当,边际产出水平也具有一定高度,劳动贡献指数一般,等于1;同理,当某类人群的年平均工资大于社会年平均工资,意味着该人群的人力资本超过社会平均水平,边际产出水平较高,劳动贡献指数较高,大于1。

(二) 养老金指数

养老金指数是对劳动者退休后所享受福利待遇水平的衡量指标。在我国,劳动者退休后的福利主要体现在养老金上,与劳动贡献指数构建同理,除了个人所获得养老金价值以外,需要考量与社会平均养老金水平相比对的个体福利量大小。

$$养老金指数 = 个体年平均养老金 \div 当地社会年平均养老金 \quad (5.4)$$

由于历史原因,不同职业群体所享受的养老金待遇存在差异。同理,可以构建不同群体的福利指数以衡量福利量大小,即:

$$不同劳动者养老福利指数 = 不同群体养老金 \div 当地社会平均养老金$$
$$(5.5)$$

当分人群养老金大于社会平均养老金时,说明该人群所享受政策等其他原因带来的养老金高于当地社会平均水平,养老金指数大于1;分人群养老金等于社会平均养老金时,说该人群所享受的养老金水平与社会水平相同,养老金指数等于1;当分人群养老金小于社会平均养老金时,则该人群福利待遇水平低于社会平均水平,养老金指数小于1。

这里,养老金指数只能说明每一个体(群体)的养老金水平在当地社会养老金水平的相对位置,而具体养老金的水平则由养老金(基础部分)的计发办法所确定。

《国务院关于完善企业职工基本养老保险制度的决定》规定了我国基本养老保险的计发办法,据规定,基础养老金月标准的计算方式如下:

$$基础养老金月标准 = \frac{参保人员退休所在地上年度在岗职工月平均工资 + 参保人员本人指数化月平均缴费工资}{2} \times 全部缴费年限 \times 1\%$$
$$(5.6)$$

其中，职工本人指数化月平均缴费工资，系本人平均缴费工资指数与本人退休时上年度全省在岗职工月平均工资的乘积。本人平均缴费工资指数，是建立个人账户当年至职工退休上年度本人历年缴费工资指数的平均值。职工本人当年缴费工资指数，为本人当年缴费工资与上年所在地在岗职工平均工资的比值。

我国基本养老保险的计发办法，是在当初最低15年缴费年限的前提下制定的，如果考虑到缴费型养老金制度的全职业过程缴费，该计发办法的适用性则会降低。

（三）劳动贡献指数与养老金指数的均衡：退休福利函数

基于退休年龄的决定机制，即退休年龄是劳动者在职期间的劳动贡献和退休后的福利待遇间均衡的模型表达，要使劳动贡献指数与养老金指数相等，则需要引入相关变量。

在某个阶段，一个劳动群体的劳动贡献指数大于养老金指数时，说明该群体退休后所享受的福利水平不足以体现其在职期间所创造的劳动贡献，则需要缩短劳动者产生劳动贡献的时间，即缩短在职时间；当劳动贡献指数与养老金指数相等时，说明此时劳动者的贡献水平与所获得的福利水平相当，此时的劳动贡献时间无须调整；当劳动贡献指数小于养老金指数时，说明该群体劳动者享受了过高的待遇，需要延长在职时间，提高劳动贡献水平，以与较高的福利待遇匹配。

这说明，劳动贡献指数与养老金指数的匹配，还与其退休年龄、工作年限及平均余命等相关。因此，可构建一个退休福利函数以说明个人在社会生命历程中退休福利的基本状态。

$$退休福利函数 = \frac{参保人群退休时所在地上年度在岗职工月平均工资 \times 劳动贡献指数 \times 工作年限}{2 \times (全社会预期寿命 - 入职年龄 - 工作年限)} \tag{5.7}$$

式（5.7）中，由于参保人群退休时所在地上年度在岗职工月平均工资、工作年限和全社会预期寿命均为相对的常量，因而人群的退休福利的多少与人群的劳动贡献指数和平均余命（全社会预期寿命 - 入职年龄 - 工作年限）相关，而个人平均余命的长短则与个体的退休时点相关。

退休福利函数的意义在于，不仅能够说明退休年龄的决定机制，而且能够说明不同人群退休后福利（收入）的收敛效应。

为了分析和验证退休福利函数，我们根据2000～2019年的《中国统计年鉴》和2015～2019年的《中国劳动保障年鉴》，得到社会年平均工资、机关公务员年平均工资、事业单位职工年平均工资和企业员工年平均工资以及城镇职工基本养老金、机关事业单位养老金和企业职工基本养老金几组数据，并对 2020~2055 年的 40 年进行预测（见表 5-4），最后计算出劳动贡献指数、养老金指数、贡献和养老金指数比（见表 5-5），以此为我国退休年龄政策的适时调整提供数据支撑。

表 5-4 1988~2055 年分人群工资和养老金情况及预测 单位：元

年份	机关单位在岗职工平均工资	事业单位在岗职工平均工资	企业在岗职工平均工资	城镇职工平均退休工资	机关事业单位养老金	企业职工养老金	城镇职工养老金
1988	1 708	1 769	1 746	1 692	—	—	—
1989	1 873	1 912	1 944	1 950	—	1 330	13 30
1990	2 107	2 119	2 148	2 150	—	1 547	1 547
1991	2 270	2 255	2 364	2 365	—	1 593	1 593
1992	2 778	2 716	2 720	2 677	—	1 914	1 914
1993	3 382	3 360	3 361	3 236	—	2 558	2 558
1994	4 956	4 963	4 408	4 510	—	3 179	3 179
1995	5 542	5 499	5 345	5 500	—	3 782	3 782
1996	6 352	6 241	5 930	6 210	—	4 376	4 376
1997	6 990	6 867	6 322	6 470	—	4 940	4 940
1998	7 740	7 620	7 405	7 479	—	5 542	5 542
1999	8 925	8 665	8 168	8 346	5 154	6 506	6 452
2000	10 020	9 634	9 189	9 371	9 478	6 531	6 674
2001	12 125	11 491	10 453	10 070	9 766	6 674	6 867
2002	14 005	13 246	11 873	12 422	13 152	7 473	7 880
2003	15 736	14 564	13 578	14 040	13 383	7 636	8 088
2004	17 869	16 489	15 559	16 024	14 374	8 030	8 536
2005	20 828	18 720	17 853	18 364	15 043	8 727	9 251
2006	23 360	21 259	20 555	21 001	15 358	10 115	10 564
2007	28 763	25 805	24 046	24 932	19 802	11 342	12 041
2008	33 869	29 758	28 359	29 229	20 248	13 368	13 933
2009	37 397	34 053	31 622	32 736	21 956	14 747	15 317
2010	40 512	38 411	36 256	37 147	23 211	16 192	16 741
2011	44 303	43 254	42 020	42 452	26 107	18 096	18 670
2012	48 513	48 426	47 284	47 593	29 050	20 270	20 900
2013	51 894	53 291	52 270	52 388	31 086	22 367	22 970
2014	55 939	58 125	57 359	57 361	32 898	24 767	25 316

续表

年份	机关单位在岗职工平均工资	事业单位在岗职工平均工资	企业在岗职工平均工资	城镇职工平均退休工资	机关事业单位养老金	企业职工养老金	城镇职工养老金
2015	62 087	64 507	63 600	63 241	36 044	26 347	27 053
2016	68 664	71 332	70 272	69 900	39 317	27 922	28 801
2017	75 645	78 576	77 350	76 969	42 688	29 480	30 545
2018	82 996	86 200	84 798	84 410	46 127	31 009	32 272
2019	90 666	94 153	92 567	92 177	49 599	32 497	33 968
2020	98 596	102 373	100 597	100 209	53 067	33 935	35 620
2021	106 714	110 785	108 817	108 436	56 494	35 313	37 215
2022	114 940	119 306	117 149	116 779	59 844	36 624	38 745
2023	123 190	127 848	125 507	125 151	63 084	37 862	40 201
2024	131 375	136 320	133 804	133 466	66 184	39 023	41 577
2025	139 409	144 633	141 954	141 637	69 121	40 106	42 867
2026	147 210	152 702	149 875	149 582	71 876	41 109	44 069
2027	154 706	160 452	157 494	157 226	74 436	42 033	45 183
2028	161 834	167 819	164 749	164 507	76 793	42 879	46 208
2029	168 545	174 752	171 589	171 373	78 946	43 651	47 147
2030	174 803	181 215	177 977	177 787	80 898	44 351	48 003
2031	180 586	187 187	183 891	183 725	82 655	44 985	48 780
2032	185 886	192 657	189 319	189 177	84 226	45 555	49 481
2033	190 705	197 629	194 264	194 144	85 624	46 067	50 113
2034	195 055	202 117	198 736	198 635	86 860	46 525	50 679
2035	198 956	206 139	202 754	202 670	87 949	46 933	51 185
2036	202 433	209 725	206 343	206 274	88 904	47 297	51 636
2037	205 516	212 903	209 531	209 476	89 739	47 620	52 038
2038	208 237	215 707	212 350	212 306	90 466	47 907	52 394
2039	210 627	218 170	214 832	214 797	91 097	48 160	52 710
2040	212 720	220 326	217 009	216 982	91 645	48 384	52 989
2041	214 545	222 207	218 911	218 891	92 118	48 582	53 235
2042	216 134	223 843	220 570	220 555	92 527	48 756	53 452
2043	217 512	225 262	222 011	222 001	92 880	48 909	53 644
2044	218 705	226 491	223 262	223 255	93 183	49 044	53 812

续表

年份	机关单位在岗职工平均工资	事业单位在岗职工平均工资	企业在岗职工平均工资	城镇职工平均退休工资	机关事业单位养老金	企业职工养老金	城镇职工养老金
2045	219 736	227 553	224 345	224 340	93 444	49 163	53 960
2046	220 626	228 468	225 280	225 278	93 668	49 267	54 089
2047	221 392	229 257	226 088	226 087	93 860	49 358	54 203
2048	222 051	229 936	226 784	226 784	94 025	49 438	54 303
2049	222 618	230 519	227 383	227 384	94 166	49 508	54 391
2050	223 104	231 020	227 898	227 900	94 287	49 570	54 467
2051	223 522	231 450	228 341	228 344	94 390	49 624	54 534
2052	223 880	231 818	228 722	228 725	94 479	49 671	54 593
2053	224 187	232 134	229 048	229 051	94 555	49 712	54 644
2054	224 449	232 405	229 328	229 331	94 620	49 748	54 689
2055	224 674	232 636	229 569	229 572	94 675	49 780	54 729

注：（1）预测方法：2020～2055 年为预测数据，采用 EViews 进行阻滞增长模型预测。

（2）极限设置：以 2015 年我国人均 GDP 与日本人均 GDP 做对比，选取日本 2015 年工资、养老金为参照，进行数据极限设置。其中社会平均工资极值为 231 000，再根据我国历史数据结构分别进行人群设置，机关单位职工平均工资极限为 226 000 元；事业单位职工平均工资极限为 234 000 元；企业职工平均工资极限为 231 000 元。设 2055 年我国城镇职工养老金人均待遇领取水平预测最大值为 55 000，企业职工养老金人均待遇领取水平预测最大值为 50 000，机关事业单位职工养老金人均待遇领取水平预测最大值为 95 000。

资料来源：根据课题组调研资料整理分析。

表 5 - 5　　　　　　1988～2055 年分人群劳动贡献指数、养老金指数和贡献养老金比

年份	机关单位劳动贡献指数	事业单位劳动贡献指数	企业劳动贡献指数	机关单位和事业单位养老金指数	企业养老金指数	机关单位贡献养老金比	事业单位贡献养老金比	企业贡献养老金比
1988	1.009	1.046	1.032	—	—	—	—	—
1989	0.961	0.981	0.997	—	1.000	—	—	0.997
1990	0.980	0.986	0.999	—	1.000	—	—	0.999
1991	0.960	0.953	1.000	—	1.000	—	—	1.000
1992	1.038	1.015	1.016	—	1.000	—	—	1.016

续表

年份	机关单位劳动贡献指数	事业单位劳动贡献指数	企业劳动贡献指数	机关单位和事业单位养老金指数	企业养老金指数	机关单位贡献养老金比	事业单位贡献养老金比	企业贡献养老金比
1993	1.045	1.038	1.039	—	1.000	—	—	1.039
1994	1.099	1.100	0.977	—	1.000	—	—	0.977
1995	1.008	1.000	0.972	—	1.000	—	—	0.972
1996	1.023	1.005	0.955	—	1.000	—	—	0.955
1997	1.080	1.061	0.977	—	1.000	—	—	0.977
1998	1.035	1.019	0.990	—	1.000	—	—	0.990
1999	1.069	1.038	0.979	0.799	1.008	1.339	1.300	0.971
2000	1.069	1.028	0.981	1.420	0.979	0.753	0.724	1.002
2001	1.115	1.057	0.962	1.422	0.972	0.784	0.743	0.989
2002	1.127	1.066	0.956	1.669	0.948	0.676	0.639	1.008
2003	1.121	1.037	0.967	1.655	0.944	0.677	0.627	1.024
2004	1.115	1.029	0.971	1.684	0.941	0.662	0.611	1.032
2005	1.134	1.019	0.972	1.626	0.943	0.697	0.627	1.031
2006	1.112	1.012	0.979	1.454	0.957	0.765	0.696	1.022
2007	1.154	1.035	0.964	1.645	0.942	0.702	0.629	1.024
2008	1.159	1.018	0.970	1.453	0.959	0.797	0.701	1.011
2009	1.142	1.040	0.966	1.433	0.963	0.797	0.726	1.003
2010	1.091	1.034	0.976	1.386	0.967	0.787	0.746	1.009
2011	1.044	1.019	0.990	1.398	0.969	0.746	0.729	1.021
2012	1.019	1.018	0.994	1.390	0.970	0.733	0.732	1.024
2013	0.991	1.017	0.998	1.353	0.974	0.732	0.752	1.025
2014	0.975	1.013	1.000	1.299	0.978	0.750	0.780	1.022
2015	0.982	1.020	1.006	1.332	0.974	0.737	0.766	1.033
2016	0.982	1.020	1.005	1.365	0.969	0.720	0.748	1.037
2017	0.983	1.021	1.005	1.398	0.965	0.703	0.730	1.041
2018	0.983	1.021	1.005	1.429	0.961	0.688	0.714	1.046
2019	0.984	1.021	1.004	1.460	0.957	0.674	0.700	1.050
2020	0.984	1.022	1.004	1.490	0.953	0.660	0.686	1.054

续表

年份	机关单位劳动贡献指数	事业单位劳动贡献指数	企业劳动贡献指数	机关单位和事业单位养老金指数	企业养老金指数	机关单位贡献养老金比	事业单位贡献养老金比	企业贡献养老金比
2021	0.984	1.022	1.004	1.518	0.949	0.648	0.673	1.058
2022	0.984	1.022	1.003	1.545	0.945	0.637	0.661	1.061
2023	0.984	1.022	1.003	1.569	0.942	0.627	0.651	1.065
2024	0.984	1.021	1.003	1.592	0.939	0.618	0.642	1.068
2025	0.984	1.021	1.002	1.612	0.936	0.610	0.633	1.071
2026	0.984	1.021	1.002	1.631	0.933	0.603	0.626	1.074
2027	0.984	1.021	1.002	1.647	0.930	0.597	0.619	1.077
2028	0.984	1.020	1.001	1.662	0.928	0.592	0.614	1.079
2029	0.983	1.020	1.001	1.674	0.926	0.587	0.609	1.081
2030	0.983	1.019	1.001	1.685	0.924	0.583	0.605	1.083
2031	0.983	1.019	1.001	1.694	0.922	0.580	0.601	1.085
2032	0.983	1.018	1.001	1.702	0.921	0.577	0.598	1.087
2033	0.982	1.018	1.001	1.709	0.919	0.575	0.596	1.089
2034	0.982	1.018	1.001	1.714	0.918	0.573	0.594	1.090
2035	0.982	1.017	1.000	1.718	0.917	0.571	0.592	1.091
2036	0.981	1.017	1.000	1.722	0.916	0.570	0.591	1.092
2037	0.981	1.016	1.000	1.724	0.915	0.569	0.589	1.093
2038	0.981	1.016	1.000	1.727	0.914	0.568	0.588	1.094
2039	0.981	1.016	1.000	1.728	0.914	0.567	0.588	1.095
2040	0.980	1.015	1.000	1.730	0.913	0.567	0.587	1.095
2041	0.980	1.015	1.000	1.730	0.913	0.566	0.587	1.096
2042	0.980	1.015	1.000	1.731	0.912	0.566	0.586	1.096
2043	0.980	1.015	1.000	1.731	0.912	0.566	0.586	1.097
2044	0.980	1.014	1.000	1.732	0.911	0.566	0.586	1.097
2045	0.979	1.014	1.000	1.732	0.911	0.566	0.586	1.098
2046	0.979	1.014	1.000	1.732	0.911	0.566	0.586	1.098
2047	0.979	1.014	1.000	1.732	0.911	0.565	0.586	1.098
2048	0.979	1.014	1.000	1.731	0.910	0.565	0.586	1.098

续表

年份	机关单位劳动贡献指数	事业单位劳动贡献指数	企业劳动贡献指数	机关单位和事业单位养老金指数	企业养老金指数	机关单位贡献养老金比	事业单位贡献养老金比	企业贡献养老金比
2049	0.979	1.014	1.000	1.731	0.910	0.565	0.586	1.099
2050	0.979	1.014	1.000	1.731	0.910	0.566	0.586	1.099
2051	0.979	1.014	1.000	1.731	0.910	0.566	0.586	1.099
2052	0.979	1.014	1.000	1.731	0.910	0.566	0.586	1.099
2053	0.979	1.013	1.000	1.730	0.910	0.566	0.586	1.099
2054	0.979	1.013	1.000	1.730	0.910	0.566	0.586	1.099
2055	0.979	1.013	1.000	1.730	0.910	0.566	0.586	1.099

注：计算方法：根据表5-4中数据，运用Excel，以不同人群平均工资比社会平均工资计算分人群贡献指数；以不同人群养老金比城镇职工平均养老金计算分人群养老金指数。

资料来源：根据课题组调研资料整理分析。

第六章

缘起与制约：我国渐进式延迟退休政策的演变与约束条件

第一节 我国渐进式延迟退休政策的缘起

我国当前的退休年龄政策源于20世纪50年代的制度设计，在经济社会发展变化的60多年中，对退休年龄进行了细微的调整，具体可以划分为四个阶段，分别是：体系建立阶段（1951~1977年）、规范执行整顿阶段（1978~1982年）、紧缺人才政策调整阶段（1983~1993年）和改革配套调整阶段（1994年以后）。

一、体系建立阶段

1951~1977年改革开放之前，是我国法定退休年龄体系的建立阶段。根据不同的职业类型以及工作岗位，分别规定了不同的退休年龄。

（一）企业职员退休

企业职员退休政策的制定基于两项法则，即国家颁布的《中华人民共和国劳动保险条例》及《中华人民共和国劳动保险条例实施细则修正草案》。其所指的企业职员主要包括四类,分别是:规模为 100 人以上的国营、公私合营、私营及合作社经营的工厂、矿场及其附属单位;铁路、航运、邮电的各企业单位及其附属单位;工、矿、交通事业的基本建设单位;国营建筑公司。经过一段时间的发展,到 1956 年适用范围较原来有所扩大,几乎覆盖当时全部企业单位。根据文件规定有三种退休方式,分别为提前退休、按时退休和延迟退休,其中对于特殊工种可以提前退休,企业发展过程中起重要作用的职工可以延迟退休。

正常退休。根据文件规定,男工人 60 岁退休,女工人 55 岁退休。退休人员享受养老金的条件包括:男性、女性职工的一般工龄应分别达到 25 年、20 年的标准,且在本企业的工作年限不少于 5 年。养老金水平按本人工资的一定比例计发,与在本企业的工龄挂钩,即工作时间越长,其所享受的养老金待遇也就越高,比如:工作年限在 5~10 年的员工,按 50% 计发;工作年限在 10~15 年的员工,按 60% 计发;工作年限在 15 年以上的员工,则按 70% 计发。

特殊工种提前退休。根据文件规定,以下人员可以享受提前退休待遇,分别是:在井下、华氏 32 度以下低温、华氏 100 度以上高温场所工作的,男工人达到 50 岁,女工人达到 45 岁,且工龄按照 1 年当作 15 个月进行计算;在提炼或制造铅、汞、砒、磷、酸及其他化学、兵工工业中直接从事有害身体健康工作的,男工人达到 55 岁,女工人达到 45 岁便可以申请提前退休,且工龄按照 1 年当作 18 个月进行计算。

延迟退休。根据文件规定,对于达到退休年龄标准因工作需要继续在企业工作的劳动者,在发给原工资的同时,根据劳动者工龄的长短,按一定的工资百分比发放养老补助费:工龄在 5~10 年的按 10% 计发;10~15 年的按 15% 计发;15 年以上的按照 20% 计发。

(二) 机关工作人员退休

依照 1955 年《国家机关工作人员退休处理暂行办法》,我国机关工作人员主要包括以下四类:国家机关工作人员;各党派人员;为国家工作的各人民团体工作成员;国家机关附属的事业单位就职人员。根据职工的具体情况不同,有两种不同的退休方式,分别是提前退休和按时退休,这两种退休方式的养老金水平是不同的。

按时退休。根据文件规定,男职工达到 60 岁可以退休,女职工达到 55 岁可以退休。退休人员只有满足男职工工作年限达到 25 年,女职工工作年限达到 20 年,且当前工作年限大于 5 年时,才可以享受养老金待遇。养老金计发标准与工作年限挂钩,按照本人工资的一定百分比进行发放。

提前退休。工作年限满 10 年,因劳致残丧失工作能力的,退休时间不受本人年龄约束，退休金为本人工资的70%；工作年限满15年，退休金为本人工资的80%。因公残废丧失工作能力的，退休时间不受年龄限制，退休金为本人工资的70%；工作年限满15年，退休金为本人工资的80%。

（三）企业职工与机关工作人员政策统一

根据1951年《中华人民共和国劳动保险条例》和1955年《关于国家机关工作人员退休暂行办法》的规定，同类人员享受养老保险的待遇基本相同。但是企业职工和机关单位职工的退休方式有一定的区别，企业职工有三种不同的退休方式，包含特殊工种提前退休、按时退休和延迟退休。而机关单位职工只有病残提前退休和按时退休两种退休方式。1957年11月，全国人民代表大会常务委员会原则批准《国务院关于工人、职员退休处理的暂行规定》，并于1958年2月由国务院正式实施，对两类人员的退休方式进行了统一。统一后的退休方式包含四种，分别是特殊工种提前退休、病残提前退休、按时退休、延迟退休。

按时退休。根据文件规定，男性工人、职员的退休年龄仍然保持原来60岁的水平，连续工龄不低于5年；女性劳动者分为工人和职员两类群体，分别执行50岁、55岁退休年龄政策，且连续工龄不低于5年。对于男性、女性享受养老金的工龄要求有所降低，其中男性享受养老金的工龄条件由25年下降为20年，女性由20年下降为15年。养老金发放水平与连续工作年限挂钩，按本人工资的一定百分比发放。

特殊工种提前退休。根据文件规定，从事井下、高空、高温、特别繁重体力劳动或者其他有损身体健康工作的工人、职员，男性退休年龄比法定退休年龄提前5年，女性退休年龄保持与之前制度一样的水平，即45岁且工龄条件符合提前退休条件。

病残提前退休。根据文件规定，男性50岁、女性45岁的工人、职员，一般工龄达到15年，连续工龄达到5年，由于身体的原因丧失劳动能力，并经劳动鉴定委员会或医生证明无法继续工作的，应该退休；对于这类群体的养老金待遇水平规定是：连续工作时间在5~10年的，养老金水平为本人工资的40%，10~15年的，养老金水平为本人工资的50%；15年以上的，养老金水平为本人工资的60%。若职工因工残废退休的，其养老金水平根据职工饮食起居是否需要别人扶助，分别享受本人工资的75%或60%。

在体系的建立阶段，以1957年国家颁布《关于工人、职员退休处理的暂行规定》为分界点，划分为两个不同的时期。这一规定是对当时经济社会发展条件的适应，对就业的影响也更有利，从城镇就业人员的数量和比重的增长中可以得到证明。新时期的调整变化主要体现在以下几个方面：一是降低了对按时退休人

133

员的一般工龄要求；二是将特殊工作岗位上男性职工的退休年龄由过去按照 55 岁和 50 岁两个标准，统一为 55 岁；三是将病残退休的适用范围进行扩展，由原来仅仅针对国家工作人员的政策扩展到企业职工，并对年龄、工龄、病残等内容进行规定。

二、规范执行整顿阶段

1978~1982 年是我国法定退休年龄的规范执行整顿阶段。由于受"文化大革命"的影响，有关劳动者的退休管理工作中断，在 1976 年出现大批应该退出劳动领域而没有退休的人员，同时出现大批人员不应该退出劳动市场而退休的现象。当时部分老年劳动者的健康状况得不到应有的保障，职工新老更替不顺畅，同时大批的"知青"返城就业，多重因素共同造成较大的就业压力。在这样的形势下，1978 年，全国人民代表大会常务委员会原则批准指导退休工作的两部法规，分别是《国务院关于工人退休、退职的暂行办法》与《国务院关于安置老弱病残干部的暂行办法》。为了促进退休工作向正规化方向发展，1981 年出台了《关于严格执行工人退休、退职暂行办法的通知》。

（一）工人退休退职年龄与待遇

在 1978 年颁布的《关于工人退休、退职的暂行办法》中明确表明，工人群体包括全民所有制企业、事业单位和国家机关、人民团体的工人。通过按时退休和提前退休两种不同的方式，对就业市场产生直接的影响。

按时退休。退休年龄保持与之前相同的水平，工龄调整为连续工龄，且至少连续工作达 10 年。退休待遇由参加工作的时间和工龄共同决定，依据本人标准工资的一定百分比发放。

特殊工种提前退休。从事井下、高温、高空、特别繁重体力劳动或其他对身体有害的工作，退休年龄与之前保持一致，即男性劳动者年满 55 岁、女性劳动者年满 45 岁，工龄调整为连续工作时间，且最低为 10 年。根据参加工作时间和连续工作时间确定退休待遇，发放标准与按时退休人员一致。

病残提前退休。男性劳动者年满 50 岁，女性劳动者年满 45 岁，连续工作达 10 年，且完全丧失劳动能力的，应该退休。具体的退休待遇根据参加工作时间和连续工作时间共同确定，发放标准参照按时退休人员。因工致残，完全丧失劳动能力的，应该退休，如果饮食起居需要人扶持，退休待遇发放标准为本人工资的 80%，且不低于 35 元。患二、三期矽肺病离职休养的工人，可以自愿申请退休，退休待遇按照本人工资的 90% 进行发放。对于完全丧失劳动能力且达不到退休条件的工人，可以申请退职，具体的待遇标准为本人工资的40%，最低为20元。

（二）老弱病残干部离退休与待遇

对老弱病残干部的安置工作规定可以参照《国务院关于安置老弱病残干部的暂行办法》。针对老干部的具体情况采取不同的安置办法，针对拥有丰富工作经验的老干部，实行离职休养和特殊照顾的政策，安排在国务院各部门及所属司局级机构，各省、区、市革命委员会及其所属部门，省辖市、行政公署一级领导机构及其所属部门，县（旗）革命委员会等单位，以及同级企业、事业单位担任顾问；安排在政协、视察室、参事室等单位担任荣誉职务；针对丧失工作能力的老干部采用离职休养的办法，工资水平保持不变。主要通过按时退休和提前退休两种不同的方式，对就业市场产生直接的影响。同时，对党政机关、群众团体、企业、事业单位的干部退休年龄和待遇做出如下规定。

按时退休。男性退休年龄为60岁，女性退休年龄为55岁，且参加革命工作的时间不少于10年。退休享受的待遇水平与参加工作时间和年龄挂钩，发放标准与工人一致。

病残提前退休。根据不同的情况，可以将病残提前退休划分为三种不同的类型。第一类，男性满50岁，女性满45岁，工作时间不少于10年且完全丧失劳动能力，应该退休，退休待遇的享受标准与参加工作时间和年龄挂钩，发放标准与工人一致。第二类，因工导致残疾并完全丧失劳动能力，应该退休，退休待遇的享受标准与工人相同。第三类，经医院证明完全丧失了劳动能力，且不符合退休条件的干部，应该退职，退职后，生活费发放标准参照工人群体。

《国务院关于工人退休、退职的暂行办法》在指导工人退休、退职方面发挥了非常重要的作用，对就业市场也产生了重大的影响。但是在实施过程中，由于一些单位和部门不遵守退休、退职规定，造成就业市场混乱的局面。针对存在的问题，1981年国务院颁布《关于严格执行工人退休、退职暂行办法的通知》进行改进。凡主要规定有：（1）对于符合退休、退职条件的工人，应该动员他们离开工作岗位。如因工作需要应延迟退休的工人，需要通过上级主管部门的批准。若不经过批准，继续工作的时间不计算连续工龄。对于应当离开工作岗位的工人，经多次动员仍在工作岗位的，可以停发工资，改发退休费或退休生活费。（2）对于不满足退休条件的工人，不允许其提前退休，对于伪造文件而提前退休的工人，根据情节严重，给予对应的处分。（3）对于完全丧失工作能力的工人，需出具县级以上医疗机构的诊断证明，且经劳动鉴定会确定后，才可办理退休手续。（4）加强对退休、退职工人的聘用管理。工人退休后，若其他单位因工作需要聘用有技术特长的工人，必须形成由原退休待遇发放单位、新聘用单位和退休工人三方签订的合同，并上报给当地的劳动部门批准后，才能聘用。

总之，在法定退休年龄政策的规范执行阶段主要参照《国务院关于工人退休、退职的暂行办法》《国务院关于安置老弱病残干部的暂行办法》《国务院关于严格执行工人退休、退职暂行办法的通知》施行退休、退职政策。在对就业市场影响方面，这一阶段较体系建立阶段有了很大的进步，主要表现在：（1）有关退休年龄的规定总体保持与前一阶段一致，对部分群体的退休年龄进行了调整。（2）降低了享受养老保险待遇的一般工龄条件，但是提高了享受养老保险待遇的连续工龄。（3）增强按时退休的强制性。其中干部退休的强制性维持原来的标准，老弱病残干部则实行优待，对工人退休的强制性有所增强。如规定：满足退休条件的工人，强制其退休；对理应退休，经多次动员仍在工作岗位的工人，可以停发其工资，改发退休费等。（4）对延迟退休的行政管理进行加强。如在《国务院关于严格执行工人退休、退职暂行办法的通知》中规定，凡是满足退休、退职条件工人，若因工作需要，必须延迟退休的，要通过上级主管部门批准。从规定中可以看出，并不是每个人都可以延迟退休，主要是根据工作的需要确定哪些人可以延迟退休。同时，延迟退休后工人的工资收入与减发后的养老金之和最高值为在职时的工资额。

三、紧缺人才政策调整阶段

1982年党的十二大之后，我国在改革开放过程中由于人才较为短缺而更加重视知识分子的作用，针对这一状况，我国对部分高级专家等急需人才的退休年龄进行了调整，以保证这一群体可以更大限度地发挥自身价值。调整的主要依据是《国务院关于高级专家离休退休若干问题的暂行规定》《国务院关于延长部分骨干教师、医生、科技人员退休年龄问题的通知》《关于县（处）级女干部退（离）休年龄问题的通知》和《国家公务员暂行条例》。较前一阶段的主要变化体现在对高级技术人员和专业人才等实行自愿延迟退休政策。

最高退休年龄的规定。根据不同的专家级别可以将退休年龄提高至65岁或70岁，男性骨干教师、医生、科技人员的退休年龄可以达到65岁，女性的退休年龄可以达到60岁；副教授等同等级别的高级专家，则需经上一级主管机关同意，退休年龄可达65岁；教授及同等级别的高级专家，则需经省、区、市人民政府或中央、国家机关的部委等同意，退休年龄可达70岁；学术有突出贡献的高级专家，可经国务院审批同意，延迟办理离休退休手续，继续工作。不仅如此，对于这些高级专家的退休待遇，按国家统一规定实施。

依据《国务院关于延长部分骨干教师、医生、科技人员退休年龄的通知》，在1990年前，对在教育、卫生、科学技术行业工作的讲师、主治医师、工程师、农艺师、助理研究员以及具有高等院校、中等专业学校（含中等师范学校）和高中毕业学历或经严格考核取得同等学力的、教学经验丰富的中、小学教师中，因工作需要，身体条件允许且本人愿意继续工作的，经过县一级的主管单位严格审核批准后，可以将他们的退休年龄推后1~5年。提高后的退休年龄，女性不能超过60岁，男性不能超过65岁，且这部分人员不能担任行政领导职务或管理职务。

国家出台的《关于县（处）级女干部退（离）休年龄问题的通知》，则对县处级女干部的退休年龄及范围进行了详细的说明，其规定：在党政部门或群众团体的女干部，需在可以正常工作的前提下，遵循自愿原则，可以工作到60岁。

通过对延迟退休政策的研究，可以发现实施延迟退休需要具备一些基本条件，如因工作需要，劳动者身体条件可以胜任工作且本人同意延迟退休。根据劳动者的条件不同，所实施的延迟退休年限也是不同的，但有最高退休年龄的规定。一般延迟年限越长，相应的审批机关级别要求越高。

根据1993年《国家公务员暂行条例》的规定，公务员在一些特定条件下可以提前退休。一般情况下男性、女性公务员分别达到60岁、55岁时退休，但若丧失工作能力时，可以提前退休。有关提前退休的情况具体包括以下几种：（1）公务员工龄满20年，且男性公务员年龄需达55岁，女性公务员年龄需达50岁；（2）公务员工龄满30年，本人申请提前退休且获得单位批准的。公务员退休后，有权利享受各项养老保险待遇。

四、改革配套调整阶段

1994年后，为了适应国有企业改革和养老保险制度改革，对部分城市、行业和人群的退休年龄进行了调整。

对提前退休年龄的规定。改革配套调整阶段，针对职工提前退休先后出台了五部法规，其中1994年为顺应国有企业改革，针对职工再就业问题出台了《国务院关于在若干城市试行国有企业兼并破产和职工再就业有关问题的通知》，并于1997年出台《国务院关于在若干城市试行国有企业兼并破产和职工再就业问题的补充通知》，1998年出台了三部法规，分别是《劳动部、中国纺织总会关于做好纺织行业压锭减员分流安置工作的通知》《国务院关于纺织工业深化改革调整结构解困扭亏工作有关问题的通知》《劳动和社会保障部、国家经济贸易委员会关于切实做好纺织行业压锭减员分流安置工作的补充通知》。在一定时期内，这五部法规规定符合一定条件的特定城市或企业、行业职工可以提前退休。

1994 年在全国 18 个城市开展优化资本结构试点工作，在建立和完善企业优胜劣汰机制的大背景下，退休年龄也进行了相应的调整变化。国务院颁布的《关于在若干城市试行国有企业破产有关问题的通知》规定：（1）破产企业中以下几种情况可以按照离退休职工进行安置：因工致残或患严重职业病、全部或大部分丧失劳动能力；（2）距离退休年龄不足 5 年的职工，经本人申请，可以提前退休。

1997 年，国家为了更高效地优化资本结构，促进国有企业改革，加快职工再就业进程，以 1994 年颁布的《关于在若干城市试行国有企业破产有关问题的通知》为基础，进行了补充说明。文件规定：《关于在若干城市试行国有企业破产有关问题的通知》中有关破产方面的政策，只适用于上海、天津、齐齐哈尔等 111 个国务院确定的企业"优化资本结构"的试点城市。在这些城市中，距离退休年龄不足 5 年的职工，经本人申请，可以提前离退休。

1998 年，劳动部、中国纺织总会以纺织业为核心，颁布了《关于做好纺织行业压锭减员分流安置工作的通知》，对从事纺织工作的企业员工进行了退休条件的说明。文件指出：对于 3 年内有压锭任务的纺纱和织布企业，如果职员工龄已达 20 年，距离法定退休年龄不足 10 年，且再就业难，可办理提前退休手续，但是其所享受的退休福利待遇将会随之降低。

由于当时资产结构不稳定，国有企业经营出现了较大的困难，从而导致养老保险的费用呈现出"收不抵支"的状况。因此，在这种情况下，部分城市开始扩大退休政策的适用范围。为了规范各大城市扩大退休范围的行为，国家陆续出台了几项法规，如《关于切实做好国有企业下岗职工基本生活保障和再就业工作的通知》《关于切实做好纺织行业压锭减员分流安置工作的补充通知》及《关于制止和纠正违反国家规定办理企业职工提前退休有关问题的通知》。

其中在第一项法规中，国家对国有企业职员的下岗条件及再就业状况进行了详细的说明：（1）可申请提前退休的企业职员必须来自规定范围内的 111 个试点城市中国有破产企业及 3 年内有压锭任务的国有纺织企业；（2）除了法定的试点城市及企业外，其他城市与企业严禁扩大提前退休范围。《关于切实做好纺织行业压锭减员分流安置工作的补充通知》对之前政策规定的提前退休问题进一步进行明确：（1）严格控制提前退休，按照之前政策规定执行提前退休政策，防止扩大提前退休适用范围及提前退休人数计划。（2）有压锭任务的纺织企业职员必须同时满足工种条件、工龄条件、年龄条件及存在再就业困难这四项要求时，才可以提前退休。（3）办理提前退休的职工，根据其申请时间，遵循"每提前一年，基本养老金减发 2%"的原则，发放相应的养老金。

1999年，劳动部及社会保障部为了进一步规范国有企业的退休行为，对允许提前退休的职工条件进行了更为细致全面的说明，《关于制止和纠正违反国家规定办理企业职工提前退休有关问题的通知》规定：（1）需严格遵循国家退休年龄政策，不可出现违法提前退休的行为。从事特殊工种或因病残等原因丧失工作能力的员工，可申请提前退休。其中因特殊工种而提前退休的员工，男性年龄需满55岁，女性年龄需满45岁；因病残等原因丧失工作能力的员工，男性年龄需满50周岁，女性年龄需满45周岁。（2）可以享受提前退休待遇的职工需具备以下条件：就职于全国111个试点城市中国有破产企业，且其距离法定退休年龄不足5年；就职于3年内有压锭任务的国有纺织企业中且符合条件的纺纱、织布工种的挡车工，可办理提前退休手续。（3）各机构组织不能擅自更改退休政策的适用范围，对于违规操作的提前退休员工，应清退回企业。（4）对满足条件且申请提前退休的员工，给予相应的社会保障待遇。

随着社会保障改革试点进程的推进，2005年国务院出台了《关于完善企业职工基本养老保险制度的决定》，扩大了企业养老保险的覆盖范围，纳入了个体工商户和灵活就业人员。降低了个人账户的缴费规模，由原来个人缴费工资的11%降低为8%，全部由个人进行缴纳。采用新的养老金计发办法，其中基础性养老金以上一年在岗职员的平均工资及个人月平均缴费工资为准，每缴费满1年发给1%，以此类推。个人账户养老金计发标准是个人账户储存总额除以计发月数。根据《国务院关于建立统一的企业职工基本养老保险制度的决定》的规定，当职工缴费（含视同缴费）满15年，若选择提前退休只会对个人账户养老金水平造成一定的影响。随着退休制度的不断完善，根据《关于完善企业职工基本养老保险制度的决定》的规定，提前退休不仅会影响个人账户养老金水平，同时也会对基础养老金造成一定的影响。对于纺织行业1998~2000年提前退休的职工，根据规定，提前退休人员的基本养老金，每提前一年将减少2%，个人账户养老金保持不变。

退休人员的养老金水平取决于退休时核定的养老金及对养老金的调整情况，国家原则规定每年按一定的标准增加离退休金，具体标准为当地职工平均工资增长率的40%~60%。我国在1995年、1996年、1999年、2002年时，按照这一比例对养老金水平进行了调整。自2004年起，国家加大了对养老金调整的力度，按照上年度平均养老金的10%左右，连续8年提高企业退休人员养老金水平，缩小了企业人员与机关事业单位人员之间的养老金差距。在普遍提高退休人员养老金的基础上，对退休早、基本养老金较低的老干部、老工人和军队转业干部等人员适当提高调整标准。

从对我国退休年龄政策的梳理可以看出，我国退休政策明显是在计划体制和当时的人均寿命等约束条件下形成的，以低龄化（最低50岁）、人群待遇差异化为特征。随着我国计划经济体制向市场经济体制的转轨和人口平均寿命的延长，退休政策必须进行调整，以适应社会经济的发展。

第二节　延迟退休政策的提出

一国的人口结构状况影响着劳动力供给量，当前我国正由成年型人口结构转向老年型人口结构，而经济转型中需要大量的劳动力，这就决定我国应该考虑在适当的时候实施延迟退休政策，以应对由于人口结构转变而带来的劳动力供给减少。延迟退休政策的推行会直接影响劳动年龄人口数量，进而影响劳动力市场的就业状况。

人口结构、劳动力数量与退休政策有着天然联系。当一个国家或地区的人口年龄结构处于成年型时，劳动力数量充足且储蓄水平较高，可以在很大程度上推动经济发展，造就"人口红利"。我国经济增长奇迹的发生，同我国丰裕的劳动力资源密切相关。《2015年国民经济和社会发展统计公报》显示：截至2015年末，我国16~59岁人口有91 096万人，占总人口的比重为66.3%。可以看出，目前我国人口年龄结构仍然处在成年型时期，劳动年龄人口数量多、比重大，劳动力供给依然充足，人口红利效应虽然持续减弱但仍然存在。不过，随着我国经济社会快速发展，人均预期寿命2015年已达76.34岁。与此同时，由于长期以来的计划生育政策和城市化的发展，我国的生育率持续走低，2015全年出生人口1 655万人，出生率为12.07‰。而我国2015年65周岁以上的老年人有14 386万人，占总人口的10.5%。换言之，我国人口年龄结构正从成年型向老年型转变。人口结构的转变，直接影响劳动力数量的变化，劳动力市场正在发生改变。2012年，我国15~59岁劳动年龄人口的绝对数量减少了345万人。[①] 由国家信息中心、中国社科院社科文献出版社共同发布的《经济信息绿皮书中国与世界经济发展报告（2013）》显示：2013年中国总劳动人口数将超过10亿人，之后将逐步下降。虽然36岁以上的劳动人口保持增长，但20岁的新增劳动人口数量自2010年开始连续下降。与此同时，农村地区富余劳动力数量也在减少，农村地区可供转移的潜在劳动力数量并不多。《国家人口发展规划（2016~2030年）》

---

① 《"十三五"卫生与健康规划》，中国新闻网，https：//news.cctv.com/2017/01/10/ARTIo79Oi1lHUuwnsFjrTqGz170110.shtml。

更是指出：我国劳动年龄人口将呈现波动下降态势，2021~2030年间将以较快速度减少，劳动力老化程度逐步加重，到2030年，45~59岁大龄劳动力占比将达到36%左右。60岁及以上老年人口平稳增长，2021~2030年增长速度将明显加快，到2030年占比将达到25%左右，其中80岁及以上高龄老年人口总量不断增加，0~14岁少儿人口占比下降，到2030年降至17%左右。人口结构的转变，直接改变了劳动力市场的供需格局，然而我国的产业结构仍然处在转型之中，部分劳动力密集型产业仍然需要大量的劳动力。因此，合理数量的劳动力人口是保障我国经济增长和转型的必要条件。在人口老龄化背景下，调整退休年龄政策，适当合理地延迟退休，有助于应对未来劳动力短缺的问题。

延迟退休一般指提高退休年龄，是国家在参考国内外发展经验的同时，结合本国经济发展水平、人口年龄结构的变化和养老保险制度的发展程度等多方面因素，综合考虑之后而逐步提高法定退休年龄。自21世纪初，由于老龄化等多方面因素，我国关于延迟退休的讨论逐渐发热。至2013年11月，党的十八届三中全会通过《中共中央关于全面深化改革若干重大问题的决定》，此决定明确指出要研究制定渐进式延迟退休政策。这是国家层面第一次正式提出的关于延迟退休的信息，延迟退休政策提上日程。我国提出的渐进式延迟退休，是指在未来制定的延迟退休方案中采取"小步慢走"的方式，逐步缓慢地提高退休年龄。如果退休年龄每2年或3年提高1岁，那么将会采取每年提高半岁或4个月的方式。在将来延迟退休方案公布后，还会有一段时间作为缓冲，也就是说方案敲定之后并不立即施行，而是等待几年之后开始实施。因此，渐进式延迟退休就是采用一种较为缓和的延迟退休方式，一方面稳定社会秩序，另一方面降低对就业造成的影响。不可否认，这种缓和的延迟退休方式是一种较为理智和成熟的做法，并在国外广为流行。

早在2008年，人力资源和社会保障部社会保障研究所所长就表示，我国会在未来的某一个阶段提高法定退休年龄，预计的延迟退休方式是，先对女职工的退休进行延迟，再对男职工的退休年龄进行改革，采取"小步渐进"的方法，每几年提高一岁，将男女职工的退休年龄最终提高到65岁。2013年10月，人力资源和社会保障部副部长在记者协会的新闻茶座会上表示，延迟退休不会仅仅从维持养老金的收支平衡这个层面考虑，还会考虑诸多其他因素。同时他也指出，我国劳动年龄人口绝对数量在2012年首次出现了下降，这就引出了我国目前的另一个社会背景，即劳动力供给的供过于求局面开始出现变化。在未来如何面对劳动力数量可能出现的短缺以及如何提高人力资源的利用效率成为我国提高退休年龄的另一个重要因素。如果在劳动力有能力和有意愿的前提下，因为退休年龄的原因而终止其工作，是对人力资源的极大浪费。2014年1月，人力资源和社会保障部的发言人表示，我国现在的人均预期寿命已经达到 75 岁，同时伴随的是我国老年人口数量的大幅增加。面对数量巨大且寿命不断延长的老年人口所引发的养老金、就业等问题，延迟退休成为一项重要举措。

2015 年 10 月，党的十八届五中全会通过了《中共中央关于制定国民经济和社会发展第十三个五年规划的建议》，其中在"建立更加公平更可持续的社会保障制度"小节下，明确提出要出台渐进式延迟退休政策。从 2013 年 11 月到 2015 年 10 月，短短两年时间我国从提出研究制定渐进式延迟退休政策到出台渐进式延迟退休政策的转变，说明了这一改革得到了政府层面的认可，也说明了我国目前延迟退休的社会条件已经基本成熟。2015 年 3 月，在十二届全国人大三次会议记者会上，人力资源和社会保障部部长提出了制定延迟退休方案的三个原则。在研究制定退休年龄方案时，会充分考虑各个阶层不同人群的意见和建议，"综合平衡、瞻前顾后"。

首先，制定延迟退休方案，会综合考虑我国人口老龄化的变化趋势和我国劳动力供求状况，在最合适的时间进行最合适的动作，不断调整改革的节奏。其次，贯彻"小步徐趋、渐进到位"的方针。每年适当提高一定的退休年龄，保持与社会发展速度同步，在未来某个时间段里达到预期设定的退休年龄。最后，政策开始实施之前会有一段时间的缓冲，给实施对象一定的心理预期。这个预期时间大概是 5 年，也就是说公布方案的 5 年后开始实施，

第三节　我国渐进式延迟退休政策的约束条件

任何公共政策都是约束条件下的适应性选择，只有在满足这些约束条件时才能保证政策的顺利实施。延迟退休政策作为一项关乎大多数人切身利益的公共政策，在实施时应该充分考虑其约束条件是否成熟。参照发达国家进行退休年龄政策调整的经验和退休年龄的决定性因素，我们筛选了人口平均寿命、人口老龄化率、劳动人口平均受教育年限和经济总量这四个指标作为延迟退休政策实施的约束条件。通过对这四个约束条件进行分析，探究延迟退休政策是否已经具备实施条件。

一、人口平均寿命

人口平均寿命的长短受到多种因素共同影响，一方面受到社会因素的制约，

如医疗水平的高低等;另一方面与自身条件也存在密切的关系,如遗传因素等。随着医疗水平和生活水平的提高,当前人口平均寿命较退休制度建立时,已经有了巨大的提升,见表6-1。

表6-1　　　　　　我国人均预期寿命及预测　　　　　　单位:岁

年份	人均预期寿命
2010	74.8
2020	77.3
2030	79
2040	82
2050	85

资料来源:2010年数据来源于国家统计局,2020年、2030年数据来源于《国家人口发展规划》,2040年、2050年数据来源于"21世纪论坛"。

从表6-1可以看出我国2010~2050年的人口平均寿命变化情况。我国的人均预期寿命由2010年的74.8岁上升至2050年的85岁,预期会继续增长。表中数据显示,我国的人均预期寿命在急剧提高,这意味着养老金的领取时间也大大加长了。同时,人均预期寿命作为影响退休年龄的主要因素,一般情况下两者的发展态势呈正相关。从这个意义上说,人口平均寿命的提高需要更高水平的退休年龄与之匹配。显然,现行的退休年龄已经不符合我国当前的人口结构,违背了当时制定这一政策的初衷。因此,延迟退休更加适应人口预期寿命变化趋势,同样也是保证我国社会与经济可持续发展的重要手段。

人均预期寿命的极限还具有较大的发展空间,寿命的逐步提升是一种必然趋势,也是时代发展、社会进步的必然结果。这是提高退休年龄的决策基础,也是一项重要依据。在人口平均寿命与当前退休年龄不匹配的情况下,应随着人口平均寿命的不断延长,实施相应的延迟退休政策。

二、人口老龄化率

人口老龄化包含两层含义:一是指老年人数量不断增加,老年人口占比不断增大;二是人口结构呈现老龄化特征。当前通常考察一个国家或地区,60岁以上老年人口比重是否达到10%或65岁以上老年人口比重是否达到7%,作为判断老龄化与否的依据。

人口老龄化是一个国家在发展过程中必然要经历的阶段,当前世界上许多国家正处在人口老龄化阶段。人口老龄化意味着老年人口占比相对较高，社会养老压力较大等，为了确保社会生产有足够的劳动力及缓解养老压力，需要部分老年人继续参加工作。通常来讲，退休年龄应该随着人口老龄化程度的变化而变化，当人口老龄化程度较高时，退休年龄也应该较高。早在20世纪90年代，我国已经步入老龄化社会，随着计划生育政策的实施及人口平均寿命的提高，人口老龄化程度在不断加剧，如表6-2所示。从表6-2中我们可以发现，按照国际标准，我国已经处于老龄化社会，60岁以上或65岁以上老年人口不断增加，老龄化率不断提高。2022年我国60岁以上人口占社会总人口的比重已达18.7%，2055年我国60岁以上老年人口所占比重达37%；2022年65岁及以上老年人口所占比重达13.0%，2055年65岁及以上人口比例高达29.1%。数据已经表明我国老年人口比例已经严重超标，因而我国不仅早已步入老龄化社会，也是发展中人口大国崛起过程中人口老龄化最严重的国家。在未来的几十年内我国老年人口的比例以较快的速度增加，老龄化速度快于全国总人口的增长速度，到2050年60岁以上人口比例将超过30%。我国现行的法定退休年龄已经实施了60多年，从政策匹配性来看，已经严重落后，应尽快改革。

表6-2　　　我国老年人口数量及总人口总数比例预测

年份	60岁及以上人口（人）	65岁及以上人口（人）	总人口（人）	60岁及以上人口占比（%）	65岁及以上人口占比（%）
2022	26 040 7705	180 985 048	1 394 578 048	18.7	13.0
2023	270 627 391	185 635 728	1 397 925 888	19.4	13.3
2024	282 958 831	192 235 595	1 402 820 480	20.2	13.7
2025	297 126 029	201 161 794	1 409 219 392	21.1	14.3
2026	308 591 073	208 224 620	1 409 707 168	21.9	14.8
2027	320 823 674	216 348 085	1 410 561 856	22.7	15.3
2028	333 376 563	225 303 422	1 411 568 288	23.6	16.0
2029	345 563 019	234 672 293	1 412 380 000	24.5	16.6
2030	356 521 624	243 775 540	1 412 361 696	25.2	17.3
2031	364 553 785	251 396 018	1 408 566 464	25.9	17.8
2032	373 130 939	260 397 694	1 405 928 896	26.5	18.5
2033	382 143 307	270 645 018	1 404 534 144	27.2	19.3
2034	391 388 731	281 892 908	1 404 458 880	27.9	20.1
2035	400 794 861	293 990 554	1 405 759 872	28.5	20.9

续表

年份	60岁及以上人口（人）	65岁及以上人口（人）	总人口（人）	60岁及以上人口占比（％）	65岁及以上人口占比（％）
2036	404 423 392	301 384 714	1 401 877 856	28.8	21.5
2037	407 540 789	308 850 854	1 398 964 512	29.1	22.1
2038	410 401 722	316 111 171	1 396 907 168	29.4	22.6
2039	413 424 873	322 794 723	1 395 600 864	29.6	23.1
2040	416 898 352	328 682 307	1 394 951 200	29.9	23.6
2041	416 531 851	329 979 418	1 389 985 184	30.0	23.7
2042	417 237 925	331 356 134	1 386 479 872	30.1	23.9
2043	419 379 388	332 987 048	1 384 271 808	30.3	24.1
2044	423 542 815	335 167 042	1 383 189 408	30.6	24.2
2045	429 922 022	338 026 442	1 383 034 304	31.1	24.4
2046	433 194 956	336 684 792	1 377 580 032	31.4	24.4
2047	438 912 652	336 080 687	1 373 230 592	32.0	24.5
2048	446 016 465	336 573 723	1 369 829 984	32.6	24.6
2049	452 956 139	338 735 234	1 367 208 064	33.1	24.8
2050	458 646 371	342 744 139	1 365 162 176	33.6	25.1
2051	483 852 000	377 387 000	1 385 859 020	34.9	27.2
2052	491 104 000	383 924 000	1 385 535 694	35.4	27.7
2053	498 356 000	390 461 000	1 385 212 369	36.0	28.2
2054	505 608 000	396 998 000	1 384 889 043	36.5	28.7
2055	512 860 000	403 535 000	1 384 565 717	37.0	29.1

资料来源：60岁及以上人口、65岁及以上人口、总人口数、人口老龄化程度根据辽宁大学人口研究所数据预测整理所得（其中2051～2055年数据根据回归分析所得）。

实施延迟退休的方案，可以通过延长老年人工作时间的方式，使老年人力资源得以更有效的配置，在一定程度上应对人口老龄化危机，促进社会发展。可以说，延迟退休是人口老龄化进程的必然结果。国外在应对人口老龄化时，一般采用提高退休年龄的方式，这种方式可以在一定程度上促进劳动力的增加，并可以缓解养老金支付压力等。我国在老龄化程度日益严峻的背景下，可以借鉴国外经验，采取延迟退休的方式进行应对。

三、劳动人口平均受教育年限

1999年全国教育工作会议是我国教育事业迅速发展的转折点，其中高等教育发展表现最为明显，各级高校纷纷扩大招生，极大地促进了高等教育的大众化进程，表6-3反映了至2055年我国劳动人口平均受教育年限变化态势。

表6-3　　　　我国劳动人口平均受教育年限变化预测　　　　单位：年

年份	劳动人口平均受教育年限	年份	劳动人口平均受教育年限
2022	10.95	2039	13.25
2023	11.45	2040	13.37
2024	11.81	2041	13.42
2025	12.02	2042	13.53
2026	12.12	2043	13.72
2027	12.23	2044	13.91
2028	12.34	2045	14.08
2029	12.41	2046	14.32
2030	12.36	2047	14.51
2031	12.42	2048	14.73
2032	12.56	2049	14.65
2033	12.65	2050	15.17
2034	12.66	2051	15.13
2035	12.72	2052	15.09
2036	12.83	2053	14.91
2037	13.03	2054	14.72
2038	13.16	2055	14.68

资料来源：根据劳动力质量预测模型预测。

一般情况下，劳动者受教育时间越长，则进入劳动力市场的时间越晚。随着劳动人口平均受教育年限的不断延长，仍然保持退休年龄不变势必会造成劳动者工作时间的缩短，且受教育水平越高的劳动者工作时间越短。例如，假设6岁上学，则高中生的初始就业年龄为18岁，而本科生的初始就业年龄为22岁，博士生的初始就业年龄达28岁，依据当前统一的退休年龄政策，必然会造成高人力资本劳动力的浪费。

由表 6-3 可以看出，我国劳动人口平均受教育年限呈直线上升趋势。劳动者受教育时间的长短与其进入劳动市场的时间是紧密联系的，确切地说是呈负相关关系，前者越长后者越晚。因此，应随劳动人口平均受教育年限的提高，实施延迟退休政策。如果不调整劳动者的退休年龄，势必会使劳动者的工作时间被无形缩短，而且我国现行退休年龄规定会导致一种后果，即劳动者素质越高，其服务社会时间越短。为了更好地反映工作时间同学历之间的关系，假设男性 6 周岁上学，退休年龄为 60 周岁，平均预期寿命为 72.38 周岁（第六次人口普查数据），则劳动者工作时间同初始就业年龄的关系如表 6-4 所示。

表 6-4　　　　劳动者工作时间同初始就业年龄的关系

受教育程度	初始就业年龄（岁）	工龄（年）	劳动年限占平均寿命比（%）
高中生	18	42	58.03
专科生	21	39	53.88
本科生	22	38	52.50
硕士生	25	35	48.36
博士生	28	32	44.21

资料来源：根据课题组调研资料整理分析。

由表 6-4 不难看出，学历越高，初始就业年龄就越大，工作年限越短，劳动贡献率越低，在统一退休年龄政策下，呈现出学历与工作年限负相关的窘态。总之，很多因素导致高学历人员的初始就业年龄非正常延后，受教育程度与劳动贡献时间的不匹配会导致人力资源的巨大浪费。初始就业年龄的提高是经济社会发展的必然现象，其表明劳动者科学文化素质的提高，我们应鼓励这种现象。随着我国高等教育的快速发展，高学历、高素质人才会越来越多，相应地会促进我国整体初始就业年龄的提高，工作年限的减少。这一趋势客观要求延迟退休政策尽快实施。

四、经济总量

中国经济已经高速增长了 40 多年。中国的目标是在 21 世纪中叶进入中等发达国家行列，为此，中国经济在未来 40 年还必须继续快速增长。然而大量研究表明，超常规的高速老龄化将构成制约未来中国经济增长的重大不利因素（王庆等，2011）。

人口老龄化是经济社会发展进步到一定阶段的必然现象。过去 40 多年中国经济的高速增长是在人口老龄化程度相对较低的条件下实现的,从2028年前后起直至21世纪中叶将失去这一重要的人口条件支撑。人口老龄化将构成削弱中国国际竞争力的不利人口因素,尤以30年代和40年代前期为甚。如果人口老龄化与经济社会发展严重不协调,由此产生的负面影响不容忽视。在经济层面,大量人口经济学理论研究和发达国家的经验都表明,人口老龄化对经济的影响广泛、复杂而深刻。关键在于,过快的人口老龄化一方面会导致劳动力有效供给不足(包括劳动年龄人口相对减少和老龄化);另一方面会导致个人、家庭、企业和社会的养老经济负担和用于老年人的各种公共开支急剧增加,从而对一个国家的经济状况和发展产生重大的负面影响。

宏观而论,未来人口老龄化造成的经济压力大小主要取决于两个基本因素,即未来经济发展的快慢和老龄化的快慢。从这个意义上说,要想实现表6-5对经济总量的预期,需要通过经济手段和人口手段两种途径相结合。经济手段主要是加快发展经济以厚植应对老龄化的经济实力;人口手段对中国而言则主要是通过生育政策和延迟退休政策,以降低未来的老龄化水平或增加老年劳动力供给,从而减缓因过快的人口老龄化造成的经济压力。

表6-5   2022~2055年经济总量预测

年份	GDP(万元)	GDP(万美元)
2022	1 207 034	187 093.5
2023	1 282 836	198 843.1
2024	1 351 724	209 520.9
2025	1 423 230	220 604.5
2026	1 503 642	233 068.6
2027	1 568 599	243 137.1
2028	1 635 735	253 543.4
2029	1 720 139	266 626.2
2030	1 809 758	280 517.4
2031	1 916 353	297 039.9
2032	2 024 052	313 733.6
2033	2 138 411	331 459.5
2034	2 271 206	352 043.1
2035	2 405 889	372 919.3
2036	2 537 972	393 392.5

续表

年份	GDP（万元）	GDP（万美元）
2037	2 678 068	415 107.8
2038	2 832 593	439 059.6
2039	2 973 090	460 837.0
2040	3 106 284	481 482.4
2041	3 240 475	502 282.4
2042	3 373 659	522 926.3
2043	3 523 787	546 196.5
2044	3 680 596	570 502.4
2045	3 834 813	594 406.4
2046	3 977 085	616 459.0
2047	4 111 908	637 356.9
2048	4 284 197	664 062.0
2049	4 478 271	694 144.2
2050	4 705 767	729 406.6
2051	4 953 761	767 846.4
2052	5 243 061	812 688.7
2053	5 560 790	861 937.5
2054	5 902 779	914 946.8
2055	6 245 730	968 105.1

资料来源：根据经济增长预测模型预测，美元汇率依照中国人民银行公布的2021年人民币与美元的"平均汇率为6.4515"计算。

从莫龙的定量分析可以看到，经济增长前景对中国未来人口老龄化经济压力的影响非常大。经济发展越快，未来的老龄化经济压力就越小。反之，经济发展越慢，未来的老龄化经济压力就越大。不同的经济增长速度对应的老龄化经济压力的差别很大。对我国而言，调控未来人口老龄化经济压力应主要依靠经济手段。同时，缓解未来我国人口老龄化经济压力还必须充分发挥人口手段的辅助作用。应当看到，应对人口老龄化挑战是一项复杂而艰巨的系统工程，必须调动一切可以调动的积极因素进行应对。在大力发展经济和调整各种经济行为的同时，作为重要的辅助手段，应当通过人口手段尽可能地缓解未来中国人口老龄化的经济压力。

通过对以上四个约束条件的分析发现，面对当前日益严峻的老龄化形势，现行的退休政策与经济社会发展状况已严重脱节，需要制定新的退休政策。在对以上约束条件进行综合权衡的基础上出台与经济社会发展相适应的延迟退休政策。这些约束条件对延迟退休政策的出台有积极的推动作用，主要表现在：首先，人口平均寿命的延长是经济社会发展的必然趋势，当前我国人口平均寿命高于同等发展水平国家甚至高于一些欧洲国家。但是我国的退休年龄却没有随着人口平均寿命的延长作出相应的调整，这意味着退休人员领取养老金的时间延长，造成养老金支付压力加大，通过延迟退休政策可以适度缓解这一状况。其次，人口老龄化率较高的现状意味着老年人口的比重较高，同时意味着劳动年龄人口面临着供给不足的问题。而充足的劳动年龄人口供给是经济社会可持续发展不可缺少的条件，因此，需要出台延迟退休政策以提供充足的劳动年龄人口。再次，劳动年龄人口平均受教育年限延长是经济社会发展的必然趋势，也是我国经济社会进步的重要表现。劳动年龄人口平均受教育年限与初始就业年龄是密切相关的，两者呈现出典型的正相关关系。随着劳动年龄人口平均受教育年限的逐渐延长，依然采用旧的退休年龄政策显然不合时宜，这就要求我们出台延迟退休政策，以保证高素质人力资源更好地发挥自身价值。最后，在老龄化背景下，要实现经济稳定增长需要充足的劳动力作为保障，生育政策的放开是应对劳动力供给不足问题的一项措施，而延迟退休政策是对这一措施的必要补充，两者的政策目标是完全一致的。在当前形势下，我们应尽早出台延迟退休政策，使延迟退休政策和生育政策的放开共同作用，以缓解人口老龄化造成的未来劳动力供给不足压力。

第七章

支持还是抑制：延迟退休政策的社会经济效应分析

第一节 渐进式延迟退休方案的初步设计与比较

我国延迟退休政策的讨论与提出，主要缘于世界养老金改革与人口老龄化的国内外双重条件，这将对我国的劳动力供给、收入分配、养老保险基金收支、经济增长都有着积极作用。因此，科学制定延迟退休政策方案，本着适时实施、分步实施、小步徐趋的原则，稳步推进，充分考虑支持和约束条件，与养老保险制度改革协同并举，以期达到预期效果。

一直以来，我国对退休年龄进行了一系列调整，然而其建立的根本依据仍然来源于新中国成立初期的基本国情。从国际来看，大多数国家先后均采取了延迟退休政策措施，而我国已成为世界上退休年龄最低的国家。如今，我国人口平均预期寿命已达70多岁，而平均退休年龄仅55岁左右，退休年龄显然不太适应当前社会发展的需要。

目前，我国延迟退休的改革已是确定的政策方向，采用渐进式的延退方案是学术界的共识更是国家层面的倾向。但是具体采取怎样的渐进方案、起始时间如何确定、退休年龄如何设定等问题都有待进一步考究，因此，认清退休年龄本质、分析退休年龄影响因素，综合考虑，制定适合发展的渐进式延退方案，并评估其产生的经济效应等,对于方案制定和政策优化至关重要。

近些年来,延迟退休问题逐渐成为社会各界关注的热点,针对退休年龄问题,中科院高庆波博士等(2009)提出女干部与女职工的退休年龄应差别对待,分别在 2030 年、2050 年时应达到 60 岁。穆怀中、柳瑞清(2011)等设计不同方案,提出自 2015 年左右开始建议实施延迟退休。郑功成教授(2011;2015)多次提出,延迟退休政策应坚持"小步渐进、女先男后、兼顾特殊"的原则,必须符合社会公正的原则,法定退休年龄调整幅度不宜过大,有利于维护社会稳定和减少震荡。男女退休年龄相差太大的现实决定了应坚持女性延退先实施,同时调整法定退休年龄时应当允许有一定的弹性,如允许工作年限长、缴纳养老保险费时间长的劳动者早于法定退休年龄退休,其实是对学历偏低的普通劳动者的认可。从全面兼顾、理性延退的思路出发,到 2050 年前后将基准退休年龄提高到 65 岁。

清华大学延迟退休方案提出,根据精算原理,在平均寿命 75 岁的条件下,领取养老金的年龄应为 60 岁,约在 2030 年中国人均寿命可能达到 80 岁,领取养老金的年龄将为 65 岁。2015 年 12 月,中国社会科学院发布《人口与劳动绿皮书:人口与劳动问题 No.16》,建议我国在 2017 年应完成养老金制度并轨,自 2018 年开始,男性退休年龄每 6 年提高 1 岁,女性退休年龄每 3 年提高 1 岁。[①] 2015 年,基于我国目前实际退休年龄的现状,席恒、翟绍果(2015)考虑提出政策的关键要素,借鉴台湾机制的设计理念与方法,坚持促进经济增长、保障社会稳定、政策平稳实施的原则,以工作年限为基础,设定了相应的约束条件、启动时间等,设计了五阶段延退方案,并对其进行优选渐进。

课题组在系统分析比较的基础上,进行了我国渐进式延迟退休政策的初步方案设计,并通过与国内其他研究机构方案的比较,以分析不同方案的社会经济效应。

自从党的十八届三中全会我国提出延迟退休政策之后,延迟退休的政策方案设计备受研究学者、政府部门以及社会各界的关注。其中较受关注的方案有:

一是清华大学方案。

清华大学杨燕绥教授团队从我国养老体制改革的视角,认为延迟退休政策的核心是延迟领取养老金,并非延迟退休;退出劳动市场和领取养老金的时间点可以分开。根据精算原理,在平均寿命 75 岁的条件下,领取养老金的年龄应为 60 岁,而 2030 年前后中国人均寿命或达到 80 岁,领取养老金的年龄应相应提高到 65 岁。目前我国男性职工 60 岁退休,女性职工 50 岁退休(女性干部 55 岁退

---

① 王春燕:《〈人口与劳动绿皮书:中国人口与劳动问题报告 No.16〉发布》,中国社会科学院网,http://cass.cssn.cn/baokanchuban/xinshukuaidi/201512/t20151211_2778700.html,2015 年 12 月 2 日。

休），艰苦岗位男性55岁、女性45岁退休，均从退休时起领取养老金。对延迟领取养老金的具体安排如下：

第一，从2015年开始，1965年出生的女性职工和居民推迟1年领取养老金，1966年出生的推迟2年，以此类推，到2030年实现女性65岁领取养老金。第二，从2020年开始，1960年出生的男性职工和居民推迟6个月领取养老金，以此类推，到2030年实现男性职工和居民65岁领取养老金。艰苦岗位的男女职工可以提前10年领取养老金，即从2015年开始逐步延迟领取养老金，男女分别进行延迟领取，用15年的时间完成该项工作，2030年之前完成男女职工和居民65岁领取养老。同时，延迟退休方案一定会考虑各种不同人群的需要，是有弹性的。

退休过程中的阻碍包括：公共政策的短期行为在引导国民提前退休；对公众的老龄化教育缺失；不能捆绑退休和领取养老金，强制就业困难人群延退和强制就业优势人群退休，都会遭到民众的反对。因此，主张建立"早减晚增"的养老金领取机制，该机制内容在中国需要分步实施。具体包括，第一步是"小步慢走"，开展对老龄化的认知教育；第二步需要加速，尽快让领取全额养老金的法定年龄与国民人均寿命相匹配；第三步建立和实施"早减晚增"的养老金领取机制。该机制的内容主要是法定领取全额养老金的年龄是根据平均寿命计算出来的，如果允许早领4年，每年扣减5%，早领4年则共扣减20%，以后每年只能领取80%，个人进行选择；在此期间可以坚持工作，也可以消费以往的积累。应当对每个年龄段都建立精算平衡计算公式，在一个年龄区间内，让个人决定何时领取养老金与何时退休，而政府不要捆绑和实施"一刀切"的刚性政策。

此外，男女同龄退休是一个与时俱进的问题。女性先退休是在以前生产力水平低、体力工作为主的情况下，当生产力水平达到体力岗位减少、管理岗位和轻体力岗位增加时，就需要男女平等。生产力再发达以后，高龄时代的女性寿命比男性长，还会出现女性更延迟退休的问题。针对残疾人问题，需要对残疾人劳动能力进行分类鉴定，根据劳动能力把残疾人的长期抚恤金纳入养老金管理体系。

清华大学养老金改革方案指出，养老体制改革涉及人口结构、就业状况、人口收入、缴费基数、制度结构、管理办法、投资收益、经济系数、决策机制等多个横跨极大范围领域的问题，因此，总共涵盖了国民基础养老金、个人账户、养老金税、居民档案、领取年龄、困难群体就业、账户管理、机关事业单位并轨八个部分内容的整合。

二是中国社会科学院方案。

2015年12月，由中国社会科学院人口与劳动经济研究所及社会科学文献出版社共同发布的《人口与劳动绿皮书：中国人口与劳动问题报告No.16》中，提出了按照并轨先行、渐进实施和弹性机制的原则逐步延迟退休的渐进式延迟退休方案。具体建议包括：首先，实现养老金制度并轨，将退休年龄归为职工养老保险领取年龄和居民养老保险领取年龄两类；其次，职工养老保险的退休年龄改革方案分两步走。第一步：2017年完成养老金制度并轨时，取消女干部和女工人的身份区别，将职工养老保险的女性退休年龄统一规定为55岁。第二步：从2018年开始，女性退休年龄每3年提高1岁，男性退休年龄每6年提高1岁，直至2045年同时达到65岁。最后，居民养老保险的退休年龄从2033年开始每3年提高1岁，直至2045年完成。同时在退休年龄改革中引入弹性机制，可考虑以法定退休年龄为基准，规定可提前或延迟5年退休，但养老金待遇与退休年龄挂钩。测算表明，延迟退休可有效改善城镇劳动力的供给状况，增加城镇适龄（退休年龄以下）劳动年龄人口，延缓其比重下降趋势。此外，在社科院的相关方案设计中，为了避免制度碎片化，特殊群体并不单独列出。

三是人力资源和社会保障部延迟退休的政策思路。

在学者们提出方案设计的同时，人力资源和社会保障部（以下简称"人社部"）作为该政策的制定方，也通过新闻发布会等渠道陆续提出了相关设计思路。2015年11月20日，人社部新闻发言人李忠谈及研究制定渐进式延迟退休政策时称，总的考虑是，首先根据人口老龄化的趋势和劳动力状况，把握调整的节点和节奏，"小步慢走，渐进到位"，即每年只会推迟几个月的退休时间，同时提前向社会预告，给公众以心理预期。2016年2月底，时任人社部社会保障研究所所长在中国养老与金融50人论坛上指出，渐进式延迟退休政策出台后会有五年左右的过渡期，或到2022年正式实施；时任人社部部长在新闻发布会上表示，延迟退休方案遵循三个原则，其中一个是渐进式原则。例如，"5年后你如果是60岁退休，方案实施后，可能是60岁零3个月；另一个人第二年退休，那5年后可能是60岁6个月退休"。其次，国家将会对不同群体，针对其特点制定出区别对待的延迟退休方案。此外，凡是涉及公共利益的都会广泛征求意见。2017年两会期间，人社部提出将继续深入、认真地研究延迟退休政策，结合我国实际情况，一个是劳动力总量的变化情况，另一个是就业的状况，还有就是社会保障基金长期可持续发展的情况，继续深入研究，适时地推出延迟退休政策，即继续深入研究适时推出，并没有具体的时间表。

人社部的延迟退休方案总体思路包括：首先，政策的出台需要结合劳动力、就业、社会保障基金等情况综合考虑；其次，针对不同人群差别化规定；再次，"小步慢走"，渐进到位，每年推迟几个月时间，经过一段相当长的时间再达到法定退休的目标年龄；最后，广泛征求公众意见，提前告知，过渡几年实施。

在退休年龄的政策要素中，涉及政策目标、政策原则、具体的政策内容等，而渐进式延迟退休政策的内容要素包括延迟退休要达到的目标年龄、实施的政策人群、延迟退休的步骤（包括政策启动时间、实施进度和完成时间）。此外，渐进式延迟退休方案还涉及其渐进式、差别化的规定，以及任何一项社会政策都需要有的配套措施等。基于此，从目标年龄、目标人群、启动时间、实施进度、完成时间、弹性规定、配套措施和差别化规定等方面对以上方案进行比较。首先，不同方案均是在劳动力市场压力、人口老龄化、养老金改革等背景下提出的，以维护劳动力市场和养老金的稳定为目标，在人口结构变化的背景下，清华大学方案与中国社会科学院方案均以 65 岁为延迟退休方案的目标年龄，以全体职工和城乡居民为政策目标人群，但是在具体实施过程中，不同人群的分类实施设计有所差别，清华大学方案在政策人群中将居民与职工合并，男女分开实施；而中国社会科学院方案将居民与职工分开实施，同时在职工人群中按男性和女性分步实施。其次，各个方案均以渐进式、有弹性为设计实施原则，该原则主要体现在实施的进度中。例如，清华大学方案设计从 2015 年开始，1965 年出生的女性职工与居民开始延迟领取养老金，设置 15 年过渡时期；中国社会科学院方案设计从 2017 年城乡养老金并轨开始，女性退休年龄每 3 年提高 1 岁，男性每 6 年提高 1 岁。而与启动时间和实施进度的不同相对应，两者的完成时间也有差别，清华大学方案计划 2030 年完成，中国社会科学院方案计划 2045 年完成；人社部的方案设计虽然还没有明确提出启动时间和实施步骤，但总体上以每年推迟几个月为设计思路。在弹性原则下，清华大学方案提出如果允许早 4 年领取养老金，每年扣减 5%，早领取 4 年则共扣减 20%，以后每年领取 80%，应对每个年龄段都建立精算平衡计算公式，在一个年龄区间内，让个人决定何时领取养老金与何时退休；中国社会科学院方案提出在退休年龄改革中引入弹性机制，即可考虑以法定退休年龄为基准，规定可提前或延迟 5 年退休。作为一项社会政策其配套措施不可缺少，清华大学方案提出养老体制改革涉及人口结构、就业状况、人口收入、缴费基数、制度结构、管理办法、投资收益、经济系数、决策机制等多个横跨极大范围领域的问题，因此其方案包含国民基础养老金、个人账户、养老金税、居民档案、领取年龄、困难群体就业、账户管理、机关事业单位并轨八个部分的整合，但同时也主张养老金与领取需要与退休年龄分开；与此相反，中国社会科学院主张养老金的领取需要与退休年龄挂钩。最后，在各个方案的规定中，均对部分特殊人群的养老金领取和退休年龄做出了规定，其中，清华大学方案提出在延迟领取养老金的同时艰苦岗位的男女职工可以提前 10 年领取养老金；人社部也指出会针对不同人群设置差别化规定；与此相反，中国社会科学院在其方案中为了避免制度碎片化，特殊群体并不单独列出。三种方案或政策思路的比较如表 7-1 所示。

表 7-1　　　　　　　　不同延迟退休方案或政策思路比较

	清华大学方案	中国社会科学院方案	人社部政策思路
目标年龄	65 岁领取养老金	65 岁	
目标人群	城乡居民与职工，男女分开	城乡居民与职工，男女分开、职工与居民分开	
启动时间	2015 年（1965 年出生的女性职工与居民） 2020 年（1960 年出生的男性职工与居民）	2017 年，城乡养老金并轨； 2018 年，职工退休年龄提高； 2033 年，居民养老保险领取时间延迟	提前告知，过渡几年实施
实施进度	15 年过渡。女性从 1965 年出生的依次延迟 1 年，男性从 1960 年出生的依次延迟 6 个月	2017 年，职工养老保险的女性退休年龄统一为 55 岁；女性退休年龄每 3 年提高 1 岁；男性退休年龄每 6 年提高 1 岁；居民养老保险每 3 年提高 1 岁	每年推迟几个月时间
完成时间	2030 年	2045 年	
弹性规定	如果允许早领 4 年，每年扣减 5%，早领 4 年共扣减 20%，以后每年领取 80%；对每个年龄段都建立精算平衡计算公式，在一个年龄区间内，让人决定何时领取养老金与何时退休	在退休年龄改革中引入弹性机制，可考虑以法定退休年龄为基准，规定可提前或延迟 5 年退休	
配套措施	国民基础养老金、个人账户、养老金税、居民档案、领取年龄、困难群体就业、账户管理、机关事业单位并轨八个部分的整合		劳动力、就业、社会保障基金等
差别化规定	艰苦岗位的男女职工可以提前 10 年领取养老金	特殊群体不单独列出	针对不同人群设置差别化规定
备注	养老金领取与退休年龄相分离	养老金领取与退休年龄挂钩	

资料来源：根据相关媒体对人社部、中国社会科学院以及清华大学方案报道整理。

综合以上对比可以看出，学者们在延迟退休政策的基本原则方面基本达成了研究共识，即按照渐进式、有弹性的改革方式，遵循差异化原则推进延迟退休，此外，应根据退休政策的调整进行配套养老保险基金收支、劳动力市场等多方面配套政策制度的协调改革推进。但是，在延迟退休的启动时间、推进步骤和完成时间上，学者们有着不同的见解，因此，需要深入研究延迟退休政策的各项约束条件，从而更好地推断出延迟退休的最优时间路径。我国延迟退休政策讨论与提出的背景，既有世界养老金改革的国际条件，也有我国人口老龄化、社会治理转型的国内社会经济条件。退休延迟将对我国劳动力供给、经济发展、收入分配、养老保险基金收支和公众社会预期产生一定的社会经济效应。因此，科学制定延迟退休政策方案并适时实施，稳步推进退休年龄政策方案，并在充分考虑其支持条件与约束条件下，与养老保险制度改革协同并举、同步推进，才能达到预期的政策效果。

基于政策设计的一般原理和政策要素（政策目标、政策内容、政策原则、政策实施的约束条件和政策启动实施的最佳时间等）以及延迟退休政策的约束条件（人口老龄化程度、人口平均寿命、劳动人口平均受教育年限和经济发展程度），课题组提出了渐进式、差异化、有弹性的延迟退休方案。

渐进式。鉴于目前公众对延迟退休政策的认同度较低，故而这一政策宜渐进、分阶段实施。在政策实施初期，以较小政策力度和较小的社会影响渐进开始，等到社会认同度增加后，逐步加大政策力度并趋于常规化。在政策后期，可根据约束条件（人口老龄化程度、人口平均寿命、劳动人口平均受教育年限和经济发展程度）的变化，适时调整政策力度。

差异化。鉴于劳动者职业特质的差异（入职时间、就业形态与环境、劳动强度等），因而这一政策在不同人群中应该有不同的退休时点。基于退休年龄是对在职期间劳动贡献与退休后福利之均衡的理解，并涉及政策一致性的考量，以劳动贡献大小作为考量每一个劳动者退休依据，可形成差异化的退休年龄调整政策，切忌"一刀切"的政策思维。

有弹性。鉴于劳动者临近退休时劳动质量的差异性、社会需求的多样性以及用工单位对劳动力需求的多样性，因而退休政策应该尽可能地尊重劳动者的退休意愿，使每一位劳动者的退休年龄有一个弹性区间而增加其选择性；在此基础上，用工单位根据不同组织（企业、事业和公职机构）的运营需求，在劳动合同的前提下也可在一定弹性区间进行选择，以最大限度地提高劳动参与率。

基于上述理念，本研究提出渐进式、分阶段实施的我国延迟退休方案，如表7-2所示。

表7-2　　　　　　课题组渐进式延迟退休年龄的政策方案

指标		第一阶段	第二阶段	第三阶段	第四阶段	第五阶段
政策目标	平均退休年龄（岁）	56	58	60	62	64
	增加劳动人口（万人）	2 086.6	1 391	1 391	1 391	1 391
	退休工作比	0.600	0.528	0.514	0.500	0.487
政策内容	工作年限	35	36	37	38	39
	法定退休年龄	63	64	65	66	67
约束条件	劳动人口平均受教育年限	11	12	13	14	15
	人口平均寿命	75	77	79	81	83
	人口老龄化率（60，65）	16%，10%	21%，14%	29%，21%	31%，24%	34%，25%
	经济总量（万亿美元）	10	18	30	35	40
政策原则		促进经济增长，保障社会稳定 政策平稳实施，最小负面影响				
最佳启动时间		2018 年	2025 年	2035 年	2045 年	2055 年

资料来源：(1) 劳动力供给增加是以人力资源和社会保障部2011 年、2012 年、2013 年三年累计退休人数计算的平均值；(2) 劳动人口平均受教育年限、人口平均寿命和人口老龄化程度根据相关测算得出；(3) 对我国经济问题的预测是在目前10 万亿美元基础上，2018~2025 年以7%、2025~2035 年以6%、2035~2045 年以5%、2045~2055 年以5.5% 增长率推算而来。

第一阶段：政策目标是将我国平均退休年龄从目前的53 岁提高到56 岁（提高3 岁），增加劳动力供给2 086.6 万人；政策内容是每一劳动者最低工作年限为35 年，法定退休年龄为63 岁；政策约束条件是劳动力人口的平均受教育年限达到10.61 年，人口平均寿命达到75 岁，人口老龄化率在15.9%（60 岁以上）或10.3%（65 岁以上），经济总量为10 万亿美元以上[①]；最佳启动时间为2018 年左右。

第二阶段：政策目标是将我国平均退休年龄从56 岁提高到58 岁（提高2 岁），增加劳动力供给1 391.0 万人；政策内容是每一劳动者最低工作年限为36 年，法定退休年龄为64 岁；政策约束条件是劳动力人口的平均受教育年限达到12.02 年，人口平均寿命达到77 岁，人口老龄化率在21.1% 或14.3%，经济总量为18 万亿美元以上；最佳启动时间为2025 年左右。

第三阶段：政策目标是将我国平均退休年龄从58 岁提高到60 岁（提高

[①] 国家统计局2017 年1 月18 日公布数据：2017 年全年中国国内生产总值为827 122 亿元，约127 238 亿美元。

2 岁），增加劳动力供给 1 391.0 万人；政策内容是每一劳动者最低工作年限为 37 年，法定退休年龄为 65 岁；政策约束条件是劳动力人口的平均受教育年限达到 12.72 年，人口平均寿命达到 79 岁，人口老龄化率在 28.5% 或 20.9%，经济总量为 30 万亿美元以上；最佳启动时间为 2035 年左右。

第四阶段：政策目标是将我国平均退休年龄从 60 岁提高到 62 岁（提高 2 岁），增加劳动力供给 1 391.0 万人；政策内容是每一劳动者最低工作年限为 38 年，法定退休年龄为 66 岁；政策约束条件是劳动力人口的平均受教育年限达到 14.08 年，人口平均寿命达到 81 岁，人口老龄化率在 31.1% 或 24.4%，经济总量为 35 万亿美元以上；最佳启动时间为 2045 年左右。

第五阶段：政策目标是将我国平均退休年龄从 62 岁提高到 64 岁（提高 2 岁），增加劳动力供给 1 391.0 万人；政策内容是每一劳动者最低工作年限为 39 年，法定退休年龄为 67 岁；政策约束条件是劳动力人口的平均受教育年限达到 14.68 年，人口平均寿命达到 83 岁，人口老龄化率在 37.0% 或 29.1%，经济总量为 40 万亿美元以上；最佳启动时间为 2055 年左右。

第二节 延迟退休政策的收入分配效应

一、退休政策收入分配效应的分析框架

收入分配与国民经济的健康发展息息相关。适度、合理的收入分配差距，能调动劳动者积极性，从而提高生产效率，促进经济增长，维护社会和谐稳定关系；过大的收入分配差距，使得社会总供给与总需求不平衡，不利于经济发展，甚至引发社会问题。因此，应改善收入分配，减小收入差距，为国家经济发展与长治久安奠定基础。

一个国家收入分配的公平与效率问题是人民生活质量的直接体现，关乎发展大计。收入分配是事关老百姓"钱袋子"的民生政策之一，针对存在的收入差距较大问题，自党的十六大以来，国家积极探索，实施了一系列调节与改革措施。2009 年，人社部等联合下发指导意见，对中央企业负责人的相应薪酬制度进行规范。加快义务教育学校等事业单位实施绩效工资制度。落实最低工资制度，推进集体合同制度。此外，建立城乡最低生活标准机制，多次调整退休人员的养老金水平，保障老年人的生活水平与质量。"十二五"规划纲要指出，着力调整收

入分配，促使居民收入分配比重提高。"十三五"规划继续关注优化收入分配，减小收入差距问题。然而，收入分配呈现出的问题依然不容忽视。一直以来，我国劳动收入比例过低，劳动力消费不足，区域内部之间、行业之间收入差距大。此外，城乡居民收入差距大，城乡二元经济结构以及城乡居民社会保障等的差距进一步加剧城乡割裂态势以及收入差距问题。收入分配问题不仅仅反映差距问题，其产生的潜在影响包括抑制消费动力、限制内需、人力资源分配不均等均不利于经济增长，减缓经济发展活力。

退休年龄政策本质上是劳动者在生命周期不同阶段的贡献与回报的均衡，具体而言，为劳动时所做贡献与退休后所享福利之间的均衡关系。合理、科学地确定退休年龄至关重要。近年来，为应对老龄化进程加快等问题，延迟退休政策已成为世界各国应对老龄化压力的重要政策选择。延迟退休政策在一定约束条件下，对收入分配亦产生一定的诱导效应，有助于收入差距缩小。深入分析我国延迟退休政策对收入分配的影响，以验证延迟退休政策诱导效应的实现机制，进而为完善我国渐进式延迟退休政策，缓解老龄化压力，减小收入分配差距等现实问题提供参考。

收入分配问题是一个较为古老的研究问题，在长期的研究中，形成了较为成熟的理论，对收入分配的衡量、原因、影响因素以及社会经济影响等问题都有大量的研究，这些研究成果对于本书的深入研究奠定了坚实的基础。但同时也可以看到，由于延迟退休政策实施的时间较短，尤其是国内还没有相关政策出台，因此，有关于延迟退休对收入分配影响的相关文献较少，尤其是延迟退休政策对不同人群收入分配影响的相关文献目前还处于空白状况。本书在前人研究的基础上，从不同延迟退休方案对收入分配的机理出发，对三种方案下不同人群的收入差距进行预测，从而为进一步完善延退方案提供参考。

诱导效应是指经济活动中某一经济行为的发生会对其他经济行为产生的挤入（或互补）或挤出（或替代）效应，延迟退休政策在一定约束条件下会对收入分配产生诱导效应。延迟退休后会增加劳动者的在职收入，并通过延长缴费年限从而相对提高退休后收入。具体来说，延迟退休政策对收入分配的影响主要通过代际、劳动者生命周期内的代内之间以及国民收入的变动效应来体现。

退休年龄和养老保险制度作为社会保障的重要组成部分，具有代内和代际收入再分配效应。积累制养老保险即通过建立个人账户，工作期间劳动者的部分积累由社保相关部门统一管理，待退休后分期领取。社会统筹养老保险模式下，退休劳动者的养老金来源是在职劳动者的缴费，收入再分配效应在代际间的效应尤为明显。当一个社会人口结构相对稳定，这种代际收入再分配效应是公平的，然而，当社会处于老龄化结构时，这种代际收入再分配效应会加剧代际矛盾。现阶段，我国养老保险制度采用社会统筹与个人账户相结合模式，然而，不断加深的人口老龄化程度使得在职劳动者的养老金缴费难以负担退休劳动者养老金收入，收入分配不公平，导致代际矛盾。延迟退休，增加缴费人口的同时减少领取人口，能够缓解代际矛盾，促进收入分配的公平性。

生命周期理论指出，消费者一生不同年龄阶段具有不同的消费储蓄倾向，而消费取决于其所获得的资源总量，并非某一阶段或当前收入量。因此，劳动者会将自己所得进行储蓄，并分配在不同生命阶段，保障退休后生活水平。随着经济发展，人们受教育水平提高，劳动者进入劳动力市场的年龄有所推迟。此外，老龄化加剧，人均预期寿命提高，工作年限缩短，总收入减少，收入获得时间与退休后纯消费时间不均衡。延迟退休年龄，增加工作年限，可以提高劳动者的在职收入，加之，我国养老金水平较低，相对而言，收入提高程度效果更显著。同时，提高退休年龄，相对增加养老金缴费时长，随着收入水平的提高，缴费基数也有所增加，相对而言，也增加了职工退休后的收入。

延迟退休政策通过对劳动力数量的影响，增加劳动年龄人口占比，降低老年人口抚养比，进而提高国民总收入。国民整体收入按照用途可分为消费基金和积累基金，若收入总额保持不变，则两者处于此增彼减的状态。当社会老年抚养占比增加，政府包括家庭用于老年人口的消费占比也会增加，消费基金比重随之增加，反之亦然。随着老龄化进程加快，政府针对老年人口的公共服务、基础建设、养老保障、医疗卫生等支出将不断增加。由于老年人口的特殊性，身体机能等的不断衰退，抚养、福利支出负担大，同时也几乎得不到投资回报，这种纯消费型的支出比例持续增加对经济产生不利影响。延迟退休以增加劳动年龄人口数量进而相应增加劳动力供给，减轻国民收入对老年人口等的保障、福利及抚养负担，从而降低消费基金占比，间接增加积累基金，促进积累基金向投资的转化。此外，延迟退休对养老金缺口的缓解，也对收入分配的公平性产生有利影响。

在庇古看来，社会经济福利的增减同收入分配合理与否紧密相连。如果分配与再分配的结果增进了社会经济福利，那么这种分配就是合理的，反之就是不合理的。延迟退休政策能够增加劳动者的在职收入，相对提高劳动者退休后的收入，且在一定约束条件下，通过对劳动力数量、消费、储蓄、养老保险基金收支等方面的诱导效应，缩小收入差距，促进收入分配的公平与效率。

延迟退休会延长劳动者的在职工作时间，由于在职收入高于退休收入，如果延迟退休政策稳步、合理，会形成诱导效应（见图7-1），诱导不同人群自愿选择。

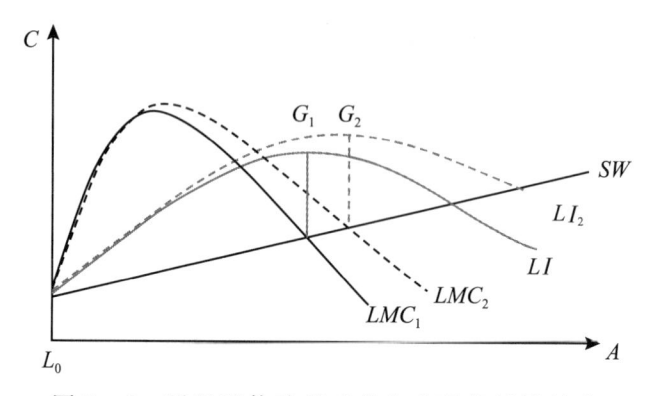

图 7-1 延迟退休政策对收入分配的诱导效应

由于不同人群的劳动贡献存在差异，通过差异化的退休政策能够实现不同群体在时间维度和空间维度上的收入再分配，从而实现收入分配的收敛效应。

政策的诱导效应通常表现为某一政策与政策的受影响人心理预期一致时，受影响人适应政策、参与政策、接受政策的行为过程。在延迟退休政策中，只有政策受影响人的退休前收入（在职收入）高于退休后收入时（$G_2 > G_1$），才会使政策受影响人主动选择延迟退休。一般而言，个体在其职业过程中，从纵向角度，在排除其他影响因素的情况下，其在职收入往往会高于退休收入，这就使得劳动者主动选择延迟退休以增加其收入。但是，延迟退休的程度又会对劳动者产生心理上的阻滞效应。这是由于，劳动者担心在临近退休期时，因为身体健康因素、家庭生活因素、工作岗位的倦怠因素等而被退休政策"套牢"，也会选择在适当的年龄退休（这一社会心理效应将在本章第六节"延迟退休政策的社会心理效应"部分进一步分析）。

由于收入不仅影响着劳动者退休前当期的生活，而且也影响着劳动者退休后的生活，因而退休年龄政策可以看作劳动者生命过程中退休前与退休后的收入合作，即通过在职期间的收入平滑来保障一生中的收入均衡。

同时，更为重要的，收入在不同人群中的分配状况也影响着劳动者的工作心态与社会的公平和稳定。退休年龄政策的调整，在影响个体职业生涯过程中收入及平滑程度的同时，也影响着不同群体间的收入分配程度。如果延迟退休政策会生成不同人群间收入差距的加大，则这一政策并不会产生预期的政策效果而导致政策失败。只有当延迟退休政策使不同人群的收入分配具有收敛效应，即收入曲线向全社会的平均状态收敛（见图 7-2）时，才会产生预期的政策效果。

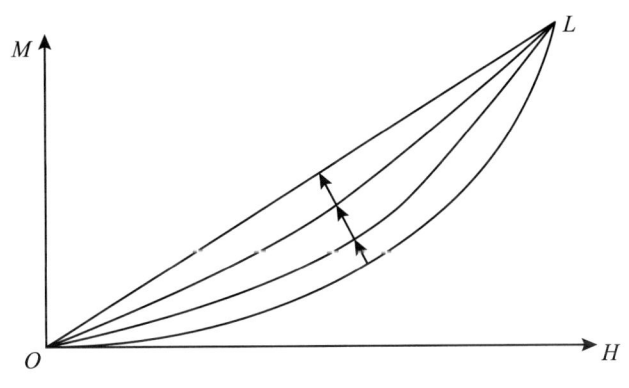

图 7-2 延迟退休政策对收入分配的收敛效应

二、渐进式延迟退休政策的收入分配效应分析

本书基于历史研究，系统梳理我国目前收入分配的改革现状及发展趋势，并分析在我国收入分配过程中初次分配、再分配及最终分配的现实状况，客观评价当前我国收入分配制度的发展成就及存在的问题。再以延迟退休对收入分配的作用机制为依据，结合我国收入分配现状，基于前述的延迟退休方案，以养老金替代率计算模型为分析工具，将研究对象分为在职员工与退休员工，研究差异化延迟退休政策对不同人群收入分配的不同影响。验证延迟退休政策诱导效应的实现机制，根据渐进式延迟退休政策诱导效应的反馈机制研究，提出完善我国渐进式延迟退休政策的具体建议。

（一）劳动者在职期间收入差距分析

1. 数据来源

本部分主要研究劳动者在职期间的收入差距现象，因而需要对公务员、事业单位职工以及企业职工这三类人群的收入水平进行分析。课题组通过查询 1989～2016 年的《中国统计年鉴》以及 1987～2015 年的《劳动和社会统计年鉴》，得到 1988～2015 年的社会平均工资和城镇职工养老金收入数据，以及其他分人群工资数据，而 2016～2055 年的数据采用阻滞增长模型进行预测分析。

对劳动者工资水平进行预测，主要包括整个社会平均工资和分人群工资水平两部分内容。其中社会平均工资通常指整个地区全体职工的工资总额与职工平均人数之比；分人群平均工资则将职工分为公务员、事业单位职工和企业职工三个主要职业群体进行分别预测，从中可得出三种职业群体的工资水平差异。最终，通过不同群体与社会平均工资水平间的比值，构建以工资水平为基础的劳动贡献指数。

2. 预测方法

阻滞增长模型又称为 Logistic 模型，是由比利时生物数学家韦占勒（Pierre Francois Verhulst）于 1838 年首先提出的，被广泛应用于数学、经济学、生物学等各个领域，是最常用的数学模型之一。阻滞增长模型因为具有约束随着对象本身数量的增加而增加的作用，因此考虑运用阻滞增长模型和曲线拟合相结合的方法来研究及预测我国不同人群 2015~2055 年工资水平和养老金人均待遇领取水平的增长趋势。

首先，假设未来几十年我国经济发展持续稳定快速增长，政策大环境基本不变，且个人工资水平随国内生产总值的增长而增长。但通过其他发达国家经验可以看出，工资的增长率并非无限制增长，增长率会逐渐减小，呈现边际增长率递减的趋势。而这种先呈现指数型增长，后增长率逐渐减小甚至不再增长的形状与阻滞增长模型相吻合。

3. 不同劳动者在职期间收入差距分析

由历史数据和阻滞增长模型得到的三类劳动者及社会平均工资水平如表 7-3 所示。

三类在职人员及社会平均工资水平的趋势如图 7-3 所示。

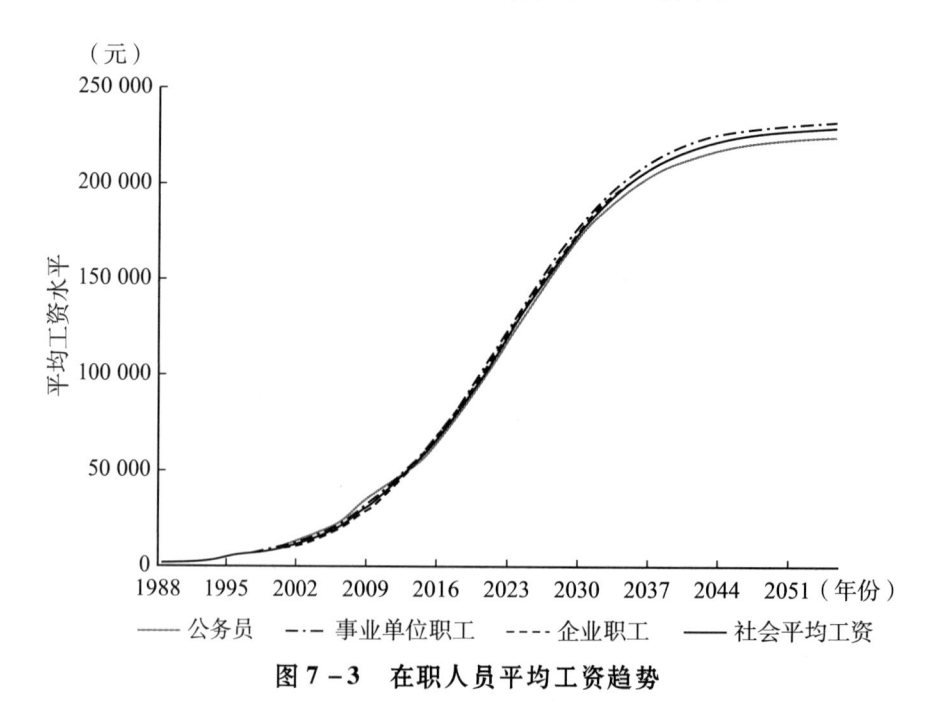

图 7-3 在职人员平均工资趋势

表 7-3 三类劳动者及社会平均工资水平

单位：元

年份	公务员	事业职工	企业职工	社会平均工资	年份	公务员	事业职工	企业职工	社会平均工资
1988	1 708	1 769	1 746	1 692	2006	23 360	21 259	20 555	21 001
1989	1 873	1 912	1 944	1 950	2007	28 763	25 805	24 046	24 932
1990	2 107	2 119	2 148	2 150	2008	33 869	29 758	28 359	29 229
1991	2 270	2 255	2 364	2 365	2009	37 397	34 053	31 622	32 736
1992	2 778	2 716	2 720	2 677	2010	40 512	38 411	36 256	37 147
1993	3 382	3 360	3 361	3 236	2011	44 303	43 254	42 020	42 452
1994	4 956	4 963	4 408	4 510	2012	48 513	48 426	47 284	47 593
1995	5 542	5 499	5 345	5 500	2013	51 894	53 291	52 270	52 388
1996	6 352	6 241	5 930	5 210	2014	55 939	58 125	57 359	57 361
1997	6 990	6 867	6 322	5 470	2015	62 086.87	64 506.69	63 600.39	63 241
1998	7 740	7 620	7 405	7 479	2016	68 663.73	71 332.07	70 272.17	69 900.35
1999	8 925	8 665	8 168	8 346	2017	75 645.43	78 575.69	77 350.03	76 968.74
2000	10 020	9 634	9 189	9 371	2018	82 995.71	86 199.57	84 797.71	84 410.41
2001	12 125	11 491	10 453	10 870	2019	90 665.97	94 152.91	92 566.72	92 177.28
2002	14 005	13 246	11 873	12 422	2020	98 595.66	102 372.62	100 596.86	100 209.43
2003	15 736	14 564	13 578	14 040	2021	106 713.62	110 784.61	108 817.39	108 436.25
2004	17 869	16 489	15 559	16 024	2022	114 940.13	119 306.06	117 149.13	116 778.51
2005	20 828	18 720	17 853	18 364	2023	123 189.75	127 848.30	125 507.14	125 151.06

续表

年份	公务员	事业职工	企业职工	社会平均工资	年份	公务员	事业职工	企业职工	社会平均工资
2024	131 374.70	136 320.40	133 804.10	133 466.17	2040	212 719.81	220 326.13	217 008.67	216 981.66
2025	139 408.56	144 632.94	141 953.86	141 637.14	2041	214 545.46	222 206.86	218 911.34	218 890.92
2026	147 209.90	152 701.82	149 875.04	149 581.91	2042	216 133.65	223 842.76	220 569.68	220 554.66
2027	154 705.63	160 451.68	157 494.28	157 226.37	2043	217 511.76	225 262.10	222 011.37	222 000.72
2028	161 833.61	167 818.60	164 748.88	164 507.08	2044	218 704.94	226 490.85	223 261.91	223 254.76
2029	168 544.52	174 751.98	171 588.68	171 373.13	2045	219 736.02	227 552.57	224 344.53	224 340.14
2030	174 802.74	181 215.44	177 976.98	177 787.17	2046	220 625.54	228 468.45	225 280.20	225 277.96
2031	180 586.36	187 186.77	183 890.63	183 725.49	2047	221 391.83	229 257.39	226 087.68	226 087.09
2032	185 886.37	192 657.09	189 319.32	189 177.34	2048	222 051.15	229 936.14	226 783.65	226 784.29
2033	190 705.23	197 629.36	194 264.21	194 143.58	2049	222 617.82	230 519.47	227 382.85	227 384.40
2034	195 055.12	202 116.52	198 736.30	198 634.99	2050	223 104.41	231 020.33	227 898.26	227 900.45
2035	198 955.89	206 139.40	202 754.38	202 670.32	2051	223 521.90	231 450.06	228 341.23	228 343.84
2036	202 433.13	209 724.65	206 343.18	206 274.27	2052	223 879.87	231 818.49	228 721.68	228 724.55
2037	205 516.24	212 902.87	209 531.45	209 475.68	2053	224 186.62	232 134.19	229 048.23	229 051.23
2038	208 236.82	215 706.85	212 350.34	212 305.83	2054	224 449.34	232 404.57	229 328.37	229 331.41
2039	210 627.29	218 170.17	214 832.06	214 797.07	2055	224 674.27	232 636.04	229 568.60	229 571.61

资料来源：依据课题组调研资料预测分析。

由上述研究可知,三类职业人群的工资收入存在一定的差距,其中,事业单位职工平均工资水平最高,企业职工平均工资水平次之,公务员平均工资水平最低。

(二) 不同延退方案下劳动者养老金差异分析

1. 方案设定

基于第一部分中延退方案的设计,同时考虑精简和数据的可获得性,课题组进行如下延迟退休方案设计:

方案一:统计数据显示,我国女性的平均寿命高于男性,并且伴随着科技进步、产业升级,男性在工作中的优势逐渐丧失,女性劳动力人力资本投入加大,素质提高,因此在退休年龄上并不应该存在性别差异。从 2015 年或稍后开始,我国男性、女性退休年龄均直接提高到 65 岁,这种方案在实践中不具有可操作性,只是将其作为其他方案比较的依据,是一个参照方案。

方案二:借鉴中国社会科学院《人口与劳动绿皮书:人口与劳动问题 No.16》提出的延退方案,以及清华大学延退方案提出的到 2020 年开始执行男性延退的建议,女性职工每 3 年将领取养老金的年龄提高 1 岁,男性职工每 6 年延迟 1 岁,逐步提高至 65 岁。

方案三:以课题前述所预测得到的平均受教育年限、人口老龄化率,结合人口平均寿命数据作为约束条件,以席恒、翟绍果(2015)提出的约束条件值的设定为标准进行分析,依据三个约束条件值同时达到此标准值来确定阶段的起始时间,从而得到延迟退休方案。第一阶段(2018~2024 年),实行"第一阶段"延退方案,最低工作年限为 35 年,法定退休年龄为 63 岁;第二阶段(2025~2036 年),实行"第二阶段"延退方案,最低工作年限为 36 年,法定退休年龄为 64 岁;第三阶段(2037~2044 年),实行"第三阶段"延退方案,最低工作年限为 37 年,法定退休年龄为 65 岁;第四阶段(2045~2049 年),实行"第四阶段"延退方案,最低工作年限为 38 年,法定退休年龄为 66 岁;第五阶段(2050~2055 年),实行"第五阶段"延退方案,最低工作年限为 39 年,法定退休年龄为 67 岁(见表 7-4)。

表 7-4 课题研究选择比较的方案设定

方案	政策内容	启动时间	备注
方案一 (参照方案)	男女同步到 65 岁	2015 年	

续表

方案	政策内容	启动时间	备注
方案二（中国社会科学院和清华大学方案）	男女同步到65岁，女性每3年、男性每6年提高1岁	2020年	
方案三（上限）（本课题方案）	男女同步，法定退休年龄从63岁逐步提高到67岁	2018±1年	课题研究设定的最初时间为2015年左右，由于这一方案启动条件较低，可依据政府决策随时启动
方案三（下限）（本课题方案）	男女同步，工作年限由35年提高到39年	2018±1年	课题研究设定的最初时间为2015年左右，由于这一方案启动条件较低，可依据政府决策随时启动

资料来源：根据相关媒体对人社部相关政策思路、中国社会科学院以及清华大学方案报道和本课题研究方案整理。

由于方案三为在工作年限与法定退休年龄之间具有可选择性的退休方案，其影响处于一个区间范围之内，故要设定上限和下限。上限取值为全部按照法定年龄退休，下限取值为全部按照最低工作年限退休，即只要达到工作年限即可以选择退休，具体以15岁、18岁、22岁、25岁分别表示初中、高中、大学本专科、研究生学历水平进入劳动力市场的时间，根据每个学历层次中劳动力人数的比例作为权重来测算。

2. 研究假设与参数设定

为便于研究，这里假设：

(1) 个人账户养老金缴纳与发放相平衡。

(2) 假定职工寿命等同于人口平均预期寿命。

(3) 假定养老保险计发办法在延迟退休政策实施前后仍按照现行政策实施。

参数设定为：

(1) 退休年龄确定。延迟退休前我国现行法定退休年龄规定，男性年满60岁退休，女职工退休年龄仍保持在50岁，而女干部则提高为55岁。因女性干部人数在全部女性职工中的比例低于8%[1]，同时为便于计算，故规定退休年龄为男性60周岁，女性50周岁。延迟退休后，以设计的三种延迟退休方案中的退休年龄为准作为参数。

(2) 平均工资确定。以2015年社会平均工资为基数，即62 029元。平均工

---

[1] 资料来源：根据国家统计局社会科技和文化产业统计司：《中国社会中的女人和男人——事实和数据》，中国统计出版社2012年版，第50~51页中的数据计算得出。

资增长率根据习近平总书记在"十三五"规划中指出的居民收入要保证与经济增长同步，本研究假定，每年工资增长率与研究所测得经济增长速度相等，但增长到一定的数值后，增长减缓，需要测定增长的门槛值。

（3）男女比例确定。以 2015 年 1% 人口抽样调查样本数据为基础，总人口数为 21 312 241 人，男性人口数为 10 917 046 人，占总人口的 51.22%；女性人口数为 10 395 159 人，占总人口的 48.78%。

3. 三类职业人群现有劳动贡献指数

克拉克的劳动价值理论认为，边际产出决定劳动价值，因而劳动者的劳动贡献是由劳动者边际产出水平的工资所决定的。在劳动价值论基础上，课题组将三类群体的平均工资与社会平均工资相除，以构建劳动贡献指数，可粗略计算出该群体在整个社会中的劳动贡献水平。劳动贡献指数历史数据和预测数据如表 7-5 所示。

表 7-5　　　　　　1988~2055 年劳动贡献指数

年份	公务员劳动贡献指数	事业单位贡献指数	企业职工贡献指数	年份	公务员劳动贡献指数	事业单位贡献指数	企业职工贡献指数
1988	1.009	1.046	1.032	2005	1.134	1.019	0.972
1989	0.961	0.981	0.997	2006	1.112	1.012	0.979
1990	0.980	0.986	0.999	2007	1.154	1.035	0.964
1991	0.960	0.953	1.000	2008	1.159	1.018	0.970
1992	1.038	1.015	1.016	2009	1.142	1.040	0.966
1993	1.045	1.038	1.039	2010	1.091	1.034	0.976
1994	1.099	1.100	0.977	2011	1.044	1.019	0.990
1995	1.008	1.000	0.972	2012	1.019	1.018	0.994
1996	1.023	1.005	0.955	2013	0.991	1.017	0.998
1997	1.080	1.061	0.977	2014	0.975	1.013	1.000
1998	1.035	1.019	0.990	2015	0.982	1.020	1.006
1999	1.069	1.038	0.979	2016	0.982	1.020	1.005
2000	1.069	1.028	0.981	2017	0.983	1.021	1.005
2001	1.115	1.057	0.962	2018	0.983	1.021	1.005
2002	1.127	1.066	0.956	2019	0.984	1.021	1.004
2003	1.121	1.037	0.967	2020	0.984	1.022	1.004
2004	1.115	1.029	0.971	2021	0.984	1.022	1.004

续表

年份	公务员劳动贡献指数	事业单位贡献指数	企业职工贡献指数	年份	公务员劳动贡献指数	事业单位贡献指数	企业职工贡献指数
2022	0.984	1.022	1.003	2039	0.981	1.016	1.000
2023	0.984	1.022	1.003	2040	0.980	1.015	1.000
2024	0.984	1.021	1.003	2041	0.980	1.015	1.000
2025	0.984	1.021	1.002	2042	0.980	1.015	1.000
2026	0.984	1.021	1.002	2043	0.980	1.015	1.000
2027	0.984	1.021	1.002	2044	0.980	1.014	1.000
2028	0.984	1.020	1.001	2045	0.979	1.014	1.000
2029	0.983	1.020	1.001	2046	0.979	1.014	1.000
2030	0.983	1.019	1.001	2047	0.979	1.014	1.000
2031	0.983	1.019	1.001	2048	0.979	1.014	1.000
2032	0.983	1.018	1.001	2049	0.979	1.014	1.000
2033	0.982	1.018	1.001	2050	0.979	1.014	1.000
2034	0.982	1.018	1.001	2051	0.979	1.014	1.000
2035	0.982	1.017	1.000	2052	0.979	1.014	1.000
2036	0.981	1.017	1.000	2053	0.979	1.013	1.000
2037	0.981	1.016	1.000	2054	0.979	1.013	1.000
2038	0.981	1.016	1.000	2055	0.979	1.013	1.000

资料来源：根据课题组调研资料整理分析、预测。

从表7-5所体现的劳动贡献指数中可以粗略看出，公务员的工资水平普遍低于社会平均水平，可认为其劳动贡献度较为不足；企业职工工资水平与社会平均水平基本持平，有较为合适的劳动贡献程度；而事业单位职工的工资水平与社会平均相比略有超出，体现出较高的贡献力。

4. 三类职业人群养老金差距

计算不同类型劳动者养老金的差距，应该首先考虑退休上一年度社会平均工资水平，其次考虑三类在职人群的收入水平和其劳动贡献指数。依照此思路可设计以下计算公式：

$$退休后月福利 = \frac{社平工资 \times (1 + 劳动贡献指数)}{2 \times 缴费年限 \times \frac{100}{100 - 平均余命}} \times 100\% \quad (7.1)$$

社平工资指的是退休上一年社会平均月工资水平；劳动贡献指数意为所在群

体劳动贡献指数；平均余命＝人口平均预期寿命－所在群体的平均入职年龄－工作年限；工作年限＝退休年龄－入职年龄，本报告假定工作年限即为养老金缴费年限。

按照此公式可分别得出在延迟退休政策施行前，企业职工、事业单位职工以及公务员的月养老金，其结果如表7-6所示。

表7-6　　延迟退休政策施行前三类职工退休后月养老福利　　　单位：元

年份	企业	事业	公务员	年份	企业	事业	公务员
2022	3 877.18	3 825.03	3 776.72	2040	8 027.10	7 898.21	7 779.59
2023	4 177.32	4 120.49	4 056.72	2041	8 140.44	8 009.29	7 889.20
2024	4 479.67	4 419.68	4 351.66	2042	8 244.50	8 108.67	7 987.28
2025	4 781.18	4 717.21	4 645.01	2043	8 340.27	8 202.25	8 079.61
2026	5 078.79	5 013.00	4 933.74	2044	8 428.71	8 288.52	8 164.73
2027	5 369.62	5 299.89	5 216.53	2045	8 510.68	8 365.84	8 241.02
2028	5 649.55	5 571.89	5 488.00	2046	8 586.98	8 440.04	8 314.22
2029	5 919.15	5 836.02	5 748.61	2047	8 658.35	8 509.34	8 382.58
2030	6 178.40	6 090.87	6 000.09	2048	8 725.44	8 571.80	8 444.19
2031	6 430.52	6 337.84	6 243.82	2049	8 788.82	8 633.15	8 504.71
2032	6 667.58	6 569.32	6 472.29	2050	8 849.04	8 691.36	8 562.11
2033	6 889.04	6 786.85	6 687.02	2051	8 906.54	8 744.22	8 614.25
2034	7 094.76	6 988.44	6 886.02	2052	8 961.74	8 797.42	8 666.70
2035	7 284.94	7 172.15	7 067.40	2053	9 014.98	8 846.00	8 714.61
2036	7 460.10	7 342.81	7 235.91	2054	9 066.59	8 895.61	8 763.52
2037	7 620.97	7 501.34	7 392.42	2055	9 116.84	8 941.85	8 808.42
2038	7 768.42	7 644.16	7 533.45				

资料来源：根据课题组调研资料预测分析。

5. 不同延迟退休方案下劳动者养老福利差异分析

实施延迟退休政策后，分别对不同延迟退休方案下的劳动者月养老福利进行测算，可得三类人群月养老福利，结果如表7-7~表7-10所示。

表7-7　　延退方案一下三类就职人群月养老福利　　　单位：元

年份	企业职工	事业单位职工	公务员
2022	4 433.73	4 276.47	4 297.38

续表

年份	企业职工	事业单位职工	公务员
2023	4 777.48	4 607.47	4 618.75
2024	5 123.63	4 942.20	4 954.31
2025	5 468.67	5 275.09	5 288.03
2026	5 809.09	5 605.45	5 616.45
2027	6 141.58	5 926.12	5 937.77
2028	6 461.61	6 230.95	6 246.27
2029	6 769.46	6 526.19	6 542.25
2030	7 064.88	6 810.36	6 827.13
2031	7 350.97	7 084.94	7 102.39
2032	7 619.54	7 342.07	7 360.16
2033	7 869.98	7 583.06	7 601.76
2034	8 102.15	7 806.09	7 825.33
2035	8 316.32	8 009.45	8 029.21
2036	8 513.07	8 197.67	8 217.90
2037	8 693.27	8 371.76	8 392.41
2038	8 857.93	8 528.65	8 549.70
2039	9 008.22	8 671.51	8 692.91
2040	9 145.34	8 805.88	8 823.26
2041	9 270.51	8 926.53	8 944.16
2042	9 384.94	9 034.56	9 052.40
2043	9 489.77	9 135.50	9 153.54
2044	9 586.09	9 228.23	9 246.45
2045	9 674.90	9 311.41	9 329.80
2046	9 757.14	9 390.51	9 409.06
2047	9 833.62	9 464.08	9 482.77
2048	9 905.12	9 530.48	9 549.31
2049	9 972.29	9 595.06	9 614.02
2050	10 035.74	9 656.06	9 675.13
2051	10 096.00	9 711.58	9 730.78
2052	10 153.53	9 766.87	9 786.17

续表

年份	企业职工	事业单位职工	公务员
2053	10 208.73	9 817.51	9 836.91
2054	10 261.98	9 868.67	9 888.18
2055	10 313.57	9 915.79	9 935.40

资料来源：根据课题组调研资料整理分析。

表7-8　　　　延退方案二下三类就职人群养老福利　　　　单位：元

年份	企业职工	事业单位职工	公务员
2022	4 153.51	3 981.64	3 929.77
2023	4 174.78	4 216.34	4 056.72
2024	4 476.12	4 521.85	4 351.66
2025	4 776.60	4 908.07	4 724.45
2026	5 159.10	5 213.57	5 018.15
2027	5 453.83	5 511.89	5 305.78
2028	5 738.97	5 892.95	5 673.49
2029	6 108.23	6 173.48	5 942.90
2030	6 371.76	6 442.89	6 202.68
2031	6 623.18	6 808.49	6 555.57
2032	6 972.86	7 057.71	6 794.82
2033	7 203.15	7 290.19	7 019.42
2034	7 416.89	7 616.84	7 335.66
2035	7 726.95	7 818.53	7 527.94
2036	7 910.99	8 003.94	7 706.18
2037	8 079.78	8 289.07	7 983.72
2038	8 350.29	8 446.38	8 134.38
2039	8 493.16	8 590.09	8 271.67
2040	8 623.72	8 767.36	8 396.72
2041	8 789.21	8 887.85	8 512.91
2042	8 898.96	8 998.16	8 616.94
2043	8 999.68	9 147.36	8 714.36
2044	9 140.34	9 240.86	8 803.94
2045	9 226.29	9 327.24	8 884.29

续表

年份	企业职工	事业单位职工	公务员
2046	9 306.01	9 454.50	8 960.90
2047	9 427.27	9 529.39	9 032.23
2048	9 497.02	9 599.55	9 096.60
2049	9 562.67	9 712.74	9 159.38
2050	9 671.72	9 775.39	9 218.76
2051	9 730.91	9 835.00	9 272.78
2052	9 787.50	9 940.18	9 326.73
2053	9 889.79	9 995.07	9 376.11
2054	9 942.37	10 048.10	9 426.14
2055	9 993.37	10 099.57	9 472.20

资料来源：根据课题组调研资料预测分析。

表7-9　延退方案三（下限）下三类就职人群养老福利　　　　单位：元

年份	企业职工	事业单位职工	公务员
2022	3 980.85	3 924.08	3 860.99
2023	4 292.74	4 231.49	4 158.69
2024	4 606.96	4 541.76	4 463.99
2025	4 997.80	4 928.54	4 844.49
2026	5 311.89	5 239.08	5 148.92
2027	5 618.81	5 541.48	5 446.57
2028	5 914.27	5 830.70	5 732.71
2029	6 198.75	6 109.92	6 007.71
2030	6 472.12	6 378.43	6 272.20
2031	6 737.57	6 638.54	6 528.46
2032	6 987.05	6 882.53	6 768.86
2033	7 219.98	7 110.73	6 993.74
2034	7 436.21	7 322.22	7 202.18
2035	7 635.98	7 516.32	7 393.49
2036	7 819.80	7 695.45	7 570.06
2037	8 105.74	7 978.29	7 848.53
2038	8 262.05	8 130.08	7 998.17

续表

年份	企业职工	事业单位职工	公务员
2039	8 404.96	8 268.57	8 134.72
2040	8 535.61	8 397.02	8 259.28
2041	8 655.14	8 513.44	8 374.03
2042	8 764.65	8 618.89	8 477.98
2043	8 865.22	8 716.61	8 574.30
2044	8 957.87	8 806.53	8 662.92
2045	9 167.50	9 013.10	8 866.18
2046	9 247.65	9 090.74	8 942.70
2047	9 322.37	9 163.03	9 013.95
2048	9 392.37	9 229.52	9 079.47
2049	9 458.29	9 293.16	9 142.20
2050	9 643.73	9 477.23	9 323.26
2051	9 703.40	9 533.55	9 378.76
2052	9 760.46	9 588.51	9 432.91
2053	9 815.30	9 640.05	9 483.70
2054	9 868.27	9 690.99	9 533.89
2055	9 919.67	9 739.12	9 581.30

资料来源：根据课题组调研资料预测分析。

表 7-10　延退方案三（上限）下三类就职人群养老福利　　单位：元

年份	企业职工	事业单位职工	公务员
2022	4 325.58	4 162.68	4 106.70
2023	4 660.88	4 484.74	4 413.49
2024	4 998.54	4 810.53	4 734.51
2025	5 402.68	5 205.63	5 123.47
2026	5 739.02	5 531.69	5 442.12
2027	6 067.53	5 848.18	5 753.96
2028	6 383.72	6 148.93	6 053.41
2029	6 687.92	6 440.31	6 340.76
2030	6 979.89	6 720.85	6 617.46

续表

年份	企业职工	事业单位职工	公务员
2031	7 262.76	6 992.02	6 884.94
2032	7 528.35	7 245.99	7 135.48
2033	7 776.05	7 484.10	7 370.40
2034	8 005.73	7 704.48	7 587.86
2035	8 217.64	7 905.43	7 786.16
2036	8 412.37	8 091.51	7 969.79
2037	8 693.27	8 371.76	8 245.65
2038	8 857.93	8 528.65	8 400.48
2039	9 008.22	8 671.51	8 541.47
2040	9 145.34	8 805.88	8 669.80
2041	9 270.51	8 926.53	8 788.81
2042	9 384.94	9 034.56	8 895.36
2043	9 489.77	9 135.50	8 994.93
2044	9 586.09	9 228.23	9 086.38
2045	9 783.14	9 425.66	9 280.48
2046	9 865.87	9 505.32	9 359.02
2047	9 942.77	9 579.35	9 432.02
2048	10 014.62	9 646.18	9 497.92
2049	10 082.08	9 711.10	9 561.92
2050	10 253.13	9 885.87	9 733.64
2051	10 313.76	9 941.92	9 788.89
2052	10 371.58	9 997.60	9 843.77
2053	10 427.02	10 048.61	9 894.04
2054	10 480.43	10 100.03	9 944.71
2055	10 532.13	10 147.41	9 991.41

资料来源：根据课题组调研资料预测分析。

图 7-4 表明，在延迟退休方案一下，事业单位职工与公务员退休后养老金收入差距较小，而事业单位职工和公务员与企业职工相比，退休后养老金收入差距较大，说明方案一的收入分配不具有收敛效应。

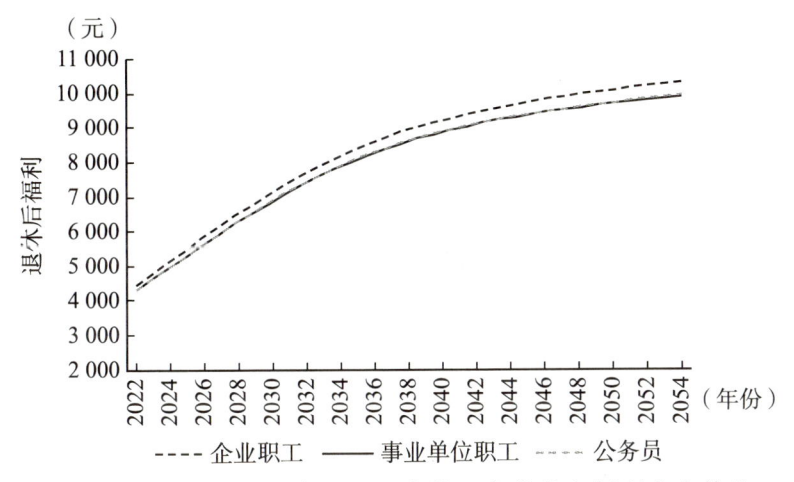

图7-4 延迟退休方案一下三类就职人群养老福利变化趋势

图7-5表明，在延迟退休方案二下，事业单位职工与企业职工退休后养老金收入差距较小，而这两类人群与公务员相比，退休后养老金收入差距较大，说明方案二的收入分配收敛效应不明显。

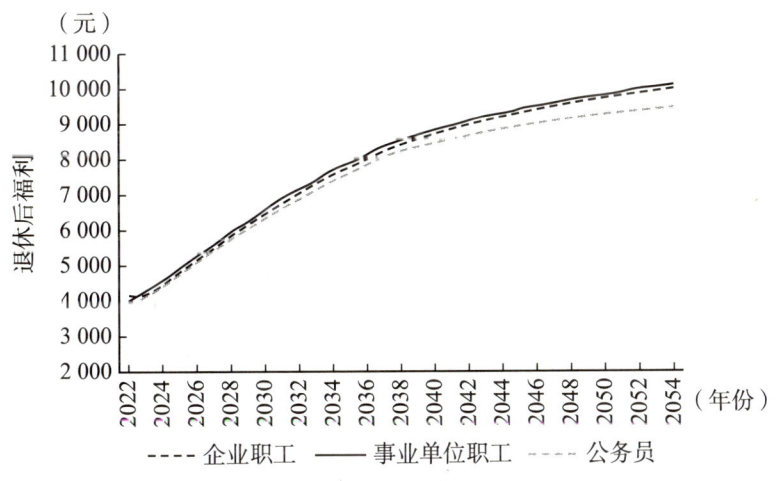

图7-5 延退方案二下三类人群养老福利变化趋势

图7-6表明，在延迟退休方案三（下限）下，企业职工、事业单位职工与公务员退休后养老金收入尽管有一定差距，但差距较小，说明方案三（下限）具有一定的收入分配收敛效应。

图7-7表明，在延迟退休方案三（上限）下，事业单位职工与公务员退休后养老金收入差距较小，而事业单位职工和公务员与企业职工相比，退休后养老金收入差距较大，说明方案三（上限）的收入分配收敛效应不明显。

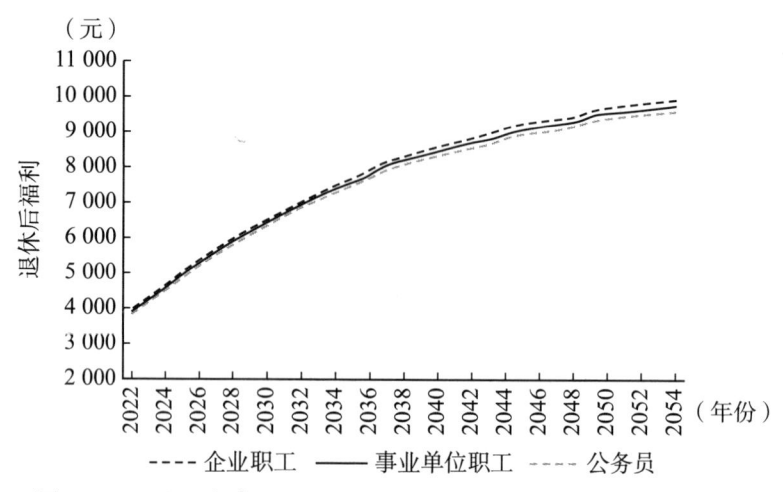

图 7-6 延退方案三（下限）下三类人群养老福利变化趋势

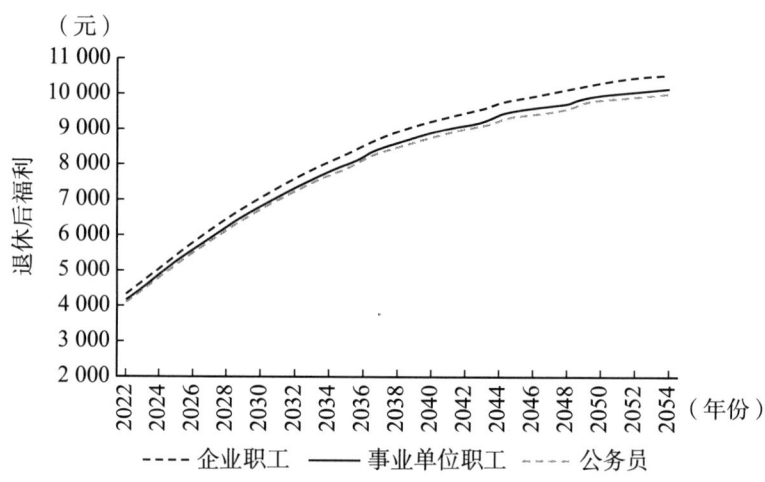

图 7-7 延退方案三（上限）下三类人群养老福利变化趋势

第三节　延迟退休政策的养老金积累效应

延迟退休政策对养老保险基金会产生累积效应。根据课题组的预测：在现行政策下，养老保险基金累计结余在 2025 年达到峰值（约 14 082 亿元），之后基金累计结余开始下降，并于 2037 年出现缺口（约 3 879 亿元）。到 2055 年，养老保险基金缺口将高达约 28 651 亿元。据课题组的测算：在不同的延迟退休政策方案下，退休年龄每提高 1 岁，平均能增加养老金 570 亿~1 091 亿元。

一、延迟退休政策对养老保险基金收支影响的分析机理

累积效应是指经济活动中的特定经济行为对某些经济活动或经济现象的蓄积、累加作用。延迟退休政策（简称"延退政策"）对养老保险基金收支主要会产生累积效应，增加养老保险基金的收入，相对延后支付养老金。

近年来，人口老龄化进程加快，老年抚养负担加重，我国养老保险基金收支平衡难以维持，压力日益增大。从养老保险基金收入的影响因素来看，养老保险参保人数越多，基金收入则越多，两者呈正比例关系。延迟退休通过延长劳动力的工作年限，使得原本应退休的劳动者没有退出市场，继续缴纳养老金。一方面，延长参保年限，相对增加了养老保险基金收入，增加社会储蓄；另一方面，从保持参保人数的角度，增加收入，缓解基金收支不平衡，减少政府社保支出，使财政支出向生产性投资倾斜，从而共同助力于社会资本积累，作用于经济增长。

然而延迟退休对就业的挤出效应一直以来也是人们关注的热点。延迟退休会使得原有就业人员占据新就业人员的机会，从而增加失业风险，从这种效应角度来讲，城镇职工基本养老保险参保人数会受此影响而减少，某种程度上也减少了养老保险基金收入。总之，延迟退休对基金收入的影响由挤出效应对就业人员的影响程度与养老金收入的增加程度共同决定。

我国人口预期寿命增加，老年人口数量、抚养比以及制度内赡养比都在不同程度地增加，养老金领取人数也在上升，养老金支出必然增多，收不抵支现象亦会明显加重。延迟退休政策，将原需退出劳动力市场的退休人员继续留在岗位，推迟他们领取养老金的时间。这部分原本即将退休的人继续工作同时缴纳养老金，因此，相应减少养老金领取人数，进而减少基金支出。

这种退休年限效应能够减少养老保险基金支出，可能增加养老保险基金收入，支出的绝对减少与收入的可能增加能够起到双重作用，弥补基金缺口，保障收支结余。短期内，我国的生产性投资依旧处于政府主导地位，可将政府财政收支更多地从社保支出转向生产性投资，增加物资资本积累，进而促进经济增长。

综上所述，延迟退休政策不仅增加养老金收入，而且减少了养老金支出，增收减支的效果更大程度地保障了基金收支平衡，减少社保支出压力，增加生产性投资，有利于经济增长。即使考虑就业挤出效应，这种缓解政府社保支出压力的作用也是比较大的。

二、渐进式延迟退休政策的养老金积累效应分析

(一) 预测方法与模型

我国现行的养老保险制度由社会统筹账户与个人账户构成,筹资模式为完全积累制与现收现付制结合的部分积累制,企业缴费形成的是社会统筹账户,筹资模式为现收现付制,同时,职工的个人缴费构成个人账户,以积累制作为其筹资模式。我国养老金在转轨过程中,个人账户的"空账"运行给我国养老金支付带来压力。研究延迟退休对养老保险基金收支的影响意义重大。

目前,国内已有诸多学者对我国部分积累制下的养老保险基金收支从精算角度进行了实证研究,在现有文献中,这些实证研究按照是否区分统筹账户与个人账户分为两类,即总账法(周渭兵[①];王鉴岗[②];刘同昌;王晓军;张思锋[③])与分账户法。考虑到我国个人账户"空账"运行,因此研究采用总账法对养老保险基金收支进行测算。

总账法的基本原理为,依据基金的投资收益,分别按照每年缴费总额与发放总额,求得目标期末的终值,加总得养老保险基金收入与支出。具体测算模型如下:

不考虑财政转移支付,同时考虑个人和社会两方面因素的影响,基金收入为:

$$I_n = \sum_{n=1}^{z} \left\{ R \times (1+r)^{z-n} \times \overline{W}_{a1} \times (1+g_{y2})^{n-1} \right. \\ \left. \times \sum_{x=a}^{b-1} \left[O_1 \times (1+g_{yi})^{x-a} \times \frac{l_{x,n} + l_{x+1,n+1}}{2} \right] \right\} \quad (7.2)$$

基金支出为:

$$E_n = \sum_{n=1}^{z} \left[(1+r)^{z-n} \times \overline{W}_{a,1} \times (1+g_{y2})^{n-1} \right. \\ \left. \times \sum_{b}^{w-1} \frac{T_a \times O_2 \times (1+g_{y1})^{b-a-1} \times (1+k)^{x-b} \frac{l'_{x,n} + l'_{x+1,n+1}}{2}}{(1+g_{y2})^{x-b+1}} \right] \quad (7.3)$$

---

① 周渭兵:《社会养老保险精算理论、方法及其应用》,经济管理出版社 2004 年版。
② 王鉴岗:《社会养老保险平衡预算》,经济管理出版社 1999 年版。
③ 张思锋:《社会保障精算理论与应用》,人民出版社 2006 年版。

I_n 为第 n 年社会养老保险基金收入；R 为缴费率；O_1 为城镇在职职工基本养老保险覆盖率；$l_{x,n}$ 第 n 年 x 岁在职职工平均人数；E_n 第 n 年社会养老保险基金支出；O_2 为城镇退休职工基本养老保险覆盖率；k 为养老金年均调整率；T_a 为平均替代率；$L'_{x,n}$ 为第 n 年 x 岁退休职工平均人数；$\overline{W}_{a,1}$ 为基年 x 岁职工的平均工资；r 为基金投资收益率；a 为职工就业年龄；b 为职工退休年龄；w 为职工生存极限年龄；z 为测算期间；g_{y1}、g_{y2} 分别为个人、社会因素所引起的年工资增长率。

养老保险基金结余（Gn）为：

$$G_n = I_n - E_n \qquad (7.4)$$

（二）养老保险基金收支现状及预测

1. 我国基本养老保险基金收支现状

对我国基本养老保险基金收支数据进行统计整理，见表 7-11。

表 7-11　　1996~2020 年我国基本养老保险基金收支情况

年份	城镇参加养老保险人数（万人）	在职职工参加养老保险人数（万人）	离退人员参加养老保险人数（万人）	基本养老保险基金收入（亿元）	基本养老保险基金支出（亿元）	基本养老保险累计结余（亿元）
1996	11 116.7	8 758.4	2 358.3	1 171.8	1 031.9	578.6
1997	11 203.9	8 670.9	2 533.0	1 337.9	1 231.3	682.8
1998	11 203.1	8 475.0	2 727.3	1 459.0	1 511.6	587.8
1999	12 485.4	9 501.8	2 983.6	1 965.1	1 924.9	733.5
2000	13 617.4	10 447.5	3 169.9	2 278.5	2 115.5	947.1
2001	14 182.5	10 801.9	3 380.6	2 489.0	2 321.3	1 054.0
2002	14 736.6	11 128.8	3 607.8	3 171.5	2 842.9	1 608.0
2003	15 506.7	11 646.5	3 860.2	3 680.0	3 122.1	2 206.5
2004	16 352.9	12 250.3	4 102.6	4 258.4	3 502.1	2 975.0
2005	17 487.9	13 120.4	4 367.5	5 093.3	4 040.3	4 041.0
2006	18 766.3	14 130.9	4 635.4	6 309.8	4 896.7	5 488.9
2007	20 136.9	15 183.2	4 953.7	7 834.2	5 964.9	7 391.4
2008	21 891.1	16 587.5	5 303.6	9 740.2	7 389.6	9 931.0
2009	23 549.9	17 743.0	5 806.9	11 490.8	8 894.4	12 526.1
2010	25 707.3	19 402.3	6 305.0	13 419.5	10 554.9	15 365.3

续表

年份	城镇参加养老保险人数（万人）	在职职工参加养老保险人数（万人）	离退人员参加养老保险人数（万人）	基本养老保险基金收入（亿元）	基本养老保险基金支出（亿元）	基本养老保险累计结余（亿元）
2011	28 391.3	21 565.0	6 826.2	16 894.7	12 764.9	19 496.6
2012	30 426.8	22 981.1	7 445.7	20 001.0	15 561.8	23 941.3
2013	32 218.4	24 177.3	8 041.0	22 680.4	18 470.4	28 269.2
2014	34 124.4	25 531.0	8 593.4	25 309.7	21 754.7	31 800.0
2015	35 361.2	26 219.2	9 141.9	29 340.9	25 812.7	35 344.8
2016	37 929.7	27 826.3	10 103.4	37 990.8	34 004.3	43 965.2
2017	40 293.3	29 267.6	11 025.7	46 613.8	40 423.8	50 202.2
2018	41 901.6	30 104.0	11 797.7	55 005.3	47 550.4	58 151.6
2019	43 487.9	31 177.5	12 310.4	57 025.9	52 342.3	62 872.6
2020	45 621.1	32 858.7	12 762.3	49 228.6	54 656.5	58 075.2

资料来源：根据国家统计局：《中国统计年鉴》，中国统计出版社1997~2021年版整理计算而得。

由上述数据可知，我国企业养老保险参保人数不断增加，基本养老保险基金收入、支出、结余均逐年增加。

观察具体的变化，则发现事实并非显示出的乐观趋势。

参加基本养老保险的离退休人员与在职职工比例如表7-12所示。

表7-12　　　　1996~2020年我国参加养老保险的
离退休人员与在职职工比例

项目	1996年	1997年	1998年	1999年	2000年	2001年	2002年	2003年	2004年
比例（%）	26.93	29.21	32.18	31.40	30.34	31.30	32.42	33.14	33.49
项目	2005年	2006年	2007年	2008年	2009年	2010年	2011年	2012年	2013年
比例（%）	33.29	32.80	32.63	31.97	32.73	32.50	31.65	32.40	33.26
项目	2014年	2015年	2016年	2017年	2018年	2019年	2020年		
比例（%）	33.66	34.87	36.31	37.67	39.19	39.48	38.84		

资料来源：由国家统计局：《中国统计年鉴》，中国统计出版社1997~2021年版整理计算而得。

我国参加养老保险的离退休人员与在职职工比例变化情况见图7-8。

图 7-8 1996~2020 年我国参加养老保险的离退休人员
与在职职工比例变化情况

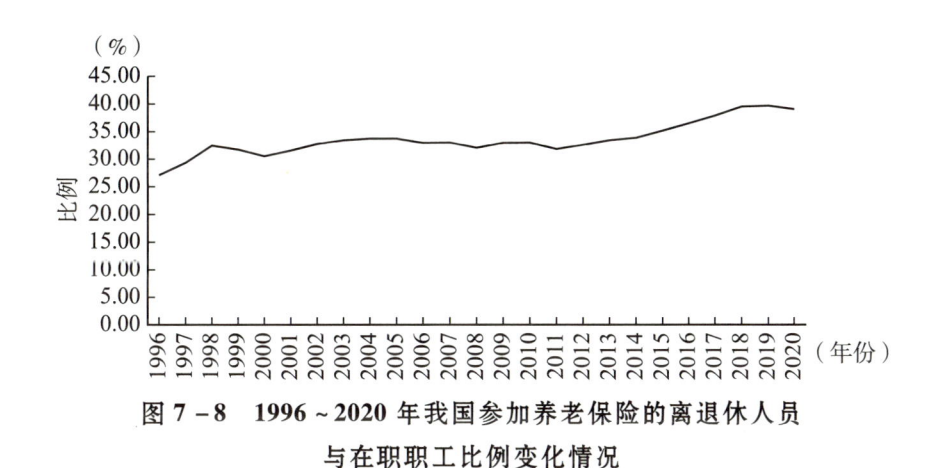

可以看出,养老保险的参保职工中,离退休人员与在职职工的比例自 1996 年至今在逐年递增,养老抚养压力随之增加。

养老保险基金结余增长率情况见表 7-13。

表 7-13　　　　1997~2020 年我国养老保险基金结余增长率　　　单位:%

项目	1997 年	1998 年	1999 年	2000 年	2001 年	2002 年	2003 年	2004 年
增长率	0.18	-0.14	0.25	0.29	0.11	0.53	0.37	0.35
项目	2005 年	2006 年	2007 年	2008 年	2009 年	2010 年	2011 年	2012 年
增长率	0.36	0.36	0.35	0.34	0.26	0.26	0.31	0.23
项目	2013 年	2014 年	2015 年	2016 年	2017 年	2018 年	2019 年	2020 年
增长率	0.19	0.14	0.12	0.10	0.14	0.16	0.08	-0.08

资料来源:由国家统计局:《中国统计年鉴》,中国统计出版社 1998~2021 年版整理计算而得。

我国养老保险基金结余增长率变化趋势见图 7-9。

虽然基本养老保险基金结余呈现出逐年递增趋势,其增长率却反映出递减趋势。这主要缘于养老保险基金支出的增长速度快于养老保险基金收入的增长速度。

2. 养老保险基金收支预测

(1) 劳动年龄人口规模预测。

①模型构建。

何景熙 (2007)、路锦非 (2010) 等以队列要素法对人口结构、规模进行预测。队列要素法是利用年龄划分,以随年龄变化而变化的出生、死亡、迁移三种要素,对未来出生人口、死亡人口和迁移人口数量预测的一种方法。以某特定时

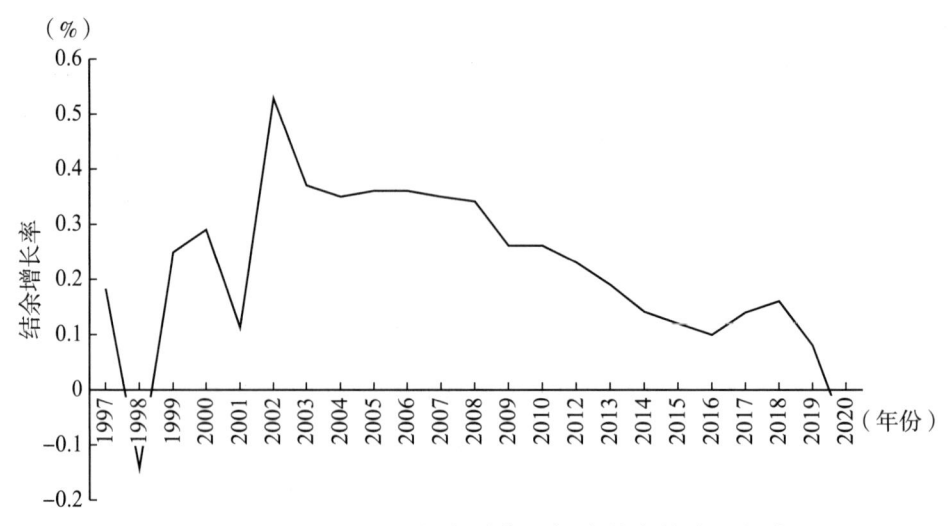

图 7-9　1997~2020 年我国养老保险基金结余增长率

间作为基期，任意年龄新出生（新到年龄）人口数减去死亡人数得到下一年任意年龄人口数，加总即得到当年的总人口数。本书借鉴此方法，对我国未来人口年龄结构进行预测，具体模型建立如下：

设：$P_{0,n}$ 为第 n 年的新生人口规模；

$P_{x,n}$ 为第 n 年的 x 岁人口规模；

分别以上标 M、F 表示男性和女性；

b 为生育率；

q_x 为 x 岁人口在未来一年内死亡的概率。

则有
$$p_{0,n} = \sum_{x=15}^{59} l_{x,n-1}^{F} \times b \tag{7.5}$$

$$p_{x,n} = l_{x-1,n-1} \times (1-q_x) \quad (x>0) \tag{7.6}$$

第 n 年，人口总数为

$$P_n = P_{0,n} + \sum P_{x,n} \tag{7.7}$$

②参数设定。

本研究以 2010 年数据为基期，采用上述模型来预测 2021~2055 年我国人口总数，模型不考虑人口迁移，只考虑出生和死亡参数。新生婴儿性别比、各个年龄分性别的人口数量、死亡率均来第六次人口普查（简称"六普"）数据。2010年第六次人口普查数据显示，我国 15~49 岁育龄妇女总和生育率为 1.18。2013年，我国实施"单独二孩"政策，至 2015 年末，"全面二孩"政策实施。多数学者赞同，我国 2015 年左右实际的总和生育率处于 1.5~1.6，出生堆积释放之后,总和生育率将回升至 1.7~1.8。[①] 第七次人口普查(简称"七普")数据显示,2020 年出生人口约为 1 200 万人,2020 年我国育龄妇女总和生育率为 1.3。[②] 因此,本书对生育率进行假定,2010 年为 1.18,2015 年以前为 1.5,2015 年为 1.6,实施"全面二孩"政策后,2016 年稍有提高,2017 年及以后,研究忽略医疗水平等的发展,假定在预计的未来年份,总和生育率维持在 1.6。

③劳动年龄人口规模。

研究基于建立的人口结构预测模型对我国未来劳动力数量进行预测,见表 7-14。

表 7-14　　　　2022~2055 年我国劳动力数量预测　　　　单位:人

年份	劳动年龄人口	年份	劳动年龄人口
2022	830 118 873	2039	716 020 063
2023	819 629 592	2041	706 032 557
2024	809 098 780	2042	701 369 588
2025	796 036 679	2043	695 186 883
2026	788 588 039	2044	687 450 027
2027	777 159 054	2045	679 103 040
2028	767 613 178	2046	668 305 320
2029	760 031 656	2047	657 418 924
2030	753 536 814	2048	648 738 205
2031	747 506 215	2049	639 700 925
2032	742 466 875	2050	633 284 218
2033	737 880 154	2051	627 904 135
2034	734 925 212	2052	622 777 224
2035	731 287 929	2053	619 250 387
2036	728 396 490	2054	616 000 283
2037	725 103 143	2055	613 107 909
2038	721 087 485		

资料来源:根据课题组调研资料预测分析。

[①] 李木元:《全面二孩政策不会迅速提升总和生育率》,载于《人民政协报》2015 年 10 月 31 日,http://politics.people.com.cn/n/2015/1031/c70731-27761179.html。

[②] 《第七次全国人口普查公报》,中国政府网,http://www.gov.cn/guoqing/2021-05/13/content_5606149.htm。

如图 7-10 所示，现行退休政策下，我国劳动年龄人口数量逐渐减少，劳动力供给减少，人口红利逐渐消失，改变劳动力供给变量成为应对老龄化风险的主要措施。

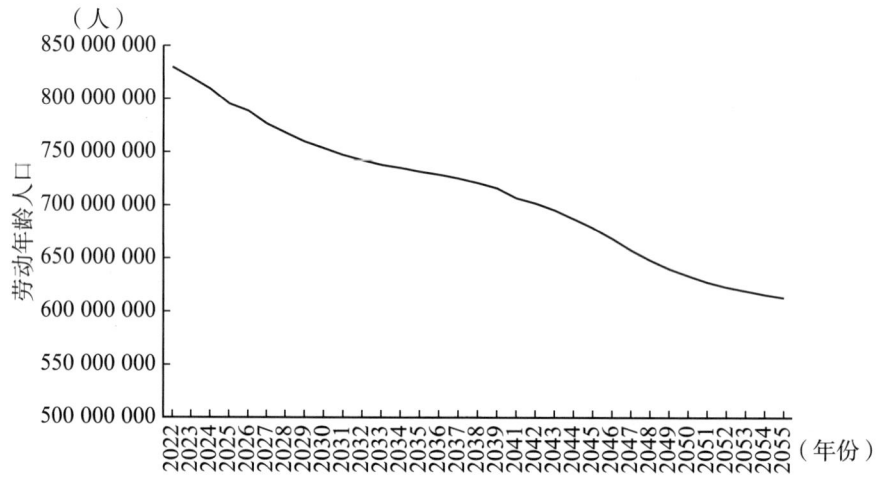

图 7-10 2022~2055 年我国劳动力数量变化预测

（2）养老保险基金收支预测。

①参数设定。

第一，人社部及国家统计局数据计算显示，职工进入劳动力市场工作第一年的平均工资大约是当年社会平均工资的 65%。本书以 2015 年社会平均工资为基期，设定平均工资 $\overline{W}_{a,1}$ 为 62 029×65% = 40 318.85（元）。

第二，本书不区分个人账户和社会统筹账户，R 为缴费率，取 28%。

第三，根据统计年鉴，计算得出 1995~2015 年 20 年间年工资平均增长率为 10.80%。本书依据王晓军、周渭兵的假设，将 g_{y1}、g_{y2} 分别设定为 1.84%、8.96%。

第四，根据人社部数据，将就业年龄 a 设定为 20 岁。

第五，职工平均退休年龄 b 取 54 岁[1]，参保职工极限年龄 w 取 90 岁[2]。

第六，取 O_1 为 46.79，O_2 为 59.04[3]，考虑城镇化与工业化影响，假定预测期内在职职工与退休职工养老保险覆盖率每年递增速度为 1%，高至 90% 时不再增长。

---

[1] 根据《中华人民共和国劳动法》中关于职工退休年龄的规定，通过对男女人口数量比例加权得到。

[2] "中国人寿保险业经验生命表"，中国保险监督管理委员会，2005 年。

[3] 由第六次人口普查数据计算而得。

第七，2005年养老金水平为714元，至2015年，提高到2 200元，然而，替代率 T 由57.7%下降到45%，平均年下降速度为1.27%。假定直至替代率 T 达到40%时不再下降。

第八，数据显示，2008～2015年，我国养老保险基金的平均收益率约为2.9%[①]。2016年底开始，各省基本养老保险委托社会保险基金理事会开始运营投资，虽然新的管理办法对投资设定了比例上限，但实际占比仍将会维持在较低，事实上进入股市的规模很有限。考虑到各省基本养老金分别委托，进度不一，短期内能投入运作的资金有限。参考2017～2020年委托投资的收益情况，以及未来我国逐步进入经济发展的常态化阶段，课题组将养老金投资收益率 r 设为4%。[②]

第九，自2005年以来，我国养老金经过了10次调整，经计算，得年均调整率 k 为11.9%。

②样本选择与数据来源。

所选变量的相关数据均来自《中国劳动统计年鉴》1996～2015年、《中国统计年鉴》1996～2015年、《中国社会保险发展年度报告》以及国家统计局网站等。

③我国未来养老保险基金收支预测。

根据上述模型，得出养老保险基金收支情况，见表7-15。

表7-15　2022～2055年我国基本养老保险基金收支情况　　单位：亿元

年份	养老保险基金收入	养老保险基金支出
2022	72 934.91	68 018.65

[①] 人社部《中国社会保险发展年度报告》，2015年6月30日。

[②] 2016年12月以来，各地基本养老保险金陆续委托社保基金理事会进行投资，目前，全国31个省（自治区、直辖市）都与社保基金理事会签署了《基本养老保险基金委托投资合同》。根据人社部披露的信息，截至2020年底，委托资金权益达到10 457.93亿元。根据公开年报，基本养老保险基金2017～2020年投资收益率分别为5.23%、2.56%、9.03%、10.95%。除了2018年受股市大幅波动等因素影响收益率较低以外，其他年份投资收益率均超过5%。总体而言：在第一支柱的基本养老保险基金自2016年底委托社保基金会投资以来，总体收益表现逊于社保基金的投资收益表现，但是稳定性比社保基金更好；多地在委托社保基金理事会投资时还要求社保基金理事会承诺保底收益，《全国社会保障基金理事会基本养老保险基金受托运营2019年年度报告》曾披露，2019年末签署委托投资合同的22个省（自治区、直辖市），均为委托期5年的承诺保底模式。从历年基本养老保险基金收益表来看，养老保险基金的主要收入构成包括证券差价收入、交易类资产公允价值变动收益和利息收入三大块，其中，利息收入是基本养老保险基金的主要收入来源，2017～2020年利息收入对总收入的贡献分别为72.89%、146.48%、44.96%、34.77%。未来利息收入的大致比例不会低于三成。同时，随着我国经济规模的扩大，经济发展逐渐步入常态化，投资收益也会逐渐降低，参考OECD国家的实际，投资收益大致在2%～6%，结合我国的实际，课题将养老金投资收益率 r 设为4%。

续表

年份	养老保险基金收入	养老保险基金支出
2023	79 994.31	75 131.92
2024	87 275.28	81 446.68
2025	95 579.25	89 281.57
2026	104 746.17	100 868.82
2027	114 793.50	112 446.80
2028	126 400.81	125 317.48
2029	138 194.10	138 578.98
2030	150 987.47	152 687.19
2031	164 419.14	167 769.33
2032	179 215.86	184 719.29
2033	195 529.35	202 355.72
2034	213 869.48	222 925.69
2035	233 995.29	245 009.24
2036	257 119.33	270 660.08
2037	281 752.71	300 460.09
2038	308 532.99	329 533.52
2039	337 553.75	361 692.12
2040	368 127.33	395 870.09
2041	401 074.53	432 048.14
2042	439 260.65	473 468.19
2043	479 777.04	518 182.53
2044	520 251.58	562 022.65
2045	563 502.47	610 199.81
2046	610 619.34	661 485.46
2047	660 919.15	717 078.93
2048	713 111.49	773 794.60
2049	770 146.52	835 063.46
2050	830 639.11	901 581.99
2051	879 745.39	961 519.08
2052	928 887.12	1 027 858.04

续表

年份	养老保险基金收入	养老保险基金支出
2053	987 223.84	1 097 384.85
2054	1 041 207.43	1 168 915.79
2055	1 095 391.57	1 233 917.41

资料来源：根据课题组调研资料预测分析。

对养老保险基金收支的增长速度进行测算，结果见图 7-11。

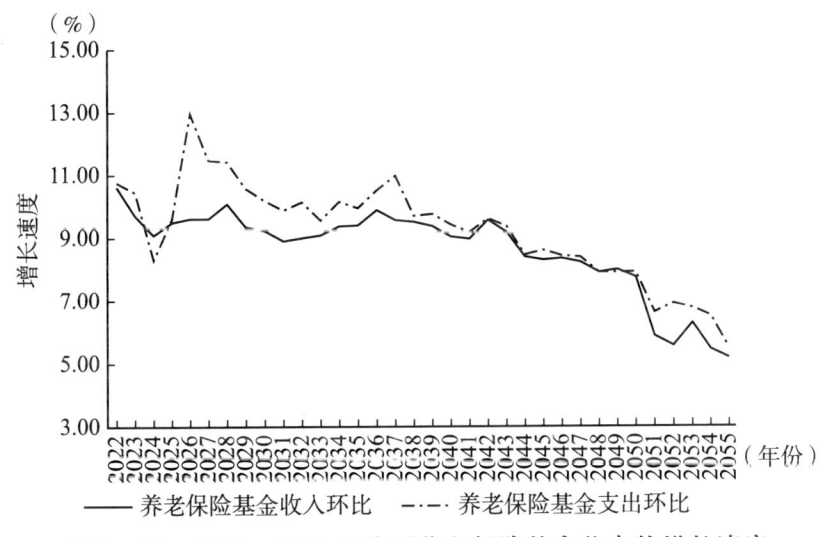

图 7-11　2022~2055 年我国养老保险基金收支的增长速度

结果显示，自 2026 年开始，我国养老保险基金支出增长速度稳定的快于养老保险基金收入增长速度，2026~2038 年两者差距较大，我国养老保险基金不平衡现象显著。

2022~2055 年养老金收支结余预测结果见表 7-16。

表 7-16　　　　　2022~2055 年养老金收支结余预测　　　　单位：亿元

年份	现行政策	年份	现行政策
2022	4 916.26	2027	2 346.70
2023	4 862.39	2028	1 083.33
2024	5 828.60	2029	-384.88
2025	6 297.68	2030	-1 699.72
2026	3 877.35	2031	-3 350.19

续表

年份	现行政策	年份	现行政策
2032	-5 503.43	2044	-41 771.07
2033	-6 826.37	2045	-46 697.34
2034	-9 056.21	2046	-50 866.12
2035	-11 013.95	2047	-56 159.78
2036	-13 540.75	2048	-60 683.11
2037	-18 707.38	2049	-64 916.94
2038	-21 000.53	2050	-70 942.88
2039	-24 138.37	2051	-81 773.69
2040	-27 742.76	2052	-98 970.92
2041	-30 973.61	2053	-110 161.01
2042	-34 207.54	2054	-127 708.36
2043	-38 405.49	2055	-138 525.84

资料来源：根据课题组调研资料预测分析。

图7-12描述了预测的我国养老保险基金结余的变化趋势，结果显示，在不考虑财政补贴的情况下，养老保险基金收支结余先增加后减少，2025年达到最大。2029年之前，养老保险基金收入仍大于支出，2029年开始我国养老保险基金将出现缺口，收不抵支，并且缺口逐渐增大，我国养老保险基金支付压力将越来越大。

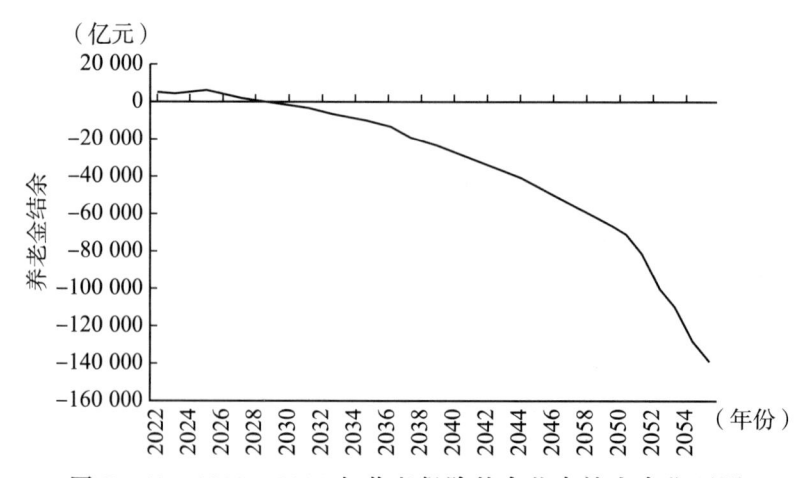

图7-12 2020~2054年养老保险基金收支结余变化预测

虽然基本上我国养老保险基金收入与支出都处于不断增长状态，但是支出的增速快于收入。人口老龄化进程的加快会影响我国未来的养老基金缺口，加剧收支不平衡。这不仅关乎国家支出负担，更关乎人民的生活质量问题。

三、延迟退休政策对养老保险基金收支的影响

根据建立的总账法模型，对不同延迟退休方案下的养老保险基金结余进行预测，由于方案三是基于工作年限与退休年龄之间的可选择性退休方案，因此，本书对其基金收支结余预测出相应范围，由上限和下限共同决定。预测数据显示，实行延迟退休方案后，养老保险基金收支结余减少情况明显改善，见表7-17。

表7-17　　不同延退方案下养老保险基金收支结余预测　　单位：亿元

年份	现行政策	方案一	方案二	方案三（下限）	方案三（上限）
2022	4 916.26	6 711.89	5 850.83	5 116.26	5 039.70
2023	4 862.39	7 382.50	6 091.85	7 562.39	5 894.23
2024	5 828.60	7 757.04	6 675.85	8 928.60	6 417.70
2025	6 297.68	8 702.69	7 666.91	8 397.68	7 266.13
2026	3 877.35	11 312.96	10 016.18	8 877.35	9 429.42
2027	2 346.70	13 800.46	12 053.51	9 346.70	10 785.61
2028	1 083.33	15 717.02	12 411.72	9 885.37	12 273.46
2029	-384.88	17 523.80	14 736.42	10 520.63	14 004.84
2030	-1 699.72	19 622.00	16 855.04	6 986.80	17 740.17
2031	-3 350.19	22 038.21	17 427.43	6 319.59	20 016.35
2032	-5 503.43	24 964.67	17 886.46	8 310.55	23 040.13
2033	-6 826.37	27 965.64	18 801.41	9 998.10	25 353.75
2034	-9 056.21	31 065.38	19 572.47	12 260.49	28 474.33
2035	-11 013.95	35 382.52	23 596.75	16 079.33	32 401.62
2036	-13 540.75	38 002.44	26 432.99	17 434.72	35 964.38
2037	-18 707.38	45 575.48	30 503.97	21 822.28	40 355.94
2038	-21 000.53	47 911.27	34 192.39	28 162.79	45 532.15
2039	-24 138.37	53 122.02	37 656.92	30 110.23	51 625.84
2040	-27 742.76	59 196.66	41 141.50	36 634.55	59 196.66
2041	-30 973.61	56 097.46	43 122.68	32 682.16	55 097.46

续表

年份	现行政策	方案一	方案二	方案三（下限）	方案三（上限）
2042	-34 207.54	52 930.86	38 637.08	28 257.5	50 930.86
2043	-38 405.49	48 489.81	34 142.86	24 253.94	45 489.81
2044	-41 771.07	41 347.89	30 042.59	20 116.24	39 347.89
2045	-46 697.34	37 546.91	24 759.53	15 543.74	38 087.95
2046	-50 866.12	30 390.49	20 823.53	10 755.29	32 508.66
2047	-56 159.78	24 699.42	15 088.64	5 980.80	26 677.56
2048	-60 683.11	18 766.98	9 688.77	1 112.86	20 842.44
2049	-64 916.94	13 834.44	4 670.21	-5 133.10	15 222.55
2050	-70 942.88	8 323.81	-1 169.10	-10 481.08	9 732.76
2051	-81 773.69	-4 744.03	-13 529.80	-23 047.22	-2 724.93
2052	-98 970.92	-22 024.24	-32 593.69	-40 591.96	-20 062.30
2053	-110 161.01	-35 911.54	-44 983.05	-52 664.74	-33 131.08
2054	-127 708.36	-54 289.63	-64 008.51	-71 038.32	-51 668.64
2055	-138 525.84	-66 690.05	-76 355.15	-83 701.84	-64 186.23

资料来源：根据课题组调研资料预测分析。

由图7-13可见，延迟退休对养老保险基金收支平衡、缓解养老保险基金支付压力有非常明显的作用。老龄化加剧与个人空账运行的双重作用，加剧了我国养老保险基金支付压力。以本研究设计的延迟退休方案对养老保险基金收支缺口进行预测，可知三种延迟退休方案都使得养老保险基金结余开始减少的时间推迟，至2055年不再出现收不抵支现象。总体来看，方案一增加结余的力度大，2041年开始养老金结余才呈现下降趋势；方案二增加养老金结余量居中，2042年开始养老金结余出现下降趋势，下降速度快于方案一；方案三对养老保险基金收支结余的影响处于一个范围，其下限较方案二增长更加平缓，2040年及之前，其上限较之方案一增加量略低，但2041年之后，其增加量高于方案一，且出现的下降趋势也更为平缓。

图7-13表明，原始方案即现行的不延迟退休政策不具有养老金的积累效应，其他方案均具有一定程度的养老金积累效应。相比较而言，方案三（上限）、方案一的养老金积累效应优于方案二和方案三（下限）。但值得注意的是，几种方案在2040年左右养老金积累都会达到最高值，之后趋于下降。

依据表7-17的数据，进一步可以测算出不同延迟退休方案下养老金收支的边际结余数值，具体结果见表7-18。

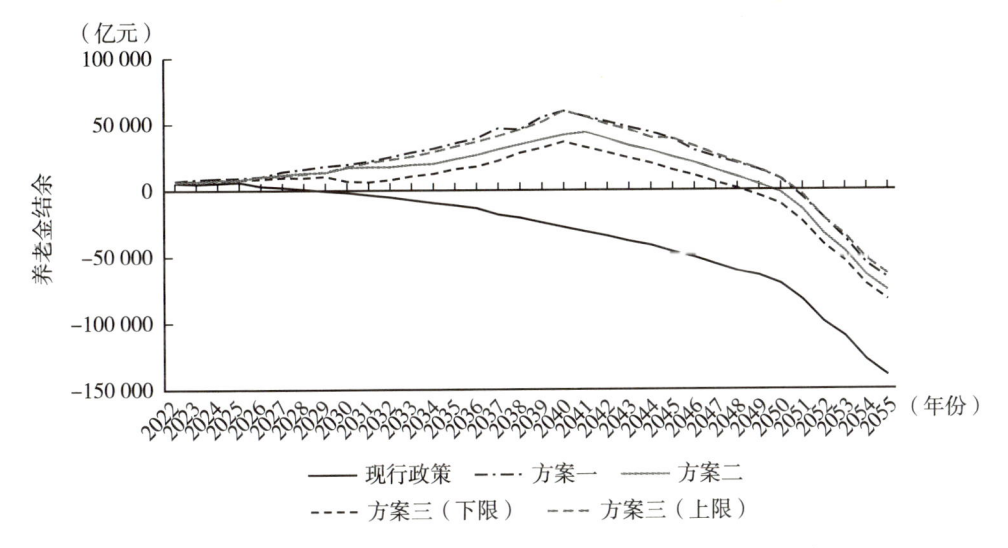

图 7-13　不同退休方案下养老保险基金收支结余对比

表 7-18　不同延迟退休方案下养老保险基金收支边际结余预测

项目	方案一	方案二	方案三（下限）	方案三（上限）
边际增长数额（亿元）	823.24	616.42	412.46	926.43
平均增长率（%）	4.83	5.25	4.61	6.14

从图 7-13 和表 7-18 中的结果可以得出以下结论：

第一，从统账结合的基本养老制度建立开始，我国养老保险基金收入与支出都处于不断增长状态，但是支出的增速快于收入。在 2037 年之前，基本养老保险基金收入大于支出，基金收支平衡，但养老保险基金收支结余逐渐减少。2037 年以后，养老保险基金收入增长开始明显小于支出，并且支出大幅度增长，养老保险基金收不抵支，缺口程度逐渐增大，基金支付压力将越来越大。缺口增大，不仅关乎国家支出负担，更影响人民的生活质量问题。老龄化加剧与个人空账运行的双重作用进一步放大了这一问题的影响。

第二，延迟退休对养老保险基金收支平衡、缓解养老保险基金支付压力有着非常明显的作用。三种延迟退休方案都使得养老保险基金结余开始减少时间推迟，至 2055 年不再出现收不抵支现象。总体来看，方案一增加结余的力度大，2041 年开始基金结余才呈现下降趋势；方案二增加基金结余量居中，2042 年开始基金结余出现下降趋势，下降速度快于方案一。方案三对养老保险基金收支结余的影响处于一个范围，其下限较方案二增长更加平缓，2040 年之前，其上限较方案一增加量略低,但 2041 年之后,其增加量高于方案一,且出现的下降趋势也更为平缓。

第三,三种方案中第三种延迟退休方案对于养老保险基金收支结余的作用最优。三种延迟退休方案都实现了养老保险基金结余由负值增到正值,改变了收不抵支的现象。方案三对于养老保险基金结余量边际增长的数额为 1 090.693 亿元,退休年龄每提高 1 岁,对于养老保险基金结余量增加的增长率为 6.77%,为三个方案中的最优。其次为实行一次性延迟退休(方案一),对于养老保险基金结余量边际增长的数额为 986.5205 亿元,作用也较明显。考虑到工作年限与法定退休年龄的渐进式、分阶段,具有可选择性和弹性的延迟退休方案三,不仅从对养老保险基金的收支平衡改善力度,而且从长远角度的考量方面都比其他延迟退休方案效果更好,更有助于养老保险基金收支情况的改善。

第四节 延迟退休政策对经济增长的影响与乘数效应

据现代经济增长理论,延迟退休能够通过劳动力要素和资本投入要素促进经济增长。从劳动要素看,延迟退休能够增加劳动力供给,并降低老年人口抚养比,相对更多的社会资本被用以少儿人口的教育等更具投资性的支出,人力资本投资的增加和积累促进了经济增长。从资本要素看,延迟退休政策具有养老金积累效应、收入分配的诱导和收敛效应,这些效应均有利于提高储蓄率,并推动投资增加和资本形成,从而促进经济增长。

提高法定退休年龄已成为世界各国应对人口老龄化所造成的社会和经济压力、进行社会利益整合的重要措施与政策选择。测度延退方案如何能处理好公平与效率的问题,实施何种退休方案符合我国现状,能合理有效应对人口结构转变带来的压力,促进经济增长,并且在多大程度上能作用于经济发展至关重要。通过对退休年龄政策变动产生的经济效应研究,可以科学地分析出延迟退休政策对整个社会产生的具体影响和效应,能够为政府在退休年龄政策制定过程中进行宏观定位与微观把握提供学理性依据,为政策优化和方案实施提供决策依据和对策建议。

一、延迟退休对经济增长的影响机理

延迟退休政策对于经济发展具有乘数效应。乘数效应是指经济活动中某一变

量的增减所引起的经济总量变化的连锁放大反应的程度，延迟退休政策会直接增加社会的人力资本存量，进而对储蓄、投资和消费带来影响，从而影响经济活力与经济发展。

（一）对劳动力供需的影响

1. 对劳动力数量的影响

延迟退休通过延长工作年限，提高了劳动力退出劳动市场的年龄，将一部分原有劳动年龄以上的人口纳入劳动年龄人口，相对增加了劳动力供给数量，一定程度上维持了我国劳动力数量优势。短期来看，直接弱化了劳动力减少对经济增长的不利影响。长远来看，经济增长的过程伴随着产业结构升级和技术进步，实行延迟退休政策，劳动力供给增多的同时高素质的优质劳动力工作年限亦被延长，劳动力资源得到充分利用。因此，总体来说，延迟退休带来的充足的劳动力供给与较高的储蓄水平刺激经济增长。

2. 对劳动力质量的影响

延迟退休从人力资本角度通过对人口年龄结构的影响作用于经济增长。人们常常会认为老年人口属于纯粹的消费性人群，对于老年人口的支出包括养老金等不具有投资性，更不具有投资理念。与之相对，少儿则是潜在的生产性人群，对少儿人口的教育等的投资，是一种进行社会人力资本投资与积累的行为。实行延迟退休政策，通过相对增加劳动年龄人口数量，从而降低社会的老年人口抚养比例，有利于将相对更多的社会资本投入到少儿人口的教育等更具投资性的支出，提高人力资本，促进经济增长。

延迟退休亦通过影响人力资本投资作用于经济增长。通过教育投资、在职培训、受教育年限的增加、人力资本迁移、保健投资等方式可进行人力资本投资，基于"理性人"假说，人对其教育投资的决策决定于投资产生的收益。当教育投资的收益大于成本，人们才会选择投资。延迟退休在增加劳动者工作年限的同时延长了其对所获得教育投资收益利用的年限，起到一种激励作用。从某种程度上，不仅提高了社会对人力资本投资的意愿，还增加了个人对自身教育投资以及家庭对子女的教育投资意愿，这将长期有利于社会人力资本存量的积累，增加劳动力资源量，促进经济增长。

（二）对养老保险基金收支的影响

延迟退休通过延长劳动力的工作年限，使得原本退休的劳动者没有退出市场，继续缴纳养老金。一方面，延长参保年限，相对增加了养老保险基金收入。另一方面，从保持参保人数的角度增加收入，缓解养老保险基金收支不平衡，减少政府社保支出，使财政支出倾斜向生产性投资，从而共同助力于社会资本积累，作用于经济增长。

但是另一方面，延迟退休对就业存在的挤出效应可能会减少养老保险基金收入。延迟退休可能会挤占年轻就业人员的工作岗位，从而增加失业风险，从这种效应角度来讲，城镇职工基本养老保险参保人数会受到此影响而减少，某种程度上也在减少着养老保险基金收入。因此，延迟退休对养老保险基金收入的影响要比较上述两个作用的大小。

（三）对储蓄与消费的影响

1. 对储蓄投资的影响

储蓄通常被认为既是社会资本又是投资的重要来源。根据美国经济学家弗朗科·莫迪利安尼的生命周期消费理论，延迟退休，一方面延长劳动力工作年限，相对增加了个人收入，增加了对养老的储蓄；另一方面增加劳动年龄人口比重，增加社会的总储蓄量。此外，降低老年抚养负担，削弱了老年人口对储蓄的负向影响，间接增加总储蓄，从而间接增加社会资本存量积累，进而正向作用于经济增长。长期来看，我国人均受教育年限不断提高，随着技术进步，产业结构升级，劳动者报酬也会显著提高，延迟退休使得整体收入增加，意味着储蓄增加，从而带动投资，推动经济发展。

2. 对消费的影响

近年来，我国经济增长的动力结构发生深刻变化，消费拉动经济的特征越发明显，消费成为经济增长的主动力。根据不同年龄的消费时期，将消费市场分为少儿、青年、中年、老年消费市场，不同消费市场具有不同的消费行为。延迟退休通过延长工作年限，使得一部分劳动年龄以上人口重新回到岗位，带给其一定的收入来源，从而减轻老年群体的一部分消费顾虑，增加其消费，对经济增长起到促进作用。另外，延迟退休增加了老年人的收入，促进老年产业消费的增加，供给也会随之增加，促进产业结构向第三产业转移，产业结构调整促进经济增长。

（四）对收入分配的影响

退休年龄和养老保险制度作为社会保障的重要组成部分具有代内和代际收入再分配效应。现阶段，我国养老保险制度采用社会统筹与个人账户相结合模式，目前，不断加深的人口老龄化程度使得在职劳动者的养老金缴费难以负担退休劳动者养老金收入，收入分配不公平，导致代际矛盾。延迟退休，增加缴费人口的同时减少领取人口，缓解代际矛盾，促进社会经济发展。

劳动年限的缩短导致劳动力市场供给减少，在生产效率既定的情况下，劳动力数量的减少将减少国民总收入。延迟退休政策可增加劳动年龄人口占比，降低老年人口抚养比，提高国民总收入。国民收入越高，对经济增长越有利。国民整体收入按照用途可分为消费基金和积累基金，若收入总额保持不变，两者处于此增彼减的状态。当社会老年抚养占比增加，政府包括家庭用于老年人口的消费占比也会增加，消费基金比重随之增加。随着老龄化进程加快，政府针对老年人口的公共服务、基础建设、养老保障、医疗卫生等支出将不断增加。由于老年人口的特殊性，身体机能等的不断衰退，抚养、福利支出负担大，同时也几乎得不到投资回报，这种纯消费型的支出比例持续增加对经济将产生不利影响。延迟退休增加劳动年龄人口数量可相应增加劳动力供给，减轻国民收入对老年人口等的保障、福利及抚养负担，从而降低消费基金占比，间接增加积累基金，促进积累基金向投资的转化，共同作用于经济增长。

（五）对技术进步的影响

延迟退休对技术进步的影响主要体现在全要素生产率的提高上。全要素增长率主要来源于研发支出、资源配置、技术创新、技术进步决定的规模经济、教育等无形资本、人力资本等。作为经济增长的直接影响因素之一，全要素生产率与其他投入因素之间亦存在相互作用。在我国老龄化背景与趋势下，延迟退休从劳动力供需、养老保险基金收支、储蓄与消费、收入分配、技术进步五个层面，直接与间接作用于经济增长。一方面，延迟退休通过增加劳动力供给数量、加强人力资本的有效利用和对人力资本的投资、相对增加社会中的有效储蓄者和投资者，积累社会资本，促进全要素生产率提高，从而直接作用于经济增长。另一方面，延迟退休通过增加养老金缴费人数，缓解养老金供求矛盾，增加政府投资，带动社会投资，改善资源配置，优化产业结构，间接作用于经济增长。

二、渐进式延迟退休政策对经济增长乘数效应分析

（一）研究思路

基于上述现有研究的成果与不足，本研究沿着"理论支撑—现状分析—模型建立—效应测评—政策建议"的基本思路，以延迟退休对经济增长影响的理论分析为基础，将人口预测模型作为分析工具，根据我国劳动力、老龄化等现状与趋势预测，同时引入控制变量，建立考虑人口年龄结构以及养老保险基金收支结余

对社会投资影响的经济增长模型,以理论为引导,结合我国过去的经济数据,从延迟退休政策对养老保险基金收支、劳动力供给数量与质量、技术进步层面,规范与实证分析相结合,预测实行延迟退休政策对我国经济增长产生的效应,将不同延迟退休方案的实施前后效果做出对比。

(二) 预测模型

经济增长主要与劳动力数量及质量、社会资本、全要素增长率等因素相关。因此,对于经济增长的预测,第一,要考虑劳动力数量的未来发展趋势。以2010年数据为基期,不引入人口迁移,考虑"单独二孩"与"全面二孩"政策,采用队列要素法来预测2016~2055年我国劳动年龄人口。第二,要考虑劳动力质量的未来发展趋势。以2010年数据为基期,采用平均受教育年限法来预测2016~2055年我国劳动力质量。第三,要考虑社会资本的未来发展趋势。首先运用总体法测算养老保险基金收支,再结合《基本养老保险基金投资管理办法》以及延退后养老保险基金收支结余增加效应,预测2016~2055年我国社会资本。第四,要考虑全要素增长率的未来发展趋势,根据已建立的增长函数,考虑人力资本,以扩展的索罗余值法测算全要素增长率对经济增长的贡献。此外,为避免其他因素对经济增长的影响,从而对实证有所干扰,选取金融发展、贸易开放度、政府支出规模作为控制变量完善经济增长模型。

1. 人口结构预测模型

研究团队基于与第三节同样的方法,对我国未来人口年龄结构进行预测,具体模型见公式(7.5)~公式(7.7)。

2. 劳动力质量预测模型

劳动者具有的知识、技术、能力、素质等共同凝结成劳动者质量,亦称人力资本。人力资本表现在众多方面,受教育程度是一项重要衡量指标,大多数学者以此作为衡量人力资本的标准。曼昆等(Mankiw et al., 1992)进行人力资本测算时,采用了15岁及以上年龄人口中,初中及以上受教育水平的人口比例。刘强(2014)测算各地区人力资本时,采用每万人口中在校大学生的人数。张晓雪等(2002)、王云等(2013)等衡量人力资本采用平均受教育年限指标。

本书采用平均受教育年限法估计劳动力质量。假设 YE_t 为第 t 年劳动年龄人口的总受教育年限,则 ye_t 为第 t 年劳动年龄人口的平均受教育年限;L_t 为第 t 年劳动年龄人口的数量;R 为退休年龄;$L_t(k,i)$ 为第 t 年在 i 年龄的劳动人群中具有 K 程度受教育水平的人口数量;$S_t(k,i)$ 为第 t 年,年龄为 i 的人口当年进入 k 类教育的入学率。

受到 k 类教育水平的受教育时间为 $T(k)$,$k = 0, 6, 9, 12, 16$,分别表示未上过学、小学、初中、高中、大学专科、大学本科、研究生水平。[①] $L_t(k)$ 表示第 t 年受到 k 类教育的劳动年龄人口数量。

$$L_t(k, i) = [S_t(k, i) - S_{t-1}(k, i)] \times L_t(k) \tag{7.8}$$

$$YE_{t+1} = YE_t - \sum L_{t+1}(k, r) \times T(k) + \sum L_{t+1}(k, 16) \times T(k)$$
$$+ \sum L_{t+1}(k, 19) \times T(k) + \sum L_{t+1}(k, 23) \times T(k) + \cdots \tag{7.9}$$

3. 养老保险基金收支预测模型

依据总账法，不考虑财政转移支付，同时考虑个人和社会两方面因素对职工缴费工资的影响。具体测算模型见公式（7.2）和公式（7.3）。

4. 经济增长预测模型

为进一步量化影响，本书通过建立预测模型，对延迟退休后经济增长的变化进行测度。在老龄化背景下，延迟退休从劳动力供求、养老保险基金收支、储蓄与消费、收入分配、技术进步层面共同作用于经济增长。劳动力供求主要从劳动力质量与数量的改变对经济增长有所影响，而养老保险基金收支与收入分配主要通过储蓄和消费对社会资本积累产生影响，进而作用于经济增长。基于此，本书建立如下计量模型：

$$\ln Y_t = \alpha_0 + \alpha_1 \ln K_t + \alpha_2 \ln H_t + \alpha_3 \ln L_t + \alpha_i \ln X i_t + \mu_t \tag{7.10}$$

其中，Y_t 为经济增长，K_t 为资本存量，H_t 为劳动力质量，L_t 为劳动力数量，μ_t 为影响经济增长的其他控制变量，为残差项。t 为年份，α_i 为系数。

（三）不同延迟退休方案对经济增长的影响

1. 不同延迟退休方案对劳动力供给的影响

（1）我国人口老龄化发展预测。

①数据来源与参数设定。

以 2010 年数据为基期，采用上述模型预测 2022~2055 年我国人口总数，模型只考虑出生和死亡参数。因此，本书对生育率进行假定，2010 年为 1.18，2015 年以前为 1.5，2015 年为 1.6，实施"全面二孩"政策后，2016 年稍有提高，2017 年及以后，研究忽略医疗水平等的发展，假定在预计的未来年份，总和生育率维持在 1.6。

②总人口发展预测。

总人口预测结果见表 7-19。表中显示，我国人口总数自 2010 年不断增大，至 2031 年增至顶峰，此后，逐渐开始减少，变化趋势如图 7-14 所示。

[①] 调研设计时对学历进行了 7 分段设计，在统计汇总时进行了聚类，对调查人数较少者进行了合并，呈现为 5 个层次。

表7-19　　　　　　　2022~2055年我国人口总量　　　　　　单位：人

年份	总人口	年份	总人口
2022	1 415 878 819	2039	1 421 075 223
2023	1 420 711 116	2040	1 416 224 468
2024	1 424 930 038	2041	1 410 648 750
2025	1 428 547 835	2042	1 404 579 220
2026	1 431 577 831	2043	1 398 009 767
2027	1 433 997 397	2044	1 390 945 959
2028	1 435 844 883	2045	1 383 492 799
2029	1 437 185 412	2046	1 375 672 754
2030	1 437 997 017	2047	1 367 562 579
2031	1 438 269 723	2048	1 359 206 482
2032	1 438 081 390	2049	1 350 619 256
2033	1 437 297 232	2050	1 341 863 458
2034	1 436 006 235	2051	1 332 944 886
2035	1 434 201 067	2052	1 323 902 591
2036	1 431 851 999	2053	1 314 727 794
2037	1 428 916 743	2054	1 305 494 375
2038	1 425 301 268	2055	1 296 184 900

资料来源：根据课题组调研资料预测分析。

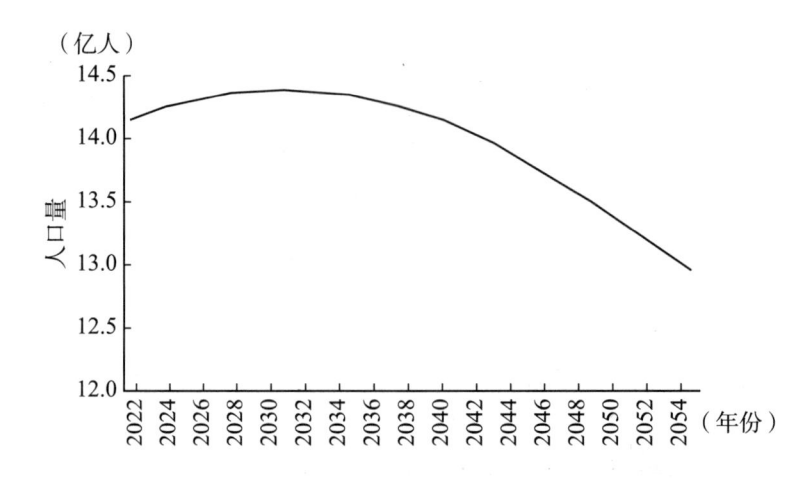

图7-14　2022~2055年我国人口总量变化趋势

③老龄人口预测。

根据上述模型与参数设定,预测我国 65 岁以上人口数量,见表 7-20。

表 7-20　　　　2020~2055 年我国 65 岁以上人口数量预测　　　　单位:人

年份	2020	2025	2030	2035
人数	190 635 314	198 568 149	216 418 551	256 578 571
年份	2040	2045	2050	2055
人数	301 089 322	328 441 190	333 855 628	328 194 017

资料来源:根据课题组调研资料整理分析。

结果显示,我国 65 岁以上老龄人口绝对数量逐渐上升,但增长速度与人口总数趋势大致保持一致,先增加后减少。2027 年之前增长速度加快,2028 年开始逐渐减缓。

以 65 岁老年人口为基准的老龄化率,预测值逐渐增大,见图 7-15。2045 年开始老龄化率变化趋于平缓,由于老龄人口减少趋势小于总人口减少趋势,造成我国老龄化压力依旧逐年增大。

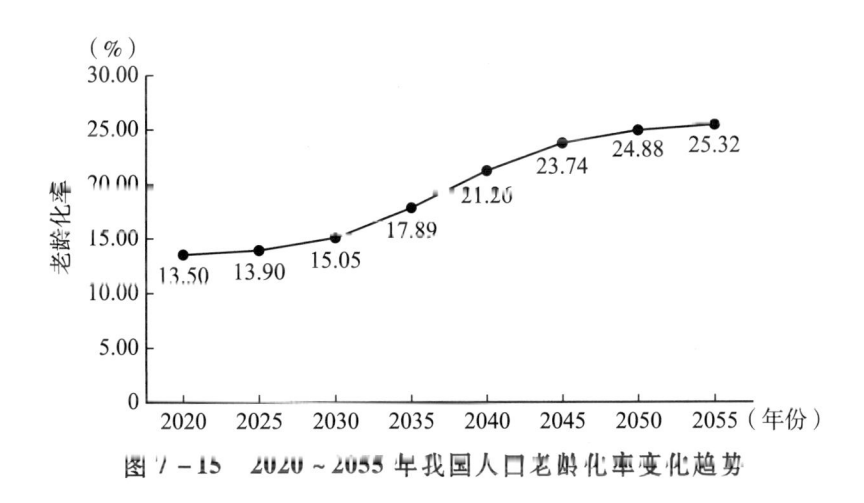

图 7-15　2020~2055 年我国人口老龄化率变化趋势

(2) 对劳动力数量的影响。

延迟退休后,增加劳动力工作年限,原本应该退休的劳动力会继续工作,增加了劳动力数量。根据设计的三种延迟退休方案,结合预测模型,对不同延退方案下劳动年龄人口数量进行预测,见表 7-21。

表7-21　2022~2055年不同延退方案下劳动力数量的预测　　单位：人

年份	方案一	方案二	方案三（下限）	方案三（上限）
2022	975 130 227	856 655 649	847 539 020	933 537 928
2023	972 301 817	868 364 001	841 897 692	944 264 747
2024	967 441 735	855 179 066	832 289 381	941 619 802
2025	964 750 281	843 807 433	820 779 134	936 633 652
2026	963 011 155	857 456 088	814 525 231	931 240 478
2027	957 346 992	850 055 328	804 961 954	928 449 044
2028	954 275 717	839 892 581	796 675 499	921 294 404
2029	949 961 548	855 725 105	790 546 454	914 065 386
2030	942 498 698	850 374 090	785 343 159	909 334 233
2031	937 537 346	841 251 020	780 095 076	901 723 283
2032	929 604 004	856 041 596	775 117 769	894 684 268
2033	922 314 070	848 349 301	770 648 434	887 469 347
2034	914 792 146	839 518 197	767 475 428	878 437 810
2035	905 548 363	831 717 372	768 999 421	891 873 804
2036	897 251 126	824 407 441	766 057 887	883 576 567
2037	888 089 681	818 021 466	762 883 489	874 415 122
2038	880 283 071	812 206 359	758 951 629	866 608 512
2039	873 238 021	808 071 378	754 365 650	859 563 462
2040	866 541 218	803 314 525	750 018 150	852 866 659
2041	861 221 613	799 334 517	744 752 308	847 547 054
2042	856 030 818	795 096 138	740 366 678	842 356 259
2043	850 763 969	790 241 443	739 729 009	854 203 944
2044	846 904 027	784 442 937	733 052 533	848 830 619
2045	842 129 336	779 594 604	726 223 092	844 883 976
2046	835 966 170	773 359 032	717 755 342	839 961 305
2047	831 303 372	768 153 642	709 332 211	833 735 240
2048	826 193 713	761 509 691	707 114 613	844 788 576
2049	819 696 174	742 110 618	699 835 916	839 898 199
2050	813 139 367	732 388 421	693 981 282	834 477 958
2051	804 920 705	720 589 671	688 704 767	827 558 930

续表

年份	方案一	方案二	方案三（下限）	方案三（上限）
2052	796 889 379	712 236 397	683 437 100	820 536 132
2053	786 521 308	703 194 577	678 849 920	811 875 816
2054	773 976 066	693 219 705	674 680 815	803 307 611
2055	764 483 393	686 668 512	671 393 493	792 619 024

资料来源：根据课题组调研资料预测分析。

图7-16表明，以现行条件下（无退休年龄延迟和"全面二孩"政策），以劳动年龄人口自然增长为参照，方案三（上限）、方案一劳动力数量增长效应较方案二、方案三（下限）显著。

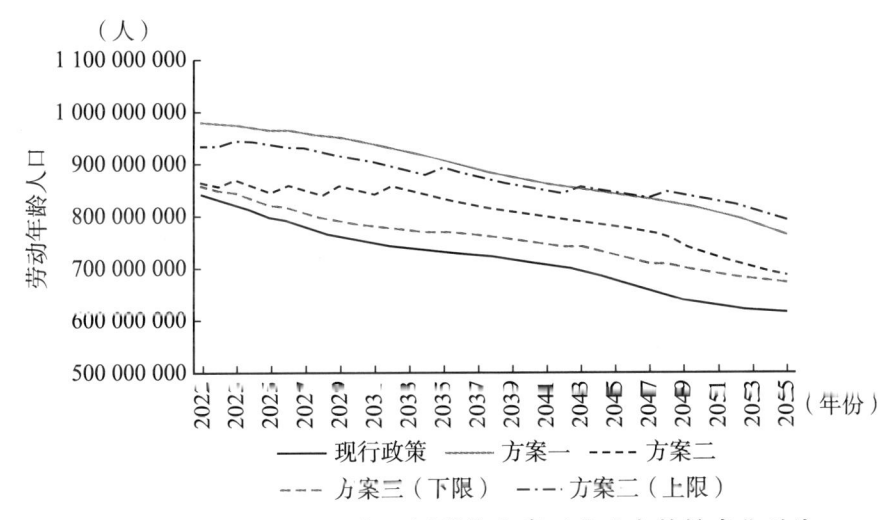

图7-16　2022～2055年不同退休方案下劳动力数量变化对比

(3) 对劳动力质量的影响。

不同延迟退休方案下，劳动力质量预测结果如表7-22所示。

表7-22　2022～2055年不同延退方案下我国劳动力质量预测　单位：年

年份	现行政策	方案一	方案二	方案三（下限）	方案三（上限）
2022	10.95	10.53	11.02	10.75	10.99
2023	11.45	10.53	11.33	11.21	11.06
2024	11.81	10.43	11.44	11.68	10.92
2025	12.02	10.36	11.31	11.60	11.06

续表

年份	现行政策	方案一	方案二	方案三（下限）	方案三（上限）
2026	12.12	10.43	11.42	11.68	11.18
2027	12.23	10.55	11.53	11.73	11.19
2028	12.34	10.72	11.49	11.79	11.38
2029	12.41	10.85	11.69	11.73	11.53
2030	12.36	11.01	12.00	11.77	11.43
2031	12.42	11.17	11.91	11.76	11.59
2032	12.56	11.53	12.46	11.76	12.24
2033	12.65	11.85	12.66	11.82	12.33
2034	12.66	11.97	12.56	11.82	12.46
2035	12.72	12.02	12.81	11.84	12.59
2036	12.83	12.27	12.91	11.93	12.71
2037	13.03	12.51	13.06	11.73	12.83
2038	13.16	12.74	12.98	12.81	12.98
2039	13.25	12.97	13.10	13.05	13.10
2040	13.37	13.38	13.15	13.18	13.25
2041	13.42	13.76	13.37	13.35	13.37
2042	13.53	14.10	13.97	13.44	13.76
2043	13.72	14.39	14.19	13.62	13.91
2044	13.91	14.24	14.24	13.26	13.87
2045	14.08	14.53	14.41	13.54	14.04
2046	14.32	15.04	14.34	13.68	15.24
2047	14.51	15.33	14.63	13.79	15.49
2048	14.73	15.35	14.85	13.97	15.59
2049	14.65	15.54	14.95	14.13	15.77
2050	15.17	15.68	15.37	13.90	15.67
2051	15.13	15.80	15.43	14.27	16.09
2052	15.09	16.09	15.59	14.46	16.56
2053	14.91	16.46	15.61	14.57	16.71
2054	14.72	16.61	15.72	14.69	16.96
2055	14.68	16.76	15.68	14.86	17.20

资料来源：根据课题组调研资料预测分析。

图 7-17 表明，方案三（上限）、方案一的劳动力质量增长效应高于方案二和方案三（下限）。预测结果显示，实行不同退休方案，无论是否延迟退休，我国未来劳动力质量均不断提高。然而，短期来看，实行延迟退休政策后，三种延退方案均对劳动力质量有一定程度的拉低，但在2040年以后，这种消极影响发生转变，开始对劳动力质量具有增加效应。方案一，一次性延退，不区分性别，对劳动力质量的影响作用最大，无论是拉低与提高的效果均显著。较之，渐进式的方案二影响则较为缓和。考虑工作年限的分阶段方案三起初的拉低效应弱于方案一，2046年后，其上限显示出的对劳动力质量的提高作用明显优于方案一，方案三（下限）较之方案二与此有同样的趋势：起初，拉低效应低于方案二，2054年开始展现出提高效应。总体来看，从近期与远期综合考虑，方案三对劳动力质量的作用较之方案一与方案二，负向影响小于正向影响，最终表现为提高效应，为最优。

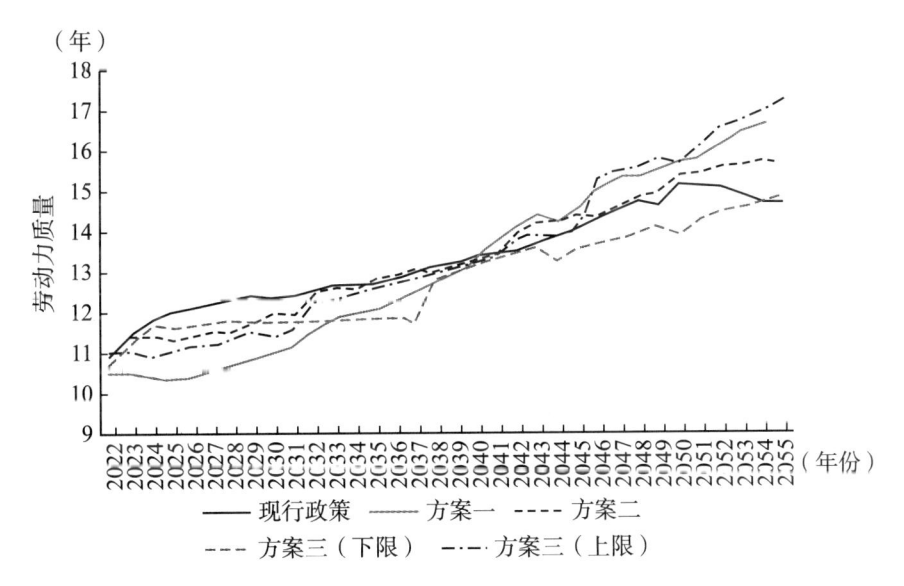

图 7-17 不同退休方案下我国劳动力质量变化对比

实施延迟退休政策，对我国的劳动力质量产生负相效应，主要是缘于我国是发展中国家的国情。自新中国成立以来，我国经济取得了飞速发展，教育水平提高，但不同时期的教育水平差距也很大，接受教育时间早的劳动力，恰好现阶段属于老龄人口。因此，一段时间内，我国青年劳动力素质高于老龄劳动力的素质，这使得我国劳动年龄人口的平均素质被拉低，随着我国的教育水平渐渐趋于稳定，这种人口在受教育程度上的差异将会逐渐缩小，延迟退休政策对劳动力质量的负面影响也会随之改变，劳动力质量带来的效益可能会有滞后，但最终仍为正向影响。

2. 不同延迟退休方案对养老保险基金收支的影响

根据建立的总体法模型,针对不同延迟退休方案下的养老保险基金结余进行预测,由于方案三是基于工作年限与退休年龄之间的可选择性退休方案,因此,本书对其养老金收支结余预测出相应范围,由上限和下限共同决定。预测数据显示,实行延迟退休方案后,养老保险基金收支结余减少情况明显改善。

原始方案即现行的不延迟退休政策不具有养老金的积累效应,其他方案均具有一定程度的养老金积累效应。相比较而言,方案三(上限)、方案一的养老金积累效应优于方案二和方案三(下限)。

可见,延迟退休对养老保险基金收支平衡、缓解养老金支付压力有非常明显的作用。老龄化加剧与个人空账运行的双重作用,加剧了我国养老保险基金的支付压力。以本书建立的延迟退休方案对养老保险基金收支缺口进行预测可知,三种延迟退休方案都使得养老保险基金结余开始减少时间推迟,至2055年不再出现收不抵支现象。总体来看,方案一增加结余的力度大,2041年开始养老保险基金结余才呈现下降趋势,方案二增加结余量居中,2042年开始养老保险基金结余出现下降趋势,下降速度快于方案一。方案三对养老保险基金收支结余的影响处于一个范围,其下限较方案二增长更加平缓,2040年及之前,其上限较之方案一增加量略低,但2041年之后,其增加量高于方案一,且出现的下降趋势也更为平缓。

因此,延迟退休能达到增加基金收入、减少支出的效果,从而缓解养老金压力。一次性实行大力度的延迟退休政策作用短期内非常明显,但从长远角度考虑,渐进、分阶段、可选择的方案三的延退方式更为科学。

3. 延迟退休对经济增长的效应测评

(1)对经济总量的影响。

①变量选取。

被解释变量:经济增长(Y_t),以国内生产总值(GDP)总量指标来反映。

解释变量:资本存量(K_t),考虑到养老保险基金收支通过社会投资与财政补贴作用于经济增长。按照《基本养老保险基金投资管理办法》中每种资产的政策上限规定,计算得到加权系数,乘以养老保险基金结余预测量得到养老保险基金结余用于社会投资的金额。此外,实行延迟退休后,延退后的结余量减去现行退休政策下的结余量,即每年财政补贴减少的量,以财政投入的方式形成资本。因此延退后,资本存量的计算过程中应加上养老保险基金收支结余投资额以及财政补贴减少额。

劳动力质量(H_t),即人力资本,采用我国劳动力平均受教育年限衡量。

劳动力数量（L_t），以历年就业人数表示。

控制变量：为了避免其他因素对经济增长的影响，从而对实证有所干扰，本书选取金融发展、贸易开放度、政府支出规模三个控制变量以保证估计结果的精准性。

第一，对外贸易（$X1$、$X2$）。

随着贸易全球化，世界各国商业交流频繁，对经济增长有着不容忽视的作用。作为连接国内国际市场的重要渠道，对外贸易一方面在获得国外产品和服务的同时，也拥有了其隐含的先进技术，通过促进技术进步影响经济增长；另一方面，这种商业交流给一个国家或地区提供获取国外技术和其他形式知识的机会，即通过产生技术溢出效应作用于经济增长。因此，对外贸易能促进经济增长。实际进出国境的货物总金额，即进出口总额，可以衡量一个国家在对外贸易方面的总规模。因此，本书在衡量对外贸易方面选择进出口总额（$X1$）与外国直接投资（FDI）（$X2$）指标。

第二，金融发展（$X3$）。

金融体系促进商品和服务的交换，能有效配置存款和新增资金，降低资金融资成本，利于扩大再生产，提高对实体经济的间接融资效率，利于产业结构升级，随着时代发展，在我国经济增长中扮演着越来越重要的角色。本书选用广义货币与国内生产总值的比值（M2/GDP）（$X3$）指标衡量金融深化程度，该比例越大，则表明一个国家或地区的经济货币化程度越明显。

第三，收入分配（$X4$）。

经济增长与收入分配的均衡程度之间存在密切关系，过于公平与不公平都不利于经济增长，呈现倒 "U" 型关系。基尼系数指用于进行不平均分配收入占全部居民收入的比例，最大为 "1"，代表收入分配绝对不平均；最小等于 "0"，代表绝对平均。国际上通常采用此指标考察居民收入分配差异，因此本书采用基尼系数（$X4$）衡量收入分配。

②参数设定。

考虑到资本存量预测的复杂性，研究假定我国未来的资本存量保持以 1995 ~ 2015 年增长率的平均值水平不变进行增长。资本存量的计算考虑养老保险基金收支带来的社会投资增加以及财政补贴减少导致的投资增加两部分影响因素。劳动力数量、劳动力质量数据源于本研究预测结果。金融深化指数、进出口总额、FDI 均由《中国统计年鉴》中相关年份的数据整理，根据计算而得的平均增速预测而得。由统计数据发现近 20 年基尼系数变化不大，因此，本研究以平均值作为收入分配所需参数。

③经济总量预测。

根据建立模型回归，设定参数，预测得到 2020 ~ 2055 年的经济增长数据，见表 7-23，变化趋势见图 7-18。

表 7-23　　　　不同延退方案下我国未来经济总量预测　　　　单位：亿元

年份	现行政策	方案一	方案二	方案三（下限）	方案三（上限）
2022	1 207 034	1 692 131	1 241 475	1 303 367	1 421 069
2023	1 270 524	1 799 074	1 311 246	1 379 093	1510 028
2024	1 338 639	2 134 595	1 387 589	1 481 349	1 852 888
2025	1 409 443	2 268 034	1 476 192	1 557 422	1 970 131
2026	1 489 126	2 404 748	1 661 036	1 693 622	2 168 645
2027	1 553 262	2 576 463	1 755 937	1 765 543	2 349 003
2028	1 619 735	2 749 760	1 869 026	1 872 491	2 564 056
2029	1 703 454	2 903 725	1 995 291	1 961 956	2 744 548
2030	1 792 213	3 101 515	2 113 598	2 068 018	2 935 284
2031	1 897 893	3 294 256	2 254 159	2 182 615	3 108 445
2032	2 004 505	3 510 614	2 464 583	2 292 733	3 301 573
2033	2 117 766	3 737 346	2 582 077	2 411 526	3 533 905
2034	2 249 395	3 896 142	2 758 429	2 533 034	3 697 282
2035	2 382 722	4 060 147	2 939 312	2 667 860	3 863 240
2036	2 513 432	4 255 271	3 070 062	2 808 444	4 078 053
2037	2 652 181	4 423 428	3 164 311	2 993 883	4 378 917
2038	2 805 276	4 701 342	3 336 879	3 150 069	4 683 079
2039	2 973 090	4 926 816	3 522 785	3 389 569	4 983 494
2040	3 106 284	5 122 411	3 647 844	3 551 251	5 236 157
2041	3 240 476	5 332 942	3 864 526	3 744 839	5 443 045
2042	3 373 659	5 549 993	4 090 987	3 903 952	5 692 758
2043	3 523 787	5 857 463	4 332 355	4 099 930	5 981 522
2044	3 681 653	6 159 122	4 600 095	4 289 757	6 310 506
2045	3 834 813	6 392 824	4 792 355	4 608 845	6 647 117
2046	3 977 085	6 699 680	5 077 979	4 886 297	7 162 398
2047	4 119 862	7 009 205	5 410 079	5 169 214	7 780 257
2048	4 284 197	7 438 869	5 766 062	5 431 293	8 416 909
2049	4 478 271	7 981 906	6 151 812	5 702 858	8 969 900
2050	4 705 767	8 456 031	6 512 923	6 052 443	9 615 733

续表

年份	现行政策	方案一	方案二	方案三（下限）	方案三（上限）
2051	4 926 938	8 975 231	6 827 497	6 427 694	10 295 565
2052	5 193 523	9 566 699	7 259 027	6 839 066	11 151 465
2053	5 455 929	10 134 004	7 555 195	7 276 766	11 850 363
2054	5 791 563	10 677 187	7 895 037	7 743 207	12 591 011
2055	6 186 703	11 119 223	8 285 841	8 281 360	13 400 613

资料来源：根据课题组调研资料预测分析。

图 7-18 显示，2037 年之前，退休方案一对经济总量的增加作用最大，方案三上限次之，方案二处于方案三上限与下限之间。2037 年后延退方案三上限开始有优于方案一的趋势，增长速度较快，对经济总量影响更大。说明延迟退休政策对我国经济增长作用明显。

（2）对经济增长率的影响。

基于经济总量的数据，对我国经济增长率进行预测，趋势见图 7-19。

图 7-19 显示，我国未来经济增长增速基本处于正值，经济总量处于不断增加状态。增长情况可分四个阶段：

第一阶段，2022~2027 年，经济增长速度逐渐降低且降低速度较快，这一阶段我国劳动年龄人口数量下降，老龄化人口处于不断上升趋势，老龄人口抚养负担不断增加，养老保险基金结余增加速度也不稳定，有增有减。因此，社会经济增速放缓。

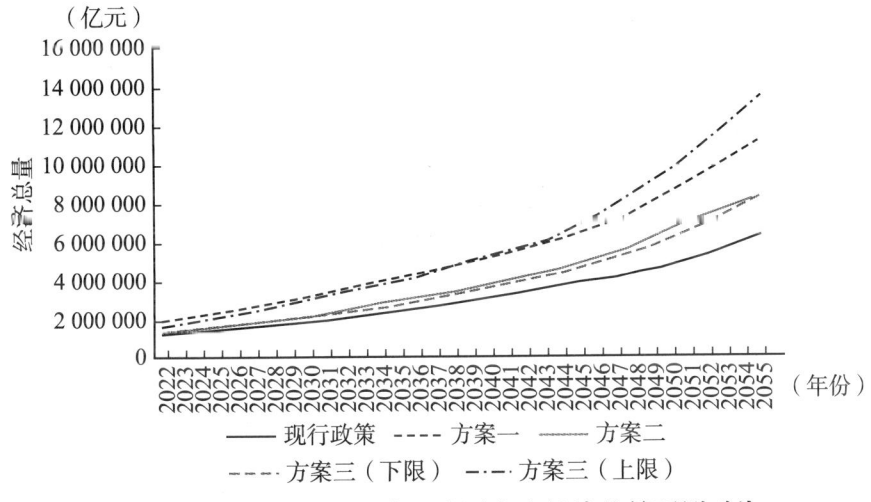

图 7-18 不同退休方案下我国未来经济总量预测对比

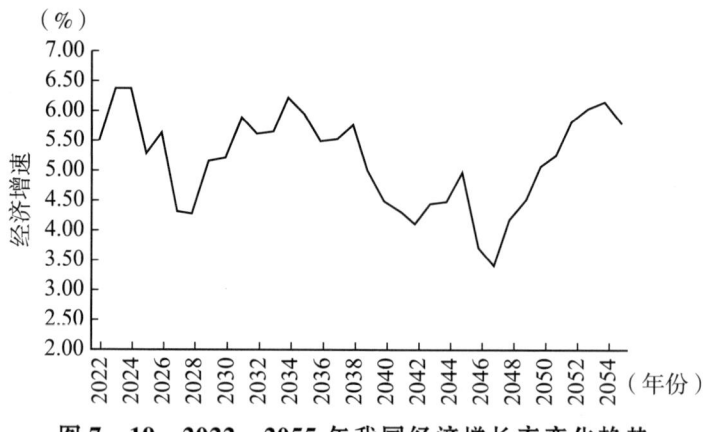

图 7-19 2022~2055 年我国经济增长率变化趋势

第二阶段，2028~2037 年，经济增长速度加快，这一阶段，老龄人口数量依旧上升，但劳动力质量拉低现象有所缓解，社会的总抚养压力稍有减小。

第三阶段，2038~2047 年经济增长速度放缓，劳动年龄人口总量下降，经济增长速度降低。

第四阶段，2048~2055 年，经济增长速度提升，增速较快。

根据上述不同延退方案下对经济总量的预测，进一步对我国经济增长率变化进行研究，趋势见图 7-20。

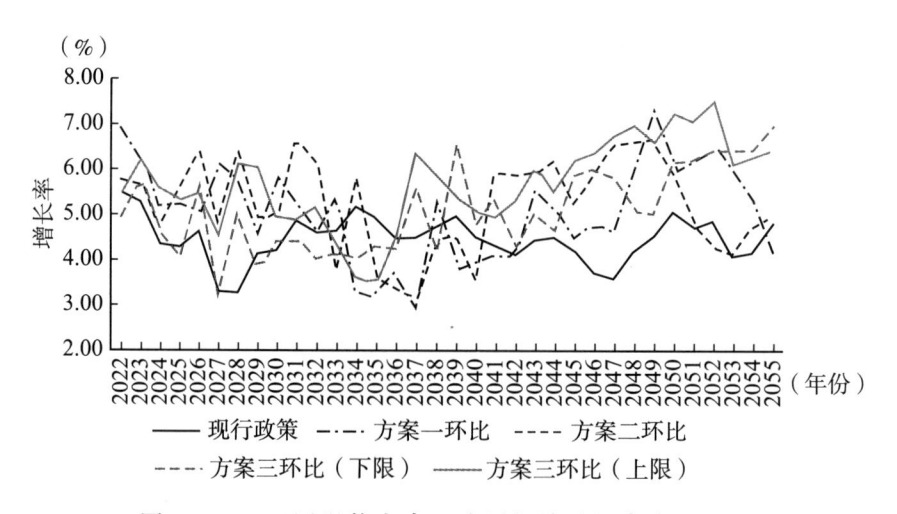

图 7-20 不同退休方案下我国经济增长率变化对比

总体来看，延迟退休后，我国未来经济增长速度有所加快，实行延迟退休政策后的经济增长率基本均高于现行退休政策下的经济增长。从图 7-21 中明显可见，不同延迟退休方案的每一阶段提高退休年龄时，明显刺激经济增长，增长率猛增，此后由于处于同一退休年龄阶段，增长率相对而言降低。具体来看，方案一，由于2018年一次性提高退休年龄至65岁，因此，2018年当年，经济急剧增长，随后至2040年，由于劳动年龄均处于同一水平，加之劳动力数量、劳动力质量处于降低趋势，经济增长情况并不乐观，但是，养老保险基金结余通过社会资本对经济增长具有正向影响，与之共同作用，使得经济总量仍处于增长状态，只是增长率较小。方案二，自2022年开始实施延迟政策，当年经济增长率较高，但低于方案一与方案三上限的首次增加速度。此后至2036年，由于女性职工每三年延退一岁效应，经济增长速度较高涨幅一次，同一退休年龄阶段的其余两年，由于劳动力数量、劳动力质量处于降低趋势，增长率则较上年下降，加之三年为一阶段，调整周期短，因此，波动也较大。2037年以后，增长率依然存在以三年为周期的波动，但波动较小，这主要是由于2034~2036年这一阶段，20世纪七八十年代出生的人口已经退休，而这一阶段人口基数较大。以后出生的人口延退效应基本稳定，同时劳动力质量、养老金的变动均受此影响较小。方案三上限与下限大体变动趋势保持一致，因为方案三为五阶段延退方案，图中可清晰地观察到2018年、2025年、2037年、2045年、2050年为每一阶段的起始，增长率增加较大，随后同一退休年龄水平下，增长率较低。其中，2018年方案三上限一次性将退休年龄提高到63岁，提高力度不及方案一，但大于方案二的起始年份，相应的增长率开始时低于方案一且高于方案二。

少数几个年份出现经济增长率低于现行政策的特殊现象，究其原因，2022~2040年，劳动力数量仍处于下降状态，延迟退休后劳动力质量明显拉低，养老保险基金结余的增长速度缓慢；2041~2055年，劳动力数量处于下降状态但劳动力质量呈现上升趋势；2042年以后，养老保险基金结余呈现下降趋势，养老保险基金结余量、劳动力数量、劳动力质量三者的增长率相对大小对经济增长率的共同作用使得出现个别年份经济增长率略低，但总趋势并无影响。

综上所述，虽然经济增长率变化复杂，有增有减，但总体而言，提高退休年龄后，经济增长率基本都高于现行退休政策下的经济增长率，说明延迟退休不仅能增加经济总量，也能促进经济增长，提高经济增长速度。以提高退休年龄时点为标准，延退方案一对经济增长促进作用最大，但随后增长速度较为平稳；延退方案二对经济增长作用相对较小；延退方案三对经济增长的促进作用介于方案一与方案二之间，并且每一阶段对经济增长均有促进作用，且同一退休年龄阶段经济增长率波动较小。因此，长期而言，考虑工作年限、可选择性地分阶段，尤其是经济增长的稳定性，延退方案三对经济增长促进作用最优。

（3）对经济增长质量的影响。

在理论分析的基础上，结合模型对全要素增长率进行测度，结果见图7-21。

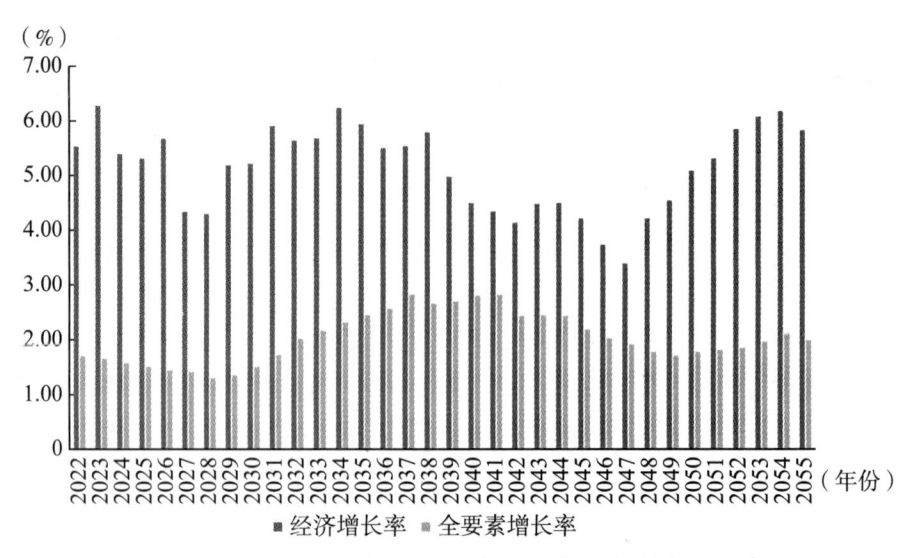

图 7-21　2022~2055 年我国经济增长率与全要素增长率对比

可以看出我国未来全要素增长率与经济增长趋势大致相同，技术进步对经济增长的贡献也表现出阶段性发展。第一阶段，2022~2028 年，呈下降趋势；第二阶段，2029~2037 年，呈上升趋势；第三阶段，2038~2044 年，转而下降；2045~2055 年，呈上升趋势。对不同退休方案下的全要素增长率进行测算，结果如图 7-22 所示。

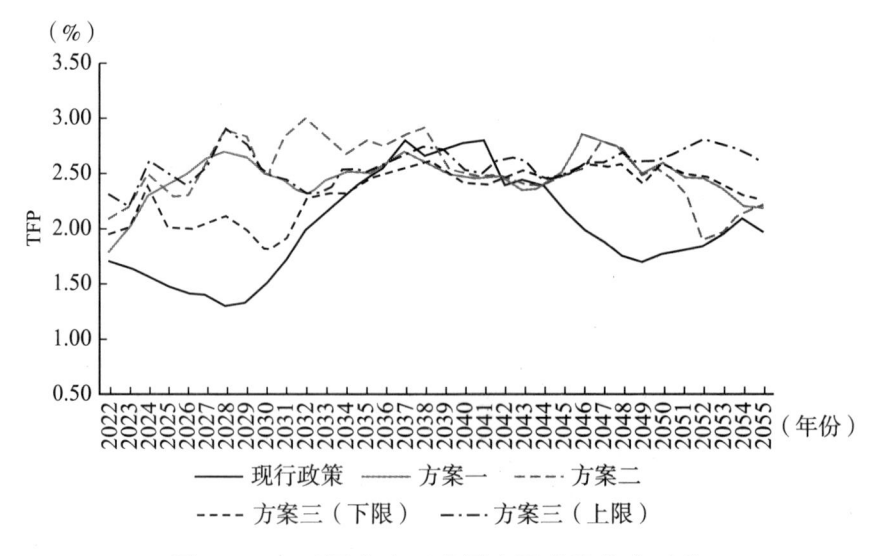

图 7-22　不同方案下我国全要素增长率对比

实行延迟退休政策后的全要素增长率基本均高于现行退休政策下的全要素增

长率。不同延迟退休方案的每一阶段提高退休年龄时，明显刺激全要素增长率使其涨幅较大，此后由于处于同一退休年龄阶段，增长率相对而言降低，较为平稳。延迟退休带来的经济增长率的大幅提高与技术进步的贡献密不可分。

以呈现出的阶段性变化的阶段内均值来对比不同退休方案下技术进步对经济增长的贡献，见表7-24。

表7-24　　不同方案下全要素增长率对经济增长贡献率对比　　单位：%

阶段	现行政策	方案一	方案二	方案三（下限）	方案三（上限）
2022~2028年	16.21	29.67	21.34	22.02	31.54
2029~2037年	23.60	25.09	20.31	23.63	27.11
2038~2044年	19.11	24.82	26.06	23.84	25.76
2045~2055年	17.92	20.30	17.84	20.15	28.06

资料来源：根据课题组调研资料预测分析。

可以看出，延迟退休效应通过技术进步对经济增长的作用主要是通过要素投入的间接反映，但也显示了一种优化的影响趋势，不仅对经济增长幅度进行了有效解释，而且对方案设立提出了一种合理性验证思路。虽然技术进步对经济增长的贡献变化较为复杂，但是，总体来看，延迟退休政策提高了技术进步对经济增长的贡献率，方案三相对而言效果最优。

通过上述分析，得出结论如下：

第一，我国经济增长具有阶段性。我国未来经济增长分四个阶段：第一阶段，2022年及之前，经济增长速度逐渐降低且降低速度较快；第二阶段，2023~2037年，经济增长速度加快；第三阶段，2038~2047年，增速转而减小；第四阶段，2048~2055年，经济增长速度开始加快且增速较快。

第二，实行延迟退休政策不仅能提高我国经济总量而且能加快经济增长速度，更利于技术进步对经济增长的贡献。

第三，不同的延迟退休政策对经济增长影响不同。短期来看，一次性大幅度提高退休年龄的方案一对经济总量的增加作用力度最大，但增长率仅在首次提高退休年龄时点大幅提高，随后增长率趋于缓和；方案二对经济总量增加的影响低于方案一与方案三（上限），高于方案三（下限），但增长率的波动较大；延退方案三对经济总量的增加作用短期低于方案一，长期而言，高于方案一，并且其每一阶段对经济增长率均有促进作用，且增长率波动较小。因此，从长远角度来看，考虑工作年限、可选择性的分阶段延退方案三对经济增长正向作用更强，具有持续性和稳定性。

第四，延迟退休政策有利于我国经济的长远发展。延迟退休政策能够带来大量的劳动力,有效补充我国劳动力供给,减缓我国劳动力数量的下降趋势。同时,延迟退休增加养老保险基金结余,减少国家财政支付负担,进而相对增加生产性投资以及人力资本投资。然而,新中国成立初期,我国教育资源不发达,经济增长主要来源于劳动力数量,相当长的一段时期,我国劳动力质量处于一个较低水平,一段时间内,造成了延迟退休政策对经济增长的消极影响。但是,从长远利益而言,延迟退休有利于提高我国劳动力质量,并稳定作用于经济增长。政策的导向以及人民生活的改善使得家庭对孩子教育的重视程度提升,有力提高了年轻一代劳动力的质量,使他们利用自身丰富的知识和经验维持较高的劳动生产率,对经济的发展做出贡献。延迟退休带来的生产性投资和人力资本投资都将积累更多社会资本,此外,有助于技术进步,调整就业结构,利于产业转型升级,长期促进经济增长。

第五节 延迟退休政策对劳动力市场的影响与就业效应

一、退休政策对劳动力市场与就业的影响机理分析

退休政策调整会改变劳动力的供求状况,延迟退休意味着单位时间内劳动力供给的增加,而提前退休则意味着单位时间内劳动力供给的减少,因而对劳动力市场产生一定的影响,当实施延迟退休政策时,劳动力供给增加,在劳动岗位确定的情况下,延迟退休对就业具有挤出效应;但是,事实上劳动岗位的多少与经济增长模式有关,在经济结构优化、经济活动频繁等条件下渐进延迟退休对就业又具有吸纳效应。

(一) 静态视角:就业差序格局、老年人就业对青年人的挤出效应

就业差序格局与老年人补充就业是指老年人与年轻人在就业的领域上并非完全竞争与重叠,而是存在与各自就业特征相匹配的分层劳动力市场。

对延迟退休的一个重要的反对理由在于:社会公众担心其对年轻人就业产生"挤出效应"。反之,如果不予实施延迟退休减少老年人的劳动供给,可以达到"腾笼换鸟",为年轻人创造更多就业机会的目的。

老年人与年轻人竞争性就业的假定源于两类群体的同质性或替代性前提。考虑到老年人退休后劳动收入具有补足退休金收入的性质,加之老年人在就业竞争

中的比较劣势，因此，在相同劳动力市场上提供同样的劳动供给时，老年人对工资期望值没有年轻人高，年轻人的保留工资水平高于老年人。换言之，增加相同比例的工资水平，老年人的劳动供给增加较多，年轻人劳动供给工资弹性较小，表现在图7-23中，即年轻人的供给曲线S_Y较为陡峭。假定原市场中只有年轻人，市场需求曲线为D，均衡工资为W_1，年轻人的就业数量为N_1。由于老年人加入该劳动力市场，市场上的供给曲线右移至S位置。较S_Y而言，S曲线较为平坦，此时均衡工资水平为W_2，年轻人和老年人总体就业水平为N_2。将其分解来看，其中年轻人就业水平为N_3，老年人就业数量为(N_2-N_3)。现在换一个角度，逆向思考限制老年人就业，从而为年轻人"换取"就业机会的政策效果。当前两类人群均衡就业水平为N，如果通过提前退休、限制就业等方式将(N_2-N_3)老年人"驱逐"出劳动力市场，能否给年轻人换回相同数量的就业岗位呢？分析发现，年轻人增加的工作岗位仅仅只是(N_2-N_3)，从而社会整体损失掉了(N_2-N_1)个就业机会。显然这是一种缺乏效率的政策，即通过限制老年人就业，或者说不予实施延迟退休政策从而为年轻人就业腾出空间的政策效果是值得商榷的。

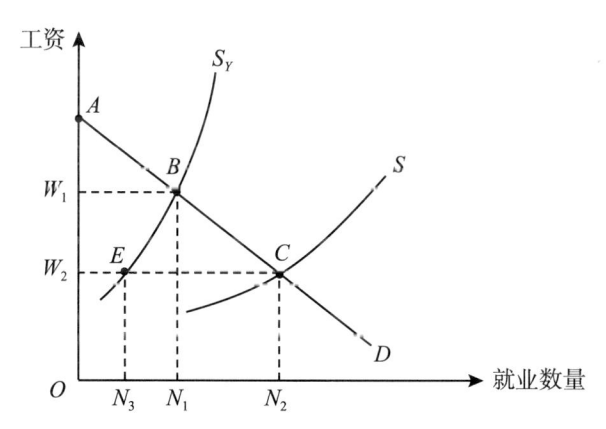

图 7-23 老年人与年轻人就业替代

资料来源：[美] 罗纳德·G. 伊兰伯格、罗伯特·S. 史密斯：《现代劳动经济学》（第十版），刘昕译，中国人民大学出版社 2011 年版。

国际劳工组织（ILO）认为：特别是在发展中国家，"老年人贫困是日益引起关注的一个问题，而且很少有老年人能够承受得起退休"[1]。因此，不能仅仅纠结于现有工作机会的分配和工作总量既定假设下的工作分配，而是应该创造更多的机会，才能保障老年人老有所养。按照以上国际经验，我国在老年人就业问

---

[1] 国际劳工局理事会：《国际劳工大会第95届会议报告》，2006年。

题上，不仅要采取渐进式延迟退休的政策，还应该根据人口年龄结构的变化，努力调整产业结构，开发适合老年人和年轻人各自特征的岗位。

（二）动态分析：劳动力供求关系改变假定下的延退就业效应

1. 劳动供给角度：岗位置换不对等与就业冲击的弱化

延迟退休直接影响整个社会的劳动参与率水平，这种通过制度改革确定的人为划分年龄的变化是影响生产型人口与消费型人口构成的关键，这种情况会使劳动力市场供需重新配置。延退导致的对就业的冲击强度取决于退休人数的规模与集中度，退休人员对青年的岗位置换则是衡量就业冲击的关键变量。

由于农村老年人并不存在退休将工作岗位置换给青年的情况，因而影响就业的延迟退休群体仅针对城镇就业人员而言。表 7-25 所示的经济形态的到来，城镇企业职工和体制内人员即使不实施延退政策，其置换出来的岗位是否就会为年轻人所补充，在若干年后仍是需要打上问号的。事实上，从失业类型上看，目前我国结构性失业和摩擦性失业较为严重，企业人力资源需求与劳动力实际供给出现偏差造成的不匹配是失业的重要原因，而老年人与年轻人的岗位置换间并非对等，很大一批岗位自然更新出来但后续就业者无法及时胜任而造成岗位空缺，因而出现了"就业难"和"用工荒"并存的怪现象。

表 7-25　　2001~2015 年新增离退休及新增就业对比　　单位：万人

年份	总就业人数	城镇就业人数	乡村就业人数	离退休人数	每年新增离退休人数	新增就业人数	新增离退休人数占就业人数的比例
2001	72 797	24 123	48 674	3 380	—	—	—
2002	73 280	25 159	48 121	3 607	227	483	0.003
2003	73 736	26 230	47 506	3 860	253	456	0.003
2004	74 264	27 293	46 971	4 102	242	528	0.003
2005	74 647	28 389	46 258	4 367	265	383	0.003
2006	74 978	29 630	45 348	4 635	268	331	0.003
2007	75 321	30 953	44 368	4 953	318	343	0.004
2008	75 564	32 103	43 461	5 303	350	243	0.004
2009	75 828	33 322	42 506	5 806	503	264	0.006
2010	76 105	34 687	41 418	6 305	499	277	0.006
2011	76 420	35 914	40 506	6 826	521	315	0.006

续表

年份	总就业人数	城镇就业人数	乡村就业人数	离退休人数	每年新增离退休人数	新增就业人数	新增离退休人数占就业人数的比例
2012	76 704	37 102	39 602	7 445	619	284	0.008
2013	76 977	38 240	38 737	8 041	596	273	0.007
2014	77 253	39 310	37 943	8 593	552	276	0.007
2015	77 451	40 410	37 041	9 141	548	198	0.007

资料来源：根据《中国人力资源和社会保障年鉴2016》和《中国统计年鉴2016》相关数据计算所得。

2. 劳动需求角度：延退的劳动力成本下降效应与就业吸纳效应

当前以养老保险费为主的社会保险费，给企业带来了较为沉重的成本压力。而据预测，在现行退休制度下，仅考虑人口抚养比提高的影响，养老保险社会统筹的缴费率将从2012年所需的20.4%升到2050年的63%，而如果实施延迟退休则2050年的缴费率只上升为32.5%。理论上，延迟退休可能带来缴费率降低的效果。

当延迟退休政策实施后，一方面，由于减轻企业负担而导致企业增大对劳动力的需求；另一方面，由于延退而造成的劳动力供给增加，又会缓解劳动力短缺的窘境。从长期来看，虽然当供需都增加的时候，工资与物价是否增加还需要看供需双方相对增加的幅度，但可以肯定的是，就业的数量和经济总量是会得到增加的。

二、渐进式延迟退休政策对劳动力与就业的影响效应分析[①]

（一）渐进式延迟退休政策对就业数量的影响

1. 变量选取与数据描述

延迟退休对就业数量的影响是多方面的，从不同层面考察就会有不同的结论。范琦、冯经纶将延迟退休对就业的影响归结为四个方面：一是延迟退休对青年人（新就业人员）的挤出效应；二是延迟退休对老年人本身就业的影响；三是延迟退休方案和时机选择对就业的影响；四是延迟退休对劳动力供给进而对经济

---

① 本部分测算由武汉科技大学张智勇教授负责。

增长和就业的影响。① 在上述四个方面，延迟退休对青年人就业的影响备受关注，这也是很多学者和民众反对延迟退休的重要理由之一。因此，本书重点分析延迟退休对青年人就业的影响。据此，本书设置的变量包括：

YP：青年人的就业数量。本书中所谓的青年人或者现有文献中所谓的年轻人，通常都是新增就业人员。从涵盖范围来看，新增就业人员主要由学校毕业生（尤其是高校毕业生）、农村外出务农人员和城镇失业群体等构成。已有文献对青年人或年轻人的定义由于研究者的数据资料和研究方法的不同而差别很大。比如，张川川、赵耀辉将 20～24 岁定义为青年人②，范琦、冯经纶将 15～24 岁视作青年人口③，而张志远、张铭洪则将 20～29 岁看作年轻劳动力等④。按照我国对劳动年龄人口的规定，男子 16～60 周岁和女子 16～55 周岁被视为劳动年龄人口。由于 16 岁是一个个体合法进入劳动力市场的最低年龄界限，且考虑到在新增就业人员中，大学毕业生是一个巨大的群体，因此，将青年人限定为 16～24 岁是合适的。青年总人口数和青年人就业数据来源于中国共青团网，数据统计时期为 2001～2015 年。

OP：老年人的就业数量。由于本部分并不打算考察延迟退休对青年人就业影响的性别差异，所以界定老年人为 55 岁以上人口。老年人口数和老年人就业数据来源于 Wind 资讯网站，数据统计时期为 2001～2015 年。

根据以上变量，为了更加直观地描述青年人与老年人的就业关系，图 7－24 给出了 2001～2015 年青年人与老年人就业率的趋势图。从图 7－24 容易看出，青年人就业率整体保持下降趋势，而老年人就业率整体保持上升趋势。并且，从青年人与老年人就业数量的变化来看（见图 7－25），老年人的就业数量也是保持增长的。这就表明，青年人是难以满足劳动力需求的，老年人更多的是起到了一种补充的作用。当然，仅仅从理论上无法确定老年人和青年人就业之间究竟是替代关系还是互补关系以及这种关系的强弱程度，所以需要予以实证检验。

2. 模型构建与实证检验

延迟退休挤出青年人就业的观点主要立足于两个理论假设：一是不同年龄段的劳动力是可替代的；二是所在经济体的工作岗位数量是不变的，老年人就业数量的增加必然引起青年就业数量的减少。从已有的文献来看，以上两个理论假设并没有统一的结论，更多的是相互矛盾的实证结果。老年人与青年人之间是替代

---

① 范琦、冯经纶：《延迟退休对青年群体就业的挤出效应研究》，载于《上海经济研究》2015 年第 8 期。

②③ 张川川、赵耀辉：《老年人就业和年轻人就业的关系：来自中国的经验证据》，载于《世界经济》2014 年第 5 期。

④ 张志远、张铭洪：《老年劳动力增加会影响年轻劳动力的就业率吗？——延迟退休对劳动力市场影响的一个考察角度》，载于《经济科学》2016 年第 3 期。

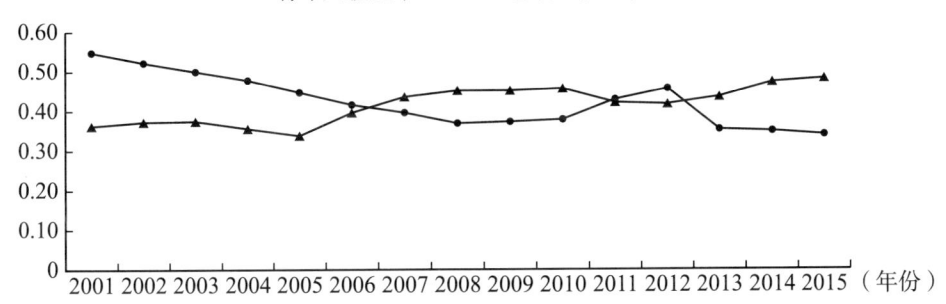

图 7-24 2001~2015 年青年人与老年人就业率的动态演变

资料来源：中国共青团网、Wind 资讯网站（2001~2015 年）。

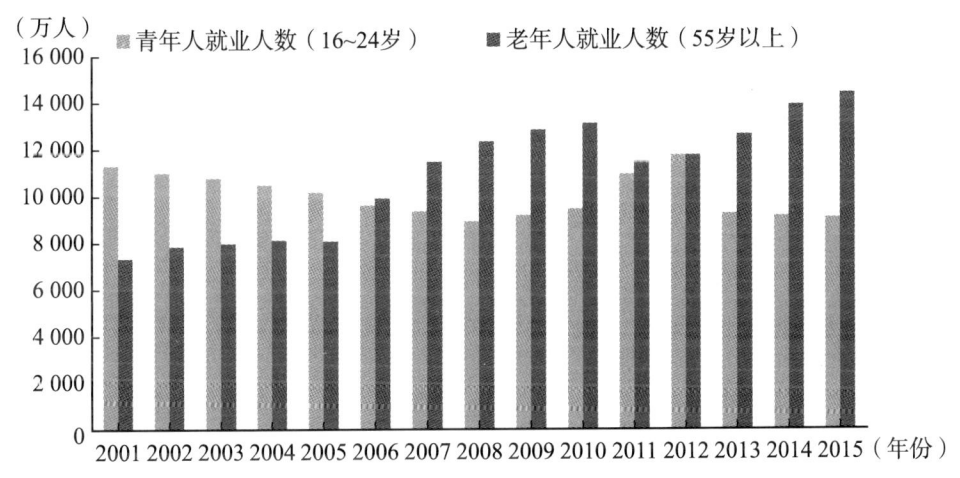

图 7-25 2001~2015 年青年人与老年人就业数量变化

资料来源：中国共青团网、Wind 资讯网站（2001~2015 年）。

的还是互补的，主要取决于两者的同质性程度。正如张川川、赵耀辉所言，技术特征不同的劳动力之间很难彼此替代，并且很有可能互补。老年人通过长时间的工作积累，掌握了更多的专有技术。① 而青年人即使受教育平均年限更长，也只是更多地掌握了一般性技术。伴随着改革开放和经济体制改革，我国高等教育事业飞速发展，青年一代的受教育水平提高很多。经济快速的发展和产业结构的连续转型升级，一方面铸就了老年人工作技术的专有性，但同时也导致了老年人的技术水平无法适应新的就业岗位。鉴于我国老年人和青年人在专有技术和教育水平上的巨大差别，两者之间的替代性并不强。

---

① 张川川、赵耀辉：《老年人就业和年轻人就业的关系：来自中国的经验证据》，载于《世界经济》2014 年第 5 期。

现有的文献通常设定青年人就业数量或青年人就业率（失业率）作为被解释变量，老年人就业数量或老年人就业率为解释变量，将 GDP 增长率、工资水平等解释变量作为控制变量，通过构建多元线性回归模型，分析延迟退休对青年人的影响。

我们认为，将 GDP 增长率、工资水平变量纳入模型，既不能说明问题，也极容易引起多重共线性的问题。更为关键的是，这种模型构建缺乏足够有力的经济理论基础的支撑。实际上，无论 GDP 增长率或工资水平如何变化，延迟退休对青年人就业的影响，必然会通过老年人与青年人的相互替代得以表现。特别是，随着时间的推移，现在的青年人会逐渐成为老年人。

换言之，在时间的演进过程中，青年人的就业状况不仅受到老年人就业数量变化的影响，也会受到青年人自身就业数量变化的影响。为了更好地反映老年人与青年人之间这种动态关系，特别是探究在时间演进过程中老年人就业数量变化对青年人就业的冲击影响，本书借助向量自回归模型（VAR 模型）来检验青年人就业数量与老年人就业数量的动态关系，并在此基础上再进行冲击反应分析。据此，设定模型如下：

$$YP_t = \alpha_0 + \alpha_1 YP_{t-1} + \alpha_2 YP_{t-2} + \cdots + \alpha_k YP_{t-k} + \beta_1 OP_{t-1} \\ + \beta_2 OP_{t-2} + \cdots + \beta_k OP_{t-k} + \varepsilon_t \tag{7.11}$$

其中，$\alpha_0 \cdots \alpha_k$，$\beta_1 \cdots \beta_k$ 表示待估参数，ε_t 表示随机扰动项，k 表示滞后期数。VAR 模型构建的基础在于变量之间存在协整关系，因而首先进行协整分析。

（1）协整分析。

①平稳性检验。为消除变量的自相关性，分别对被解释变量 YP 和解释变量 OP 取对数形式，即用 $\ln YP$ 表示青年人就业数量对数，$\ln OP$ 表示老年人就业数量对数。为避免非平稳时间序列数据进行回归分析时产生的"伪回归"问题，这里先对时间序列 $\ln YP$ 和 $\ln OP$ 进行平稳性检验。检验结果表明（见表 7-26）：时间序列 $\ln YP$ 和 $\ln OP$ 经过一阶差分后都不存在单位根，即原序列的一阶差分序列是平稳的，可以对 $\ln YP$ 和 $\ln OP$ 进行协整关系检验。

表 7-26　　　时间序列 $\ln OP$ 和 $\ln YP$ 的 ADF 检验结果

变量	ADF 统计量	检验形式（C，T，L）	临界值（5%）	结论
$\ln OP$	2.2047	(C, T, 0)	-1.9684	不稳定
$\Delta \ln OP$	-2.2329	(C, T, 0)	-1.9709	稳定
$\ln YP$	-0.7173	(C, T, 0)	-1.9684	不稳定
$\Delta \ln YP$	-3.2195	(C, T, 0)	-1.9709	稳定

注：（1）检验形式（C，T，L）的含义分别表示带有常数项、趋势项、滞后阶数。

（2）滞后期采用 SIC 准则。

（3）Δ 表示对变量进行 1 阶差分后再进行单位根检验，Δ^2 表示对变量进行 2 阶差分后再进行单位根检验。

②协整检验。由上一步的单位根检验可知，$\ln YP$ 和 $\ln OP$ 均是 $I(1)$ 阶单整的。根据协整理论，尽管 $\ln YP$ 和 $\ln OP$ 本身虽然是不平稳的，但其某种线性组合却可能是平稳的，即可能存在协整关系。我们运用 Engle - Granger 两步检验法对变量进行检验。

第一步，运用 OLS 法估计变量 $\ln YP$ 和 $\ln OP$ 的协整方程为：

$$\ln YP = 11.6758 - 0.2663\ln OP + e_t \qquad (7.12)$$
$$(15.7455) \quad (-3.3290)$$
$$R^2 = 0.4602 \quad DW = 1.1188$$

第二步，对残差进行平稳性检验。检验结果表明（见表 7 - 27），由于 ADF 统计量的值小于 5% 显著水平时的临界值，所以估计的残差序列 e_t 在 5% 的显著水平下接受存在协整关系的原假设，这说明两个变量之间存在长期稳定的均衡关系。

表 7 - 27　　　　残差序列 e_t 的 ADF 检验结果

变量	ADF 统计量	检验形式 (C, T, K)	临界值 (5%)	结论
e_t	-2.2662	(C, T, 0)	-1.9684	稳定

（2）构建 VAR 模型。

①VAR 结构稳定性检验。在前文，我们发现青年人就业与老年人就业存在协整关系，但还无法判断各变量单位变化对其内在联系的影响。因此，这里通过构建向量自回归模型（VAR）对变量之间的关系做进一步的脉冲响应和方差分解分析，以探寻变量间的长期动态关系。本书采用 AIC 与 SC 信息量来决定滞后阶数，表 7 - 28 显示，当滞后阶数为 3 时，AIC 和 SC 同时取值最小，即滞后阶数 p 取 3 时最好，构建 VAR (3) 模型。

表 7 - 28　　　　VAR 滞后阶数选择的标准

变量	滞后 1 期	滞后 2 期	滞后 3 期	滞后 4 期
AIC	-3.8193	-4.1697	-4.5606	-4.4940
SC	-3.2536	-3.5186	-4.2868	-4.0594

鉴于方程的常数项并不显著，因而去掉外生变量 C，得到最后的 VAR 模型如下：

$$\ln YP_t = -0.0009\ln YP_{t-1} - 0.2347\ln YP_{t-2} - 0.1301\ln YP_{t-3}$$
$$-0.7828\ln OP_{t-1} + 0.5815\ln OP_{t-2} + 0.0613\ln OP_{t-3} \qquad (7.13)$$

$$R^2 = 0.6544$$
$$F = 1.5778$$
$$AIC = -3.8193$$
$$SC = -3.2536$$

为了利用 VAR（3）模型做进一步的分析，这里对 VAR（3）模型的特征根进行平稳检验，确保 VAR（3）模型是稳定的。检验结果（见表 7-29）表明：VAR（3）模型中所有根模的倒数小于 1，这说明我们所构建的 VAR（3）模型是稳定的。

表 7-29　　　　　　　　　VAE 结构稳定性检验

Root	Modulus
0.8631	0.8631
0.4097 - 0.64361i	0.7630
0.4097 + 0.64361i	0.7630
-0.4026	0.4026
-0.0828 - 0.3033i	0.3144
-0.0828 + 0.3033i	0.3144

资料来源：根据课题组调研资料预测分析。

②脉冲响应分析。脉冲响应函数被用来衡量随机扰动项的一个标准差冲击对其他变量当前和未来取值的影响轨迹，它能够比较直观地刻画出变量之间的动态交互作用及效应。为了进一步分析老年人就业数量增长对青年人就业的影响，我们用一个标准差大小的 lnOP 的冲击，考察对 lnYP 的影响。

图 7-26 展示了 lnYP 对 lnOP 变量一个标准量冲击响应。图中纵轴表示青年人就业受老年人就业的影响情况，虚线表示正负两倍标准差偏离带，实线表示脉冲响应函数。横轴表示追溯期数，这里的取值为 10。从图 7-27 可以看出：老年人就业数量增长对青年人就业的一个标准差正向冲击一开始出现迅速增大的负响应，并于第 2 期达到最低点，随后负响应逐渐减小并在第 4 期之初出现正响应，并于第 5 期达成峰值。接着正响应有所下降，从第 7 期开始，各期趋于平缓。从长期来看，老年人就业的增加刚开始会对青年人就业产生一定的挤出效应，但随后有利于青年人就业。

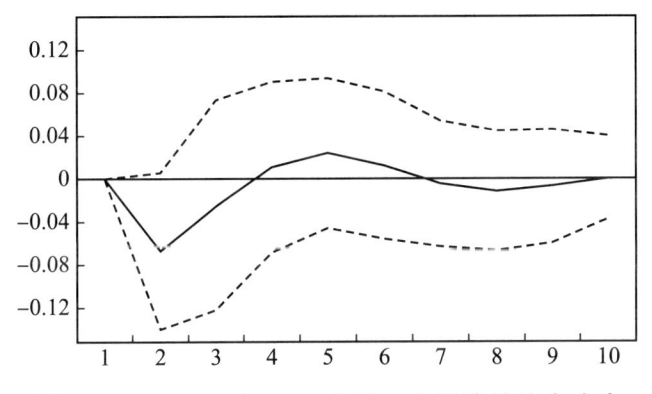

图 7 – 26　ln*YP* 对 ln*OP* 变量一个标准量冲击响应

③方差分解分析。脉冲响应函数虽然能够比较直观地刻画出变量之间的动态交互作用及效应,但无法衡量每个变量冲击的相对重要性。对于这一问题,我们采用方差分解的方法来分析每一个结构冲击对内生变量变化的贡献度。表 7 – 30 给出了 ln*YP* 方差分解结果,可以发现:在长期,青年人就业数量变化的增长主要依赖于其本身,其本身对就业影响的贡献度稳定在 62.5% 左右。当然,老年人就业数量也会对青年人的就业产生影响,其贡献度稳定在 37.5% 左右。

表 7 – 30　　　　　　　　　　ln*YP* 的方差分解

Period	S. E.	ln*YP*	ln*OP*
1	0.0756	100.0000	0.0000
2	0.1131	64.9130	35.0869
3	0.1161	62.1065	37.8934
4	0.1202	63.7998	36.2001
5	0.1252	62.9476	37.0523
6	0.1258	62.4384	37.5615
7	0.1265	62.6957	37.3042
8	0.1276	62.5724	37.4275
9	0.1278	62.4169	37.5830
10	0.1279	62.4548	37.5451

资料来源:根据课题组调研资料预测分析。

3. 结果分析与现实解释

目前,虽然还没有确切文献描述表明不同年龄段劳动力的可替代程度,但一个经济体的工作岗位数量和种类在长期内的变化是不确定的。一国或地区如果提高了法定退休年龄,最直接的影响就是增加了劳动力市场的供给。对于尚未退休的劳动者而言,他们将会在原有的工作岗位上继续工作,直至达到新的退休年龄。显然,原本应该退休的一部分老年人继续占据了工作岗位。在新的法定退休年龄规定下,已经退休劳动者的一部分重新进入劳动力市场,并与青年人进行竞争。另外,随着时间的演进,青年人的构成人群和老年人的构成人群也是持续变化的。t 时期的青年人就业情况不仅会被老年人所影响,也可能会被 ($t-1$)、($t-2$) 等时期的青年人或已经转变为中年人的劳动者所影响。与老年人相比,同时期前后的青年人的同质性更高。因此,通过构建向量自回归模型来考察老年劳动力增加与青年人就业的动态关系,更具有针对性和说服力。

从回归方程看,青年人就业数量与老年人就业数量呈现负相关关系。老年人就业数量每增加 10 000 人,青年人就业数量就会减少 2 663 人。从协整方程来看,t 时期青年人就业数量与 ($t-1$) 期的老年人就业数量呈现负向关系,而与 ($t-2$) 期老年人就业数量、($t-3$) 期老年人就业数量呈现正向关系。这说明,在突然增加老年劳动力数量之后,会对下一期的青年人就业产生冲击,虽然之后老年人就业数量的增加也会促进青年人就业数量增加,但并没有抵消掉负面影响。更为值得注意的是,t 时期青年人就业数量与 ($t-1$) 期青年人就业数量、($t-2$) 期青年人就业数量以及 ($t-3$) 期青年人就业数量也呈现负相关关系。这表明,如果工作岗位是一定的,当老年人先占据了一部分工作岗位后,同质性较高的青年人的就业竞争会变得更加激烈。

进一步的脉冲响应表明,短期内,老年劳动力数量增加会对青年人就业产生一个短暂的负面冲击,形成"挤出效应"。随后,老年人劳动力数量的增加会促进青年人就业,产生"吸纳效应",但"吸纳效应"达成峰值后会逐渐衰弱。方差分解表明,老年劳动力数量增加,对青年人就业的影响度稳定在 37.5% 左右。依据劳动经济学的相关理论,延迟退休后,劳动年龄人口增多,劳动力市场求职的人数增多。在这种情形下,企业能够更容易寻找到合适的劳动力。另外,劳动力供给增加,会导致均衡工资水平下降,企业增加雇佣的意愿会增强。因此,老年劳动力数量增加,起初会对青年人就业产生"挤出效应",但由于求职者数量的增加又创造了更多的工作岗位,因而老年劳动力数量增加又会对青年人就业产生"吸纳效应"。

"挤出效应"的产生还与全社会的技术进步相关,技术进步会使相对低端劳动力产生技术对人工的替代,从而对低端劳动力产生"挤出效应"。但是,伴随着经济增长,又会对青年人的就业具有一定的促进作用。美国经济学家奥肯提出著名的"奥肯定律",对经济增长与失业之间的关系作了一个经验统计:真实国民生产总值（GNP）每超过2.5%的经济增长趋势线1个百分点，失业率下降0.4%，用公式可表示为：

$$\Delta u = -0.4(y - 2.5) \qquad (7.14)$$

其中，Δu 为失业率的变动，y 为真实 GNP 的增长率，2.5 为增长趋势线所代表的年平均经济增长率。

这意味着 GNP 增长率保持在 2.5% 以上时，有利于失业率的降低，当前实施延迟退休政策对青年人就业数量的挤出效应较小。当 GNP 增长足够快时，实施延迟退休政策对青年人就业可能会产生一定的吸纳效应。

经济增长率与失业率呈负相关性，因为经济增长本身具有吸收劳动力的作用，为实现一定的经济增长率，就必须保证一定的投资率，而投资率的增加能够促进就业。因此，高经济增长率，就必须保证一定的投资率，而投资率的增加能够促进就业。因此，高经济增长率一般必然伴随着失业率的下降。

从表 7-31、表 7-32、图 7-27、图 7-28 中可以看出，当前我国第三产业比重相对较低，青年人就业数量总体呈现下降趋势。随着第三产业的发展，对青年人的就业吸纳能力也会不断增强，从长期来看，实施延迟退休政策对青年人就业的"挤出效应"会变小。专利授权数量总体与青年人就业数量的变化呈负相关性，随着专利授权数量的不断增多，实施延迟退休政策对青年人的就业"挤出效应"会更加明显。

表 7-31　　　　　2006～2055 年专利授权数量　　　　　单位：个

年份	专利授权数量
2006	268 002
2007	351 782
2008	411 982
2009	581 992
2010	814 825
2011	960 513
2012	1 255 138
2013	1 313 000
2014	1 302 687
2015	1 718 192
2016	1 794 388
2017	1 954 256
2018	2 114 124

续表

年份	专利授权数量
2019	2 273 993
2020	2 433 861
2021	2 593 729
2022	2 753 597
2023	2 913 466
2024	3 073 334
2025	3 233 202
2026	3 393 070
2027	3 552 939
2028	3 712 807
2029	3 872 675
2030	4 032 543
2031	4 192 412
2032	4 352 280
2033	4 512 148
2034	4 672 016
2035	4 831 885
2036	4 991 753
2037	5 151 621
2038	5 311 489
2039	5 471 358
2040	5 631 226
2041	5 791 094
2042	5 950 962
2043	6 110 831
2044	6 270 699
2045	6 430 567
2046	6 590 435
2047	6 750 304
2048	6 910 172
2049	7 070 040

续表

年份	专利授权数量
2050	7 229 908
2051	7 389 777
2052	7 549 645
2053	7 709 513
2054	7 869 381
2055	8 029 250

资料来源：2006~2015年数据来源于国家知识产权局，2016~2055年数据根据回归分析预测获得。

表7-32　三次产业结构、专利授权数量与青年人就业情况

年份	第一产业	第二产业	第三产业	青年人（16~24岁）就业人数（万人）	专利授权数量（万个）
2001	0.1398	0.4479	0.4122	11 300.00	—
2002	0.1330	0.4445	0.4225	11 000.00	—
2003	0.1235	0.4562	0.4203	10 765.46	—
2004	0.1292	0.4590	0.4118	10 471.22	—
2005	0.1164	0.4702	0.4133	10 151.99	—
2006	0.1063	0.4756	0.4182	9 597.18	26.80
2007	0.1028	0.4686	0.4286	9 339.80	35.18
2008	0.1025	0.4693	0.4282	8 916.55	41.20
2009	0.0979	0.4588	0.4433	9 175.19	58.20
2010	0.0953	0.4640	0.4407	9 437.02	81.48
2011	0.0943	0.4640	0.4416	10 928.06	96.05
2012	0.0942	0.4527	0.4531	11 735.71	125.51
2013	0.0930	0.4401	0.4670	9 237.24	131.30
2014	0.0906	0.4310	0.4784	9 144.87	130.27
2015	0.0888	0.4093	0.5019	9 053.42	171.82

资料来源：三次产业比重来自《中国统计年鉴》，专利授权数量来自国家知识产权局。

图 7-27 第一、第二、第三产业比例

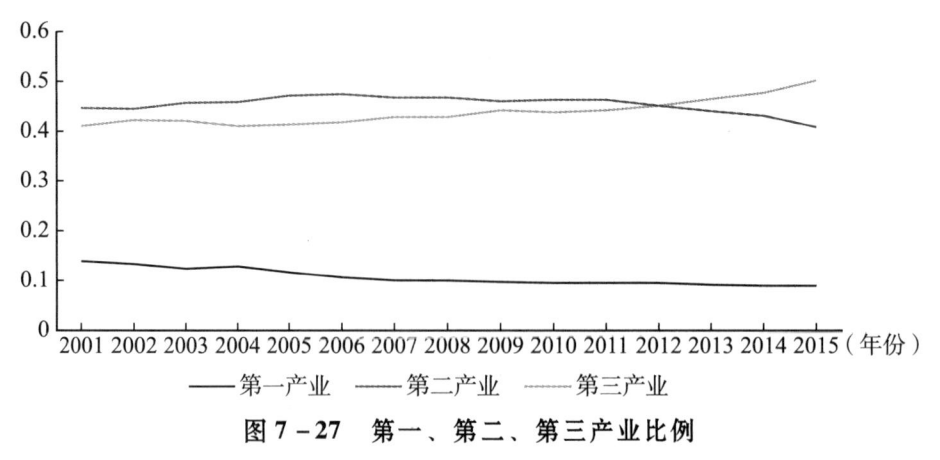

图 7-28 青年人就业人数与专利授权数量

（二）不同延迟退休方案对就业数量的影响

统计数据显示，我国女性的平均寿命高于男性，并且伴随着科技进步、产业升级，男性在工作中的优势逐渐减弱，女性劳动力人力资本投入加大、素质提高，因此在退休年龄上并不应该存在性别差异。如果采用方案一（社会科学院方案），从 2018 年开始，我国男性、女性退休年龄均直接提高到 65 岁，则劳动力增加力度高于其他方案，至 2040 年，方案三上限高于方案一。

如果借鉴人力资源和社会保障部的渐进式延退方案（方案二），自 2022 年开始，每三年退休和领取养老金的年龄提高一岁，逐步至男性达到 65 岁，女性达到 60 岁，其增加的劳动力数量居中，2033 年开始劳动力数量出现下降趋势，下降速度快于方案一。

以研究所预测得到的平均受教育年限、人口老龄化率，结合人口平均寿命数据作为约束条件，以席恒（2015）的研究中的约束条件值的设定为标准进行分析，依据三个约束条件值同时达到此标准值，来确定阶段的起始时间，从而得到延迟退休方案（方案三）。

第一阶段（2018～2024年），实行最低工作年限35年，法定退休年龄63岁；第二阶段（2025～2036年），最低工作年限36年，法定退休年龄64岁；第三阶段（2037～2044年），最低工作年限37年，法定退休年龄65岁；第四阶段（2045～2049年），最低工作年限38年，法定退休年龄66岁；第五阶段（2050～2055年），最低工作年限39年，法定退休年龄67岁。由于方案三为在工作年限与法定退休年龄之间具有可选择性的退休方案，其影响处于一个区间范围之内，故要设定其上限和下限。上限取值为全部按照法定年龄退休，下限取值为全部按照最低工作年限退休，即只要达到工作年限即选择退休。

如果采用方案三（本课题组方案），其对劳动力数量的影响处于一个范围，其下限较方案二劳动力数量的降低更加平缓，2042年及之前，其上限较方案一的劳动力数量略低，但2043年之后，其劳动力数量高于方案一，且出现的下降趋势也更为平缓。

图7-29显示，延迟退休能起到增加劳动力数量的效果，从而缓解劳动力供给压力。一次性实行大力度的延迟退休政策短期内劳动力增加作用非常明显，但从长远角度考虑，渐进、分阶段、可选择的延退方案三更为科学、合理。

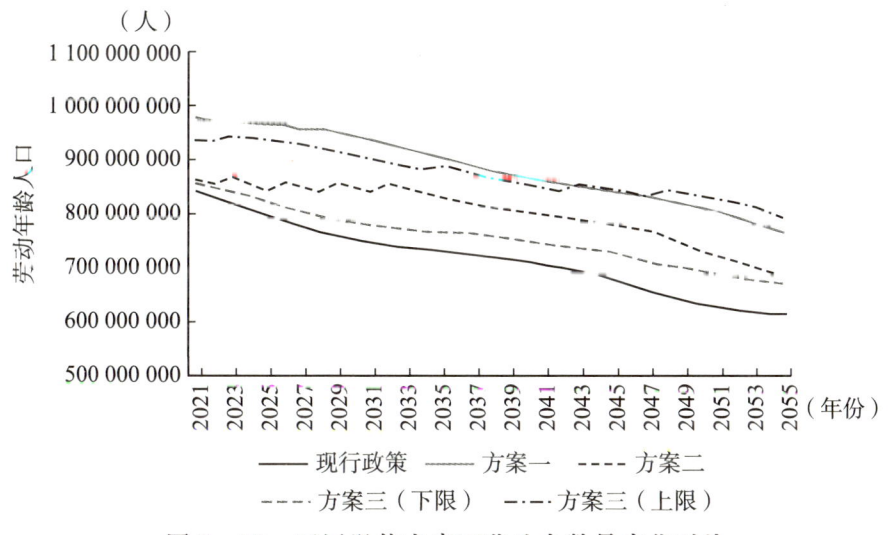

图7-29 不同退休方案下劳动力数量变化对比

（三）不同延迟退休方案对就业质量的影响

为使问题的分析更加简单，这里采用劳动力质量来衡量就业质量，其中劳动力质量的衡量指标是劳动者平均受教育年限。在延迟退休之后，对劳动力质量的负面影响主要源于，不同时期劳动者教育水平差距很大，接受教育时间早的劳动力，恰好现阶段属于老龄人口。因此，一段时间内，我国青年劳动力素质高于老龄劳动力的素质，这使得我国劳动年龄人口的平均素质被拉低，随着我国的教育水平渐渐趋于稳定，这种人口在受教育程度方面的差异将会逐渐缩小，延迟退休政策对劳动力质量的负面影响也会随之改变，中央财经大学中国人力资本与劳动经济研究中心发布的《中国人力资本报告2016》显示：1985~2014年，我国劳动力平均受教育年限由6.38年上升到了10.05年。30年上升了3.67年，平均每年上升0.12年。从学历结构来看，高中及以上受教育程度人口占比从14%上升至36%，大专及以上受教育程度人口占比从2%上升至16%。但是，老年人拥有丰富的工作经验及相对熟练的技能水平，这意味着延迟退休又会提高整个社会的平均劳动力质量。综合来看，延迟退休对劳动力质量的影响存在不确定性。

第六节 延迟退休政策的社会心理效应

一、退休政策对社会公众心理的传导机制

政府在我国经济社会生活的方方面面都扮演着重要角色，在取得巨大成就的同时，也由于部分官员腐败、一些社会事件处理不当而降低了政府的公信力。因此，对于政府出台的社会政策，有时难以获得民众的理性认识。尽管延迟退休是一项为了社会公众利益的政策，却不被部分社会公众认可，从而使得政府陷入了塔西佗陷阱。在社会大众话语权日益强烈的今天，民众会通过各种方式为自己发声。而在此过程中，一些出于自利考虑的观点以及对延迟退休初衷不合理解读的意见也被广泛传播，少部分正确的观点却被淹没其中。因此，反对延迟退休的声音就像"病毒"一样在整个社会范围内蔓延开来，形成了社会传染效应。

如前所述，延迟退休会增加劳动者的收入，理应形成一定的诱导效应。但是，退休年龄延迟的程度（延迟的幅度、延迟的时间节点、人群之间的差异程度等）又会对部分劳动者产生心理上的阻滞效应。这部分人群的心理阻滞效应往往会以较强的诉求表达（所谓"弱势群体的强势表达"），在社会上产生较强的声音，进而在大多数人群中蔓延而形成社会传染效应，即使持支持延迟退休政策的意见也会淹没其中。

渐进式延迟退休政策社会心理效应的产生基于一定的传导机制，这一机制表现在横向的不同类型的劳动者认知与接受程度的差别，从而形成了社会心理效应的群体差异性；同时也表现在政策的不同阶段社会公众心理预期的变化，形成了社会心理效应的时间差异性。此外，虽然渐进式延迟退休政策是应对人口老龄化挑战的常见举措之一，但在我国转型期的特殊背景下，该政策的实施将面临未富先老、社会矛盾、民众认知局限、大众传媒初步发展等因素的约束。因此，渐进式延迟退休政策对我国公众的社会心理会产生一定的塔西佗效应、社会传染效应、沉默的螺旋效应以及持久的暗示效应等。

　　政策制定者在制定任何公共政策时都需要考虑其对社会公众可能产生的影响及造成的社会效应，渐进式延迟退休政策会对社会公众的心理预期从横纵两方面形成传导机制。从横向维度来看，由于不同群体生活与工作环境的不同，从而形成了不同的认知与期望，渐进式延迟退休政策对不同年龄段、不同行业和企业类型、不同职级劳动者会产生不同的心理预期，即社会心理效应的群体差异性；从纵向上来说，渐进式延迟退休政策在提出后的一个时间动态演化过程中的不同阶段，如政策提出之初、政策提出中期、政策提出后期，会对社会公众产生不同的心理预期，即社会心理效应的时间差异性。

（一）横向维度：不同类型劳动者延退的心理预期

　　渐进式延迟退休政策是对我国当前社会利益格局的调整，这必然对利益相关者的利益产生影响。劳动者作为社会公众最主要的组成群体，同时也是渐进式延迟退休政策的直接利益群体，会根据自身需要对政策的制定形成不同的心理预期与反馈机制。不同年龄段、不同行业和企业类型、不同职级劳动者对渐进式延迟退休政策的心理预期以及其相应的传导机制具有一定的差异性。

　　首先，不同年龄段的劳动者对延迟退休具有不同的心理预期。延迟退休政策本质上就是延长劳动者一生中的工作时间，对劳动者在生命周期内工作与闲暇的选择进行重新分配。按照劳动者进入工作阶段的时期划分，可以分为新成长的就业人口、年轻劳动年龄人口、将退休人口。不同年龄段劳动者对渐进式延迟退休政策的心理预期如下：

　　对于新成长的就业人口而言，他们关注较多的主要是延迟退休政策在短期内对他们的就业产生的冲击，认为延迟退休使本应退休的人延长工作年限，从而占据相应的职位，一个单位的职位体制趋于固化与饱满，劳动力需求不足，他们则会较难进入相应的工作岗位。那么，在此情况下，这一群体则会在某种程度上认为延迟退休政策在当下对他们而言是不利的，所以会对其持抗拒心理。

　　对于年轻劳动年龄人口而言，延迟退休政策会相应减轻他们的制度赡养压力。我国社会养老保险的社会统筹部分主要实行现收现付制度，即工作的一代人赡养退休的一代人。在人口老龄化、高龄化等情况愈加严峻的今天，这意味着老龄人口的赡养比较高，从而对工作一代的年轻劳动年龄人口形成很大的压力。延迟退休政策会使得退休人口相应减少，在某种程度上减轻了年轻劳动年龄人口的制度赡养压力。

对于将退休人口而言，渐进式延迟退休政策的推行在某种程度上对他们的影响是最大的，其心理效应的差异主要集中在这一群体不同的经济状况、身体健康状况、技能状况等约束条件下产生的退休意愿的差异性。在课题的调研中，企业人事部门负责人及被调查的劳动者，围绕年龄的差异性对该政策提出了自己的观点：

访谈资料 7-1

某企业人事部门负责人：新员工认为"老人"持续占有大量岗位，新增岗位稀缺，新增就业人员不满意。"老人"到了该拿退休金的年龄却拿不到，新人又上不来，不利于发挥，在某种程度上受制于"老人"的智慧和经验，新人也不满意。"老人"不满意，"新人"不满意，在岗的不满意，待岗的也不满意，企业的稳定和发展就会面临很大问题（不同工作阶段劳动者的认知差异）。

某被调查的劳动者：不支持延迟退休，目前的就业市场就业指数已经不乐观，如果延迟退休，会减少年轻人的就业机会（年轻人的就业压力）。

某企业人事部门负责人：如果实施渐进式延迟退休政策会产生的利益冲突主要表现在还有一两年就能退休的同志，到时还要再继续上班，会产生不满情绪，影响工作效果（即将退休人可能的不满情绪）。

某被调查的劳动者：只要身体情况允许，可以接受延长一定年限，用来实现个人价值（认可的一方面）。

其次，不同行业和企业类型的劳动者对延迟退休预期的差异化。行业类型的差异化集中体现在传统行业和以互联网等为代表的新兴产业的区别，对于传统行业如传统服务业和制造业的员工而言，以劳动密集型为主的生产形式对体力要求较高，这一群体对延迟退休政策的反对也最为强烈。相反，对于以脑力劳动为主的新兴产业的劳动者而言，经验与技术积累在工作中更为重要，在身体情况允许的情况下，该人群相对倾向于留在劳动岗位上。

访谈资料 7-2

在调研中，不同行业类型的管理人员分析了渐进式延迟退休政策在本单位可能产生的影响：

服务业（超市）：可能对于中高层行业会影响较大，但是超市属于服务性行业，员工流动性很大，政策对我们影响不大。企业管理人员普遍比较年轻，正常年龄一般不超过40岁，还没有遇到退休问题。主要是40~45岁年龄段人数较多。50岁以上的人不是特别多，2~3人，主要从事基础岗位——卖蔬菜、卖肉。这些人面临退休问题，但延迟退休对我们影响不大。

制造业：从本意上来说我们不赞成延迟退休。考虑到人力资源的成本和国家劳动力人口的减少，我们公司现在大力推行自动化，引进高端设备，减少用工。延迟退休是多干5年，多缴纳5年社保，对自身利益是损害的，所以员工不支持，尤其是一线工人。我们冶金公司对工人的身体要求比较高，因为涉及高温这块，60岁以后，人的反应速度、体能下降，能不能工作是一个问题，尤其到夏天，对一线工人身体素质要求很高。近些年来经济不景气，缴费基数越来越高，人力资源成本越来越高，公司运营越来越困难，延迟退休会增加人力资源成本，所以公司考虑推行以自动化替代人工。

技术类：对技术比较高的人才，有特殊能力的个人可能需要延迟退休，比如医生，年龄大一些，技术和经验也就更丰富。

另外，企业类型差别主要体现在公有制企业和私有制企业。公有制企业包括改制后的公有制企业，承担了部分安置劳动力的职能，延迟退休加剧了这一职能的承担，使得公有制企业的人力资源成本上升，在一定程度上影响着其经济效率和市场竞争力。对于私营企业而言，由于其用工制度灵活、养老金缴费不严格等原因，加之部分企业用工主要集中在年轻群体，因而延迟退休政策对其影响相对较小，反对的呼声也较轻。此外，对于政府机关与事业单位，突出的利益冲突表现在人员的编制问题，编制的固定化使得政府机关与事业单位不能及时补充所需要的劳动力；而对于部分自收自支的事业单位而言，也面临着持续为职工缴纳养老保险费等问题，从而深化反对的态度，这一传导效应与公有制企业类似。

访谈资料7-3

改制企业：某1958年兴建的小企业，现已改制，厂子停产，职工靠自谋职业维持生活，若实行渐进式延迟退休政策，职工的交费负担会增加。现在没人会缴纳几千的保费，有些职工会放弃或少交。

自收自支的事业单位：养老金工资都需要单位自身来赚，经济压力还是比较大。比如我们的水库，单位20世纪80年代搞"三产三支"，改革大范围招人，但是现在国家不拨款，人员要分流，整个系统在岗人员几十个人，基本上保留事业编制,单位给予一部分的补贴,自谋出路,对于这部分人单位还是想着他们退休越早越好。70%以上都是在编人员,都是45岁以上,但是同时也存在我们这代人的天生不足,由于年龄大对于一些新东西、新技术学习不足,现在技术更新换代又快,就如打字,我们50岁的人能把五笔学好很不容易,但是年轻人学起来很快,我们这代人已经在岗位上难以适应新型社会技术的发展。但是我们当年的岗位编制又是有限的,这些老职工不退休导致我们没有新编制,从而大量使用超编人员,而超编人员财政并不给予支出,因此只能依靠事业单位自筹。

某事业单位:年龄大的正式人员占据着编制,如果他们不能及时退休,年轻的人才、新鲜血液无法及时补充进来,当前人员断档,人力匮乏的情况加重。

某政府机关:如本单位实施渐进式延迟退休政策,将极大影响人员编制和单位员工的流动,降低和减少了年轻同志进入机关工作的概率。

最后,不同职级的劳动者由于工作环境与工作效益的差异,对延迟退休政策也产生了不同的心理预期,其主要差别在于延迟退休带给个体的是相对舒适环境下对自己人生价值的进一步实现与深化,还是生理机能下降和心理疲倦的状态下继续的不情愿劳动。

(二)纵向维度:不同政策时间节点延退的心理预期

在渐进式延迟退休政策提出之初,网民对它表现出了明显的反对倾向,如表7-33所示。

表7-33　　　　　延迟退休年龄政策的网络舆情调查

年份	数据来源	调查标题	参与人数	赞成	反对	中立
2008	人民网	退休年龄酝酿延迟至65岁,您怎么看?	12 700	30.2	62.2	7.6
2012	《环球时报》	您对延迟退休的看法	1 505	27.5	56.4	16.1
2013	搜狐网	领取退休金可否延迟?	15 026	1.9	98.1	—
2013	广州社情民意研究中心	延迟退休的民意调查	3 000	26.0	54.0	20.0
2013	《中国青年报》	你对延迟退休持什么态度?	25 311	3.2	94.5	2.3
2014	凤凰网	你怎么看延迟退休?支持吗?	108 297	12.8	82.61	4.6

资料来源:根据课题组调研资料预测分析。

究其原因，可以发现，延迟退休作为一项事关民生的制度安排，自其提出后便激发社会公众对养老保险运行现状的政策沉淀，而沉淀中制度运行的非公平性如养老金双轨制等引发社会公众的新一轮质疑。与此同时，舆情反响中就业压力、养老金可持续担忧等认知定势强化了对新政策内容的特定感知，出现了敌视官员、学者等人群，滋生出不满、不公正等情绪。在此背景下，部分社会公众对于延迟退休政策具有明显的抗拒心理。

在政策中期，社会各界从不同角度对其展开了激烈探讨，主要集中在延迟退休的必要性、具体方案等，对延迟退休政策的讨论使得社会公众对其有了一个更为深入的了解。随着养老金双轨制的逐渐消除，人们对原有政策的不公平性认知得以改善，从而影响了人们对延迟退休政策的看法，也在某种程度上改变了人们对"意见环境"的认知心理。在预期和非预期的意图作用下，虽然仍有一部分公众反对延迟退休政策，但其也慢慢被社会公众所了解，对其的抗拒心理没有政策提出之初那么强烈。而随着宣传的不断深入，以及人们对于这一问题思考的理性程度的提高，从一味敌对转向逐渐认可成为一种新的趋势，即社会公众关于渐进式延迟退休政策的社会认同在政策的中期得以提升。

最后，渐进式延迟退休政策的制定过程是一个动态博弈，政府相关部门先采取行动，提出议题，然后社会公众根据自己的利益诉求、价值偏好等做出相应回应，政府部门则根据社会公众的反应又制定相对的应对策略，例如人社部多次回应公众所关心的与延迟退休政策有关的就业、养老金支付等问题，也曾表示暂时搁置延迟退休的方案，仅从学术上对其进行探讨，这从某种程度上减轻了公众的抗拒情绪。在制定符合公众预期的延退方案的行动策略下，作为参与人一方的政府逐渐选择取消一些原有养老保险制度中的不公平待遇，如养老金双轨制的废除；鼓励学术界对延迟退休政策进行探讨；具体分析延迟退休政策的设计方案等措施，据此来影响社会公众对延迟退休的心理预期。而对于参与人另外一方的社会公众，希望争取符合自己利益的延退方案，由此政府部门和社会公众相互博弈，逐渐形成了一个纳什均衡点，制定公平且合理的渐进式延迟退休政策在某种程度上被广为接受。在调研中，也发现有部分人对于渐进式延迟退休可以从一个较为客观的角度进行评价，同时对如何更好地完善该政策提出了自己的思考，这也反映了对该政策社会认同感形成的一个过程与倾向。

访谈资料7-4

党的十八届三中全会提出要实施"渐进式"延迟退休政策。在目前社会上就这个问题还没有达成共识，有各种各样的意见，有的人赞成，有的人反对，这项政策涉及老百姓的切身利益，加上中国地区经济发展不平衡，不能"一刀切"，一步到位。国家应考虑社会各界的意见和看法，综合平衡，提出"渐进式"的退休政策使人们有个心理预期，逐步进行退休年龄调整，这样的政策会更加完善，更加稳妥，更加符合中国国情。

中国目前处于老龄化社会，养老面临巨大的压力，一个新生事物的诞生有利有弊，褒贬不一，在这种情况下，渐进式延迟退休必须建立健全机制，才能让更多人接受。

一方面，希望延迟退休政策不要实行"一刀切"，要结合工作性质、劳动者自身工作状况给予企业劳动者一定的选择权；另一方面，企业要创新人力资源管理方式，满足劳动者不同需求，扩宽员工职业通道，尝试创新更有效的激励方式。

提高养老金待遇，例如企业设立企业年金、补充性养老计划，精神上鼓励员工延长退休获得更多个人价值，完善退休政策。【某高校研究人员】

二、渐进式延迟退休政策的社会心理效应

自延迟退休政策的议题提出之初，就引起了社会公众的广泛讨论，并从不同的立场考虑形成相应的心理预期。在此过程中，基于转型期的特殊背景以及"未富先老""社会矛盾""民众认知局限""大众传媒初步发展"等约束，出现了塔西佗效应、社会传染效应、沉默的螺旋效应、持久的暗示效应等社会心理效应。

（一）塔西佗效应

"塔西佗效应"是指当政府部门失去公信力时，无论说真话还是假话，做好事还是坏事，都会被认为是说假话、做坏事，进而引起人们的厌恶。

自延迟退休政策的设想提出以来，社会公众的反对声主要集中于政策隐喻下的主体——政府及其官员。一方面他们认为这是官员保留权力的一种借口或违约行为，另一方面是他们对已有养老保险政策的负沉淀效应，即转型期的社会矛盾以及长期双轨制下的养老金政策，形成了养老保险待遇在起点、过程与结果全过程的不平等；加之人口政策负效应的叠加，人们逐渐对政府部门形成"不负责"的刻板印象，这一印象在渐进式延迟退休这一敏感话题下得以延续。此外，随着大众传媒的发展，社会公众的话语权得以表达，观念得以传播，从而使得政府的负面印象进一步深化。

因此，基于大众传媒作为一种工具的迅速发展，以及我国政府长期对民众形成的一些不良的刻板印象，使得延迟退休尽管本身作为一项为了社会公众利益的政策，却受到社会公众的反对，从而使得政府陷入了塔西佗陷阱。调研中围绕该

问题所反映的不公平性以及对政策走向的怀疑与观望态度成为"塔西佗效应"的现实表现。

访谈资料 7-5

　　管理中遇到的最大困难是：(1) 双轨制下的不公平问题。(2) 绝大多数人都适应了原来的退休年龄。【某地人力资源和社会保障局业务管理人员】

　　渐进式延迟退休就是采取比较缓慢而稳妥的方式，逐步提高退休年龄，从而减少退休政策调整对社会及有关人群所造成的影响。但前提是真的能按宣传上的每年只递进两到三个月吗？

　　"1985 年，计划生育好，政府来养老；1995 年，计划生育好，政府帮养老；2005 年，养老不能靠政府；2015 年，推迟退休好，自己来养老，也要养政府。"

　　"多少年以后的事谁知道呢，政策随时变。"【某企业职工代表】

（二）社会传染效应

　　传染能破坏集体内部环境或因素的相对稳定性，并引起不同程度的病变或变动过程。在社会舆情生成方面，由于相同的地理环境，共同的政治、经济、文化背景，以及大同小异的心理动因，都会使社会舆情产生传染效应，并从一地传入另一地；或出现多地近乎同时爆发的舆情。① 在社会大众话语权日益强烈的今天，公众通过各种方式为自己发声，这既是公众意见的表达又在某种程度上也影响了广大社会公众的思考。公众基于相同的利益诉求或类似的价值偏好，通过各种媒介和自己的社会网络为自己发声。而在此过程中，一些对渐进式延迟退休政策的初衷与实际含义不合理解读的意见也被广泛传播，极大误导了社会公众的看法。由此，对延迟退休的反对之声就像病毒一样在整个社会范围内蔓延开来，而这一现象更是给本就困难重重的延迟退休政策的推行添加了阻力。在调查中，很多受访者关于渐进式延迟退休的背景、含义等认知大部分是来源于网络，但这些网络来源的权威性、可靠性等却有待商榷。此外，随着微信朋友圈的普及，不知来源的朋友圈消息既成公众发表自身观点的平台，也成为大众了解政策从而形成政策认知传染效应的途径。

访谈资料 7-6

　　据网上的评论，2048 年，基本养老保险基金将累计收不抵支，随着老龄化的加剧，应对我国养老金缺口的办法就是不断提高退休年龄，但是我个人认为，

---

　　① 杨永军、张彩霞：《社会舆情的传播效应探析》，载于《现代传播（中国传媒大学学报）》2012 年第 1 期。

这只是给那些不缴养老金的部分员工办了好事。【某企业职工代表】

朋友圈了解到的内容是，延迟退休有一个年限。比如1980年以后逐年递增，退后三个月、退后几个月、几个月，是一个缓慢的过渡程序。我是1981年参加工作，按照那个退休方法，我得60岁退休。目前这个政策还没有实行，是传言，大家了解之后有点想法，但是仍然按照现行的退休政策进行办理，50岁退休。【某工厂车间工人代表】

（三）沉默的螺旋效应

在自媒体时代，人们表达自己话语权的途径越来越多。与此同时，作为社会中的人，人们的言行也同样会受到社会环境的影响。当人们公开发表自己的意见时，会很自然首先观察舆论环境，如果发觉自己的意见属于"多数派"时，便倾向于表露出来；反之，则会选择沉默。而意见一方的沉默往往会造成另一方意见的增势，如此循环往复，便形成一方的声音越来越强大，另一方越来越沉默下去的螺旋发展过程，这种现象就是所谓的"沉默的螺旋效应"。

在公共政策的制定过程中，如果政府方面相对沉默，而公众一方相对活跃，将会使得政府作为沉默一方的公信力日益下降，且对其公共政策的实施产生一些阻力。自延迟退休政策提出之初，社会公众就通过各种方式为自己发声，讨论的热度居高不下，而其中反对的声音一直占据主导地位。然而，与之相对应的是，作为政策提出方与最终决策者的政府一方仍处在探索延迟退休政策具体实施方案的阶段，它们尚未给出或未明确给出缓解公众忧虑方面的"良药"。相对于社会公众一方的活跃而言，政府略显被动与沉默。而这种情况使得公众对延迟退休政策的反对之声越加强烈，如此循环往复，使得政府部门在延迟退休政策推行中产生了"沉默的螺旋效应"。

渐进式延迟退休政策预期的提出到现在，不同主体围绕该政策呈现出一些反应，其中，网民以反对声为主，而政府发言人则不断在澄清和解释，但这些解释一方面由于处在政策探索期而缺乏较为明确的方案设计，另一方面也从强烈的政策预期、明确的时间规划到逐渐弱化和延缓，最终以2017年3月两会人社部提出"将结合我国实际情况，继续研究，适时推出"而暂告一段落。

（四）持久的暗示效应

持久的暗示效应主要表现在政策预期与逐渐出台的过程中，政策的制定者、倡导者等运用一系列的宣传方式，从而形成一定的暗示、感染效应，为渐进式延迟退休政策的实施提供舆论环境的支撑。

暗示效应是指对个体有意识的一种引导从而使得个体顺应被引导者所期待的

方向。在渐进式延迟退休政策设计与提出的过程中,媒体关于该政策的诸多报道,包括以人社部为代表的政府机构、各界学者对此的阐释与说明,一方面是政策的宣传与预示,另一方面则可以理解为是对社会公众的一种暗示,在暗示的过程中使人逐渐接受相关的观点与预期。此外,时间是影响社会问题最强有力的因素之一,群体的观点是由时间孕育的,时间使群体信念得以诞生、发展和消亡。① 渐进式延迟退休政策从2013年正式提出,以后甚至会经由更长时间进行宣传与暗示,最终运用时间的蓄积因素影响社会群体关于该政策的观念认知,从而形成社会上多数人赞同,并从心理上产生共鸣的意见的社会舆论,从而推进该政策的出台与实施。因此,持久的暗示效应既是一种客观的社会心理效应,又可以理解为政府的宣传策略,在不断地暗示下,经由时间累积形成感染效应与社会舆论的时候,关于该政策的个体社会化与约束力得以完成、社会认同得以出现,也正是政策具有社会心理基础,可以顺利出台与实施的时候。在调研过程中,人们对于延迟退休可能带来影响的态度也反映了政策暗示与宣传影响社会认知的效果。

　　课题组在调查中询问了人们关于延迟退休对社会的有利和不利影响的态度,其中,关于有利影响选择最多的依次是减缓养老金支付压力、有利于弥补未来劳动力供给不足、有利于老年人力资源开发和促进老年消费市场的开发。关于不利影响依次是不利于年轻人就业、增加了个体养老预期的不确定性和造成一定程度的社会不公平。可见,公众认为延迟退休对社会的影响主要体现在养老金支付与就业方面,人们普遍认为延迟退休可以减缓养老金支付的压力,同时会影响年轻者就业。由此体现出公众的认知受到很大的舆论导向影响,即政策宣传延迟退休以减轻养老金支付压力为目的的,可能会影响年轻人就业,这对公众的认知产生了很大的导向作用(见表7－34)。

表7－34　　　　　　　　延迟退休对社会的影响

影响	具体方面	占比(%)
有利影响	减缓养老金支付压力	30.6
	有利于缓解未来劳动力供给不足	23.9
	有利于老年人力资源开发	24.9
	有利于促进老年消费市场的开发	16.9
	其他	3.7

---

① [法]古斯诺夫·勒庞:《乌合之众:群体时代的大众心理》,张倩倩译,北京联合出版公司2015年版。

续表

影响	具体方面	占比（%）
不利影响	不利于年轻人就业	57.7
	增加了个体养老预期的不确定性	22.2
	造成一定程度的社会不公平	17.8
	其他	2.2

资料来源：根据课题组调研资料整理。

访谈资料 7-7

这是一个"温水煮青蛙"的过程，在不影响政策制定者利益的情况下让大家接受并习惯该政策。【某自主创业者】

逐步到位，以稳为主；使广大群众有较好的心理预期。【某企业人力资源部主管】

逐步过渡，不"一刀切"，让职工心理有适应过程。【某纺织厂职工代表】

第八章

优化与选择：基于政策合意性与协调性的延迟退休方案研究

延迟退休作为一种公共政策，是一个多方利益主体——政府、企业、劳动者以及其他相关利益集团博弈的过程，也是一个多项公共政策——社会保障政策、就业政策、收入分配政策等协调演进的过程。因而，一个科学、合意的延迟退休方案的制定，一方面，需要理性探究退休年龄的本质与退休制度的演进，以科学的态度分析退休年龄的决定机制与影响因素；另一方面，则需要所制定的延迟退休方案能够最大限度地合意于相关利益主体，并与相关的公共政策相协同。个人、企业和政府都具有各自的偏好，任何一项公共政策都不大可能同时满足三方的合意性。因而，在协调和平衡各个个体或人群利益时，尽量消除不同利益主体利益上的差异性和层次性，以降低政策某种程度的强制性。公共政策的合意性，通常又与不同属性政策之间的协同性密切相关。其中，社会保障政策与经济政策的协同性尤为关键。毋庸置疑，延迟退休是应对人口老龄化的有效措施。但在我国"未富先老"的背景下，通过经济增长以获取社会财富的积累是应对人口老龄化的根本保证。因而，社会保障政策（延迟退休政策、养老金改革）与经济政策（就业政策、收入分配政策等）的协同性十分关键。以上述工作为基础，全面评估和系统研究渐进式延迟退休的社会经济效应，即客观分析渐进式延迟退休对社会心理、劳动就业、养老金积累、收入分配、经济增长等方面产生的不同程度的影响，综合制定渐进式、差异化、有弹性的退休政策方案。

第一节 退休年龄政策的变迁路径与演化机理

人类社会退休制度产生于工业革命初期,作为退休制度的核心内容——退休年龄,伴随着传统自然经济到近代市场经济的进化,经历了从自然退休年龄到法定退休年龄的演变。人类退休制度的确立和退休年龄政策的变迁,是人类工业文明的重要产物,同时也是人类社会常态发展的重要机制。

作为劳动者在职期间的劳动贡献与退出劳动年龄之后所享受的福利之间的均衡,退休年龄理论上包含自然退休年龄和法定退休年龄两种类型。传统社会或者前工业社会中劳动者是否退出劳动力队伍单纯基于个体生命时间表,在达到自然退休年龄的时候退出劳动力队伍。

从自然退休年龄到法定退休年龄的演变,是传统自然经济到近代市场经济进化的结果,同时随着经济形态向知识经济等新经济形态的趋变,弹性退休年龄成为新的选择。在退休年龄的演化过程中,内生的是个体劳动者工作与退休的行为选择和决定机制,彰显的是国家对社会劳动力均衡的行为干预和政策机制。于是,退休年龄政策的制定,就需要基于个体劳动者退休的内生行为机制,设计社会劳动力均衡的外生政策机制。退休政策的核心是劳动者在具备一定工作年限的前提下可享受的社会福利,本质上是劳动者的劳动贡献与退休后所享福利之间的一种均衡。而退休年龄的划定则为个体福利的获得规定了一个时间节点,这个时间节点的确定是一个复杂的过程,需要综合考虑国家或社会所处发展历程和个体生命历程发展的种种特征及发展变化趋势,因此考察退休年龄的决定机制就具有十分重要的理论和实践价值。

退休年龄政策的一项重要内容就是关于退休年龄的划定,很大程度上,退休年龄划定得合适与否关系到整个退休制度的成败。对退休年龄的界定是现代退休制度的核心内容,从这个意义上讲,退休年龄的决定机制实际上很大程度上是在对当时所处社会、经济、人口、政治、文化等环境综合考量的基础上形成的。根据生命历程理论,退休年龄的决定机制是社会发展生命历程中某个时间点与个体生命历程进入老年阶段时间点的契合。社会发展的生命历程经历了从前工业社会(传统社会)、工业社会到后工业社会(当前社会)三个阶段,一个国家在不同的社会发展历程所呈现的影响社会发展的各个变量都会有所不同。而工业社会时期又分为工业社会前期、中期和后期三个阶段。路径依赖意味着历史是重要的,如果不回顾制度的渐进演化,我们就不可能理解当今的选择。① 对现代意义上退休年龄界定的决定机制的分析就有赖于对人类社会进入工业社会之前和之后的特定环境进行分析，尤其是退休制度确立时候的决定因素的分析，从中剥离出具有规律性的、起决定作用的因素和条件，有助于我们更好地应对当前以及今后人口结构变化带来的问题。

退休制度作为社会生命历程特定时期的立法制度，被认为是工业化的产物。在前工业社会，人们的社会行为大多受某种群体规则、信仰的约束。前工业社会或传统社会，没有明确的劳动分工和社会分工，经济生产和社会组织形式是以家庭、族群或宗教组织为基本单位实施的，所涉及的关乎个人整个生命历程的干预如教育、婚姻、生产、退休及生活保障等都是在家庭、族群或团体的背景下实现的。前工业社会中只需要建立指导性的群体规则或信仰规则，即可保障社会再生产顺利进行。工业革命的爆发将社会发展历程推进了一大步，社会发展进入工业社会，开始了新的生命历程。工业社会使个人脱离由亲族组织所构成的小群体，而以独立的姿态步入社会化生产中，在这一过程中，个人需要获得一种明确的预期和规范，来安排自身的生活步骤，教育、工作、退休是工业社会中典型的生命历程。在工业社会历程中，社会分工日渐细密，原本从属于家庭的生产、保障功能逐渐被社会组织所替代，教育依托学校，工作依托公司，婚姻脱离大家族进入核心家庭，退休保障的责任也从家庭过渡到企业和社会。作为工业社会生产的伴随物，这一过程的核心诉求是维持工业社会生产以及劳动力市场的良性循环。因此，可以说早期退休制度产生的决定机制在于社会变迁过程中所发生的生产结构、人口结构、劳动生产力等变化及其所带来的人们思想观念的变化导致的国家干预手段的调整，即国家为应对工业社会发展历程中所发生的各种变化而采取的对个人生命历程中当个体的劳动依附性趋于衰减阶段的干预。从某种意义上说，退休制度是人类文明的产物，通过这一制度实现了社会劳动力的可持续供给。

从可持续因子的视角寻求通过一种机制来决定退休年龄，就是要全面、系统地寻求影响退休年龄及养老金政策的关键因子。根据国际经验和退休年龄的学理分析（劳动者在职期间的劳动贡献与退出劳动年龄之后所享受的福利之间的均衡），无论各国退休年龄政策有何差异，但以下因素对于退休年龄的影响是决定性的：人均寿命、人口老化率、初始劳动年龄或劳动人口受教育年限、劳动环境、工作性质、劳动力供求状况、养老保险基金储备以及社会经济发展水平等。科林·吉列恩在其《全球养老保障——改革与发展》一书中，运用"退休工作比"来说明"劳动者在职期间的劳动贡献与退出劳动年龄之后所享受的福利之间的均衡"。退休工作比维持在多少对于一个国家来说才算合适，将关系到退休年

---

① ［美］道格拉斯·诺斯：《制度、制度变迁与经济绩效》，刘守英译，上海格致出版社1994年版。

龄的决定。① 发达国家的这个比值一般为 0.5，基本上是退休 20 年，工作 40 年。退休工作比的计算公式为：

$$退休工作比 = \frac{人均预期寿命 - 退休年龄}{退休年龄 - 初始劳动年龄}$$

则，理想的退休年龄为：

$$理想退休年龄 = \frac{人均预期寿命 + 退休工作比 \times 初始劳动年龄}{1 + 退休工作比} \quad (8.1)$$

我国台湾地区在进行退休年龄政策调整时，为实现"退休所得趋于合理""兼顾世代公平正义"及"年金财务永续经营"的三大目标，引入机制设计理论，建立了"退休年龄 = 标准退休年龄 + 工作年限"决定机制②，将退休年龄政策从"75 制"调整到"85 制"，之后又逐渐过渡到"90 制"③。通过调整，使得原来领取退休金的年龄和条件发生了很大变化，尤其是退休年龄和平均领取退休金的时间发生了变化，带来了退休福利的帕累托改进，一方面适应人口老龄化带来的冲击，减轻了政府的财政负担，更重要的是，这种制度变迁能够在一定程度上反映不同人群的劳动贡献。

退休年龄决定机制——劳动者在职期间的劳动贡献与退休后福利的均衡决定了退休福利函数为：

$$退休福利函数 = \frac{\frac{参保人群退休时所在地上年度}{在岗职工月社会平均工资} \times 劳动贡献指数 \times 工作年限}{2 \times (全社会预期寿命 - 入职年龄 - 工作年限)} \quad (8.2)$$

这就为科学认识与解释退休年龄的确定提供了一个分析模型。退休年龄可由自然年龄和标准年龄确定。在自然年龄确定退休政策时，劳动者受教育程度越低，入职年龄越小，工作年限越长；而在标准年龄确定退休政策时，可平衡受教育程度差异带来的制度不公，进而实现不同年龄、受教育程度、性别劳动者的政策公平。因此，在以机制决定的退休年龄政策中，就应该规避自然年龄决定退休政策对受教育程度较低者的不公，同时又保障了政策的一致性。

---

① ［英］科林·吉列恩、约翰·特纳、克利夫·贝雷、丹尼斯·拉图利普：《全球养老保障——改革与发展》，杨燕绥等译，中国劳动社会保障出版社 2002 年版。

② 这种决定机制的本质在于退休金领取条件的改变。以台湾公务人员为例，台湾现行"85 制"表示领取退休金的条件为"年资满 25 年、年满 60 岁"或"年资满 30 年、年满 55 岁"。改为"90 制"，则表示领取退休金的条件变为"年资满 25 年、年满 65 岁"或"年资满 30 年、年满 60 岁"。

③ 席恒、周明、翟绍果：《渐进式差异化退休年龄的决定机制、经验借鉴与政策建议》，载于《社会保障研究》2014 年第 2 期。

第二节　渐进式延迟退休政策的设计思路与政策要素

我国延迟退休政策讨论与提出的背景，既有世界养老金改革的国际条件，也有我国人口老龄化、社会治理转型的国内社会经济条件。延迟退休将对我国公众的社会心理、劳动力供给、养老保险基金收支、收入分配、经济增长等方面产生一定的社会经济效应。因此，科学制定延迟退休政策方案，适时实施延迟退休政策方案，稳步推进退休年龄政策方案，并在充分考虑其支持条件与约束条件下，与相关的制度改革协同并举、同步推进，才能达到预期的政策效果。

当然，一项公共政策越细致，其政策设计和执行成本也就越高。为取得最佳的政策成效，就必须分析这项公共政策的政策要素。作为一种社会关注度很高的公共政策，退休年龄政策方案研究也必须分析其政策关键要素。

在退休年龄政策要素中，第一要确定政策目标。一项公共政策的目标应该是符合公共预期的，具有可实施性，同时也应该符合一国在一定时期的发展战略，具有前瞻性。在渐进式延迟退休政策目标要素中，我们筛选了提高平均退休年龄、增加劳动力供给和降低退休工作比三个指标。其实，延迟退休政策作为一种国家战略，它与放开"单独二孩"政策的政策目标是完全一致的，就是基于我国人口红利的减少而进行的增加劳动力存量供给的战略选择。

第二是政策内容。一项公共政策的内容应该清晰、易懂，具有可操作性。在渐进式延迟退休政策内容要素中，我们筛选了明确工作年限和法定退休年龄两个指标。工作年限是退休年龄确定的最低值，它以最低受教育程度者工作年限为标准，可以看作劳动者享受退休待遇的义务；法定退休年龄是退休年龄确定的最高值，它以受教育程度最高者的最高退休年龄为标准，可以看作劳动者享受退休待遇的权利。也就是说，在最低的工作年限指标这个节点上，对于劳动者和雇主来说具有强制性，即劳动者若无不可抗拒的意外，不得提前退休，雇主若无非常正当的理由不得解雇职工。在两个指标之间（弹性区间），劳动者和雇主具有可选择的自愿性。在最高的法定退休年龄指标这一节点上，劳动者具有一定的自愿性，一个劳动者认为自身健康许可，本人又有意愿要继续工作，而社会又有适当的工作岗位，则政策可允许该劳动者在这个节点之后延迟退休，并在之后的养老金待遇中给予激励。要特别指出的是，随着经济社会的发展，个体的人力资本水平会越来越高，灵活就业人员的数量会越来越多。在这种情形之下，退休年龄不再是退休政策的关键问题，关键问题是获得养老金的受益资格。以"劳动贡献"

作为养老金受益的资格条件，无疑是最理想的。在目前的制度条件和技术条件下，以工作年限衡量劳动者的劳动贡献是一种较为合理的方式。

第三是政策原则。任何一项公共政策都必须符合公众预期、促进经济增长和保障社会稳定的原则，具有政策正效应。渐进式延迟退休政策更应该符合社会公众心理预期，保障社会稳定。

第四是政策实施的约束条件。任何公共政策都是在一定约束条件下才能保障其正向效应发挥的。因此，政策的制定与实施，都必须充分分析和研究其发挥作用的约束条件。在渐进式延迟退休政策约束条件要素中，我们筛选了劳动人口平均受教育年限、人口平均寿命、人口老龄化程度和经济总量四个指标。在各国退休年龄政策调整的经验中，这四个指标对于一国退休年龄政策调整在其经济社会发展中的战略意义非常显著。

第五是政策启动实施的最佳时间。如果上述约束条件具备，则可视为该政策方案具有在这一时期实施的可能性和可行性（见表8-1）。

表8-1　　　　　　　渐进式延迟退休政策要素

政策目标	政策内容	政策原则	约束条件	最佳启动时间
平均退休年龄； 人力资本供给； 退休工作比	工作年限； 法定退休年龄	促进经济增长； 保障社会稳定； 政策平稳实施； 最小负面影响	劳动人口平均受教育年限； 人口平均寿命； 人口老龄化率； 经济总量	约束条件； 具备的时间

第三节　渐进式延迟退休的政策原则：合意性与协同性

对任何政策、制度的讨论，我们都要有意识地避免犯功能主义谬论的错误，即我们不能仅仅因为某项政策的积极影响来论证某些事实存在的合理性。就渐进式延迟退休政策而言，判断它的好坏并不是由于它有积极影响或消极影响，更为重要的是，政府希望通过这项政策的制定和实施，可以使整个社会在未来面临更好的处境。一个科学、合意的退休年龄方案，要建立在相关利益主体的合意性和相关公共政策的协同性的基础之上。因而，对于政策的合意性和协同性的规范分析不仅是首要的和紧迫的，也是设计和制定科学合理的渐进式延迟退休政策的基础所在。

一、福利政策与经济政策的合意性与协同性

人类的财富积累与经济增长是如何实现的,一直是经济学家努力探究的核心问题。长期以来,从古典经济学到新制度经济学,无数的经济学家都致力于经济增长机制的研究,形成了以经济增长函数表达经济增长机制的基本逻辑。现代主流经济学通常认为,经济增长是由资本(K)、劳动(L)、人力资本(H)和技术进步(A)决定的,并以上述要素为基础,建构了大同小异的增长函数。一个典型的生产函数通常以如下形式呈现:

$$Y = F(K, L, H, A) \tag{8.3}$$

式中,Y 表示经济产出,K 表示资本,L 表示劳动力,H 表示人力资本,A 表示技术水平。

考虑到人力资本通常是依附劳动力本身而得以存在的,可以把劳动力(L)和人力资本(H)视为一体存在,可以把劳动(L)和人力资本(H)看作是一个同质性的变量,则式(8.3)可简化为:

$$Y = F(K, L, A) \tag{8.4}$$

经济增长函数为描述经济增长机制提供了一个比较清晰的分析框架,提升了经济增长理论的科学性。

随着全球经济一体化和全球竞争的加剧,经济的组织方式已经由传统的个体经济活动不断演变为日益增加的公共经济活动。在这种背景下,一国经济增长与共同福利的提高都是在一定的政策诱导与政策干预下实现的。无论是企业的私人政策还是政府的公共政策都会对经济增长函数中的关键要素产生重要影响。因此,如果将制度或政策因素作为一个重要的经济增长变量,那么式(8.4)则可修正为:

$$Y = F(K, L, A, P_e) \tag{8.5}$$

这里,P_e 表示为政策或制度(为了与其后讨论的社会福利政策或制度相区别,故用 P_e 表示)。

事实上,新制度经济学家已经注意到制度因素对于经济增长的重要作用,认为劳动、资本等生产要素通过制度才得以发挥功能。第一个具体考证政府活动和制度对经济增长影响的是经济史学家道格拉斯·C. 诺斯。诺斯认为,"国家的存在是经济增长的关键,然而国家又是人为经济衰退的根源"[①]。经济增长有赖于

[①] North D. C.. Institution, Institutional Change and Economic Performance. Cambridge University Press, 1990.

明确的产权,但在技术和现有的组织制约下,产权的创新、裁定和行使代价都极为昂贵,因此国家作为一种低成本的提供产权保护与强制力的制度安排应运而生,以维护经济增长和发展,并最终对造成经济的增长、发展、衰退或停滞的产权结构的效率负责。国家处于界定产权的地位,既可以使界定的产权结构促进经济增长,也可以使之走向反面。只有在能使国家统治者福利最大化的目标范围内国家才会界定和促成有效率的产权制度,从而促进经济增长。正如刘易斯所言,"制度促进或限制经济增长取决对努力的保护,为专业所提供的机会,以及所允许的活动的自由"①。

将政策或制度因素引入经济增长函数,问题的关键是政策或制度因素如何度量。制度通常是指一组正式和非正式的规制,以及规则的执行安排。制度影响着交易成本和经济的最终表现,即决定着交易成本的水平和经济体市场运行的水平。

交易成本恰恰就是制度建立的基点。科斯认为交易成本即"运用价格机制的成本"②,包括获得准确的市场信息所需要付出的成本,以及谈判和签订契约的成本。阿罗认为交易成本包括信息成本、排他性成本和设计公共政策并执行的成本。③ 威廉姆森(2002)将交易成本分为两部分:一是事先的交易成本,包括草拟合同、就合同内容进行谈判以及确保合同得以履行所付出的成本;二是签订契约后,为解决契约本身所存在的问题,从改变条款到退出契约所花费的成本,包括不适应成本、讨价还价成本、启动和运转成本、保证成本。④ 巴泽尔将交易费用定义为转让、获取和保护产权有关的成本。⑤ 埃格特森的定义是:"个人交换他们对于经济资产的所有权和确立他们的排他性权利的费用。"⑥ 迪屈奇把交易成本定义为三个因素,即调查和信息成本、谈判和决策成本以及制定和实施政策的成本。⑦ 马修斯则认为交易成本包括事前准备合同和事后监督及强制合同执行的成本。⑧

尽管交易成本的定义如此丰富,但一直以来制度经济学的代表人物都极少对交易成本进行量化。事实上,交易成本仅仅发挥一个构想和启发性作用。贝纳姆

---

① [英]阿瑟·刘易斯:《经济增长理论》,周师铭、沈丙杰、沈伯根译,商务印书馆1996年版。
② 科斯:《企业的性质》,引自盛洪主编:《现代制度经济学》(上卷),北京大学出版社2003年版。
③ Arrow. *The Organization of Economic Activity*: *Issues Pertinent to the Choice of Market versus Nonmarket Allocation*. The Analysis and Evaluation of Public Expenditure: The PPB System, 1969, Vol. 1, U. S. Joint Economic Committee, 91st Congress, 1st Session. Washington, D. C.: U. S. Government Printing Office: 59 – 73.
④ [美]奥利弗·E. 威廉姆森:《资本主义经济制度》,段毅才、王伟译,商务印书馆2002年版。
⑤ [美]巴泽尔:《产权的经济分析》,费方域、段毅才译,上海人民出版社1997年版。
⑥ [冰]思拉恩·埃格特森:《新制度经济学》,吴经邦译,商务印书馆1996年版。
⑦ [美]迈克·迪屈奇:《交易成本经济学——关于公司的新的经济意义》,王铁生、葛立成译,经济科学出版社1999年版。
⑧ 卢现祥:《西方新制度经济学》,中国发展出版社2003年版。

等（Benham et al.，1998）指出关于交易成本缺乏大量经验研究的四个原因：一是对于如何准确界定交易成本没有达成共识；二是交易成本的估计是困难的，因为它们往往和转化成本结合在一起，必须先将它们分开；三是当交易成本过高时，交易根本就不会发生，所以交易成本也不会发生；四是"一价定律"不适用于交易成本，因为它们是行为主体特有的，也就是说，它涉及的是难以客观反映的主观成本。如果把交易行为看成是一个包括交易之前的认知、交易之初的信息搜寻、交易过程中的监督约束和交易之后的收益分配等过程，交易成本则可细分为交易之前的排他成本或防范成本、交易之初的信息成本、交易过程中的监督成本和交易之后的收益分配中的谈判成本。[①] 即便交易成本仅仅发挥了启发性作用，交易成本仍然可以被视为某项政策品质的评价指标。政府在实现预定的政策目标时，通常会有很多的政策选择。而这些政策所带来的交易成本的大小，则直接影响了政策品质的高低。

如同对经济增长机制的分析一样，经济学家也力图对社会福利的形成机制进行分析。经济学家通常用社会福利函数表达社会福利在不同群体中的实现程度。纵观福利经济学家的研究，社会福利函数的研究也经历了几个阶段。

在古典效用主义时期，社会福利被视为所有成员的福利简单加总。如果一个社会有 n 人，U_i 表示第 i 个人的福利水平。那么这个社会的福利水平可以表示如下：

$$W = U_1 + U_2 + \cdots + U_n \tag{8.6}$$

式（8.6）展现的福利函数，明显只关心社会总福利水平，不能体现个体福利水平的差异。这种基于基数效用构建的社会福利函数，曾引起了很大的争议。

现代对社会福利函数的研究源于柏格森和萨缪尔森的贡献，他们是以序数效用为理论基础的。但他们的柏格森—萨缪尔森的社会福利函数只给出了一般形式：$w = w(z_1, z_2, \cdots)$。

阿罗围绕这一问题的研究表明，不存在同时满足非限制性定义域、帕累托原则、非相关选择的独立性和非独裁性这个四个条件的社会福利函数。

由于序数效用方面的局限，许多研究者又重新以基数效用为基础构建社会福利函数。影响力比较大的有如下几种：

第一个是精英社会福利函数：

$$W = \max(U_1, U_2, \cdots, U_i, \cdots, U_G) \tag{8.7}$$

式（8.7）中，$i = 1, 2, \cdots, G$。值得注意的是，G 可以表示不同境况的社

[①] 席恒：《公共政策制定中的利益均衡——基于合作收益的分析》，载于《上海行政学院学报》2009年第6期。

会群体，而不单单是指社会成员的人数。精英社会福利函数表明，社会福利水平只取决于境况最好的社会群体的效用。

与此相对应的罗尔斯社会福利函数则为：

$$W = \min(U_1, U_2, \cdots, U_i, \cdots, U_G) \tag{8.8}$$

罗尔斯的社会福利函数表明，社会福利水平取决于社会中境况最差的那部分人群的福利水平。

在考虑了不确定性因素之后，维克里和豪尔绍尼等提出了如下形式的社会福利函数：

$$W = \sum \pi_i U_i \tag{8.9}$$

式（8.9）中，U_i 表示个体 i 的福利水平，π_i 表示相应的概率。与采用加总的方式不同，纳什的社会福利函数采取了乘积的方式：

$$W = U_1, U_2, \cdots, U_i \tag{8.10}$$

以上社会福利函数，无论是具体形式还是一般形式，基本都是在既定总资源情况下，通过资源分配实现个人福利，从而决定社会福利状况。在一般的研究中，"资源"通常以产出进行衡量。一般来说，在产出既定的情况下，人们希望收入尽可能合理分配以使社会福利最大化。达尔顿（1920）指出，当其他条件相同时，人们通常偏好于更为平等分配。欧阳葵、王国成（2014）认为，由于：（1）人的收入水平和生活质量具有外部性；（2）个体偏好具有风险规避特征，因此，两者都可能会导致不平等规避型社会偏好。

因此，在特定的不平等规避型社会偏好下，收入分配的不平等程度将会严重影响社会福利水平。因此，收入分配状况既与个人福利水平紧密相关，也与社会福利水平密切相关。在现实生活中，收入分配状况不仅受到禀赋拥有情况的影响，通常也与收入分配的制度、公共政策、惯例相关。因此，社会福利函数的实现，应当引入福利政策因素，即：

$$W = F(Y_d, N_i, P_s) \tag{8.11}$$

式（8.11）中，Y_d 表示可投入的资源总量，既包括个人在初次分配中积累而形成的投入，也包括国民总产出中用于福利的投入量；N_i 表示人口总量，同时也可以表示不同的人群构成。P_s 表示有关再分配（福利）调整的制度或者政策。也就是说，当期社会福利水平，取决于投入的资源、人口数量和再分配政策。

传统经济学的研究由于未引入政策变量，对于经济增长和福利的实现通常较为侧重单一方面的分析，而很少关注两者的互动。这种状况，一方面是由问题复杂性导致的；另一方面也是主流经济学本身的理论局限。如果想探讨社会保障与经济增长的互动关系，就必须把两者置于一个分析框架之内。首先，经济增长从来都是波动起伏的。这就意味着，在每一个时期，可以用于改善福利水平的物质财富是变动的。其次，一个社会的福利水平，取决于可以用于改善福利的资源总量，也取决于社会成员数量，更取决于资源的分配政策。因此，我们将经济增长函数与社会福利函数联立，构建一个经济增长与福利实现的函数关系组：

$$\begin{cases} Y = F(K, L, A, P_e) \\ W = F(Y_d, N_i, P_s) \end{cases} \quad (8.12)$$

在式（8.12）中，经济增长与社会福利或社会保障（为了表述问题的简单，在这里社会福利与社会保障交替互用）的关系，既表现为微观层面相关变量（即 K, L, A 与 Y_d, N_i）的相互作用，更为重要的是宏观层面 P_e 与 P_s 即经济制度（政策）与福利制度（政策）的相互作用与相互关系。不论政策属性是否相同，任何政策之间，无外乎四种关系：中立、互补、替代和冲突。任何一项公共政策，都是"有目标或者有目标取向的行动，而不是随意行为或偶然事件"[①]。福利政策追求公平，而经济政策追求效率。这一天然的内在矛盾，会使社会保障政策就经济政策（尤其是旨在促进经济增长的经济政策）而言，发生冲突的可能性较大。人们更希望政策之间是协同的，并能够形成良性的互动。事实上，经济增长与社会福利本身是一个社会存在两个相互依赖的整体，经济增长既是社会福利的基本手段，又离不开社会福利系统的支撑；社会福利既是经济增长的基本目标，又依赖于经济增长的支持，两者相互包容、相互支持，共同构成一个有机整体（见图 8-1）。

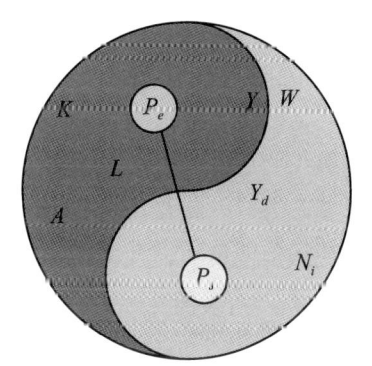

图 8-1 经济增长与社会保障的关系

如果经济增长函数中各要素之间不协调，或经济政策合意性差；福利函数中各要素之间不匹配，或福利政策合意性差，则会导致经济增长系统的混乱和社会

[①] 陈振明：《政策科学》，中国人民大学出版社 1998 年版。

福利系统的撕裂。如果经济政策与福利政策协同性不足，则会导致经济增长与社会福利系统的割裂（见图 8-2）。

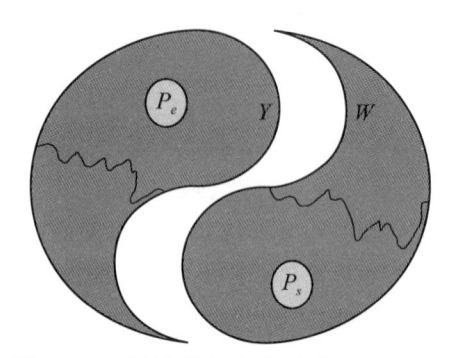

图 8-2 经济增长与社会保障的割裂

政策的合意性，表现为政策（制度）的交易成本和运行成本的降低。任何制度或政策的设计初衷，本质上是期待整个社会在未来会面临更好的处境。政策是一个政策需求者、政策倡议者、政策设计者、政策制定者、政策执行者和政策评估者等构成的政策网络系统[①]，因而政策的合意性既表现为政策利益相关者个体诉求与利益的表达，也表现为政府代表社会公众诉求与利益的国家意志的表达。

任何一项政策，作为实现某种目标或目标取向的工具，其制定和实施往往具有明显的合法性和强制性。以协商谈判的方式，对于合作事务及其收益分配而言，共识的达成并非易事，也需要以某些群体偏好的适当改变为条件。个人、企业和政府都具有各自的偏好。如果各个群体偏好永远坚持，那么各个群体异质性偏好之间的冲突将无法纳入合作共识的轨道，并有可能演变成相互之间的对抗。

在现实世界中，以哈贝马斯的民主商谈理论为基础的协商对话机制往往具有极高的谈判成本。构筑在"真实性、正确性、真诚性"三大有效性要求之上的话语共识，即以主体间自由平等的方式，通过民主和合理的程序来达成和重建交往理性，并将交往有效性要求和规范的恪守提升到社会伦理原则的高度，往往只能在"理想国"的世界中实现。鉴于个体或群体利益的差异与多层次性，政策在协调和平衡各个个体或人群利益时，不可能将这些利益上的差异、层次性完全消除掉，那些利益要求得不到满足，甚至既得利益受到损害的人，就会很明显地感受到政策某种程度的强制。[②] 因此，在"自然秩序"状态下，利益相关者个体的政策合意性也许存在着如阿罗所言的不可能状况。但在一个"管理秩序"状态下，

[①②] 席恒：《公共政策制定中的利益均衡——基于合作收益的分析》，载于《上海行政学院学报》2009 年第 6 期。

由于政治精英、经济精英以及知识精英的引导和社会动员，一个相对理性的、符合大多数公众诉求的政策合意性则容易达成（即使依靠强制性手段通过的政策未能满足大多数公众诉求，在政策执行中政府也可以通过"试错机制"而达到纠偏）。政策的合意性，既是政策制定者与政策受众的利益均衡，也是多数受益群体与少数非受益群体的利益均衡。不合意的政策，强制执行会带来难以估量的行政成本和社会成本，导致难以实现政策目标。因此，对任何一项政策而言，其合意性是政策发挥作用的前提（见图8-3）。

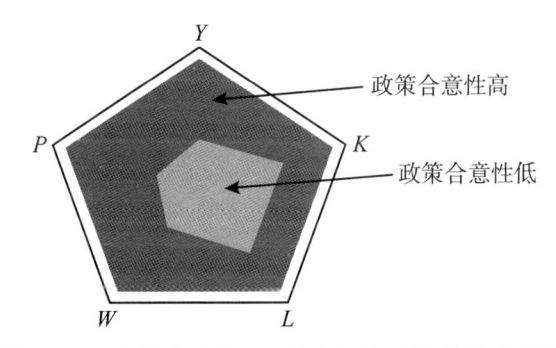

图8-3 政策合意性决定了政策目标的达成程度

政策的协同性是指各项政策目标取向的一致性，这并不是简单的是政策之间的互相配合，而是强调福利政策与经济政策促进式的相互作用。由于经济增长是一个由投资、国际贸易、劳动力市场、人力资本积累、技术进步等多因素影响的复杂过程，其自身经济政策的协同性问题往往也考验着经济学家和经济管理者的智慧（许多经济政策往往会出现"按下葫芦起了瓢"的状况）。如果进一步考虑经济政策与福利政策的协同性，则问题更为复杂。如果将经济政策的目标取向分为单向性经济政策和包容性经济政策，长期的经济治理会促使经济学家和经济管理者趋向选择更具有包容性的政策以实现经济与社会的包容性增长。

社会福利政策的目标是实现人类共同福利的提高，它关注的重点是福利的共同性与公平性，以提高人们对于社会生活的适存度，降低社会存在的脆弱度。提高人们的适存度，就是要普遍性地提高人们的福利水平；而降低社会存在的脆弱度，就是要降低风险度和危机度。对于适存度的提高和脆弱度的降低，可以通过个体自身的能力建设，即在经济增长的初次分配系统中通过自身的物质积累来实现，也可以通过社会的力量，包括自身与其他经济主体、社会主体和政府主体的合作，以再分配的方式，或直接提供一定水平的福利（针对暂时失去生活能力而陷入危机的群体），或建立个体自身福利实现的平台——针对有一定生活能力群体而构建的具备激励和诱导效果的制度来实现。因此，针对不同群体的不同境况进行适应性的制度安排，社会福利政策的目标取向可分为保护性政策和激励性政策。

很显然,社会福利或社会保障中的激励性政策,从目标取向上与经济政策中的包容性政策具有一致性和相互适应性。也就是说,当经济政策更具包容性,福利政策更具激励性时,福利政策与经济政策则更具相互协同性;当经济政策更具单向性,福利政策更具保护性时,福利政策与经济政策的协同性可能很差(见图8-4)。

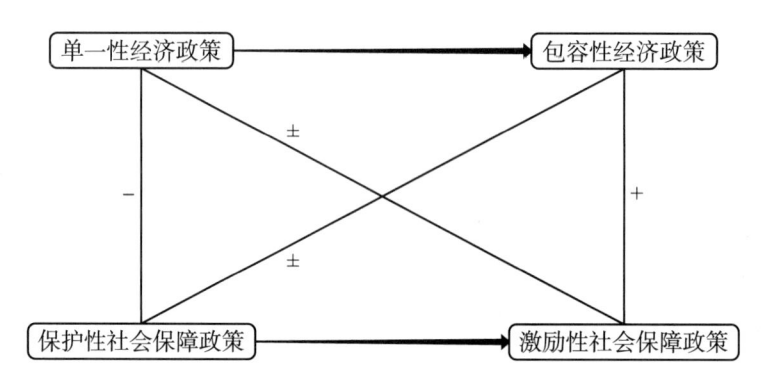

图 8-4 不同类型的经济政策与社会保障政策之间的协同性关系

因此,如何在政策设计中使经济政策更具包容性,福利政策更具激励性,是经济增长与社会保障政策合意性与协同性的关键。当然,在福利政策中,一定的保护性政策是必要的。这是由于一些群体因为"自然禀赋"或突发意外等会暂时失去谋生能力,从社会中获得经济、社会支持是其应有的社会权利,因而社会特别是政府有责任为其提供基本的生活帮助。但是,保护性福利制度一定要把握时间和程度。否则,一个从善念出发的善的制度,有可能激发人性中的恶。

法定退休年龄是养老金制度的关键要素之一,提高法定退休年龄,本质上是养老金制度的变革。因此,必须考虑退休年龄调整对现有养老金制度的影响。退休年龄是劳动者在职期间的劳动贡献与退出劳动年龄之后所享受福利之间的均衡。退休年龄政策既涉及经济增长的基本要素,如劳动力与人力资本,也与人们的福利水平特别是退休后的福利密切相关。因而,它既具有经济政策的属性,也具有福利政策的功能。退休年龄政策作为养老金制度的重要部分,与费率、费基、缴费年限、工作年限一起,构成了缴费型养老保险制度的养老金函数:

$$P_q = F(R, B, T_i, T, U) \tag{8.13}$$

其中,P_q 为养老金,R 为费率,B 为费基,T_i 为缴费年限,T 为工作年限,U 为退休年龄。

面对日益加剧的人口老龄化和人口红利的不断减少,党的十八届三中全会正式提出了研究制定渐进式延迟退休政策。一个理想的延迟退休政策方案应当具备合意性和协同性。

延迟退休政策与养老金政策及经济政策的协同性首先表现为，在养老金函数中 U（退休年龄）与 T_i（缴费年限）、T（工作年限）与 R（费率）及 B（费基）的协同和互动。也就是说，退休政策的调整，必须与 T_i（缴费年限）、T（工作年限）及 R（费率）、B（费基）联动调整，才能实现并维持养老金函数的整体效用。其次，表现为 U（退休年龄）与社会福利函数 $W = F(Y_d, N_i, P_s)$ 中 Y_d（资源投入总量）、N_i（人口总量）的协同，退休政策一定要关照不同人群（如高寒地区、特殊工种等）的实际诉求和一国的经济发展水平。最后，还表现为 U（退休年龄）与经济增长函数 $Y = F(K, L, A, P_e)$ 中 L（劳动力）的协同，一国劳动力的数量、质量与结构往往成为退休政策调整的重要参数。更为重要的是，U（退休年龄）与上述两个函数中的 P_s（福利政策）和 P_e（经济政策）的协同，只有退休政策与福利政策、经济政策协同与包容，才能增强其政策合意性，才能保障政策的有效实施（见图 8-5）。

$$\begin{cases} P_q = F(R, B, T_i, T, U) \\ W = F(Y_d, N_i, P_s) \\ Y = F(K, L, A, P_e) \end{cases} \quad U \rightarrow P_q \rightarrow P_s \rightarrow P_e$$

图 8-5　退休年龄变动影响社会福利和经济增长的传导路径

二、渐进式延迟退休政策的合意性和协同性

从理论上讲，不论渐进式延迟退休政策的具体内容如何，都会对社会心理、劳动就业、养老金收支、收入分配、经济增长等方面产生不同程度的政策效应。因而，定性地分析渐进式延迟退休政策的社会经济效应，为具体方案的设计限定了方向。对具体延迟退休方案社会经济效应的定量分析，为方案的选择和优化提供了科学依据。

第一，延迟退休对我国公众的社会心理具有一定的塔西佗效应、社会传染效应等。一是塔西佗效应。"塔西佗效应"是指当一个组织或个人失去公信力时，不论说真话还是说假话，不论做好事还是做坏事，都会被认为是说假话、做坏事。我国一些地方政府或官员对一些社会事件的处理不当往往会降低政府的公信力。当前，我国社会又恰好处于经济转型和社会转型的敏感时期，对于政府出台的社会政策，有时难以获得民众的理性认识。因而，延迟退休虽然本身是一项为了社会公众利益的政策，却受到部分社会公众的反对，从而使得政府陷入塔西佗

陷阱。二是社会传染效应。在社会大众话语权日益强烈的今天，民众会通过各种方式为自己的利益发声。而在此过程中，一些出于自利考虑的观点以及对延迟退休初衷不合理解读的意见却被广泛传播，少部分正确的观点被淹没其中。对于延迟退休的反对之声就像一个病毒一样在整个社会范围内蔓延开来，这一现象更是给本就困难重重的延迟退休政策的推行添加了阻力。最后，政府通过间断式"放风"方式，疲劳了民众对延迟退休政策的反应。政府在预备出台一些重大的公共政策时，会先向媒体"放风"，以试探民众反应和意愿。若民众反对声音很小，则政府会快速出台政策并实施。若民众反对声音强烈，则政府会暂时搁置。在平静一段时间后，政府会再次放出"风声"。反复几次，加之经过长时间的舆论引导，民众会逐渐从心理上接受，反对的声音也会越来越小。

第二，延迟退休能够增加劳动力供给并对就业产生吸纳效应。伴随人口老龄化和持续的低生育率，我国将会面临长期劳动力短缺问题。国家统计局 2014 年国民经济数据显示：16 周岁以上至 60 周岁以下（不含 60 周岁）的劳动年龄人口在 2011 年达到峰值 94 072 万人，随后劳动年龄人口数量持续减少，到 2016 年减少到 90 747 万人，平均每年减少 665 万人。① 依据课题组的推算：劳动年龄人口到 2025 年会减少到约 796 036 万人，到 2055 年会进一步减少到 61 348 万人。退休年龄每提高一岁，至少能够增加 695.5 万劳动年龄人口，有利于缓解长期劳动力短缺的问题。

从机理上讲，延迟退休政策能够增加劳动年龄人口数量，进而会增加老年劳动力供给，从而加大了短期的青年人的就业压力，有可能造成短期青年人失业人数增加，产生挤出效应。不过，延迟退休政策在一定程度上能够减轻企业负担，继而有助于刺激企业对劳动力的需求。并且，由于劳动力供给增加，会导致均衡工资水平下降，企业增加雇佣的意愿会增强。在维持一定增速的 GDP 以及第三产业比重逐步提高的过程中，延迟退休对就业会产生吸纳效应。与第二产业相比，服务业的就业吸纳能力更强。2012～2016 年，国内生产总值每增长 1%，平均吸纳非农就业 172 万人，比 2009～2011 年多吸纳 30 万人。初步测算，2016 年经济增量对应的就业比 2015 年增加 182 万人。按照 2015 年不变价计算，2016 年第三产业每 100 万元增加值吸纳的就业为 9.1 人，比第二产业高 1.6 人。② 因此，延迟退休可能会在短期内对青年人就业造成"挤出效应"，但在长期能够对就业产生"吸纳效应"。

---

① 国家统计局：《2014 年国民经济和社会发展统计公报》，http://www.stats.gov.cn/tjsj/zxfb/201502/t20150226_685799.html。

② 张车伟：《十八大以来我国就业新特点和就业优先战略新内涵》，载于《人民日报》2017 年 7 月 19 日。

第三,延迟退休对养老保险基金收支会产生累积效应。根据课题组的预测,自2026年开始我国养老保险基金支出增长速度将快于养老保险基金收入增长速度,2026~2038年两者差距较大。从我国养老保险基金结余的变化趋势看,2017~2055年,养老保险基金收支结余呈现先增加后减少的趋势。尽管目前养老保险基金收支结余仍处于增加状态,并将在2025年达到最大值,约为6 298亿元。但此后,养老保险基金收支结余额将开始缩小,如果没有财政等相关补贴,于2029年开始出现缺口。之后,缺口逐渐扩大,到2055年,养老保险基金缺口约为138 526亿元。延迟退休能够开源节流,有助于应付未来越来越大的支付压力。不论何种延迟退休方案,都能够使养老保险基金结余开始减少的拐点延后。在不同的延迟退休方案下,退休年龄每提高一岁,平均能够带来约412亿~926亿元的增量。尽管一次性实行大力度的延迟退休政策短期效果明显,但从长远角度考虑,采取渐进式、分阶段的延迟政策更为科学。

第四,延迟退休对我国不同群体的收入分配产生诱导效应和收敛效应,对抑制收入差距扩大具有明显作用。作为社会保障制度的重要组成部分,养老保险制度具有代内和代际收入再分配的作用。我国养老保险制度名义上是部分积累制,但个人账户并未做实,因而本质上依然是现收现付制。退休劳动者的养老金来源是在职劳动者的缴费,收入再分配效应在代际间的效应尤为明显。当社会处于老龄化结构时,这种代际收入再分配效应加剧代际矛盾。延迟退休,增加缴费人口的同时减少领取人口,缓解代际矛盾,促进收入分配的公平性。延迟退休后会增加劳动者的在职收入,通过延长缴费年限从而相对提高退休后收入,并且能够能缩小我国男女性别间的收入差距。此外,延迟退休对收入总量以及收入分配产生影响的同时,也会产生一系列诱导效应。延迟退休带来的生产性投资和人力资本投资都将积累更多社会资本。此外,助于技术进步,调整就业结构,利于产业转型升级,长期促进经济增长。当然,不同的延迟退休政策,对收入分配的影响也是不同。如果延迟退休政策设计适当,可诱导不同群体在其职业过程与职业之后进行时间维度上的收入分配,也可通过差异化的退休政策诱导不同群体进行空间维度上的收入分配,进而实现收入分配的诱导效应和收敛效应。

第五,延迟退休对我国经济增长具有乘数效应。从劳动要素看,延迟退休能够增加劳动力供给,一定程度上,维持了我国劳动力数量优势。另外,通过增加劳动年龄人口数量,能够降低社会的老年人口抚养比例,有利于将相对更多的社会资本投入到少儿人口的教育等更具投资性的支出中,提高人力资本,促进经济增长。从资本要素看,实施延迟退休政策使得养老金积累增加。并且,延迟退休使得整体收入增加,意味着储蓄增加。个人和社会储蓄的增加最终带动投资,推动经济发展。此外，延迟退休通过延长工作年限，使得一部分劳动年龄以上人口重新回到岗位，带给其一定的收入来源，从而减轻老年群体的一部分消费顾虑，增加其消费，对经济增长起到促进作用。延迟退休增加劳动年龄人口数量，相应增加劳动力供给，减轻国民收入对老年人口等的保障、福利及抚养负担，从而降低消费基金占比，间接增加积累基金，促进积累基金向投资的转化，共同作用于经济增长。从知识和技术的要素看，社会是存在分工的，各人完成自己具备优势的工作，年轻人相对具有技术创新能力，技术研发等由年轻人来完成。同时，老年人具有丰富的经验、智慧、声望、社会资源等，并不一定不利于劳动生产率的提高，至少不会制约甚至可能有助于经济增长。总体而言，延迟退休不仅能增加经济总量，也能加快经济增长速度。依据课题组的推算，延迟退休有助于未来经济增长速度的提高，实行延迟退休政策后的增长率基本均高于现行退休政策下的经济增长率。

渐进式延迟退休政策的合意性。对于个体而言，劳动时间越少，退休后福利越多是每个人都期望的状态。依据课题组进行的《中国劳动者工作现状及退休意愿调查》，调查数据显示：愿意延迟退休者只占调查人数的5.5%，而选择按时退休和提前退休者则占到55.7%和31.4%。对于理想工作年限的调查，89.8%的受访者选择目前平均工作年限的36年及以下，而只有10%左右的受访者选择37年以上。因此，大多数人都期望退休年龄越早越好，这就是个人对退休年龄政策"合意性"的诉求。然而，个人合意性的诉求，往往会导致集体合意性的失败。借助"囚徒困境"理论，我们对个人合意性的博弈结果进行简析。

在这里，我们假设任意一个劳动者甲和其他所有劳动者都面临着完全相同的行为选项，可以将其他所有行为人视为一个整体。在表8-2中，甲作为第一列，其他所有行为人作为第二列。这里的"合作"是指行为人愿意延迟退休，而"对抗"则表示行为人不愿意延迟退休。选择对抗的行为人当然也希望除自己之外的人都能自愿延迟退休。这样一来，即使他们没有延迟退休，延迟退休政策仍然能够收到成效。这意味着，即使他们没有做出同等的劳动贡献，也同样可以得到同等的退休福利。然而，这一个体合意性的背后却隐藏着一个问题：如果所有劳动者都和甲有完全相同的行为选择——不愿意延迟退休，即所有劳动者都选择"对抗"，那么想要在个体劳动者"合意性"基础上实现延迟退休的政策目标无疑是水中捞月。尽管人人都知道，如果实施延迟退休政策会使整个社会受益（见表8-3和表8-4）。

表 8-2　　　　　　　　囚徒困境——多人博弈

项目		其他所有行为人	
		合作	对抗
个体劳动者甲	合作	3, 3	1, 4
	对抗	4, 1	2, 2

表 8-3　　　　　　　延迟退休政策对个人的影响

项目	选项	频数	百分比（%）	有效百分比（%）
有效	增加经济收入	1 503	46.62	52.89
	实现个人价值	560	17.37	19.70
	其他	391	12.13	13.76
	获得社会认可	388	12.03	13.65
	合计	2 842	88.15	100
缺失	系统	382	11.85	—
	合计	3 224	100	—

资料来源：根据课题组调研资料预测分析。

表 8-4　　　　　　　延迟退休对社会的影响

选项	频数	总体百分比（%）	有效百分比（%）
有利于缓解未来劳动力供给不足	1 444	23.94	44.79
有利于老年人力资源开发	1 503	24.92	46.62
有利于促进老年消费市场的开发	1 019	16.90	31.61
有利于减缓养老金支付压力	1 843	30.56	57.13
其他	222	3.68	6.89
总计	6 031	100	

注：在调查问卷中，延迟退休对于社会的有利是一个可以多选（最多选择三项）的问题，因此这里的频数发生了改变。

资料来源：根据课题组调研资料预测分析。

表 8-3 给出了受访者关于延迟退休政策对个人积极影响的判断，52.89% 受访者认为延迟退休政策有利于增加经济收入，19.70% 的受访者认为有利于实现个人价值，余下的受访者认为有利于获得社会认可和其他方面。总的来看，受访者认为延迟退休的有利影响主要集中在经济收入方面。表 8-4 给出了受访者关于延迟退休政策对社会影响的判断。从有利的方面看，有利于减缓养老金支付压

力、有利于老年人力资源开发、有利于缓解未来劳动力供给不足获得最多认同，相应的比例分别为30.56%、24.92%、23.94%。依据表8-2和表8-3的调查数据，结合前文对个体劳动者"合意性"的理论分析，结果表明：尽管劳动者十分清楚地知道延迟退休能够使个人和整个社会受益，他们合意的选择仍然是不愿意延迟退休。

因此，在"自然秩序"状态下，利益相关者个体的政策合意性存在着如阿罗所言的不可能状况。但在一个"管理秩序"状态下，由于政治精英、经济精英以及知识精英的引导和社会动员，一个相对理性的、符合大多数公众诉求的政策合意性则容易达成。而对于政府而言，退休年龄政策则由于经济管理部门和福利管理部门等的工作目标设定不同而有不同的"合意性"表达。因此，在退休延迟政策目标与政策方案的设计上，不同部门会表现出明显差异。但政府作为一个整体，延迟退休政策的合意性在于应对人口老龄化所引发的养老金支付危机和劳动年龄人口下降问题。

首先，随着经济社会的发展、医疗水平的提高，我国人均寿命也有了显著的提升。新中国成立初期，中国的人均预期寿命为41.5岁，而当前的人均预期寿命为78.2岁[①]，人均预期寿命提高了36.7岁。因此，现行的退休年龄相对于人均预期寿命是偏低的。其次，由于中国从20世纪80年代严格执行独生子女的人口政策，导致生育率突然下降，适龄劳动者的储备数量大幅减少。最后，中国基本养老保险筹资模式并没有成功地从现收现付制转为部分基金积累制。总体来看，参保人员缴费时间短，而享受养老金待遇的时间长，这一矛盾将随着人口预期寿命不断延长以及人口老龄化的加深而越来越突出。这就意味着，从理论上讲，中国现行的养老保险制度面临着养老金的支付危机。具体结果见表7-15和图7-11，最终将导致职工养老保险基金的收支差额越来越小。随着人口老龄化的加深，如果不采取应对措施，职工养老保险基金很快就会面临收不抵支的局面。具体数据见表7-16和图7-12。

中国从20世纪80年代严格执行独生子女的人口政策，导致生育率突然下降。随着时间的推移，适龄劳动者的储备数量大幅减少，而老年人口数量越来越多，人口红利开始消退。从2011~2021年中国人口结构变化情况看，0~15岁的人口数量保持增长趋势，但增长的幅度较小，2011年还出现了负增长的情况。0~15岁的人口数量在整个人口结构中所占比重增长缓慢，在考察期间内，仅仅增加了2个百分点。60岁及以上的人口数量，无论是绝对数量还是在人口结构

[①] 《2021年我国卫生健康事业发展统计公报》，中国政府网，http://www.gov.cn/xinwen/2022-07/12/content_5700670.htm。

中所占比重，都有持续增加的趋势，中国老龄化开始加速。16~59 岁的人口数量，也就是中国劳动年龄人口数量在 2011 年达到峰值 94 072 万人，随后持续减少，到 2021 年减少到 88 222 万人。在考察期内，16~59 岁的人口数量在整个人口结构中所占比重持续下降，11 年间共减少大约 7.6 个百分点（见表 8-5）。有资料表明，预计到 2030 年以后，劳动年龄人口会出现大幅下降，平均以每年 760 万人的速度减少。到 2050 年，劳动年龄人口会由 2030 年的 8.3 亿降到 7 亿左右。[①] 届时，中国可能会出现劳动力短缺的问题。而与此同时，60 岁以上的老年人口数量不断增多，由 2010 年的 17 765 万人，增加到 2021 年的 26 737 万人，占比由 13.3% 增长到 18.9%，人口老龄化日趋严重。

表 8-5　　　　　　　2010~2021 年人口结构变化

年份	0~15 岁（万人）	占比（%）	16~59 岁（万人）	占比（%）	60 周岁及以上	占比（%）
2010	22 246	16.6	93 962	70.1	17 765	13.3
2011	22 164	16.5	94 072	69.8	18 499	13.7
2012	22 287	16.5	93 727	69.2	19 390	14.3
2013	23 875	17.5	91 954	67.6	20 243	14.9
2014	23 957	17.5	91 583	67.0	21 242	15.5
2015	24 166	17.6	91 096	66.3	22 200	16.1
2016	24 438	17.7	90 747	65.6	23 086	16.7
2017	24 719	17.8	90 199	64.9	24 090	17.3
2018	24 860	17.8	89 729	64.3	24 949	17.9
2019	24 977	17.8	89 640	64.1	25 388	18.1
2020	25 338	17.95	89 438	63.35	26 402	18.7
2021	26 302	18.6	88 222	62.5	26 736	18.9

资料来源：2010 年数据源于《第六次全国人口普查主要数据公报（第 1 号）》，其他年份数据源于《2011~2021 年国民经济和社会发展统计公报》。2020 年数据源于《第七次全国人口普查主要数据公报（第 2 号）》。

对于雇主而言，如果员工的人力资本较强，就算其年龄偏大，雇主也愿意雇佣，从而对雇主带来较大的价值，反之雇主更愿意其较早退休，这就是雇主的退

[①] 白天亮：《延迟退休怎么延？影响就业么？》，中华人民共和国人力资源和社会保障部网，http://www.mohrss.gov.cn/SYrlzyhshbzb/dongtaixinwen/buneiyaowen/201607/t20160726_244222.html，2016 年 7 月 26 日。

休年龄政策的合意性表达。

事实上，一个兼具经济政策与福利政策的社会政策的制定，必须在充分尊重各方政策需求者诉求的基础上，经过充分的讨论与社会参与，协调各方利益关系，才能实现其政策合意性，尤其是退休延迟政策（见图 8-6）。因此，理性的合意性的退休延迟政策，是在个体合意性、雇主合意性、政府部门合意性等基础上，协同经济系统与社会福利系统而形成的，其政策的关键在于渐进式、差异化。

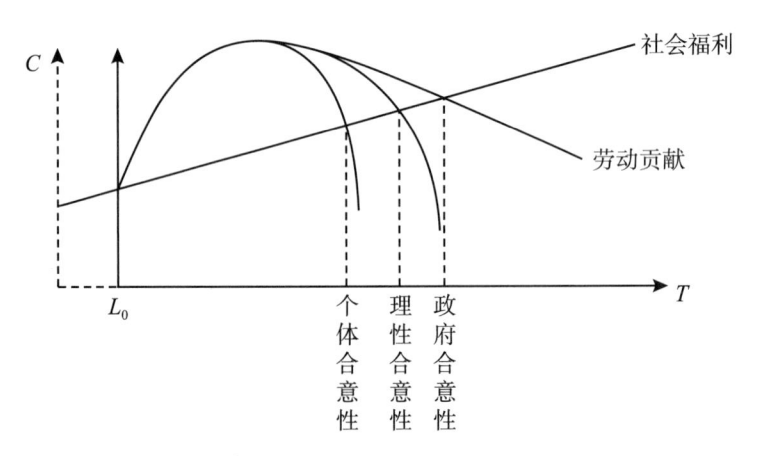

图 8-6 合意性的退休年龄构成

尽管政府、企业与个体在政策的合意性上都有各自的主张，但伴随着我国人口老龄化程度的日益加深，实施延迟退休政策的必要性，基本达成了社会共识。那么，广大人民群众对延迟退休方案有什么期待和要求，对于方案的设计和制定十分重要。从访谈资料来看，在岗职工反对"一刀切"的政策，希望可以根据地区、行业、健康状况的不同实行差异化的延迟退休政策。

访谈资料 8-1

职工甲：个人认为，渐进式延迟退休政策应该具有针对性，不能一概而论，对于一些特殊行业，如技术性、知识性、经验性需求较强的行业，适当延迟是好事，但如果是体力需求较大的行业，不建议延迟退休，另外要定期体检，一年两次，如果身体不适，达不到同龄正常数值要求，可以随时退休，在延迟退休工作期，应加大福利，延长假期。【某企业职工代表】

职工乙：对国家渐进式延迟退休不能搞"一刀切"，要充分考虑我国幅员辽阔，自然环境差异、工作岗位条件和环境等因素，还有每个地区的人均寿命等。青藏高原属高原地区，气候条件差，自然环境差，高寒缺氧严重，影响人们的身体健康，长期生活，常见病易发，影响寿命。建议工作满年即可退休。【某企业

职工代表】

职工丙：如果国家实施渐进式延迟退休政策，在本单位具体实施中恐怕不能很好执行，因为纺织行业是按运转上班，实行倒班制，工人劳动强度太大，日常人们 50 岁后普遍都需配上老花镜，纺织行业是要与纱线打交道的行业，尤其是现代化科技产业对纱线的要求都是高支高密度的，试想一下在封闭的厂房中一群年老体弱戴着老花镜的人还在为了退休而努力工作，这不仅对产品质量没有保障，对员工本身也是一种伤害。【某企业职工代表】

而对用人单位而言，则更为注重政策的渐进和弹性化。

访谈资料 8-2

企业管理者甲：延迟退休不是一蹴而就的，而是应每年延长几个月，用几年甚至十几年的时间完成延迟退休。尽量减少退休政策调整对社会和有关人员，尤其是临近退休年龄人员所带来的影响。【某企业管理者】

企业管理者乙：如果采取"一刀切"或强制的方式不利于社会的稳定，政策的出台要有好的执行点。我个人认为女职工应该优先延迟，等女职工延迟到 60 岁以后，再一并进行，这是公平性要求。还要考虑到对社会的冲击，第一是对老龄服务的冲击，现在老龄服务体系严重跟不上社会发展；第二是对儿童的服务，幼托服务也跟不上社会的发展。这两块实际上是政府重视，但未放开，幼托是归教育部门管的，民营资本进不去，如果这两点解决不了，延迟退休对社会的冲击将会很大。【某企业管理者】

企业管理者丙：我认为可以实行分步退休政策，分岗位、分人员区别对待。对于领导干部可以实行延迟退休政策，只要身体允许。对于核心的骨干人员，享有专家头衔的人员，也可以实施延迟退休政策，但要发挥好"传帮带"的作用，做好工作交换和经验的分享与传承；对于一般员工和辅助性岗位，可以按时退休，不用延迟，这些员工多从事重复性工作，技术含量相对比较低，对企业的发展贡献相对较小。【某企业管理者】

从访谈资料可以看出，不论是普通职工还是雇主，在不得不实施延迟退休政策的情况下，都希望尽可能以渐进式、差异化和有弹性的方式实施。渐进式、差异化、有弹性对延迟退休政策的设计思路起到约束作用，因而这里对"渐进式、差异化、有弹性"予以必要的阐释。

渐进式。所谓渐进式，就是指延迟退休政策要"小步慢走，渐进到位"。这里的"渐进式"包含了三个方面的内容。第一，政策完成度的渐进。以既定的政策目标为基准，延迟退休政策应采取缓慢而稳妥的方式逐步提高法定退休年龄。具体而言，以现行的法定退休年龄为基数，以我国经济社会发展的现实情况为约束条件，通过多阶段动态调整的方式，逐步提高法定退休年龄，用较长的时间逐步完成平滑过渡。第二，公众接受度的渐进。延迟退休，事关国民切身利益。个体总是有趋利避害的本能反应。在延迟退休政策带来的不确定性面前，公众本能地会偏好现有政策。因此，采取渐进的方式，有利于稳定公众心理，通过"一小步"的成功实施，有助于消除公众对不确定的恐惧，有利于公众从心理上适应政策变革的节奏。第三，社会适应度的渐进。许多职工退休后，实际上承担了诸如照顾家中老人、小孩（孙子、孙女）的责任。延迟退休政策，必定会让这部分社会服务需求放大。通过政策渐进的方式，能够让社会有时间建立和发展老年服务、幼托服务，从而减轻延迟退休政策的负面影响。

差异化。所谓差异化，实质上是反对"一刀切"的延迟退休政策。一个理想的延迟退休政策应该是有差别的，应该能够反映个体在工作期间的劳动贡献，使其劳动贡献与退休福利大致相等，这样的退休年龄政策才能够达到帕累托最优。因此，现实中退休政策的制定应该在充分考虑劳动者工作期间的劳动贡献后，再结合退休年龄的影响因素进行修正，综合制定延迟退休政策。这里的差异化包含三个层次的内容。第一，地区差异化。根据2010年第六次全国人口普查数据，2010年全国人均预期寿命为74.9岁。从地区来看，排名前三位的北京市、上海市和天津市人均预期寿命分别为80.26岁、80.18岁和78.89岁，而排名最后三位的青海省、云南省和西藏分别为69.96岁、69.54岁和69.17岁。最高与最低两者相差约10岁，如果对延迟退休采取统一规定，显然对以西藏为代表的地区不公平。第二，人群差异化。人群差异化实际上包含了分行业、分职业等内容。比如，相对劳动密集型行业，科教文卫等行业可以适当延迟的时间长一些。第三，个体差异化。就个人角度而言，退休年龄与劳动者个人的生理年龄、工作性质、教育水平、性别差异、职位级别和期望、工龄和当期养老金水平有关。可以分岗位、分类进行差别性对待。比如，一线工人可以退休早些，二线工人和一线干部稍后，办公室的干部推后。对于领导干部可以实行延迟退休政策，只要身体允许。对于核心的骨干人员、享有专家头衔的人员，也可以实施延迟退休政策，但要发挥好"传帮带"的作用，做好工作交换和经验的分享与传承。对于专业性强、工作强度小的工作岗位，可以适当延迟。而对于压力大、知识结构更新快、工作强度大的工作岗位，则延迟的幅度要相对小一些。

有弹性。所谓有弹性，是强调要结合工作性质、劳动者自身工作状况给予企业和劳动者一定的选择权。这里的弹性化包含两方面的内容。一是弹性提前退休。在劳动者从事生产活动的过程中，总会遇到不可抗拒的意外，这个时候应允许劳动者提前退休。另外，企业在经营过程中，出于生存和发展的需要，有时候也需要部分员工提前离开工作岗位。二是弹性延迟退休。在劳动者到达法定规定的退休年龄之后，如果劳动者健康条件尚好，且本人有意愿继续工作，企业愿意聘用，则退休政策应当允许劳动者继续工作，而不强制其退休。

第四节 基于社会经济效应的我国渐进式延迟退休政策方案设计与优化

根据上述政策思路，结合我国目前实际退休年龄的现状，借鉴机制设计理念与方法，课题组设计了多阶段动态规划的渐进式、差异化、有弹性的延迟退休政策。

任何公共政策都是约束条件下的适应性选择。因此，政策的制定与实施，都必须充分分析和研究其发挥作用的约束条件。在渐进式延迟退休政策约束条件要素中，我们筛选了劳动人口平均受教育年限、人口平均寿命、人口老龄化程度和经济总量四个指标。在各国退休年龄政策调整的经验中，这四个指标对于一国退休年龄政策调整在其经济社会发展中的战略意义非常显著。如果上述约束条件具备，则可视为该政策方案具有在这一时期实施的可能性和可行性，因而可以判断政策启动实施的最佳时间。

在每一阶段，都设定了相应的启动条件，如果上述约束条件具备，则可视为该政策方案具有在这一时期实施的可能性和可行性，就可以启动相应的阶段性方案。具体方案为：第一阶段（2018～2024年），最低工作年限为35年，法定退休年龄为63岁；第二阶段（2025～2034年），最低工作年限为36年，法定退休年龄为64岁；第三阶段（2035～2044年），最低工作年限为37年，法定退休年龄为65岁；第四阶段（2045～2054年），最低工作年限为38年，法定退休年龄为66岁；第五阶段（2055年起），最低工作年限为39年，法定退休年龄为67岁。

阶段一：其政策目标是将我国平均退休年龄从目前的53岁提高到56岁（提高3岁），每提高1岁因延迟退休而增加劳动力供给至少695.5万人[①]，提高3岁累计增加劳动力供给2 086.6万人，退休工作比达到0.600。政策内容是，每一

[①] 资料来源：根据人力资源和社会保障部2011年、2012年、2013年三年累计退休人数计算的平均值。

入职年龄劳动者的理想工作年限为35年,法定退休年龄为63岁。政策约束条件是劳动力人口的平均受教育年限达到10.61年,人口平均寿命达到75岁,人口老龄化率在15.9%(60岁以上)或10.0%(65岁以上),经济总量为10万亿美元以上。最佳启动时间为2018年(见表8-6)。

表8-6　　　　　　　　　延迟退休阶段一

政策目标	平均退休年龄(岁)	56
	增加劳动人口(万人)	2 086.6
	退休工作比	0.600
政策内容	工作年限(年)	35
	法定退休年龄(岁)	63
约束条件	劳动人口平均受教育年限(年)	10.61
	人口平均寿命(岁)	75
	人口老龄化率(60岁以上,65岁以上)	15.9%,10.0%
	经济总量(万亿美元)	10
政策原则	促进经济增长,保障社会稳定,政策平稳实施,最小负面影响	
最佳启动时间		2018年

资料来源:根据课题组调研资料预测分析。

阶段二:政策目标是将我国平均退休年龄从56岁提高到58岁(提高2岁),每提高1岁因延迟退休而增加劳动力供给至少695.5万人,提高2岁累计增加劳动力供给1 391.0万人,退休工作比达到0.528。政策内容是,每一入职年龄劳动者的理想工作年限为36年,法定退休年龄为64岁。其政策约束条件是劳动力人口的平均受教育年限达到12.02年,人口平均寿命达到77岁,人口老龄化率在21.1%或14.3%,经济总量为18万亿美元以上。最佳启动时间为2025年(见表8-7)。

表8-7　　　　　　　　　延迟退休阶段二

政策目标	平均退休年龄(岁)	58
	增加劳动人口(万人)	1 391.0
	退休工作比	0.528
政策内容	工作年限(年)	36
	法定退休年龄(岁)	64

续表

约束条件	劳动人口平均受教育年限（年）	12.02
	人口平均寿命（岁）	77
	人口老龄化率（60岁以上，65岁以上）	21.1%，14.3%
	经济总量（万亿美元）	18
政策原则	促进经济增长，保障社会稳定，政策平稳实施，最小负面影响	
	最佳启动时间	2025年

资料来源：根据课题组调研资料预测分析。

阶段三：政策目标是将我国平均退休年龄从 58 岁提高到 60 岁（提高 2 岁），每提高 1 岁因延迟退休而增加劳动力供给至少 695.5 万人，提高 2 岁累计增加劳动力供给 1 391.0 万人，退休工作比达到 0.514。政策内容是，每一入职年龄劳动者的理想工作年限为 37 年，法定退休年龄为 65 岁。其政策约束条件是劳动力人口的平均受教育年限达到 12.72 年，人口平均寿命达到 79 岁，人口老龄化率在 28.5% 或 20.9%，经济总量为 30 万亿美元。最佳启动时间为 2035 年（见表 8-8）。

表 8-8 延迟退休阶段三

政策目标	平均退休年龄（岁）	60
	增加劳动人口（万人）	1 391.0
	退休工作比	0.514
政策内容	工作年限（年）	37
	法定退休年龄（岁）	65
约束条件	劳动人口平均受教育年限（年）	12.72
	人口平均寿命（岁）	79
	人口老龄化率（60岁以上，65岁以上）	28.5%，20.9%
	经济总量（万亿美元）	30
政策原则	促进经济增长，保障社会稳定，政策平稳实施，最小负面影响	
	最佳启动时间	2035年

资料来源：根据课题组调研资料预测分析。

阶段四：其政策目标是将我国平均退休年龄从 60 岁提高到 62 岁（提高 2 岁），每提高 1 岁因延迟退休而增加劳动力供给至少 695.5 万人，提高 2 岁累计增加劳动力供给 1 391.0 万人，退休工作比达到 0.500。政策内容是，每一入职年龄劳动者的理想工作年限为 38 年，法定退休年龄为 66 岁。其政策约束条件是劳动力人口的平均受教育年限达到 14.08 年，人口平均寿命达到 81 岁，人口老龄化率在 31.1% 或 24.4%，经济总量为 35 万亿美元。最佳启动时间为 2045 年（见表 8-9）。

表 8-9　　　　　　　　　　延迟退休阶段四

政策目标	平均退休年龄（岁）	62
	增加劳动人口（万人）	1 391.0
	退休工作比	0.500
政策内容	工作年限（年）	38
	法定退休年龄（岁）	66
约束条件	劳动人口平均受教育年限（年）	14.08
	人口平均寿命（岁）	81
	人口老龄化率（60 岁以上，65 岁以上）	31.1%，24.4%
	经济总量（万亿美元）	35
政策原则	促进经济增长，保障社会稳定，政策平稳实施，最小负面影响	
最佳启动时间		2045 年

资料来源：根据课题组调研资料预测分析。

阶段五：其政策目标是将我国平均退休年龄从 62 岁提高到 64 岁（提高 2 岁），每提高 1 岁因延迟退休而增加劳动力供给至少 695.5 万人，提高 2 岁累计增加劳动力供给 1 391.0 万人，退休工作比达到 0.487。政策内容是，每一入职年龄劳动者的理想工作年限为 39 年，法定退休年龄为 67 岁。其政策约束条件是劳动力人口的平均受教育年限达到 14.68 年，人口平均寿命达到 83 岁，人口老龄化率在 37.0% 或 29.1%，经济总量为 40 万亿美元。最佳启动时间为 2055 年（见表 8-10）。

表 8-10　　　　　　　　　　延迟退休阶段五

政策目标	平均退休年龄（岁）	64
	增加劳动人口（万人）	1 391.0
	退休工作比	0.487
政策内容	工作年限（年）	39
	法定退休年龄（岁）	67

续表

约束条件	劳动人口平均受教育年限（年）	14.68
	人口平均寿命（岁）	83
	人口老龄化率（60岁以上，65岁以上）	37.0%，29.1%
	经济总量（万亿美元）	40
政策原则	促进经济增长，保障社会稳定，政策平稳实施，最小负面影响	
	最佳启动时间	2055年

资料来源：根据课题组调研资料预测分析。

基于上述方案，我们提出渐进式延迟退休的政策建议如下：分别从2015年、2025年、2035年、2045年和2055年左右起，劳动者分别只要满足35年、36年、37年、38年和39年的最低工作年限，或者63岁、64岁、65岁、66岁和67岁的法定标准退休年龄即可弹性选择个人实际退休时点，其政策效果是逐步将我国平均退休年龄从目前的53岁提高到64岁，具体如表7-2所示。要强调的是，本书所说的"最佳启动时间"，实质上是一个区间概念，而不是特指的某一年。

上述方案作为一个系统的延迟退休政策的整体方案，体现了根据人口、经济社会发展等社会条件变化而"小步渐进"的思路，而关于国际社会普遍采用的男女差别的退休政策，在上述方案中已经囊括，因为一般而言，女性往往受教育程度较低，入职相对较早[①]，往往能够满足最低工作年限的要求，因而往往相对退休较早；即受教育程度较高的女性，她们从事的职业又往往是以非体力劳动为主，如果她们愿意，则可选择最高的法定退休年龄指标作为她们退休行为的选择。同时，从性别平等的视角，退休政策的一致性有利于促进性别平等，而政策实施中个体的可选择性则能够满足不同个体的差异化需求。

第五节 我国渐进式延迟退休政策方案支持条件

作为养老保险制度的重要组成部分，渐进式延迟退休政策方案的启动与实施，还需要政策条件和管理条件的配套和支持。目前，我国处在人口结构、经济

[①] 《中国妇女发展纲要（2011—2020）》指出，"2020年全国15岁及以上人口平均受教育年限为9.91年，其中男性10.22年，女性9.59年"，女性比男性低0.63年，意味着女性比男性平均早入职0.63年。详见《〈中国妇女发展纲要（2011—2020）〉终期统计监测报告》，中华人民共和国中央人民政府网站 http://www.gov.cn/shuju/2021-12/21/content_5663667.htm，2021年12月21日。

结构、社会结构等多重转变时期，经济社会结构转变的多面性、冲突性和失衡性，折射了我国退休年龄调整的复杂性、艰巨性和重要性。因而，延迟退休，并非一个改变数值的简单行为，而是暗含了对我国退休政策、养老金制度以及收入分配政策等诸多方面的协同配套改革。另外，渐进式延迟退休政策以及相关制度的改革与实施，都离不开管理方式和管理技术的革新。

一、政策条件

法定退休年龄的调整，首当其冲的就是养老金机制的配套改革。完善养老金制度的激励与约束机制，提高延迟退休的主观意愿，完善养老金制度的激励与约束机制，是延迟退休政策实施的重要支持条件。退休年龄的调整是养老金制度成败的关键因素，但退休年龄调整政策不能单独进行，而是需要将其作为整个养老金制度改革的一个重要组成部分。就退休政策的角度而言，延迟退休方案渐进式、差异化、有弹性目标的达成，就必须对现行的退休方式政策、退休待遇政策、退休管理政策等方面做出调整。因此，除了调整退休年龄，还应通过修改养老金计发办法，进一步完善我国养老金制度的激励与约束机制，提升劳动者延迟退休的主观意愿，变"被动延退"到"主动延退"，从制度设计上鼓励和引导人们延迟退休。为配套我们设计的延迟退休方案，借鉴国外实践检验，结合我国的实际情况，修改或创新以下政策工具：

一是建立延迟退休激励机制。对于那些自愿延迟退休的劳动者，可以按照实际退休年龄与法定退休年龄的差距，通过累进奖励的政策设计予以激励。对于自愿延迟缴费年限的劳动者，通过累进性的退休金增长，以鼓励劳动者延迟退休和延长缴费年限。

二是建立"早减晚增"的养老金领取机制。发达国家为养老金计划和为每个人设计了养老金精算平衡公式，实行早减晚增的全额养老金领取机制。以日本为例，可以将法定65岁领取全额养老金提前到60岁，每提前1年扣减6%的养老金，每延迟1年增加8.4%的养老金。为了避免养老金计划破产，国家、企业和职工达成如下共识：企业聘用61岁职工，国家支付20%养老金，企业支付80%工资；企业聘用62岁职工，国家支付40%养老金，企业支付60%工资，以此类推直至65岁领取全额养老金。在新加坡，公积金法要求，职工在退休时的个人养老账户积累必须达到法定额度，为此积累不足的人不得不坚持工作，为自己的老年积累足够的养老资产。结合中国的实际，在养老金精算平衡的情况下，计算出早减晚增的比例，这样可以增加上述延退方案的实施弹性，从而减少由此带来的社会风险。

三是建立提前退休约束机制。目前，我国提前退休的现象较为普遍，既有历史环境的因素，也有制度缺陷的原因。延迟退休政策的卓有成效，则必须遏制住一般劳动者提前退休的冲动，切实提高实际退休年龄。可以设计和运用的政策工具包括：（1）提前退休条件严格化，审核规范化。比如，对提前退休设定最低下限、提高提前退休的缴费年限等，以减小提前退休年龄与法定退休年龄的差距；（2）建立提前退休养老金扣减制度。按照我国现行退休政策的规定，退休金的领取金额只与缴费年限挂钩，与退休年龄没有直接联系。因此，可以根据劳动者的缴费年限以及提前退休的年龄与法定退休年龄的差距，设定相应的养老金扣减金额；（3）对于因工伤残以及特殊行业劳动者申请提前退休，审核条件要严格化和规范化，减少因提前退休而造成的社会不公。

四是建立退休后劳动收入的审查制度。从建立社会养老保险制度的初衷讲，退休金用以替代劳动者工资，以保障老年人获得一定的生活水平。在我国，退而不休的现象也比较普遍。这意味着，这样的退休人员不仅有养老金收入，还有其他的劳动收入，则在一定程度上造成这部分退休人员"过度福利"。有鉴于此，可以建立退休后收入审查制度，其养老金年待遇根据退休后的劳动收入加以调整，以加强对养老金的管理。

不过，养老金制度和退休制度单方面的配套改革仍然是不够的，还需要配套的劳动力市场政策。退休年龄的调整与改革是一个政府、社会、企业和劳动者参与的多方博弈过程。如果没有积极的劳动力市场政策的同步推进，单纯提高退休年龄的政策可能难以改变劳动者的实际退休年龄与缓解养老金的支付压力，反而会使大量中高龄劳动力陷入就业和生活困境。国际实践经验也表明，延迟退休政策只有与养老金制度、退休制度以及劳动力市场政策协同推进，才能卓有成效地实现政策的预期目标。在我国人口老龄化日益加深的背景下，长期劳动力短缺的问题凸显。毋庸置疑，中高龄就业是维持我国长期经济增长的重要力量。因而，以延迟退休为改革契机，出台积极的中高龄劳动力市场政策，为我国延迟退休政策的启动与实施提供良好的政策支持环境。主要的配套政策如下：

一是完善就业法规，消除年龄歧视。尽管中老年劳动者有着丰富的工作经验，身上蕴含着较多的人力资本，但工资刚性以及社会保障制度都使得中高龄劳动者具有很高的工资成本和社会保险成本。并且，年龄的增长使得中老年劳动者的劳动生产率有所下降，企业会对中老年劳动者有不同程度的歧视。因而，必须对我国相关的就业法规予以完善，消除年龄歧视，为中高龄劳动者创造一个年龄友好型的就业环境。

二是构建中高龄劳动者的就业保护和支持制度。对于中高龄劳动者的就业保护和支持制度，政府要发挥主导性作用。一方面是"大棒政策"。政府通过完善一系列就业法律法规，使企业自觉履行雇佣中高龄劳动者的法律义务和政策责任，改善工作条件与工作环境，鼓励用人单位为中高龄劳动者提供更加灵活多样的工作方式和工作时间安排。对于用人单位的违法行为，要予以严惩。另一方面是"胡萝卜政策"。通过给予企业以中高龄劳动者雇佣补贴、工作环境改善补贴、雇佣高龄劳动力优秀企业奖励等补助和奖励，免除社会保障缴费等方式激励企业主动雇佣符合岗位条件的中高龄劳动者。此外，政府直接充当雇主角色，积极雇佣高龄劳动者。

三是提升中高龄劳动者的就业能力。在技术革新日益加快、就业岗位和就业模型发生重大改变的现代社会，中高龄劳动者的知识和技能，往往与用人单位的期望有所差距。因此，要建立针对中高龄劳动者的职业培训体系，通过提高中高龄劳动者的就业能力，使他们能够应对劳动力市场变化，保持长期竞争力以降低失业风险。

二、管理条件

渐进式、差异化、有弹性的延迟退休政策的有效实施，除了需要上述配套的政策条件外，还需要管理条件的支持。具体而言，包括三个方面：一是设立领导小组，负责全局管理；二是创新管理制度；三是革新管理技术。

一是设立领导小组，负责全局管理。渐进式延迟退休政策不是一个简单的调整法定退休年龄的行为，实际上还涉及养老金机制改革、劳动力市场政策调整等诸多方面。在构建和运用具体政策工具时，必定会涉及人力资源和社会保障部、民政部、财政部等多部门的协调事宜。这一问题的复杂性和实际工作必然面临的管理难度，都需要成立一个专门的领导小组，协调各项政策改革的推进。

二是创新管理制度。延迟退休政策是一项事关国民利益和国家利益的公共政策，必须追求政策效益最大化。一方面，要实现政策目标，并最大限度地体现合意性和协调性。另一方面，则是政策在执行过程中，要以尽可能小的成本实现政策目标。这就需要我们在政策执行方面，建立一系列的数量指标、质量指标和评估指标，通过定性与定量分析进行制度调整与创新，以实现社会保障经济效益与社会效益的最大化。

三是革新管理技术。渐进式延迟退休政策的差异化、弹性化，十分需要高效的技术信息支持，依赖于计算机网络技术的发展。要充分运用电子技术手段，建立统一的覆盖全国的退休管理信息平台，使社会保障基金的缴纳、记录、核算、支付、查询等都纳入现代化的计算机管理系统，逐步实现全国联网。信息平台不但记录有关养老保险权益的信息，更重要的是记录了参保人的教育、健康状况等个人信息，从而为政策的差异化和弹性化奠定了技术基础。

第九章

发现与建议：研究发现、主要创新与政策建议

第一节 研究发现

（一）基于课题组问卷与访谈的调查发现

（1）个体的退休意愿与个体基本特征即性别、年龄、学历、健康状况等密切相关。依据传统的性别分工以及现行退休政策在性别方面的差异化规定，女性延迟退休意愿较弱；年龄、学历代表了工作经验与教育水平共同决定的人力资本，同时年龄也反映了人们工作的时间，在特定的阶段对退休意愿有着重要的影响；健康状况是从事社会生产的条件支撑，更高的健康资本支持了更长的工作时间，因而健康水平较高的劳动者其延迟退休意愿更为明显。

（2）家庭因素即婚姻状况、家庭负担会对劳动者退休意愿产生一定的影响，已婚劳动者、抚养赡养负担更重的劳动者延迟退休意愿更弱。

（3）工作环境如职业特征、工作条件、职业满意度是影响个体退休意愿的重要因素，劳动者工作满意度越高（即有更强的工作吸引力），其延迟退休意愿越强，反之则越弱。

（4）社会政策与社会环境对劳动者退休选择具有诱导作用。在生活生产环境

较差的区域、养老保险缴费影响更大的劳动者更倾向于选择较早退休。

（二）基于课题组系统分析的研究发现

（1）源于退休延迟的程度（延迟的幅度、延迟的时间节点、人群之间的差异程度等）对部分劳动者心理上的政策阻滞效应在大多数人群中蔓延，进而形成社会传染效应，具体表现为塔西佗效应、社会传染效应、沉默的螺旋效应以及持久的暗示效应等。

（2）延迟退休政策对劳动力的数量和质量有一定的影响。以现行政策条件下（无退休延迟和"全面二孩"政策）劳动年龄人口自然增长为参照，方案三（上限）、方案一劳动力数量增长效应较之方案二、方案三（下限）显著。方案三（上限）、方案一的劳动力质量增长效应高于方案二和方案三（下限）。延迟退休政策能够增加劳动力供给并对就业产生一定的"吸纳效应"和"挤出效应"。

（3）延迟退休对养老保险基金收支会产生累积效应。除现行的不延迟退休政策不具有养老金的积累效应外，其他方案均具有一定程度的养老金积累效应。相比较而言，方案三（上限）、方案一的养老金积累效应优于方案二和方案三（下限）。但值得注意的是，四种方案在2040年左右养老金积累都会达到最高值，之后趋于下降。

（4）延迟退休政策对我国不同群体的收入分配具有一定的影响，延迟退休方案具有一定的收敛效应。通过比较机关事业单位职工和企业职工的养老金待遇水平，可以发现，除1999年外，其余年份由于企业职工养老金替代率同机关事业单位养老金替代率相比差距较大，且差距随时间的推移而逐步拉大。在延迟退休方案一下，事业单位职工与公务员退休后养老金收入差距较小，而事业单位职工和公务员与企业职工相比，退休后养老金收入差距较大，说明方案一的收入分配不具有收敛效应。在延迟退休方案二下，事业单位职工与企业职工退休后养老金收入差距较小，而这两类人群与公务员相比，退休后养老金收入差距较大，说明方案二的收入分配的收敛效应不明显。在延迟退休方案三（下限）下，企业职工、事业单位职工与公务员退休后养老金收入尽管有一定差距，但差距较小，说明方案三（下限）具有一定的收入分配收敛效应。在延迟退休方案三（上限）下，事业单位职工与公务员退休后养老金收入差距较小，而事业单位职工和公务员与企业职工相比，退休后养老金收入差距较大，说明方案三（上限）的收入分配收敛效应不明显。

（5）延迟退休政策对我国经济增长具有一定的影响并具有乘数效应。2037年之前，退休方案一对经济总量的增加作用最大，方案三上限次之，方案二处于方案三上限与下限之间。2037年后延退方案三上限开始有优于方案一的趋势，增长速度较快，对经济总量影响更大。说明延迟退休政策对我国经济增长作用明显。

第二节　研究创新及其意义

（1）规范地界定了退休年龄的概念，并由此提出了退休年龄的决定机制，为退休政策的研究提出了一个分析框架。

退休问题及退休政策的研究文献浩瀚如海，但以往研究并未对退休年龄的概念做出规范的界定。本研究明确提出了退休年龄的定义，即退休年龄是劳动者在职期间劳动贡献和福利获得之间的均衡。并由此出发，提出了退休年龄的决定机制，即每个劳动者的退休时点，应是其在职时期劳动贡献和退休后所享受福利的均衡，通过测度劳动者的劳动贡献及其与退休福利的均衡程度可确定其理想的退休时点。

（2）科学地提出了劳动贡献与退休福利的测度方法，构建了劳动贡献指数和养老福利指数并进行了不同职业人群的测度预测，进一步构建了养老金生产函数和养老金给付函数，为退休政策调整和养老金参量改革提供了分析思路。

关于劳动贡献的测度，学术界一直在努力探索。传统的方法是用工作年限来衡量劳动贡献，这一方法把每一个劳动者的劳动质量看成是一个均质化的"中人"，但便于操作计算。事实上，每一个劳动者的劳动质量并不是均质化的，存在着显著的劳动差异，其差异可通过劳动者一生的劳动收入来体现。基于这一思路，课题研究提出，通过劳动者一生或一个时期的总收入与社会平均收入比较，来衡量劳动者的劳动贡献程度，即劳动贡献指数。

$$\text{劳动贡献指数} = \text{个体年收入（工资）} \div \text{社会平均收入（工资）} \quad (9.1)$$

基于这一思路，劳动者所享受的退休后福利程度，也可用退休福利指数或养老金指数来衡量，即：

$$\text{养老金指数} = \text{个体年（月）养老金} \div \text{社会年平均养老金} \quad (9.2)$$

由于养老金是由养老金各生产要素，即费基、费率与缴费年限（包括工作年限与退休年龄）形成的一个动态均衡，借鉴现代经济学的生产理论，可以构建养老金生产函数。

$$P_q = F(R, B, T_i, T, U) \quad (9.3)$$

其中，P_q 为养老金产出水平，R 为费率，B 为费基，T_i 为缴费年限，T 为工作年限，U 为退休年龄。

同时，养老金是国家根据劳动者对社会所做的贡献和所具备的享受养老保险资格或退休条件，在其年老或丧失劳动能力之后，按月或一次性以货币形式支付的养老保险待遇。基于劳动者劳动贡献应与所享受的福利均衡，养老金给付应该以社会平均工资为基准（公平）、以劳动贡献为基础（效率），并充分考虑长寿风险。由此，构建养老金给付函数如下：

$$P_b = (W, LI, T, T_i, LE, SR) \tag{9.4}$$

其中，P_b 表示养老金待遇水平；W 表示退休前的某一时期或者某一地区的社会平均工资；LI 表示劳动贡献指数；T 表示工作年限；T_i 表示缴费年限；LE 表示平均余命，为全社会平均寿命减去个体入职年龄和工作年限；SR 为目标替代率。

劳动者退休享受的福利要求劳动贡献指数与养老金指数的匹配，还与其退休年龄、工作年限及平均余命等相关，由此构建退休福利函数。

$$退休福利函数 = \frac{参保人群退休时所在地上年度在岗职工月平均工资}{2 \times (全社会预期寿命 - 入职年龄 - 工作年限)} \times 劳动贡献指数 \times 工作年限 \tag{9.5}$$

式（9.5）中，由于参保人群退休时所在地上年度在岗职工月平均工资、工作年限和全社会预期寿命均为相对的常量，因而人群的退休福利的多少与人群的劳动贡献指数和平均余命（全社会预期寿命 - 入职年龄 - 工作年限）相关，而劳动者平均余命的长短则与劳动者的退休时点相关。

劳动贡献指数、养老金指数、养老金生产函数、养老金给付函数和退休福利函数的构建，为退休政策调整和养老金参量改革提供了相对清晰的分析思路。

首先，劳动贡献指数和养老金福利指数为每一个劳动者享受养老金待遇提供了计算依据。

其次，从局部均衡的视角，生产函数各要素之间的均衡实现，要求费基、费率、缴费年限、工作年限和退休年龄的适应与匹配，当下中国的政策选择是，应该对缴费年限和退休年龄作出适应性调整。给付函数各要素之间均衡的实现，要求个体工作期劳动贡献与退休期养老金福利水平的适应与匹配，当下中国的政策选择是，应该对目前基础养老金的计发办法进行适应性调整。

再次，从整体均衡的视角，生产函数与给付函数之间的均衡实现，要求在社会生命历程中，代际养老金的生产（贡献）与给付（福利）相对适应与匹配，当下中国的政策选择是，通过"全面二孩"政策，提高缴费人口总量，为日趋严重的老龄化进行积极准备。

最后，从一般均衡的视角，约束条件下当下筹资与未来支付的长期均衡，要求根据经济发展、人口结构、受教育程度、健康水平和国家治理等约束条件的变化，及时调整养老金函数中的基本参数，进行参量改革与调整，如费率、养老金待遇水平等。

（3）提出了我国渐进式延迟退休政策的分析要素，从而为我国退休延迟政策制定提供了全面系统的政策思路。

在退休年龄政策要素中，第一要确定政策目标。在渐进式延迟退休政策目标要素中，我们筛选了提高平均退休年龄、增加劳动力供给和降低退休工作比三个指标。

第二是政策内容。在渐进式延迟退休政策内容要素中，我们筛选了明确工作年限和法定退休年龄两个指标。工作年限是退休年龄确定的最低值（下限），它以最低受教育程度者工作年限为标准，可以看作劳动者享受退休待遇的义务；法定退休年龄是退休年龄确定的最高值（上限），它以受教育程度最高者的最高退休年龄为标准，可以看作劳动者享受退休待遇的权利。

第三是政策原则。渐进式延迟退休政策更应该符合社会公众心理预期，保障社会稳定。

第四是政策实施的约束条件。在渐进式延迟退休政策约束条件要素中，我们筛选了劳动人口平均受教育年限、人口平均寿命、人口老龄化程度和经济总量四个指标。在各国退休年龄政策调整的经验中，这四个指标对于一国退休年龄政策调整在其经济社会发展中的战略意义非常显著。

第五是政策启动实施的最佳时间。如果上述约束条件具备，则可视为该政策方案具有在这一时期实施的可能性和可行性。

（4）基于研究发现的延迟退休政策的社会经济效应，经约束条件的政策模拟和仿真完善，提出了相对完整、科学的渐进式退休延迟方案。

政策方案以渐进式、差异化、有弹性为原则，分五个阶段渐进推进：

第一阶段：政策目标是将我国平均退休年龄从目前53岁提高到56岁（提高3岁），增加劳动力供给2 086.6万人；政策内容是每一劳动者最低工作年限为35年，法定退休年龄为63岁；最佳启动时间为2018年。

第二阶段：政策目标是将我国平均退休年龄从56岁提高到58岁（提高2岁），增加劳动力供给1 391.0万人；政策内容是每一劳动者最低工作年限为36年，法定退休年龄为64岁；最佳启动时间为2025年。

第三阶段：政策目标是将我国平均退休年龄从58岁提高到60岁（提高2岁），增加劳动力供给1 391.0万人；政策内容是每一劳动者最低工作年限为37年，法定退休年龄为65岁；最佳启动时间为2035年。

第四阶段：政策目标是将我国平均退休年龄从60岁提高到62岁（提高2岁），增加劳动力供给1 391.0万人；政策内容是每一劳动者最低工作年限为38

年，法定退休年龄为 66 岁；最佳启动时间为 2045 年。

第五阶段：政策目标是将我国平均退休年龄从 62 岁提高到 64 岁（提高 2 岁），增加劳动力供给 1 391.0 万人；政策内容是每一劳动者最低工作年限为 39 年，法定退休年龄为 67 岁；最佳启动时间为 2055 年。

（5）提出了延迟退休政策与养老金参量改革协同推进的政策思路，为我国约束条件下养老金制度的系统完善和顶层设计提供了理论依据。

退休年龄是退休政策的重要组成部分，同时本身也是一个养老金制度的重要参量。养老金机制是费基、费率与缴费年限（工作年限、退休年龄）之间的动态平衡。如果为应对人口老龄化，只是单纯地调整法定退休年龄，而不调整养老金机制内部的费基、费率等其他参量，那么更加公平、可持续的养老保险制度也是难以实现的。因此，课题组注重延迟退休政策与养老金改革的协同性。

研究认为，为了使渐进式延迟退休政策方案平稳实施，在养老金机制中降低费率、延长缴费年限（突破目前 15 年最低缴费的限制）则成为退延迟休政策的重要支持条件。养老保险的费基确定与费率设计是影响养老保险财务可持续的核心问题。以劳动者个人的工资性收入为例，我国的工资制度在经历了多次改革后，工资结构相当复杂，而计入养老保险缴费基数的部分则相对有限。况且，无论雇员还是雇主都有选择较少缴费的动机。养老保险缴费可以看作是劳动者或雇主对于当期福利的延期支付，养老保险费率的高低则与劳动者个人和雇主的负担能力相关，在一个确定费率的情况下，对收入较低者的当期生活水平的影响程度比对收入较高者的影响程度大，因此，费率水平的高低应建立在对最低收入劳动者负担能力的科学测算基础之上。同时，费率水平对劳动者个人和雇主负担能力的影响还与缴费年限有关。在一个确定费率和确定缴费年限的情况下，如果费率较高而缴费年限较短，则对劳动者个人的当期生活有较大的影响，从而造成劳动者个人在不同生命周期中的缴费负担不均衡；如果费率较低而缴费年限延长，则会将养老保险的缴费分摊到劳动者个人不同的生命周期，这对劳动者个人的缴费负担则相对平衡。将延迟退休政策与养老金制度改革协同研究，从理论上讨论养老金的内在机制，具有重要的理论价值。

（6）提出了社会政策与经济政策的合意性与协同性的分析框架，为公共政策的"仁者见智"提供了分析视角。

延迟退休不是一个简单地提高法定退休年龄的行为，而是一个多方利益主体——政府、企业、劳动者以及其他相关利益集团博弈的过程，也是一个多项公共政策——社会保障政策、就业政策、收入分配政策等协调推进的过程。因而，一个科学、合意的延迟退休方案，应该能够最大限度地合意于相关利益主体，并与相关的经济政策相协同，促进经济增长。在将政策因素引入经济增长函数和社会福利函数的基础上，本研究将经济增长函数和社会福利函数联立，深入分析经济增长变量（劳动、资本和技术进步）与社会福利变量（可支配的资源、人口数量/人群分布）的互动关系，以期制定一个科学、合意的渐进式延迟退休方案。其中有两方面的创新：一是构建了一个经济增长与社会福利互动的分析框架；二是打破传统公共政策对社会问题针对性的物理学的机械思维，以生物学视角注意到社会生态对公共政策的新陈代谢作用。

在传统研究中，多数学者较为注重某项公共政策对于社会病症的针对性，即注重公共政策对社会病症的解决能力。但常常让人意外的是，针对性十分强的公共政策的政策效果，常常低于政策预期。其中的原因在于，大多数学者往往注重公共政策解决社会病症的能力，却忽视了整个社会系统对于公共政策消化和分解的能力。这种公共政策失败的根源在于，忽视了社会系统对公共政策的代谢作用。这对于研判公共政策的有效性问题，给出了新的视角和评价方法。

第三节 相关政策建议

基于上述研究结论，本研究提出以下政策建议：

（1）以最低工作年限和法定退休年龄为核心要素，确定渐进式延迟退休政策方案的关键内容。延迟退休本质上就是延长劳动者的工作年限，工作年限作为与缴费年限相关的要素，是劳动者从持续工作到退出劳动过程的时间累积，体现了劳动者的劳动贡献，是劳动者享受基本退休福利应尽的义务。法定退休年龄则体现了国家在承认劳动者在职期间劳动贡献的基础上对劳动者退休福利的保护责任。因此我们建议，以 2015 年、2025 年、2035 年、2045 年和 2055 年左右为时间节点，以不同的最低工作年限和法定退休年龄组合（35～63 岁、36～64 岁、37～65 岁、38～66 岁和 39～67 岁）为政策关键内容，确定渐进式、差异化、有弹性的退休延迟政策。

（2）以政策实施的约束条件要素为依据，适时实施或调整退休年龄政策。任何公共政策都是约束条件下的适应性选择。我国延迟退休政策的制定与实施，必须充分分析和研究这一政策的约束条件，即人口老龄化程度、人口平均寿命、劳动人口平均受教育年限和经济发展等状况的变化，并以约束条件为依据对我国退休政策进行动态规划，进行适应性选择。

（3）制定延迟退休政策的管理办法和配套政策，以最大化地实现政策目标。建立对自愿延迟退休的有效激励政策和提前退休的约束政策，并对现行基础养老金计发办法进行修正完善。一是建立延迟退休激励机制。对于那些自愿延迟退休的劳动者，可以按照实际退休年龄与法定退休年龄的差距，通过累进奖励的政策设计予以激励。对于自愿延迟缴费年限的劳动者，通过累进性的退休金增长，以鼓励劳动者延迟退休和延长缴费年限。二是建立提前退休约束机制。可以运用的政策工具包括：（1）提前退休条件严格化，审核规范化。比如，对提前退休设定最低下限、提高提前退休的缴费年限等，以减小提前退休年龄与法定退休年龄的差距。（2）建立提前退休养老金扣减制度。可以根据劳动者的缴费年限以及提前退休的年龄与法定退休年龄的差距，设定相应的养老金扣减金额。（3）对于因工伤残以及特殊行业劳动者申请提前退休，审核条件要严格化和规范化，减少因提前退休而造成的社会不公。三是建立退休后劳动收入的审查制度。可以建立退休后收入审查制度，其养老金年待遇根据退休后的劳动收入加以调整，以加强对养老金的管理。

同时，通过相关配套政策，支持退休延迟政策的平稳实施。一是完善就业法规，消除年龄歧视，为中高龄劳动者创造一个年龄友好型的就业环境。二是构建中高龄劳动者的就业保护和支持制度，使企业自觉履行和承担雇用中高龄劳动者的法律义务和政策责任，改善工作条件与工作环境，鼓励用人单位为中高龄劳动者提供更加灵活多样的工作方式和工作时间安排。对于用人单位的违法行为，要予以严惩。通过给予企业以中高龄劳动者雇佣补贴、工作环境改善补贴、雇佣高龄劳动力优秀企业奖励等补助和奖励，免除社会保障缴费等方式激励企业主动雇佣符合岗位条件的中高龄劳动者。此外，政府直接充当雇主角色，积极雇用高龄劳动者。三是提升中高龄劳动者的就业能力，建立针对中高龄劳动者的职业培训体系，通过提高中高龄劳动者的就业能力，使他们能够应对劳动力市场变化，保持长期竞争力以降低失业风险。

（4）调整退休年龄政策的同时进行养老金制度的其他参量改革。在实施延迟退休政策的同时，当务之急是取消15年的最低缴费年限政策，将现行基础养老金制度中的缴费年限延长至退休前1个月，并基于培育参保者持续缴费能力适当降低基础养老金缴费费率，对目前基础养老金的计发办法进行适应性调整。

附 录

附录1：调查问卷

问卷编码：

我国劳动者工作现状及退休意愿调查问卷

尊敬的女士/先生：

您好！我们是"渐进式延迟退休政策的社会经济效应研究"课题组，此次调研是为了了解我国劳动者的退休意愿及可能的影响因素。本问卷采取不记名方式，个人基本情况信息我们会严格保密，只作资料收集和分析之用，问卷中的问题填答没有对错之分，只需按照实际情况填写即可。谢谢！

"渐进式延迟退休政策的社会经济效应研究"课题组

填表说明：请选出符合自己实际情况的选项数字并填在答案选项之后的□中，无特殊说明的均为单选；多选题请按要求填写；选"其他"选项的，请在"＿"处填写具体内容。

（1）您的性别是：
①男　　　　　　②女　　　　　　　　　　　　　　　　□

（2）您的民族是：
①汉族　　　　　②其他民族（请注明）_____　　　　□

（3）您现在的年龄是：
①16~30岁　　②31~45岁　　③46~60岁　　④61~65岁
⑤66岁及以上　　　　　　　　　　　　　　　　　　　　□

（4）您初次参加工作时的年龄是：
①18岁及以下　　　　　　②19~22岁
③23~25岁　　　　　　　④26岁及以上　　　　　　　　□

（5）您的最终学历为：

①初中及以下　　②高中或中专　　③大专　　　　　④大学本科

⑤硕士　　　　　⑥博士　　　　　　　　　　　　　　　　　　□

（6）现在与您居住在一起的家庭人口数为：

①3人及以下　　②4～5人　　　③6人及以上　　　　　　　　□

（7）需要您抚养和赡养的子女和老年人口数为：

①0人　　　　　②1人　　　　　③2人　　　　　④3人

⑤4人及以上　　　　　　　　　　　　　　　　　　　　　　　□

（8）您家中有独立收入来源的人数为：

①1人　　　　　②2人　　　　　③3人及以上　　　　　　　　□

（9）您的婚姻状况为：

①未婚　　　　　②已婚　　　　　③离异　　　　　④丧偶　　□

（10）请您在0～9分中为您的健康状况打分（其中9分代表您心目中最好的状况，0分代表您心目中最差的状况）：

```
0    1    2    3    4    5    6    7    8    9
|----|----|----|----|----|----|----|----|----|
(最差)                                      (最好)
```
□

（11）您的职业类型为：

①政府公务人员（如果选择此选项，请回答11.1题）

②事业单位职员（如果选择此选项，请回答11.2题）

③企业职工（如果选择此选项，请回答11.3题和11.4题）

④其他（请注明）_____　　　　　　　　　　　　　　　　□

11.1 如果11题中您选择的是①，即政府公务人员，您的职级类别是：

①厅级以上　　②厅局级　　　　③县处级　　　　④科级及以下　□

11.2 如果11题中您选择的是②，即事业单位职员，您的专业技术职称是（或相当于）：

①正高级　　　②副高级　　　　③中级　　　　　④初级　　　　□

11.3 如果11题中您选择的是③，即企业职工，您在单位中所处的位置是：

①高级管理人员　　　　　　　　②中级管理人员

③普通职工　　　　　　　　　　　　　　　　　　　　　　　　□

11.4 如果11题中您选择的是③，即企业职工，您所在的岗位类型是：

①生产经营类　　　　　　　　　②专业技术类

③工勤服务类　　　　　　　　　④其他（请注明）_____　　□

（12）请您对目前的工作/劳动状态进行评价：

	非常不满意	不满意	一般	满意	非常满意	
12.1 工作收入	1	2	3	4	5	☐
12.2 工作福利	1	2	3	4	5	☐
12.3 工作强度	1	2	3	4	5	☐
12.4 工作自主性	1	2	3	4	5	☐
12.5 工作压力	1	2	3	4	5	☐

（13）您个人目前的收入来源有（最多选三项）：
①工资性收入
②经营性收入
③财产性收入（房屋租赁、固定资产收入等）
④转移性收入（国家或其他机构给予的经济支持）
⑤其他（请注明）_____ ☐☐☐

（14）在您目前的消费类型中，各种消费所占比例大致为：

	（1）	（2）	（3）	（4）	（5）	
14.1 生活消费	20%以下	30%	40%	50%	60%以上	☐
14.2 健康消费	10%以下	20%	30%	40%	50%以上	☐
14.3 闲暇消费	10%以下	20%	30%	40%	50%以上	☐
14.4 教育消费	10%以下	20%	30%	40%	50%以上	☐
14.5 其他_____	10%以下	20%	30%	40%	50%以上	☐

（15）您目前主要的理财方式有哪些（最多选三项）？
①无　　　　　　　　　　②银行储蓄
③购买保险　　　　　　　④购买债券
⑤购买基金　　　　　　　⑥购买股票
⑦购买房产　　　　　　　⑧其他（请注明）_____ ☐☐☐

（16）我国现在的养老保险缴费政策是：个人依照本人基本工资的8%，最低缴费年限为15年，您认为这一政策对您（或与您相似的人）现在的生活水平：
①有很大影响　　②有较大影响　　③没有影响　　　　　　☐

（17）如果对我国养老保险缴费政策进行改革，您认为下列哪一种改革方案对您个人（或与您相似的人）更为有利？
①维持个人8%缴费率与15年缴费最低年限，提高缴费费基（基本工资水平）

②降低个人缴费费率至 5%，提高缴费基数（基本工资水平），延长缴费年限

③降低个人缴费费率至 3%，提高缴费基数（基本工资水平），延长缴费年限 □

(18) 您是否了解本单位的现行退休政策？

①了解　　　　　②不了解 □

(19) 基于单位实际，您认为延迟退休对于本单位新进员工数量影响程度如何？

①有影响　　　　②无影响　　　　③不清楚 □

(20) 您认为延迟退休对于个人（或家庭）最主要的好处是：

①增加经济收入　　　　　　②获得社会认可

③实现个人价值　　　　　　④其他（请注明）_____ □

(21) 您认为延迟退休对于个人（或家庭）最不利的影响是：

①延长工作时间　　　　　　②减少闲暇时间

③减少家庭照顾　　　　　　④其他（请注明）_____ □

(22) 您认为延迟退休对于社会的好处是（最多选三项）：

①有利于老年人力资源开发　　②有利于缓解未来劳动力供给不足

③有利于促进老年消费市场的开发　④减缓养老金支付压力

⑤其他（请注明）_____ □□□

(23) 您认为延迟退休对于社会最不利的后果是：

①不利于年轻人就业　　　　②增加了个体养老预期的不确定性

③造成一定程度的社会不公平　④其他（请注明）_____ □

(24) 您认为我国推行延迟退休政策还需要哪些条件支持（最多选三项）？

①提高养老金水平　　　　　②完善养老设施

③健全医保制度　　　　　　④完善人口政策

⑤发展养老产业　　　　　　⑥其他（请注明）_____ □□□

(25) 退休年龄与每个人的工作性质、身体状况等密切相关，您认为国家应该参考以下哪些因素来确定退休年龄政策？

①自然年龄（所有人都在达到同一年龄时退休）

②工作年限与工作性质（按照工作时间长短、劳动强度、专业技术水平等决定退休年龄）

③自然年龄和工作年限及工作性质共同确定

④其他（请注明）_____ □

(26) 退休是每个人都会经历的自然过程，您认为一个人为自己的退休生活

应该做哪些方面的准备（最多选三项）？
①必要的经济积累　　　　　　②健康的身体储备
③乐观的心理状态　　　　　　④良好的人际关系
⑤其他（请注明）_____　　　　　　　　　　□□□

（27）根据您当前的个人状况，您自己的退休意愿是：
①提前退休（低于法定年龄退休），如果选择此项，请回答 27.1 题
②按时退休（按照法定年龄退休）
③延迟退休（高于法定年龄退休），如果选择此项，请回答 27.2 和 27.3 题
④无所谓　　　　　　　　　　　　　　　　　　　　　　　　□

27.1 如果 27 题中您选择的是①即提前退休，主要考虑的因素是：
①个人健康　　　　　　　　　②个人经济水平
③家庭原因　　　　　　　　　④其他（请注明）_____　□

27.2 如果 27 题中您选择的是③即延迟退休，主要考虑的因素是：
①个人健康　　　　　　　　　②个人经济水平
③家庭原因　　　　　　　　　④其他（请注明）_____　□

27.3 如果 27 题中您选择的是③即延迟退休，您希望自己延迟退休几年：
①延迟 0.5 年　　②延迟 1 年　　③延迟 1.5 年　　④延迟 2 年
⑤延迟 2.5 年　　⑥延迟 3 年　　⑦延迟 3.5 年　　⑧延迟 4 年及以上□

（28）您认为一个人理想的工作年限是：
①30 年及以下　　②31～33 年　　③34～36 年　　④37～39 年
⑤40 年及以上　　　　　　　　　　　　　　　　　　　　　　□

（29）您期望自己的退休年龄大致是：
①55 岁以下　　②55～59 岁　　③60 岁　　④61～65 岁
⑤66 岁以上　　　　　　　　　　　　　　　　　　　　　　□

（30）根据您目前的生活状况，您认为您退休后的生活水平将会：
①越来越好　　　　　　　　　②不会有多大变化
③越来越差　　　　　　　　　　　　　　　　　　　　　　□

（31）对于您退休后的养老方式，您会选择：
①居家，通过家庭支持养老　　②依托所居住社区支持养老
③选择一个适合自己的养老机构养老　　　　　　　　　　　□

（32）依您现在对老年生活的理解，您认为您将来的养老生活主要的开支是（最多选三项）：
①日常生活　　　　　　　　　②医疗与保健
③休闲娱乐　　　　　　　　　④文化教育

⑤亲情与人情消费　　　　　⑥其他（请注明）_____　　□□□

（33）您对退休后生活的规划是：

①回归家庭生活，享受亲情，照顾家人

②重拾兴趣爱好，享受休闲旅游乐趣

③从事力所能及的工作或事业

④其他（请注明）_____　　　　　　　　　　　　　　　□

（34）您对我国渐进式延迟退休政策还有什么意见？请写在以下空白处。

问卷至此结束，衷心感谢您的参与！

调查员：　　　　　　　　　调查日期：　　年　　月　　日

附录2：调查问卷访员手册与填表说明

我国劳动者工作现状及退休意愿调查问卷
访员手册与填表说明

所有问题都需要访问员根据被调查者的回答，或组织被调查者，将符合被调查者实际情况的选项数字填在答案选项之后的□中，无特殊说明的均为单选；多选题按照限选、排序等要求填写；如果选择"其他"选项的，请被调查者在"__"处填写具体内容。

（1）性别。

请被调查者选择自己的性别。

（2）民族。

请被调查者选择自己的民族，汉族直接在方框内填写1，少数民族在方框内填写2并在横线上注明具体的民族。

（3）年龄。

请被调查根据实际年龄情况在方框内填写符合条件的区间选项。

（4）参加工作的年龄。

请被调查者选择第一次参加全职工作的年龄，不包括在学校期间的兼职工作，参加工作后再次进入学校学习的，以第一次参加工作的年龄为准。

（5）最终学历。

请被调查选择自己的最终学历，即接受的最高等级的学位教育或获得的相应文凭，其中本科包括本科和本科双学士，硕士包括学术硕士研究生和 MBA 等专业硕士研究生。

（6）您现在居住在　起的家庭人口数为：

请被调查者选择此时一起居住的家庭人口数，包括和配偶、子女及父母一起居住的情况。若被调查者拥有已婚成年子女，但已婚成年子女与被调查者独立居住，则不属于居住在一起的家庭人口数。

（7）需要您抚养和赡养的子女和老年人口数为：

请被调查者选择需要赡养和抚养的最大人口数。包括没有独立收入来源的子女、自己及配偶的父母等。

（8）您家中有独立收入来源的有：

请被调查者在第 6 题"居住在一起的家庭人口"中选择通过从事生产经营服务等工作拥有独立稳定的收入的人数，不包括在校学生、收入不稳定的家庭成员。

（9）婚姻状况。

请被调查者选择自己的婚姻状况。

①未婚：指调查时间前从未结过婚的人；

②已婚：目前有配偶，包括共同生活在一起和目前有配偶但未共同生活的情况；

③离异：因各种原因，夫妻双方已解除婚姻关系者并且未再婚；

④丧偶：配偶去世未再婚。

（10）健康状况。

此题主要了解被调查者对自身健康状况的评估。

请被调查者根据线段中的点数，0 分代表被调查者心目中最差的状况，9 分代表被调查者心目中最好的状况，从 0～9 分中为自己的健康状况打分，将选择的得分填写在方框中。

（11）您的职业类型。

此题主要了解被调查者的职业和职级类型。

请被调查者选择自己的职业类型，并根据不同的职业类型回答对应的问题。

第一，政府公务人员：在政府机关、党群组织的管理部门工作，拥有行政编制的被调查者，选择政府公务人员的务必填答 11.1 题，根据职级类别选择对应选项；

第二，事业单位职员：在国家财政全额或部分拨款的事业单位的管理部门工作或从事与该事业单位性质相关的工作的被调查者（如没有行政职务的医院医生、学校老师等），选择事业单位职员的务必填答 11.2 题，根据专业职称或相当于的专业职称，指由人事部门认定或由单位聘任的技术职务名称；

第三，企业职工：工作单位在国有、集体、私营、外资等企业的被调查者。

选择企业职工的务必填答 11.3 题，请被调查者根据自己在企业中的位置，选择对应选项。①高层管理人员即企业负责人，指在企业中处于最高决策地位的人员；②中层管理人员指不属于企业负责人又有行政职务的人员，如车间主任、部门主管等，只对企业中某一部分承担责任且有下属；③普通职工：指企业中不具有行政职务的人员。

选择企业职工的，务必填答 11.4 题，请被调查者选择自己的岗位类型。①生产经营类：直接从事生产经营活动的人，包括一线生产工人，二线生产工人（例如仓库保管员）等；②专业技术类：企业专设研发部门的工作人员；③工勤服务类指在企业中具有管理性质的部门中任职的普通职员，包括人事、财务、销售等部门的非管理人员，如普通的人事专员、秘书、会计、销售业务员等；④其他，不符合以上三个选项的，注明自己的职业类型。

（12）请您对您目前的工作/劳动状态进行选择。

此题主要了解被调查者的工作满意度。

请被调查者根据自己对工作的感知，选择各方面的满意程度并填写在对应的方框内。其中，工作收入指每月固定的工资单的主职工资收入，包括各项工作奖金、津贴，不包括附带的福利等；工作福利包括除工资外的福利，如免费三餐、班车、交通补贴、住房补贴、节假日福利、健康体检等。工作强度、工作自主性和工作压力按照被调查者主观理解选择。

（13）您个人目前主要的收入来源有（最多选三项）

此题主要了解被调查者当下的收入来源及主要程度。

请被调查者选择自己当下的收入来源，最多选三项（可以少于等于三项但不能多于三项，三项中包括"其他"选项）。

①工资性收入：指每月固定的工资单的主职工资收入，包括各项工作奖金、津贴、货币性福利等；

②经营性收入：包括兼职经营活动收入、个体经营者的营业收入，购买股票等投资理财产品所得收入等；

③财产性收入：包括房屋租赁等固定资产收入等；

④转移性收入：包括国家或其他机构给予的经济支持，如政府机关、社会团体给予的经济补贴；

⑤其他：不属于以上四种的其他收入来源，请在横线上注明具体的收入

来源。

(14) 在您目前的消费类型中，各种消费所占比例大致为：

此题主要了解被调查者本人或以家庭为单位的消费结构。

①生活消费：满足日常生活需求的消费，如在饮食、穿衣、日常生活用品方面的花费；

②健康消费：满足健康需求的消费，如在看病、购买药品、保健品、营养品、健身等方面的花费；

③闲暇消费：满足娱乐休闲需求的消费，如聚会、KTV等娱乐场所、旅游等方面的花费；

④教育消费：满足学习需求的消费，如自身学习及子女教育等方面的花费；

⑤其他：不属于以上四种类型的其他消费类型，请在横线上注明具体的消费类型。

请被调查者选择五种消费类型在总消费中所占的大致比例，将比例对应的选项编号填写在对应类型后面的方框内，总和不超过100%。

(15) 您目前主要的理财方式有哪些（最多选三项）。

此题主要了解被调查者当下的理财方式及主要程度。

请被调查者选择自己当下的理财方式，最多选三项（可以少于等于三项但不能多于三项，三项中包括"其他"选项），填在答案后面的方框内。

①无：当下没有任何的理财方式，若选择该选项，则直接在答案后的方框内填1即可，不得填写其他选项；

②银行储蓄：将资金存入银行，利息收益遵照国家基本存款利率；

③购买保险：购买商业保险公司提供的保险产品，包括意外险、健康险、分红险等；

④购买债券：购买公开发行债券，包括国债、银行等金融机构发行的金融债券和企业债券等；

⑤购买基金：购买的证券投资基金；

⑥购买股票：购买上市公司公开发行的股票；

⑦购买房产：购买商品房进行出租或未来出售；

⑧其他：不属于以上6种理财方式的其他理财方式，在横线上注明具体的理财方式。

(16) 我国现在的养老保险缴费政策是，个人依照本人基本工资的8%，最低缴费年限15年，您认为这一政策对您（或与您相似的人）现在的生活水平：

此题主要了解被调查者对现行养老保险缴费政策对个人生活水平的影响。

(17) 在下列养老金组合中，您认为哪种对您个人更为有利。

此题主要了解被调查者对不同养老金组合的感知评价。

请调查者依照自身情况，计算评估选项中三种养老金组合哪种对自己更为有利。

费基，指养老金缴费基数，如现行的缴费基数为参照社会平均工资以单位总工资和个人基本工资为缴费基数；

费率，指养老金缴费额度占缴费基数的比例，如现行的费率为企业缴纳单位总工资的20%，个人缴纳个人基本工资（参照社会平均工资）的8%；

缴费年限，能够领取养老金需要缴纳养老金的时间，如现行的缴费年限为15年，即至少缴纳满15年才能领取养老金。

（18）您是否了解本单位的现行退休政策。

此题主要了解被调查者是否了解本单位的现行退休政策。

各个单位的退休政策在国家统一政策下会有所不同，例如退休时间的计算方式（按月度、半年度、年度），针对具体的提前或延迟退休行为的政策等。

（19）基于单位实际，您认为延迟退休对于本单位新进员工的数量是否有影响。

此题主要了解延迟退休对被调查者所在单位人力资源的影响。

请被调查者结合自己所在单位的实际情况，评估延迟退休对本单位新招聘员工的数量（主要指刚参加工作的年轻员工）是否有影响。其中，不清楚代表被调查者对这一影响没有明确的认识。

（20）、（21）：主要了解被调查者关于延迟退休对个人（家庭）的影响的观点。

（20）您认为延迟退休对于个人（家庭）最主要的好处是（单选）：

请被调查者结合自身实际的主观感受，选择如果延迟退休，对于个人（家庭）带来的最主要的好处，是单项选择。

（21）您认为延迟退休对于个人（家庭）最不利的影响是（单选）：

请被调查者结合自身实际的主观感受，选择如果延迟退休，对于个人（家庭）带来的最不利的影响，是单项选择。

（22）、（23）：主要了解被调查者关于延迟退休对社会的影响的观点。

（22）您认为延迟退休对于社会最主要的好处是（最多选三项）：

请被调查者宏观考虑如果延迟退休，对于社会带来的最主要的好处，最多选三项（可以少于等于三项但不能多于三项，三项中包括"其他"选项）。

（23）您认为延迟退休对于社会最不利的后果是（单选）：

请被调查者宏观考虑如果延迟退休，对于社会带来的最不利的后果，为单项选择。

（24）您认为我国推行延迟退休政策还需要哪些条件支持（最多选三项）？

请被调查者选择如果延迟退休，需要国家哪些配套条件的支持，最多选三项。

①提高养老金水平；

②完善养老设施：主要指政府投资的公共性的养老服务设施，例如养老院等；

③健全医保制度：完善医疗保险缴纳、报销等相关制度；

④完善人口政策：完善计划生育等人口政策，例如"放开二孩"政策等；

⑤发展养老产业：主要指市场性的养老产品、服务产业等；

⑥其他（请注明）：不属于以上五种的其他支持条件，在横线上注明。

（25）退休年龄与每个人的工作性质、身体状况等密切相关，您认为国家应该参考以下哪些因素来确定退休年龄政策？

此题主要了解被调查者关于退休年龄确定标准的观点。

请被调查者选择应该用来确定退休年龄的参考因素。

①自然年龄：即所有人都在达到同一年龄时退休，例如现行的女职工50岁退休，女干部55岁退休，男性60岁退休的退休政策；

②工作年限与工作性质：按照工作时间长短、劳动强度、专业技术水平等决定退休年龄；

③自然年龄和工作年限及工作性质共同确定：即综合①②两种情况；

④其他：被调查者认为的除了以上三种标准可以确定退休年龄的其他标准，并在横线上注明具体的标准。

（26）退休是每个人都会经历的自然过程，您认为一个人为自己的退休生活应该做哪些方面的准备（最多选三项）？

此题主要了解临近退休的个人需要做的准备。

请被调查者选择个人应对退休做的准备。

（27）根据您当前的个人状况，您自己的退休意愿是：

此题主要了解被调查者在现行退休政策下的退休意愿。

请被调查者根据自己的个人状况，参照现行的法定退休年龄（男性60岁退休，女职工50岁退休，女干部55岁退休，处级以上和具有高级技术职称的女性可以选择60岁退休），选择自己愿意提前、按时或延迟的退休意愿，并依照具体意愿回答相应问题。

①提前退休：低于法定年龄退休。如果选择该选项，回答27.1，选择提前退休的考虑因素。

②按时退休：按照法定年龄退休。

③延迟退休：高于法定年龄退休。如果选择该选项，回答27.2，选择退休的

考虑因素；回答27.3，选择希望自己延迟退休几年

④无所谓，被调查者认为何时退休没有太显著的差别

（28）您自己认为您理想的工作年限是：

此题主要了解被调查者的理想工作年限。

请被调查者结合自己的实际情况，选择自己理想的工作年限，即从参加工作到退休总共工作多少年。

（29）您自己期望的退休年龄大致是：

此题主要了解被调查者期望的退休年龄。

请被调查者结合自己的实际情况，选择自己期望何时退休。

（30）在当前的养老金水平下，您认为您退休后的生活水平将会：

此题主要了解当前养老金水平对被调查者退休后生活水平的影响。

请被调查者评估在当前的养老金水平下，退休后预期的生活水平与现在的比较。

①越来越好：预期退休后的生活水平比现在越来越好；

②不会有多大变化：预期退休后的生活水平和现在不会有太大变化；

③越来越差：预期退休后的生活水平比现在越来越差。

（31）对于您退休后的养老方式，您会选择：

此题主要了解被调查者的养老方式。

请被调查者选择预计自己退休后在什么地方通过什么方式养老。

①居家，通过家庭支持养老：在自己家中，依靠子女的赡养；

②依托所在社区支持养老：社区的有关服务机构和人士提供上门服务或托老服务；

③选择一个适合的养老机构养老：如在养老院、托老所等养老机构养老。

（32）依您现在对老年生活的理解，您认为您将来的养老生活最主要的开支是（依开支多少进行排序，限选三项）：

此题主要了解被调查者的老年消费。

请被调查者根据自己现在对老年生活的理解，选择将来养老生活最主要的花费和开支，限选三项（可以少于等于三项但不能多于三项，三项中包括"其他"选项）依该花费的多少进行排序，将排序填在答案后面的方框内。

①日常生活：满足日常生活需求的消费，如在饮食、穿衣、日常生活用品方面的花费；

②医疗与保健：满足健康需求的消费，如在看病、购买药品、保健品、营养品、健身等方面的花费；

③休闲娱乐：满足休闲娱乐需求的消费，如聚会、KTV等娱乐场所、旅游等

方面的花费；

④文化教育：满足学习需求的消费，如购买书籍、参加老年教育等方面的花费；

⑤亲情与人情消费：对子女的经济支持、与朋友交往产生的消费；

⑥其他：不属于以上四种类型的其他花费，请在横线上注明具体花费的方面。

（33）您对退休后生活的规划是：

此题主要了解被调查者的退休生活规划。

请被调查者选择退休后的生活规划。

①回归家庭生活，享受亲情，照顾家人：指主要在家中照顾老伴或照看孙辈等，不参加业余的旅行、工作、培训等活动；

②重拾兴趣爱好，享受休闲旅游乐趣：包括发展文体兴趣爱好、外出旅行、接受老年再教育或培训等；

③从事力所能及的工作或事业：包括单位返聘、社会兼职等或自己在职期间无力从事的发明创造等；

④其他：不属于以上三种规划类型的其他退休后生活规划，并在横线上注明具体的规划类型。

（34）您对我国渐进式延迟退休政策还有什么意见？请写下来。

被调查者对国家渐进式延迟退休政策的其他想法和建议，在问卷剩余空白处具体写出。

附录3：抽样方案

抽样方案与样本分配

一、调查点选择

据我国劳动者的地域分布，选择的调查点包括：

（1）江苏省南京地区（由课题组负责，问卷200份左右，用工单位访谈提纲20份）；

（2）广东省广州地区（由合作单位暨南大学负责，问卷300份左右，用工单位访谈提纲20份）；

（3）湖北省武汉地区（由合作单位武汉科技大学负责，问卷300份左右，用工单位访谈提纲 20 份）；

（4）四川省成都地区（由合作单位西南财经大学负责，问卷 300 份左右，含高海拔地区 100 份，用工单位访谈提纲 20 份）；

（5）北京地区（由合作单位中国人民大学负责，问卷 300 份左右，用工单位访谈提纲 20 份）；

（6）西北地区（包括西安地区 300 份，用工单位访谈提纲 20 份；乌鲁木齐地区 200 份，用工单位访谈提纲 20 份；西宁地区 100 份，用工单位访谈提纲 10 份；兰州地区 100 份，用工单位访谈提纲 10 份。由课题组负责，共 700 份左右）；

（7）河南省郑州地区（由课题组负责，问卷 300 份左右，用工单位访谈提纲 20 份）；

（8）黑龙江省哈尔滨地区（由课题组负责，问卷 200 份左右，用工单位访谈提纲 20 份）。

二、样本人群分配

（1）样本尽可能兼顾大、中、小城市；

（2）企业职工 60%，事业单位职员 25% ~ 30%，政府公务人员 10% ~ 15%；

（3）45 岁以下 40%，45 岁以上 60%；

（4）男女比例大致持平；

（5）在四川、甘肃和青海，高海拔地区人群将占当地总样本量的 10% ~ 15%。

附录 4：访谈提纲

渐进式延迟退休政策用工单位管理者访谈提纲

访谈对象基本情况。

（1）您单位所在的行业：

①政府机关　　　　　　　　　②事业单位

③生产（制造）性企业　　　　④经营性企业

⑤流通性企业　　　　　　　　⑥服务性企业　　　　　　□

（2）您在单位中所从事的工作是：

①高层管理者　　　　　　　　②部门管理者　　　　　　□

访谈问题。

（1）您认为我国实行渐进式延迟退休政策的背景及政策依据是什么？

（2）您对渐进式延迟退休政策中的"渐进式"如何理解？

（3）您单位现在的退休政策或方式（按照年度退休，半年度退休，季度退休还是月度退休）是什么？这一政策对本单位的人力资源有哪些影响？

（4）如果国家实施渐进式延迟退休政策，在本单位具体实施中，会引起哪些方面的利益冲突？在管理中遇到最大的困难是什么？

（5）如果国家实行渐进式延迟退休政策在本单位会引起实施上的困难，您认为有哪些方式或方法可以克服这些困难？

参考文献

[1] [法] 安德烈·拉布戴特:《退休制度》,范晓雷译,商务印书馆1997年版。

[2] 曹子坚、马晓丽:《区域收入差距的广义熵指数的测度与分解——以甘肃省为例》,载于《统计与决策》2008年第9期。

[3] 陈昌兵:《各地区居民收入基尼系数计算及其非参数计量模型分析》,载于《数量经济技术经济研究》2007年第1期。

[4] 陈宗胜、黎德福:《内生农业技术进步的二元经济增长模型》,载于《经济研究》2004年第11期。

[5] 褚福灵:《构建基于自我负担系数的退休年龄决定机制》,载于《经济管理》2013年第7期。

[6] 崔迎春:《老龄化背景下的日本高龄者雇用政策》,载于《安徽师范大学学报(人文社会科学版)》2014年第3期。

[7] [美] David Marsh、Gerry Stoker:《政治学方法论与途径》,陈义彦等译,韦伯文化国际2007年版。

[8] [美] 道格拉斯·C.诺斯:《制度、制度变迁与经济绩效》,刘守英译,格致出版社1994年版。

[9] 邓大松、刘昌平:《中国养老社会保险基金敏感性实证研究》,载于《社会保障制度》2002年第4期。

[10] 邓大松、王增文:《我国人口死亡率与最优退休年龄的动态变化关系》,载于《统计与决策》2008年第2期。

[11] 邓华:《公共政策过程的博弈分析》,电子科技大学硕士学位论文,2008年。

[12] 邓继光:《我国实施弹性退休政策问题研究——基于上海的分析》,载于《经济经纬》2010年第6期。

[13] 丁建定、何家华:《关于推迟退休年龄问题的几点理论思考——兼论

中国推迟退休年龄问题》，载于《社会保障研究》2014年第1期。

［14］樊长科、林国彬：《延迟退休有利于提高养老金支出和经济增长水平吗？——一个基于世代交叠模型的思考》，载于《经济体制改革》2015年第1期。

［15］范琦、冯经纶：《延迟退休对青年群体就业的挤出效应研究》，载于《上海经济研究》2015年第8期。

［16］范围：《退休年龄比较研究》，载于《人口与经济》2011年第5期。

［17］封进：《中国养老保险体系改革的福利经济学分析》，载于《经济研究》2004年第2期。

［18］封进、胡岩：《中国城镇劳动力提前退休行为的研究》，载于《中国人口科学》2008年第4期。

［19］冯星光、张晓静：《基于广义熵指数的地区差距测度与分解：1978~2003》，载于《统计与信息论坛》2005年第4期。

［20］高书生：《社会保障改革何去何从》，中国人民大学出版社2006年版。

［21］管斌彬：《我国延迟退休改革中社会利益的分化与整合研究》，苏州大学博士学位论文，2016年。

［22］郭平、彭妮娅、侯盾：《收入分配公平的衡量——基于等基尼系数线的平均增长点方法研究》，载于《财经理论与实践》2009年第161期。

［23］郭庆旺、贾俊雪：《中国全要素生产率的估算：1979—2004》，载于《经济研究》2015年第6期。

［24］国际劳工局理事会：《老龄化社会的就业和社会保护》，载于《国际劳工大会第95届会议报告》，2004年。

［25］［美］Henry J. Aaron 编著：《退休经济学——应用与实证》，汪泽英、耿树艳译，中国劳动社会保障出版社2008年版。

［26］贺菊煌：《人口红利有多大》，载于《数量经济技术经济研究》2006年第7期。

［27］洪兴建：《基尼系数合意值和警戒线的探讨》，载于《统计研究》2007年第8期。

［28］洪雅双、郭艳萍：《塔西佗陷阱下政府公信力下降的原因及对策探析——以漳州PX项目为例》，载于《现代经济信息》2015年第12期。

［29］侯文若：《我国企业养老退休模式转换》，载于《经济与管理研究》1992年第5期。

［30］黄阳涛：《企业职工延长退休年龄的意愿及影响因素研究——基于对南京市某经济开发区的调查》，载于《新金融》2013年第8期。

[31] 金刚：《中国退休年龄的现状、问题及实施延迟退休的必要性分析》，载于《社会保障研究》2010年第2期。

[32] 康传坤：《提高缴费率还是推迟退休？》，载于《统计研究》2012年第12期。

[33] ［美］科林·吉列恩等编：《全球养老保障——改革与发展》，杨燕绥等译，中国劳动社会保障出版社2002年版。

[34] 劳动和社会保障部社会保险研究所：《世纪抉择——中国社会保障体系构架》，中国劳动社会保障出版社2000年版。

[35] 雷辉、朱洪兴：《我国延迟退休的效应分析》，载于《枣庄学院学报》2012年第6期。

[36] 雷小峰、唐益军：《延长退休年龄 完善养老保险——对深化养老保险体制改革的对策思考》，载于《财经理论与实践》2002年第S1期。

[37] 黎文武、唐代盛：《弹性退休制度与养老保险保障制度整合初论》，载于《西北人口》2004年第3期。

[38] 李付俊、孟续铎、张超：《延迟退休的影响效果分析》，载于《西北人口》2014年第2期。

[39] 李红岚、武玉宁：《提前退休问题研究》，载于《经济理论与经济管理》2000年第2期。

[40] 李培林、张翼：《国有企业社会成本分析——对中国10个大城市508家企业的调查》，载于《中国社会科学》1999年第5期。

[41] 李琴、彭浩然：《预期退休年龄的影响因素分析——基于CHARLS数据的实证研究》，载于《经济理论与经济管理》2015年第2期。

[42] 李绍光：《社会保障税与社会保障制度优化》，载于《经济研究》2004年第8期。

[43] 李实、罗楚亮：《我国居民收入差距的短期变动与长期趋势》，载于《经济社会体制比较》2012年第4期。

[44] 李实、罗楚亮：《中国城乡居民收入差距的重新估计》，载于《北京大学学报（哲学社会科学版）》2007年第2期。

[45] 李实、赵人伟、高霞：《中国离退休人员分配中的横向与纵向失衡分析》，载于《金融研究》2013年第2期。

[46] 李小平、朱钟棣：《中国工业行业的全要素生产率测算》，载于《管理世界》2005年第4期。

[47] 李珍：《社会保障理论》，中国劳动社会保障出版社2001年版。

[48] 梁玉成：《市场转型过程中的国家与市场——一项基于劳动力退休年

龄的考察》，载于《中国社会科学》2007年第5期。

［49］林宝：《延迟退休年龄对养老金资金平衡的影响》，载于《财经问题研究》2014年第12期。

［50］林宝：《中国退休年龄改革的时机和方案选择》，载于《中国人口科学》2001年第1期。

［51］林熙：《发达国家弹性退休的机制分析与经验借鉴》，载于《经济社会体制比较》2013年第2期。

［52］林义：《关于我国退休制度的经济思考》，载于《当代财经》1994年第1期。

［53］林毓铭：《社会保障制度运行的经济政策分析》，载于《毛泽东邓小平理论研究》2005年第8期。

［54］林毓铭、刘冀楠：《公共政策的网络舆情演化分析——以延迟退休年龄政策为例》，载于《情报杂志》2016年第8期。

［55］林毓铭、夏林林：《社会保障可持续发展的理论要义与复杂性视阈》，载于《社会保障研究》2011年第1期。

［56］刘钧：《我国社会保障制度改革的两难困境和选择》，载于《财经问题研究》2005年第1期。

［57］刘志杰：《中国地区经济差距时空演变：基于Dagum基尼系数分解》，载于《统计与决策》2011年第2期。

［58］柳清瑞、苗红军：《人口老龄化背景下的推迟退休年龄策略研究》，载于《人口学刊》2004年第1期。

［59］卢现祥：《西方新制度经济学》，中国发展出版社2003年版。

［60］吕培亮、赵杨阳：《探析网络舆情生成中的"四大效应"及其应对之策——基于地方政府公信力建设角度》，载于《淄博师专学报》2015年第3期。

［61］［美］罗伯特·G.伊兰伯格、罗伯特·S.史密斯：《现代劳动经济学（第十版）》，刘昕译，中国人民大学出版社2011年版。

［62］［美］罗纳德·科斯：《企业的性质》，引自盛洪主编《现代制度经济学》（上卷），北京大学出版社2003年版。

［63］罗馨：《延迟退休年龄政策的社会效应及其对策建议》，载于《改革与开放》2016年第3期。

［64］骆正清、陈周燕、陆安：《人口因素对我国基本养老保险基金收支平衡的影响研究》，载于《预测》2010年第2期。

［65］［美］迈克尔·迪屈奇：《交易成本经济学——关于公司的新的经济意义》，王铁生、葛立威译，经济科学出版社1999年版。

[66] 穆怀中：《中国养老保险制度改革关键问题研究》，中国劳动社会保障出版社2006年版。

[67] 欧翠珍：《对我国低龄退休现象的经济学思考》，载于《中山大学学报（社会科学版）》1997年第6期。

[68] 潘锦棠：《提高女性退休年龄的利弊分析》，载于《中国社会保障》2004年第8期。

[69] 潘锦棠：《提高退休年龄不能成为弥补养老金"缺口"的主要手段》，载于《光明日报》2012年9月9日。

[70] 钱锡红、申曙光：《退休职工养老保险满意度影响因素研究》，载于《保险研究》2013年第3期。

[71] 钱锡红、申曙光：《在职人员的社会经济地位对退休期望的影响》，载于《保险研究》2012年第7期。

[72] [冰] 思拉恩·埃格特森：《新制度经济学》，吴经邦译，商务印书馆1996年版。

[73] 所静、肖凤翔、罗曦：《女性高层次人才男女同龄退休意愿影响因素实证分析——基于文化部门的调研数据》，载于《西安交通大学学报：社会科学版》2015年第3期。

[74] 唐钧：《"延迟退休"是否行得通》，载于《人力资源》2010年第11期。

[75] 唐睿达、郭秀云：《基于合理赡养比的动态退休年龄研究：模型与仿真》，载于《社会保障研究》2014年第1期。

[76] 童玉芬、杨河清：《提高退休年龄不会加剧我国的就业压力》，载于《人口与发展》2011年第4期。

[77] [美] W.阿瑟·刘易斯：《经济增长理论》，梁小民译，上海三联书店1994年版。

[78] 汪泽英：《提高法定退休年龄政策研究》，中国经济出版社2013年版。

[79] 王超：《社会公正视角下渐进式延迟退休年龄的路径探析》，吉林农业大学硕士学位论文，2016年。

[80] 王海涛：《应该从国情需要出发考虑延长退休年龄》，载于《人口与发展》2011年第17期。

[81] 王鉴岗：《社会养老保险平衡预算》，经济管理出版社1999年版。

[82] 王君君：《当政府公信力遭遇塔西佗陷阱：当下中国网络社会的公信力反思》，载于《广州大学学报》（社会科学版）2014年第3期。

[83] 王利军：《中国养老金缺口财政支付能力研究》，经济科学出版社2008年版。

[84] 王晓庄、骆皓爽、张永翠：《工作—家庭中心性与延迟退休态度的关系研究》，载于《心理与行为研究》2016年第3期。

[85] 王燕：《应用时间序列分析》，中国人民大学出版2005年版。

[86] [美] 威廉姆森：《资本主义经济制度》，段毅才、王伟译，商务印书馆出版社2004年版。

[87] 席恒：《公共政策制定中的利益均衡——基于合作收益的分析》，载于《上海行政学院学报》2009年第6期。

[88] 席恒、翟绍果：《更加公平可持续的养老保险制度的实现路径探析》，载于《中国行政管理》2014年第3期。

[89] 席恒、翟绍果：《我国渐进式延迟退休年龄的政策机制与方案研究》，载于《中国行政管理》2015年第5期。

[90] 席恒、周明、翟绍果：《渐进式差异化退休年龄的决定机制、经验借鉴与政策建议》，载于《社会保障研究》2014年第2期。

[91] 夏永祥、管斌彬：《延迟退休与社会公平辨析》，载于《苏州大学学报》（哲学社会科学版）2015年第1期。

[92] 熊必俊：《市场经济条件下退休养老制度改革的思考》，载于《中国老年学杂志》1994年第4期。

[93] 徐大超：《地方政府公共行政中的"塔西佗陷阱"探析》，载于《北京电子科技学院学报》2015年第3期。

[94] [美] Y.巴泽尔：《产权的经济分析》，费方域译，上海人民出版社1997年版。

[95] 杨妍：《自媒体时代政府如何应对微博传播中的"塔西佗陷阱"》，载于《中国行政管理》2012年第5期。

[96] 杨燕绥、张芳芳、张杰：《论职工弹性退休的平滑效应》，载于《中国劳动》2010年第12期。

[97] 杨永军、张彩霞：《社会舆情的传播效应探析》，载于《现代传播》（《中国传媒大学学报》）2012年第1期。

[98] 易纲、樊纲、李岩：《关于中国经济增长与全要素生产率的理论思考》，载于《经济研究》2003年第8期。

[99] 殷俊、陈天红：《美国延迟退休激励机制分析——兼论对中国延迟退休年龄改革的启示》，载于《经济与管理》2014年第4期。

[100] 尹蔚民：《深入贯彻落实党的十八届五中全会精神开创人力资源和社会保障事业发展新局面——在全国人力资源和社会保障工作会议上的讲话》，载于《中国人力资源社会保障》2016年第1期。

[101] 于翠婷、喻继银：《高校教师对延迟退休年龄意愿的实证研究——基于成都市高校教师的调查》，载于《人口与发展》2013年第4期。

[102] 袁廿一：《延长退休年龄影响人力资本的传导机制研究》，载于《人口与经济》2011年第4期。

[103] 袁志刚、宋铮：《人口年龄结构，养老保险制度与最优储蓄率》，载于《经济研究》2000年第11期。

[104] 原新、万能：《缓解老龄化压力，推迟退休有效吗？》，载于《人口研究》2006年第4期。

[105] 约翰·威廉姆森、凯瑟琳·迪特鲍姆：《社会保障改革：部分私有化在中国是否可行》，载于《社会保障研究》2006年第2期。

[106] 曾燕、郭延峰、张玲：《基于长寿风险与OLG模型的延迟退休决策》，载于《金融经济学研究》2013年第4期。

[107] 曾益、任超然、刘倩：《延长退休年龄有助于改善养老保险的偿付能力吗？——基于精算模型的模拟分析》，载于《经济管理》2013年第35期。

[108] 张车伟：《人口老龄化、劳动力市场变化与养老保障问题——完善城镇职工基本养老保险制度的思考》，载于《老龄科学研究》2013年第1期。

[109] 张川川、赵耀辉：《老年人就业和年轻人就业的关系：来自中国的经验证据》，载于《世界经济》2014年第5期。

[110] 张乐川：《上海地区延长退休年龄意愿研究——基于logistic回归分析》，载于《人口与经济》2013年第1期。

[111] 张思锋：《社会保障精算理论与应用》，人民出版社2006年版。

[112] 张志远、张铭洪：《老年劳动力增加会影响年轻劳动力的就业率吗？——延迟退休对劳动力市场影响的一个考察角度》，载于《经济科学》2016年第3期。

[113] 赵玉霞：《分组数据下几种不同基尼系数的算法》，载于《统计与决策》2011年第3期。

[114] 郑春荣、刘慧倩：《我国弹性退休年龄制度设计》，载于《人口学刊》2011年第3期。

[115] 郑功成：《对延迟退休年龄的基本认识》，载于《光明日报》2012年9月12日。

[116] 中国保监会：《养老保险国别研究及对中国的启示》，中国财政经济出版社2007年版。

[117] 中国保险行业协会：《中国职工养老储备指数大中城市报告》，平安养老保险股份有限公司，2015年。

[118] 仲大军：《廉价劳动力与中国工业化的问题》，载于《开放导报》2004 年第 4 期。

[119] 周辉：《我国延迟退休年龄限制因素分析与建议》，载于《学术交流》2011 年第 2 期。

[120] 周渭兵：《社会养老保险精算理论、方法及其应用》，经济管理出版社 2004 年版。

[121] 朱文娟：《中国社会保险费的就业效应研》，华中科技大学博士学位论文，2013 年。

[122] 邹铁钉、叶航：《普遍延迟退休还是分类延迟退休——基于养老金亏空与劳动力市场的联动效应视角》，载于《财贸经济》2015 年第 4 期。

[123] Estelle James. How Can China Solve Its Old Age Security Problem? The Interaction Between Pension, SOE, and Financial Market Reform. *Comparative Economic & Social Systems*, 2003, 1: 53 - 75.

[124] Shelly Lundberg, Richard Startz, Steven Stillman. The Retirement-consumption Puzzle: A Marital Bargaining Approach. *Journal of Public Economics*, 2003, 87: 1199 - 1218.

[125] Sewin Chan, Ann Huff Stevens. Do Changes in Pension Incentives Affect Retirement? A longitudinal Study of Subjective Retirement Expectations. *Journal of Public Economics*, 2004, 88: 1307 - 1333.

[126] Larry Willmore. Universal Pensions for Developing Countries. *World Development*, 2007, 35: 24 - 51.

[127] Aaron H. J., CallanJ. M.. *Who Retires Early?* Chestnut Hill, MA: Center for Retirement Research at Boston College, 2011.

[128] Adriaan Kalwij, Arie Kapteyn, Klaas Vos. Retirement of Older Workers and Employment of the Young. *DeEconomist*, 2010, 158 (4): 341 - 359.

[129] A. Gustman, T. Steinmeier. Retirement in a Family Context: A Structural Model for Husbands and Wives. *Journal of Labor Economics*, 2000, 3.

[130] Ando A., Modigliani F.. The "Life Cycle" Hypothesis of Saving: Aggregate Implications and Tests. *The American Economic Review*, 1963: 55 - 84.

[131] Arrow. The Organization of Economic Activity: Issues Pertinent to the Choice of Market Versus Nonmarket Allocation. The Analysis and Evaluation of Public Expenditure: The PPB System, Vol. 1, 1969. U. S. Joint Economic Committee, 91st Congress, 1st Session. Washington, D. C: U. S. Government Printing Office, pp. 59 - 73.

[132] Ashenfelter O., Card D.. Did the Elimination of Mandatory Retirement Affect Faculty Retirement? *American Economic Review*, 2002, 92 (4): 957 – 980.

[133] Bailey M. J. More Power to the Pill: The Impact of Contraceptive Freedom on Women's Life Cycle Labor Supply. *Quarterly Journal of Economic*, 2006, 121 (1): 289 – 320.

[134] Benmitez – Silva H, Dwyer D S. Retirement Expectations Formation Using the Health and Retirement Study, 2002.

[135] Bloom D. E., Canning D., Moore M.. The Effect of Improvements in Health and Longevity on Optimal Retirement and Saving. *National Bureau of Economic Research*, 2004.

[136] Börsch – Supan A., Schnabel R. Social Security and Declining Labor-force Participation in Germany. *American Economic Review*, 1998: 173 – 178.

[137] Boskin M. J. Social Security and Retirement Decision. *Economic Inquiry*, 1977, 1: 1 – 25.

[138] Chan S., Stevens A. H. Do Changes in Pension Incentives Affect Retirement? A Longitudinal Study of Subjective Retirement Expectations. *Journal of Public Economics*, 2004, 88 (7): 1307 – 1333.

[139] Charles K. K.. Decicca P. Hours Flexibility and Retirement. *Economic Inquiry*, 2007, 45: 251 – 267.

[140] Cliff D. Negotiating a Flexible Retirement: Further Paid Work and the Quality of Life in Early Retirement. *Ageing and Society*, 1991, 11 (3): 319 – 340.

[141] Cobb – Clark D. A., Stillman S.. The Retirement Expectations of Middle-aged Individuals, 2006.

[142] Cobb – Clark D. A., Stillman S.. The Retirement Expectations of Middle-aged Australians. *Economic Record*, 2009, 269 (85): 146 – 163.

[143] Coile C., Levine P. B.. *The Market Crash and Mass Layoffs*: How the Current Economic Crisis May Affect Retirement. NBER Working Papers, 2009.

[144] De Grip A., Fouarge D., Montizaan R. How Sensitive are Individual Retirement Expectations to Raising the Retirement Age? *De Economist*, 2013, 161 (3): 225 – 251.

[145] Díaz – Giménez, J., Díaz – Saavedra, J. Delaying Retirement in Spain. *Review of Economic Dynamics*, 2009, 12 (1): 147 – 167.

[146] Dwyer D. S., Mitchell O. S.. Health Problems as Determinants of Retirement: Are Self-rated measures Endogenous? *Journal of Health Economics*, 1999, 18

(2): 173 – 193.

[147] Eso P., Simonovits A.. Designing Optimal Benefit Rules for Flexible Retirement. *IFAC – Papers On Line*, 2003, 36 (8): 127 – 130.

[148] Eso P., Simonovits A., Toth J.. Designing Benefit Rules for Flexible Retirement: Welfare vs. Redistribution. *Acta Oeconomica*, 2011, 61 (1): 3 – 32.

[149] Feldstein M.. Social Security and Saving: The Extended Life Cycle Theory. *The American Economic Review*, 1976, 66 (2): 77 – 86.

[150] Foley D. K.. Recent Developments in The Labor Theory of Value. *Review of Radical Political Economics*, 2000, 32 (1): 1 – 39.

[151] Fougere Maxime, Marcel Merette. Population Aging and Economics Growth in Seven OECD Countries. *Economic Modelling*, 1999, 16 (3): 411 – 427.

[152] Franklin A. Michello, William F. Ford. The Unemployment Effects of Proposed Changes in Social Security's Normal Retirement Age. *Business Economics*, 2006, 41 (2): 38 – 46.

[153] Galasso Vincenzo. Postponing Retirement: The Political Effect of Aging. *Journal of Public Economics*, 2008, 92 (10): 2157 – 2169.

[154] Gill S. C., Butterworth P., Rodgers B., et al. Mental Health and the Timing of Men's Retirement. *Social Psychiatry and Psychiatric Epidemiology*, 2006, 41 (7): 515 – 522.

[155] Goda G. S., Shoven J. B., Slavov S. N.. Does Stock Market Performance Influence Retirement Intentions? *Journal of Human Resources*, 2012, 47 (4): 1055 – 1081.

[156] Goda G. S., Shoven J. B., Slavov S. N.. What Explains Changes in Retirement Plans During the Great Recession? *The American Economic Review*, 2011, 101 (3): 29 – 34.

[157] Groves – Kirkby C. J., Denman A. R., Phillips P. S.. Lorenz Curve and Gini Coefficient: Novel Tools for Analysing Seasonal Variation of Environmental Radon Gas. *Journal of Environmental Management*, 2009, 90 (8): 2480 – 2487.

[158] Gruber, Milligan, Wise. *Social Security Programs and Retirement Around the World: The Relationship to Youth Employment, Introduction and Summary*. The National Bureau of Economic Research, Working Paper, 2009.

[159] Gustman A. L., Steinmeier T. L.. *Imperfect Knowledge, Retirement and Saving*. The National Bureau of Economic Research, Working Paper, 2001.

[160] Heerink N., Kuipe M., Shi X. China's New Rural Income Support Poli-

cy: Impacts on Grain Production and Rural Income Inequality. *China & World Economy*, 2006, 14 (6): 58 – 69.

[161] Honig M. Married Women's Retirement Expectations: Do Pensions and Social Security Matter? *The American Economic Review*, 1998, 88 (2): 202 – 206.

[162] Kalemli – Ozcan S., Ryder H. E., Weil D. N.. Mortality Decline, Human Capital Investment, and Economic Growth. *Journal of Development Economics*, 2000, 62 (1): 1 – 23.

[163] Kalemli – Ozcan S., Weil D. N.. Mortality Change, the Uncertainty Effect, and Retirement. *Journal of Economic Growth*, 2010, 15 (1): 65 – 91.

[164] Lefebvre, Mathieuv. Unemployment and Retirement in a Model with Age-specific Heterogeneity. *Labour*, 2012, 26 (2): 137 – 155.

[165] Liao P J. Does Demographic Change Matter for Growth? *European Economic Review*, 2011, 55 (5): 659 – 677.

[166] Lusardi A., Mitchell O. S.. *Planning and Financial Literacy: How Do Women Fare?* The National Bureau of Economic Research, Working Paper, 2008.

[167] Magnani, R. A General Equilibrium Evaluation of the Sustainability of the New Pension Reforms in Italy. *Research in Economics*, 2010, 65 (1): 5 – 35.

[168] Maestas N.. *Back to Work: Expectations and Realizations of Work After Retirement.* University of Michigan, Michigan Retirement Research Center Research, 2004.

[169] McGarry K.. Health and Retirement Do Changes in Health Affect Retirement Expectations? *Journal of Human Resources*, 2004, 39 (3): 624 – 648.

[170] Merton R. C.. Lifetime Portfolio Selection Under Uncertainty: The Continuous-time Case. *The Review of Economics and Statistics*, 1969, 51 (3): 247 – 257.

[171] Michelp, Pestieaup. Social Security and Early Retirement in an Overlapping Generations Growth Model. *Annals of Economics and Finance*, 2013, 14 (2): 723 – 737.

[172] Munnell. *The National Retirement Risk Index: An Update.* Center for Retirement Research at Boston College, Working Paper, 2012.

[173] North D.. *Institution, Institutional Change and Economic Performance.* Cambridge: Cambridge University Press, 1990.

[174] Onyx J., Baker E.. Retirement Expectations: Gender Differences and Partner Effects in an Australian Employer-funded Sample. *Australasian Journal on Ageing*, 2006, 25 (2): 80 – 83.

[175] Papathanasopoulou Eleni, Jackson Tim. Measuring Fossil Resource Inequality—A Case Study for the UK Between 1968 and 2000. *Ecological Economics*, 2009, 68 (4): 1213 – 1225.

[176] Pascal Belan, Pierre – Jean Messe, Francois – Charles Wolff. Postponing Retirement Age and Labor Force Participation: The Role of Family Transfers. *Louvain Economic*, 2010, 76 (4): 347 – 370.

[177] Pienta A. M., Hayward M. D.. Who Expects to Continue Working after Age 62? The Retirement Plans of Couples. *Journal of Gerontology: Social Sciences*, 2002, 57 (4): S199 – S208.

[178] Prettner K.. Population Aging and Endogenous Economic Growth. *Journal of Population Economics*, 2013, 26 (2): 811 – 834.

[179] Salvatore Zappalo, Marco Depolo, Franco Fraccaroli, et al. Postponing Job Retirement? Psychosocial Influences on the Preference for Early or Late Retirement. *Career Development International*, 2008, 2: 150 – 167.

[180] Schwarz A., Demirgue-kunt A.. *Taking Stock of Pension Reforms Around the Word*. World Bank, Social Protection Discussion Paper Series, Working Paper, No. 9917, 1999.

[181] Settersten R. A., Hagestad G. O.. What's the Latest? II. Cultural Age Deadlines for Educational and Work Transition. *The Gerontologist*, 1996, 36 (5): 602 – 613.

[182] Simonovits A. Optimal Design of Pension Rule with Flexible Retirement: The Two-type Case. *Journal of Economics*, 2006, 89 (3): 197 – 222.

[183] Stark O, Miccvoka M, Mycielski J Relative Poverty as a Determinant of Migration: Evidence from Poland. *Economics Letters*, 2009, 103 (3): 119 – 122.

[184] Davidson R. Reliable Inference for the Gini index. *Journal of Econometrics*, 2009, 150: 30 – 40.

[185] Szinovacz M. E., Martin L., Davey A.. Recession and Expected Retirement Age: Another Look at the Evidence. *The Gerontologist*, 2014, 54 (2): 245 – 257.

[186] TOMUL E. *Measuring Regional Inequality of Education in Turkey: An Evaluation by Gini Index*. World Conference on Educational Sciences, 2009.

[187] LIU L. Impact of the Global Financial Crisis on China: Empirical Evidence and Policy Implications. *China & World Economy*, 2009, 17 (6): 1 – 23.

[188] Tom Walker. Why Economists Dislike a Lump of Labor. *Review of Social Economy*, 2007, 65 (3): 25 – 26.

［189］Van Dam, Karen, Van der Vorst, et al. Employees' Intentions to Retire Early: A Case of Planned Behavior and Anticipated Work Conditions. *Journal of Career Development*, 2009, 35 (3): 265 – 289.

［190］Van Soest A, Vonkova H. How Sensitive are Retirement Decisions to Financial Incentives? A Stated Preference Analysis. *Journal of Applied Econometrics*, 2014, 29 (2): 246 – 264.

［191］Yamada T. *Aging, Social Security Reform and Factor Price in a Transition Economy*. Working Paper, 2007.

［192］YAO Y. Village Elections, Accountability and Income Distribution in Rural China. *China & World Economy*, 2006, 14 (6): 20 – 38.

后 记

有幸能够承担教育部哲学社会科学研究重大课题攻关项目,就延迟退休政策为我国养老保险制度改革提供研究思路,是一个学者的责任与担当,也是一个学者的荣耀。学者只有秉承学理性研究、政策性研究和科普性研究的政策研究思路,才能为国家公共政策提供科学、可行的研究方案。

对我国延迟退休政策的关注,始于2007年左右。在参与中国人民大学郑功成教授"中国社会保障发展战略研究"项目时,就初步形成了有关养老保险制度改革与延迟退休的观点,但那时候延迟退休的话题非常敏感,差一点被网络"人肉搜索"。之后就转向指导研究生,撰写了两篇硕士研究生论文。2013年人力资源和社会保障部会同国家发展和改革委员会、财政部、全国社保基金理事会、全国总工会等部门,进行了养老保险顶层设计研究,选择了国际劳工局、国际社会保障协会、世界银行、国务院发展研究中心、中国社科院、中国人民大学、浙江大学这七家国内外知名研究机构,进行了养老保险顶层设计的平行研究,本人有幸参加了研究的评审评议。在详细阅读研究机构的研究报告后,相对完整、清晰地形成了有关延迟退休与养老金改革的观点并在会议上进行了交流。评审会议结束回到西安,就会议上的交流观点与我们研究团队的成员进行了讨论并撰写了一篇学术论文。

2014年教育部哲学社会科学研究重大课题攻关项目研究指南公布,其中有一个题目是"我国渐进式延迟退休政策的社会经济效应研究"。当团队成员翟绍果教授、周明教授拿给我指南项目并说这与我们团队的研究思路比较吻合时,我并没有申报的冲动。一是由于教育部重大项目申请和研究难度极大,题目的设计者一定进行了大量的研究准备。二是当时并没有强烈的愿望申报课题研究。但当看到这一题目时,脑海中就已经开始琢磨着这一题目的研究思路。几天后,我就延迟退休政策的社会经济效应研究画了一个研究思路图,并与团队成员翟绍果教授、周明教授、任行博士进行了讨论,确定了研究设计,之后他们几人组织了申报材料的撰写,并一起组织讨论和修改,按时间要求提交了申报材料。没承想,最终居然拿到了这一项目。

事实上西北大学社会保障研究团队从2005年开始,在人力资源和社会保障部原副部长、时任中国社会保险学会会长王建伦的支持下,就开展了基于国家战略需求的社会保障问题研究。特别是2009年之后,每年针对各地养老保险制度的比较研究,更是积累了丰富的研究经验。2014年11月,教育部哲学社会科学研究重大课题攻关项目"我国渐进式延迟退休政策的社会经济效应研究"在西安举行开题报告会,王建伦会长、黑龙江省原人力资源和社会保障厅副厅长梁席民专程拨冗出席并提出宝贵的建设性意见。对此西北大学社会保障研究团队由衷感谢!

自中国社会保障学会会长、中国人民大学郑功成教授2007年主持"中国社会保障发展战略研究"项目以来,西北大学社会保障研究团队也积极地参与到郑功成教授的国家社会保障系列研究之中。郑功成教授以其独有的学术影响力和战略眼光,对当今中国的社会保障问题进行了许多前瞻性研究,西北大学社会保障研究团队有幸参与了多项或多次的研究与讨论,这对西北大学社会保障研究团队的成长起了非常重要的作用。

2018年4月,教育部哲学社会科学研究重大课题攻关项目"我国渐进式延迟退休政策的社会经济效应研究"在西安举行结题前的小型讨论会。中国社会保险学会会长王建伦、中国社会保障学会会长郑功成、黑龙江省原人力资源和社会保障厅副厅长梁席民、时任人力资源和社会保障部养老保险司司长尹志远专程拨冗参加,对业已完成的研究报告提出了富有建设性的修改意见。

在本项目的研究中,国内学术界十分有影响力的学者也给予了极大的帮助并贡献了他们的学术智慧。武汉大学邓大松教授、浙江大学何文炯教授对课题的研究思路和研究的组织方式提出了宝贵意见;清华大学杨燕绥教授、中国社会科学院王延中教授、上海财经大学丛树海教授、华中科技大学丁建定教授、南京大学童星教授、林闽钢教授、复旦大学封进教授、吉林大学宋宝安教授等对课题研究的许多观点提出了修改意见。特别是西南财经大学的胡秋明教授、暨南大学的林毓铭教授、中国人民大学的杨俊副教授和武汉科技大学的张智勇教授,欣然接受邀请参与到课题研究团队之中,使课题研究增色不少。此外,上述没有提及的、对此课题有专门研究的本书参考文献的作者,你们的智慧对本研究大有启发。在此,西北大学社会保障团队表示衷心的感谢!

我本人还是要感谢我们团队的成员。他们是:周明教授、翟绍果教授、王满仓教授、张正军教授、李东方老师、任行博士、田宋博士、张立琼博士、张轶妹博士、马红鸽博士、张陈一轩博士、李磊博士、黄贞博士及其他参与项目的博士生和硕士生同学,我和周明教授最后统稿,张立琼博士和庞兆丰博士参与了校稿。研究团队知识结构的互补使我们对问题的分析有了不同的视角，研究中的合作精神使我们能够对一个问题进行持续的研究。研究设计过程中激烈的讨论、学术观点分歧时的争论、基础调研时的舟车劳顿和认真访谈、学位论文或学术论文撰写过程中的疑惑与快乐等，都是学术成长之路上的必然经历。1 部专著、1 份研究报告、6 篇博士学位论文、12 篇硕士学位论文、30 余篇学术论文，是在这一课题中我们共同劳动的结晶。与青年学者共成长，享受青年学者的学术激情，永葆学术之路常青，是一个学者的责任与情怀。

为体现最新研究成果，课题报告从 2022 年开始重新测算和更新数据，由周明教授具体负责。

最后，要感谢经济科学出版社的纪小小编辑，每一次修改，从数据、脚注到标点符号……纪编辑都认真地指出，并且提出了许多建设性的修改意见，这样的修改来回有许多次了，本书的出版，也凝结了纪编辑的大量心血，在此，向其表示深深的谢意。

当我写下这段文字时，办公室外菜市场的叫卖声不断响起。我承想，当包括延迟退休政策改革、费率费基改革、养老金计发办法改革在内的养老金制度改革和其他社会保障制度改革能够惠及菜市场所有商贩的时候，中国的社会保障制度才能为全体中国人提供稳定的安全预期。

2022 年 8 月 18 日于西安

教育部哲学社会科学研究重大课题攻关项目成果出版列表

序号	书　名	首席专家
1	《马克思主义基础理论若干重大问题研究》	陈先达
2	《马克思主义理论学科体系建构与建设研究》	张雷声
3	《马克思主义整体性研究》	逄锦聚
4	《改革开放以来马克思主义在中国的发展》	顾钰民
5	《新时期　新探索　新征程 ——当代资本主义国家共产党的理论与实践研究》	聂运麟
6	《坚持马克思主义在意识形态领域指导地位研究》	陈先达
7	《当代资本主义新变化的批判性解读》	唐正东
8	《当代中国人精神生活研究》	童世骏
9	《弘扬与培育民族精神研究》	杨叔子
10	《当代科学哲学的发展趋势》	郭贵春
11	《服务型政府建设规律研究》	朱光磊
12	《地方政府改革与深化行政管理体制改革研究》	沈荣华
13	《面向知识表示与推理的自然语言逻辑》	鞠实儿
14	《当代宗教冲突与对话研究》	张志刚
15	《马克思主义文艺理论中国化研究》	朱立元
16	《历史题材文学创作重大问题研究》	童庆炳
17	《现代中西高校公共艺术教育比较研究》	曾繁仁
18	《西方文论中国化与中国文论建设》	王一川
19	《中华民族音乐文化的国际传播与推广》	王耀华
20	《楚地出土戰國簡册［十四種］》	陈　伟
21	《近代中国的知识与制度转型》	桑　兵
22	《中国抗战在世界反法西斯战争中的历史地位》	胡德坤
23	《近代以来日本对华认识及其行动选择研究》	杨栋梁
24	《京津冀都市圈的崛起与中国经济发展》	周立群
25	《金融市场全球化下的中国监管体系研究》	曹凤岐
26	《中国市场经济发展研究》	刘　伟
27	《全球经济调整中的中国经济增长与宏观调控体系研究》	黄　达
28	《中国特大都市圈与世界制造业中心研究》	李廉水

序号	书　名	首席专家
29	《中国产业竞争力研究》	赵彦云
30	《东北老工业基地资源型城市发展可持续产业问题研究》	宋冬林
31	《转型时期消费需求升级与产业发展研究》	臧旭恒
32	《中国金融国际化中的风险防范与金融安全研究》	刘锡良
33	《全球新型金融危机与中国的外汇储备战略》	陈雨露
34	《全球金融危机与新常态下的中国产业发展》	段文斌
35	《中国民营经济制度创新与发展》	李维安
36	《中国现代服务经济理论与发展战略研究》	陈　宪
37	《中国转型期的社会风险及公共危机管理研究》	丁烈云
38	《人文社会科学研究成果评价体系研究》	刘大椿
39	《中国工业化、城镇化进程中的农村土地问题研究》	曲福田
40	《中国农村社区建设研究》	项继权
41	《东北老工业基地改造与振兴研究》	程　伟
42	《全面建设小康社会进程中的我国就业发展战略研究》	曾湘泉
43	《自主创新战略与国际竞争力研究》	吴贵生
44	《转轨经济中的反行政性垄断与促进竞争政策研究》	于良春
45	《面向公共服务的电子政务管理体系研究》	孙宝文
46	《产权理论比较与中国产权制度变革》	黄少安
47	《中国企业集团成长与重组研究》	蓝海林
48	《我国资源、环境、人口与经济承载能力研究》	邱　东
49	《"病有所医"——目标、路径与战略选择》	高建民
50	《税收对国民收入分配调控作用研究》	郭庆旺
51	《多党合作与中国共产党执政能力建设研究》	周淑真
52	《规范收入分配秩序研究》	杨灿明
53	《中国社会转型中的政府治理模式研究》	娄成武
54	《中国加入区域经济一体化研究》	黄卫平
55	《金融体制改革和货币问题研究》	王广谦
56	《人民币均衡汇率问题研究》	姜波克
57	《我国土地制度与社会经济协调发展研究》	黄祖辉
58	《南水北调工程与中部地区经济社会可持续发展研究》	杨云彦
59	《产业集聚与区域经济协调发展研究》	王　珺

序号	书　名	首席专家
60	《我国货币政策体系与传导机制研究》	刘　伟
61	《我国民法典体系问题研究》	王利明
62	《中国司法制度的基础理论问题研究》	陈光中
63	《多元化纠纷解决机制与和谐社会的构建》	范　愉
64	《中国和平发展的重大前沿国际法律问题研究》	曾令良
65	《中国法制现代化的理论与实践》	徐显明
66	《农村土地问题立法研究》	陈小君
67	《知识产权制度变革与发展研究》	吴汉东
68	《中国能源安全若干法律与政策问题研究》	黄　进
69	《城乡统筹视角下我国城乡双向商贸流通体系研究》	任保平
70	《产权强度、土地流转与农民权益保护》	罗必良
71	《我国建设用地总量控制与差别化管理政策研究》	欧名豪
72	《矿产资源有偿使用制度与生态补偿机制》	李国平
73	《巨灾风险管理制度创新研究》	卓　志
74	《国有资产法律保护机制研究》	李曙光
75	《中国与全球油气资源重点区域合作研究》	王　震
76	《可持续发展的中国新型农村社会养老保险制度研究》	邓大松
77	《农民工权益保护理论与实践研究》	刘林平
78	《大学生就业创业教育研究》	杨晓慧
79	《新能源与可再生能源法律与政策研究》	李艳芳
80	《中国海外投资的风险防范与管控体系研究》	陈菲琼
81	《生活质量的指标构建与现状评价》	周长城
82	《中国公民人文素质研究》	石亚军
83	《城市化进程中的重大社会问题及其对策研究》	李　强
84	《中国农村与农民问题前沿研究》	徐　勇
85	《西部开发中的人口流动与族际交往研究》	马　戎
86	《现代农业发展战略研究》	周应恒
87	《综合交通运输体系研究——认知与建构》	荣朝和
88	《中国独生子女问题研究》	风笑天
89	《我国粮食安全保障体系研究》	胡小平
90	《我国食品安全风险防控研究》	王　硕

序号	书　名	首席专家
91	《城市新移民问题及其对策研究》	周大鸣
92	《新农村建设与城镇化推进中农村教育布局调整研究》	史宁中
93	《农村公共产品供给与农村和谐社会建设》	王国华
94	《中国大城市户籍制度改革研究》	彭希哲
95	《国家惠农政策的成效评价与完善研究》	邓大才
96	《以民主促进和谐——和谐社会构建中的基层民主政治建设研究》	徐　勇
97	《城市文化与国家治理——当代中国城市建设理论内涵与发展模式建构》	皇甫晓涛
98	《中国边疆治理研究》	周　平
99	《边疆多民族地区构建社会主义和谐社会研究》	张先亮
100	《新疆民族文化、民族心理与社会长治久安》	高静文
101	《中国大众媒介的传播效果与公信力研究》	喻国明
102	《媒介素养：理念、认知、参与》	陆　晔
103	《创新型国家的知识信息服务体系研究》	胡昌平
104	《数字信息资源规划、管理与利用研究》	马费成
105	《新闻传媒发展与建构和谐社会关系研究》	罗以澄
106	《数字传播技术与媒体产业发展研究》	黄升民
107	《互联网等新媒体对社会舆论影响与利用研究》	谢新洲
108	《网络舆论监测与安全研究》	黄永林
109	《中国文化产业发展战略论》	胡惠林
110	《20世纪中国古代文化经典在域外的传播与影响研究》	张西平
111	《国际传播的理论、现状和发展趋势研究》	吴　飞
112	《教育投入、资源配置与人力资本收益》	闵维方
113	《创新人才与教育创新研究》	林崇德
114	《中国农村教育发展指标体系研究》	袁桂林
115	《高校思想政治理论课程建设研究》	顾海良
116	《网络思想政治教育研究》	张再兴
117	《高校招生考试制度改革研究》	刘海峰
118	《基础教育改革与中国教育学理论重建研究》	叶　澜
119	《我国研究生教育结构调整问题研究》	袁本涛 王传毅
120	《公共财政框架下公共教育财政制度研究》	王善迈

序号	书　　名	首席专家
121	《农民工子女问题研究》	袁振国
122	《当代大学生诚信制度建设及加强大学生思想政治工作研究》	黄蓉生
123	《从失衡走向平衡：素质教育课程评价体系研究》	钟启泉 崔允漷
124	《构建城乡一体化的教育体制机制研究》	李　玲
125	《高校思想政治理论课教育教学质量监测体系研究》	张耀灿
126	《处境不利儿童的心理发展现状与教育对策研究》	申继亮
127	《学习过程与机制研究》	莫　雷
128	《青少年心理健康素质调查研究》	沈德立
129	《灾后中小学生心理疏导研究》	林崇德
130	《民族地区教育优先发展研究》	张诗亚
131	《WTO主要成员贸易政策体系与对策研究》	张汉林
132	《中国和平发展的国际环境分析》	叶自成
133	《冷战时期美国重大外交政策案例研究》	沈志华
134	《新时期中非合作关系研究》	刘鸿武
135	《我国的地缘政治及其战略研究》	倪世雄
136	《中国海洋发展战略研究》	徐祥民
137	《深化医药卫生体制改革研究》	孟庆跃
138	《华侨华人在中国软实力建设中的作用研究》	黄　平
139	《我国地方法制建设理论与实践研究》	葛洪义
140	《城市化理论重构与城市化战略研究》	张鸿雁
141	《境外宗教渗透论》	段德智
142	《中部崛起过程中的新型工业化研究》	陈晓红
143	《农村社会保障制度研究》	赵　曼
144	《中国艺术学学科体系建设研究》	黄会林
145	《人工耳蜗术后儿童康复教育的原理与方法》	黄昭鸣
146	《我国少数民族音乐资源的保护与开发研究》	樊祖荫
147	《中国道德文化的传统理念与现代践行研究》	李建华
148	《低碳经济转型下的中国排放权交易体系》	齐绍洲
149	《中国东北亚战略与政策研究》	刘清才
150	《促进经济发展方式转变的地方财税体制改革研究》	钟晓敏
151	《中国—东盟区域经济一体化》	范祚军

序号	书 名	首席专家
152	《非传统安全合作与中俄关系》	冯绍雷
153	《外资并购与我国产业安全研究》	李善民
154	《近代汉字术语的生成演变与中西日文化互动研究》	冯天瑜
155	《新时期加强社会组织建设研究》	李友梅
156	《民办学校分类管理政策研究》	周海涛
157	《我国城市住房制度改革研究》	高 波
158	《新媒体环境下的危机传播及舆论引导研究》	喻国明
159	《法治国家建设中的司法判例制度研究》	何家弘
160	《中国女性高层次人才发展规律及发展对策研究》	佟 新
161	《国际金融中心法制环境研究》	周仲飞
162	《居民收入占国民收入比重统计指标体系研究》	刘 扬
163	《中国历代边疆治理研究》	程妮娜
164	《性别视角下的中国文学与文化》	乔以钢
165	《我国公共财政风险评估及其防范对策研究》	吴俊培
166	《中国历代民歌史论》	陈书录
167	《大学生村官成长成才机制研究》	马抗美
168	《完善学校突发事件应急管理机制研究》	马怀德
169	《秦简牍整理与研究》	陈 伟
170	《出土简帛与古史再建》	李学勤
171	《民间借贷与非法集资风险防范的法律机制研究》	岳彩申
172	《新时期社会治安防控体系建设研究》	宫志刚
173	《加快发展我国生产服务业研究》	李江帆
174	《基本公共服务均等化研究》	张贤明
175	《职业教育质量评价体系研究》	周志刚
176	《中国大学校长管理专业化研究》	宣 勇
177	《"两型社会"建设标准及指标体系研究》	陈晓红
178	《中国与中亚地区国家关系研究》	潘志平
179	《保障我国海上通道安全研究》	吕 靖
180	《世界主要国家安全体制机制研究》	刘胜湘
181	《中国流动人口的城市逐梦》	杨菊华
182	《建设人口均衡型社会研究》	刘渝琳
183	《农产品流通体系建设的机制创新与政策体系研究》	夏春玉

序号	书　名	首席专家
184	《区域经济一体化中府际合作的法律问题研究》	石佑启
185	《城乡劳动力平等就业研究》	姚先国
186	《20世纪朱子学研究精华集成——从学术思想史的视角》	乐爱国
187	《拔尖创新人才成长规律与培养模式研究》	林崇德
188	《生态文明制度建设研究》	陈晓红
189	《我国城镇住房保障体系及运行机制研究》	虞晓芬
190	《中国战略性新兴产业国际化战略研究》	汪　涛
191	《证据科学论纲》	张保生
192	《要素成本上升背景下我国外贸中长期发展趋势研究》	黄建忠
193	《中国历代长城研究》	段清波
194	《当代技术哲学的发展趋势研究》	吴国林
195	《20世纪中国社会思潮研究》	高瑞泉
196	《中国社会保障制度整合与体系完善重大问题研究》	丁建定
197	《民族地区特殊类型贫困与反贫困研究》	李俊杰
198	《扩大消费需求的长效机制研究》	臧旭恒
199	《我国土地出让制度改革及收益共享机制研究》	石晓平
200	《高等学校分类体系及其设置标准研究》	史秋衡
201	《全面加强学校德育体系建设研究》	杜时忠
202	《生态环境公益诉讼机制研究》	颜运秋
203	《科学研究与高等教育深度融合的知识创新体系建设研究》	杜德斌
204	《女性高层次人才成长规律与发展对策研究》	罗瑾琏
205	《岳麓秦简与秦代法律制度研究》	陈松长
206	《民办教育分类管理政策实施跟踪与评估研究》	周海涛
207	《建立城乡统一的建设用地市场研究》	张安录
208	《迈向高质量发展的经济结构转变研究》	郭熙保
209	《中国社会福利理论与制度构建——以适度普惠社会福利制度为例》	彭华民
210	《提高教育系统廉政文化建设实效性和针对性研究》	罗国振
211	《毒品成瘾及其复吸行为——心理学的研究视角》	沈模卫
212	《英语世界的中国文学译介与研究》	曹顺庆
213	《建立公开规范的住房公积金制度研究》	王先柱

序号	书　名	首席专家
214	《现代归纳逻辑理论及其应用研究》	何向东
215	《时代变迁、技术扩散与教育变革：信息化教育的理论与实践探索》	杨　浩
216	《城镇化进程中新生代农民工职业教育与社会融合问题研究》	褚宏启 薛二勇
217	《我国先进制造业发展战略研究》	唐晓华
218	《融合与修正：跨文化交流的逻辑与认知研究》	鞠实儿
219	《中国新生代农民工收入状况与消费行为研究》	金晓彤
220	《高校少数民族应用型人才培养模式综合改革研究》	张学敏
221	《中国的立法体制研究》	陈　俊
222	《教师社会经济地位问题：现实与选择》	劳凯声
223	《中国现代职业教育质量保障体系研究》	赵志群
224	《欧洲农村城镇化进程及其借鉴意义》	刘景华
225	《国际金融危机后全球需求结构变化及其对中国的影响》	陈万灵
226	《创新法治人才培养机制》	杜承铭
227	《法治中国建设背景下警察权研究》	余凌云
228	《高校财务管理创新与财务风险防范机制研究》	徐明稚
229	《义务教育学校布局问题研究》	雷万鹏
230	《高校党员领导干部清正、党政领导班子清廉的长效机制研究》	汪　曦
231	《二十国集团与全球经济治理研究》	黄茂兴
232	《高校内部权力运行制约与监督体系研究》	张德祥
233	《职业教育办学模式改革研究》	石伟平
234	《职业教育现代学徒制理论研究与实践探索》	徐国庆
235	《全球化背景下国际秩序重构与中国国家安全战略研究》	张汉林
236	《进一步扩大服务业开放的模式和路径研究》	申明浩
237	《自然资源管理体制研究》	宋马林
238	《高考改革试点方案跟踪与评估研究》	钟秉林
239	《全面提高党的建设科学化水平》	齐卫平
240	《"绿色化"的重大意义及实现途径研究》	张俊飚
241	《利率市场化背景下的金融风险研究》	田利辉
242	《经济全球化背景下中国反垄断战略研究》	王先林

序号	书名	首席专家
243	《中华文化的跨文化阐释与对外传播研究》	李庆本
244	《世界一流大学和一流学科评价体系与推进战略》	王战军
245	《新常态下中国经济运行机制的变革与中国宏观调控模式重构研究》	袁晓玲
246	《推进21世纪海上丝绸之路建设研究》	梁　颖
247	《现代大学治理结构中的纪律建设、德治礼序和权力配置协调机制研究》	周作宇
248	《渐进式延迟退休政策的社会经济效应研究》	席　恒
……		